C000041844

Caran an t-Saoghail

Mar chuimhneachan air
na daoine gasda agam fhìn
a bha ann an 'Coll View' nuair a bha mise nam bhalach
agus a dh'innis dhomh mu an coimhearsnach agus am fear-dàimh,
Iain mac Ailein, Bàrd Thighearna Cholla,
agus a chuid òran.

In memory of
my own fine relatives
who lived in 'Coll View' when I was a boy
and who told me about their neighbour and kinsman,
John son of Allan, Poet to the Laird of Coll,
and his songs.

Am baile gaolach a' Chaolais àillidh
San robh mi chòmhnaidh nam òige, fàg e,
Aig Cnoc MhicDhùghaill san dlùth mo chàirdean,
'S thoir fios gan ionnsaigh gu bheil mi 'm shlàinte.

In the beloved township of lovely Caolas,
where I once lived in my youth, lay it,
at MacDougall's Hill where I have close kinsfolk,
and give them the news that I am healthy.

Caran an t-Saoghail

The Wiles of the World

Anthology of 19th Century
Scottish Gaelic Verse

Edited by

Donald E. Meek

Birlinn

First published in 2003 by
Birlinn Limited
West Newington House
10 Newington Road
Edinburgh
EH9 1QS

www.birlinn.co.uk

Introductory material, translations and notes copyright
© Donald E. Meek 2003

All rights reserved. No part of this publication may be reproduced, stored,
or transmitted in any form, or by any means, electronic, photocopying,
recording or otherwise, without the express
written permission of the publisher.

ISBN 1 874744 67 X

British Library Cataloguing-in-Publication Data
A catalogue record for this book is available
from the British Library

The publisher acknowledges subsidy from the

 Scottish
Arts Council

towards the publication of this book

Chuidich Comhairle nan Leabhraichean am foillsichear
le cosgaisean an leabhair seo.

Typeset in Plantin by Edderston Book Design, Peebles
Printed and bound by Creative Print and Design, Ebbw Vale, Wales

CLÀR-INNSE / CONTENTS

POEMS AND SONGS

HOMELAND

CLEARANCES AND SOCIAL CHANGE

SATIRE AND SOCIAL COMMENT

EULOGY AND SALUTATION

ELEGY

LOVE

HYMNS AND SPIRITUAL VERSE

WAR

PREFACE

In compiling and editing this book, I have incurred many debts, especially to my family. I am particularly grateful to my wife, Dr Rachel Meek, who loaded the majority of the Gaelic texts on to computer disk, and read the entire work several times from beginning to end. As the work progressed, I was able to discuss many aspects of the nineteenth century with her, and I am immensely grateful for her input at all levels, including translations. As in all my labours, she has been my very best supporter and my most constructive critic. That the book has not grown even bigger than it is, and is now complete, is due very largely to her very clear awareness of the boundary between enthusiasm and capability.

The book was compiled mainly during times of 'holiday', a term which would be contested by my family, who have watched with horror as my academic work was forced, by the demands of university thoughout the 1990s, to encroach on weekends and so-called days of rest. I found it almost impossible to enter into the poets' minds when I was besieged by academic routine. I found it equally impossible to translate poems to order, as the Muse was averse to reporting for duty and covering old ground in another language. Many of the poems were first edited and translated when I was at home in Tiree in the summers between 1994 and 2000, and the bulk of the book was completed prior to my return to Edinburgh from Aberdeen at the beginning of 2002.

I have been greatly helped by members of my 'academic families', in Aberdeen and Edinburgh. Dr Meg Bateman, formerly of the Department of Celtic at Aberdeen and now at Sabhal Mòr Ostaig in Skye, read my first attempts at translation, and her comments were of immense value. I have tried to put into practice the tips passed on from her experience of translation. Professor Colm Ó Baoill, likewise at Aberdeen, has been a point of constant recourse, particularly in matters pertaining to metres and melodies. My Edinburgh colleague, Professor William Gillies, has provided invaluable help in unravelling some of the more obstinate linguistic and onomastic problems in the texts. His warm support for my nineteenth-century interests goes back to the 1980s, when I was privileged to work with him and with Mr Ronald Black in the exciting task of teaching Gaelic literature in Edinburgh's Department of Celtic. Dr Margaret Mackay, Director of the

Archives of the School of Scottish Studies, applied the right amount of encouragement (characteristically) at precisely the right moment, and commented on the work as a whole. Several of my colleagues have read the first draft of the entire book, and they have helped me to eliminate a range of errors, factual and typographical. Some more specific debts, owed to several helpers beyond my departments, are acknowledged in the Notes. All have made improvements to the volume, and only the editor can be held responsible for its failings.

The publisher, Hugh Andrew, was sufficiently committed to the concept of the book to exercise great patience, and to prod effectively, as it materialised slowly over more years than were envisaged in the original contract. The delay was caused not only by the factors listed above, but also by the very hard effort required to recover the relevant details of nineteenth-century life.

The dedication indicates my debt to my Tiree home and to my close relatives in Caolas, who knew by heart and enjoyed many of the poems and songs in this book. That was where my interest in the nineteenth century began, and the selection therefore reflects my native Tiree perspective, as it looks eastwards from Tiree to the Highland mainland, southwards to the other islands of the Inner Hebrides, and northwards to the Outer Hebrides. In the complex world of the nineteenth century, which demands detailed knowledge of a multitude of different themes, to say nothing of the many districts of the Highlands and Islands, I have found some small confidence in taking as my main reference-point a region well known to me. Nevertheless, I have tried to preserve a broad view of the themes and genres of the nineteenth-century Gaelic poetic tradition as a whole.

The anthology is undoubtedly the victim of other forms of editorial imperialism, recognised and unrecognised. At its best, it can claim to be no more than 'one man's nineteenth century' – a personal celebration of the much-neglected poetic skills of the period. At its worst, it is a poor sample of a century which was brim-full of verse of all kinds. It would be possible to produce many more anthologies from the same century, with very different selections. This is meant to be no more than a starter, and I hope that it will inspire others to go and do likewise from their particular vantage points.

Donald E. Meek
Brightons, Falkirk
September 2002

INTRODUCTION

The poetry of the nineteenth century, with some exceptions such as Alexander MacKinnon and Allan MacDougall, shows increasing English influence in style, thought, and metre. Much of this later poetry is pretty and witty, but it has little of the old fire and virility; often, not without reason, it expresses the wail of a dejected and harassed people. It is at this stage, and at no other, that the famous 'Celtic Gloom' is to be found in the literature, when the social revolution was complete, and the Gaelic people were left dependent, intellectually and economically, on what was to them a foreign and distasteful culture. The poetry that was inspired by the infamies of Culloden and the Clearances could not be other than gloomy. It is the more remarkable to note the spirit of resilience that even still flares up from time to time to remind us that the old battling buoyancy is not gone after all (Watson 1959: xxxiii).

These words were written by Professor William J. Watson in his introduction to *Bàrdachd Ghàidhlig: Specimens of Gaelic Poetry 1550-1900*, first published in 1918. Watson's selection consisted chiefly of poetry composed before 1800, but admitted five poets active after that date: Ewen MacLachlan (1773-1822), John MacLean (1787-1848), the Rev. Duncan Black Blair (1815-93), the Rev. Fr Allan MacDonald (1859-1905), and Alexander MacKinnon (1770-1814). MacKinnon was admitted on the strength of his poem on the Battle of Holland (1799), although he was also at the Battle of Alexandria (1801) and commemorated it in another poem, not included in Watson's selection. Curiously, Allan MacDougall was not given space, despite the abundance of 'old fire and virility' apparent in some of his poetry (notably his devastating verbal attack on the Lowland shepherds who had come to the Glengarry estates). We may thus conclude that much of the verse of the nineteenth century did not satisfy Watson's criteria, which were rooted chiefly in faithfulness to Gaelic tradition and in a strong sense of the propriety of classical Greek and Latin modes of thought and expression. Purity of diction and metre, defined in the spirit of the classical exemplars, was apparently one of Watson's critical standards. A dislike of too much 'old fire and virility', rather than too little, may also have influenced his selection.

Watson's view of the Gaelic verse of the nineteenth century was doubtless influential. *Bàrdachd Ghàidhlig* remained the standard anthology of Gaelic poetry in schools for much of the twentieth century, and has been displaced from pre-eminence only within the last thirty years. For many, the nineteenth century remains the lost century of Gaelic verse, with nothing to offer but gloomy poems and sentimental songs, comprising a 'wail' rather than a robust expression of the many moods of normal human experience.

More recent literary critics, too, have echoed the strictures of Watson. Sorley MacLean, the first native Gael to apply critical yardsticks to Gaelic song and poetry, argued in 1937 that the output of the nineteenth century lacked the 'sheer power' of the eighteenth century, but he recognised that it had 'a more tender and comprehensive sense of humanity than is common in the well-known 18th century poets other than Dugald Buchanan and William Ross' (MacLean 1985: 57). MacLean's main interest was in the poets' reaction to the Clearances, which he regarded as weak and ineffectual in general. However, he also recognised the stronger and more robust voices which came from poets such as Calum Campbell MacPhail, Dr John MacLachlan of Rahoy, and Mary MacPherson. The identification of these 'alternative voices' was important, as it provided a literary benchmark and brightened what was otherwise a gloomy assessment of the period. Following MacLean, critics whose criteria are derived not from classical ideals, but from the intellectual standards of English and other literatures, have even more roundly dismissed the output of the nineteenth century. In the words of Professor Derick Thomson, it was an 'age of flux and resignation and triviality' (Thomson 1990: 233). For Thomson, like Watson, it is a period of serious poetic weakness, in which traditional styles of verse were displaced by the desire of the Gaelic poets to follow the trends set by light-weight Lowland literature and its practitioners. According to Thomson, only three poets have any significant gravitas: William Livingston of Islay, John Smith of Lewis, and Mary MacPherson of Skye. The profiles of these poets are not, however, uniformly impressive, and Mary MacPherson in particular is seen, on the whole, as an uneven and generally flawed composer who occasionally rises to the challenge of 'real' poetry.

The nineteenth century is therefore considered to be largely devoid of poetic talent not only on its own terms, but also in comparison with the preceding centuries. When set alongside the sharply focused, hard-headed verse of the eighteenth century – the period of the all-time vernacular greats of Gaelic verse, including Alexander MacDonald, Duncan MacIntyre, and William Ross – that of the the nineteenth century seems inferior, amounting to little more than a sentimental, narcissistic wallow in self-pity and clichéd composition, suffused on every hand with a sense of the loss of all things and a sugary sweet recollection of earlier, better days. The period is thus presented as a profound disappointment, if not an embarrassment, by literary critics whose yardsticks are calibrated by the intellectual standards of the twentieth century. It is worth noting that the twentieth century itself has witnessed a renaissance of Gaelic poetry since 1940. This new movement has been led by university-trained poets, whose ranks include Derick Thomson, and in technique it has largely turned its back on traditional verse forms. The nineteenth century thus suffers doubly, being in the invidious position of falling broadly between two phases of innovation.

If we regard the nineteenth century as a low point in Gaelic literature, it is (naturally) easier to identify the miscreants and to assess the depths of their plunge into inferiority, if not outright banality, than to trace any truly outstanding verse, far less the composers of such. Leading the field in the offenders' league is Neil MacLeod, a native of Glendale in Skye who became a tea-traveller based in Edinburgh. MacLeod's songs – 'sentimental, pretty-pretty, weak and thin, only sometimes attaining splendour in [their] occasional realist moods', according to Sorley MacLean (1985: 46) – became extremely popular in the last quarter of the nineteenth century, and maintained their place well into the twentieth century. It would be hard to deny that, when seen from an intellectual perspective, MacLeod's verse has many of the characteristics of the later nineteenth century at its worst. Although some of his poems may be worthy of more esteem than they have been shown by critics, a complete rehabilitation of his work cannot be achieved easily. It is also clear that a considerable number of MacLeod's contemporaries (mainly his imitators) composed anaemic verse which showed generic weaknesses, such as slick versification and cloying sentiment. The solution to this difficulty is not to attempt a rehabilitation. Rather, it is to reassess the place of the 'MacLeod school' within the overall profile of the nineteenth century, and to see it as a late reflex of the acute cultural tensions and identity crisis which assailed migrant Highlanders in the Scottish Lowlands, as Dr John MacInnes has argued so effectively in his refreshingly positive analysis (1988).

It is also helpful to realise that such tensions were by no means peculiar to the Gaelic people or their poets. Parallels can be found readily in other cultures, most notably in Wales, where the processes of out-migration to English cities and the establishment of heavy industry in South Wales encouraged romanticism and the composition of sentimental verse portraying an idyllic rural society in the homeland. Neil MacLeod had his Welsh counterpart in John Ceiriog Hughes (1832-87), whose verse was stimulated in part by his 'exile' in Manchester between 1848 and 1868. It has been said of his songs that they were 'recited and sung on concert platforms throughout Wales for years afterwards; some . . . remain popular to this day. . . Although they are often sentimental and even sometimes maudlin by today's standards, they were the popular songs of the Victorian era. In his poetry Ceiriog was the servant of society, satisfying the needs of the time . . .' (Stephens 1998: 330). In short, Ceiriog conformed to the romantic *zeitgeist* of the period, and achieved a certain degree of immortality. So also did poets like Neil MacLeod in Gaelic Scotland.

Again, if we tackle the nineteenth century from its beginning rather than its end, and if we ascribe primary position to those poets who remained faithful to traditional forms of verse, while experimenting with, and extending, these forms, MacLeod assumes less significance. He and his 'school' are not the primary representatives of nineteenth-century Gaelic verse as a whole. They represent only one dimension of that verse, in a particular context, in the last quarter of the century. We have to live with the fact that their output assumed great prominence compared with that of other, more traditional poets. It was their good fortune (and perhaps Gaelic's long-term misfortune) that they 'arrived' at a time when a certain sector of Gaelic society needed to hear their songs – and they met that need. Their proximity to the printing presses, coupled with the uncritical adulation of romantically-inclined audiences in the late nineteenth-century cèilidh halls of Glasgow and Edinburgh, tilted the balance in their favour. The balance may well have tilted too far in favour of a certain kind of popular song, but to let it swing back in such a way that the whole century is seen as a literary disaster area is, at best, an over-reaction to the popularity of one coterie. Although there is much to suggest that nineteenth-century Gaelic verse reached its intellectual and stylistic nadir in the urban concert-halls frequented by émigré Gaels after 1870, we should not conclude that romantic anaemia typifies the whole century or the whole range of Gaelic verse produced within it. Nor should we exclude the sentimental poets from the nineteenth-century canon simply because they do not conform to acceptable standards of literary criticism, created by modern scholars. Every century – including our own – has its share of songsters who satisfy popular taste, but who do not aspire to produce 'good poetry' which will pass the litmus tests devised by astringent academics.

If it is wrong to react too strongly against the sentimentalists, it is no less misleading to characterise the poetic output of the nineteenth century as irredeemably gloomy. To do so is to emphasise (once again) only one seam within it, admittedly a fairly prominent seam, but nevertheless only one of many which comprise this complex century. Even within those poems which are concerned with the trauma of the Clearances, there is a variety of different moods, and not all of these are gloomy. Beyond this seam of verse, both before and after 1870, we can find many poems which are filled with rollicking fun, clear-headed description and a healthy zest for life in all its forms.

The reason for such variety is quite simply that, despite the impact of the Clearances and successive waves of emigration, life went on as usual in many parts of the Highlands and Islands. Many crofting communities survived the onslaught of social change, and their members exhibited great strength, resilience and ingenuity in preserving their way of life. These qualities are seldom recognised nowadays, since even the crofter-friendly historians of the twentieth century tend to evoke pity for the plight, rather than admiration for the strength, of Highland communities in the grip of social change. In addition to maintaining the home communities, Highlanders formed numerous new communities, in the Lowlands and overseas. Highlanders in these new communities did not stop singing, any more than did those Highlanders who remained in the old communities. The Gaelic poets continued to meet the needs of their communities on many different occasions and in many different ways.

Accessing the sources

Perhaps the greatest of the many challenges in assessing the Gaelic verse of the nineteenth century is to see the period in the round. One of the reasons for the poor press given to the nineteenth century is the lack of ready access to a wide range of suitably edited texts. Although critics have judged the century severely, the evidence on which their judgement has been based tends to be partial and constricted; one is conscious of reading, time and again, the same selection of quotations (with seldom a full poem), resulting, inevitably, in broadly similar conclusions. Yet it is very hard to obtain a wider selection of material. With the exception of only one poet to date (Mary MacPherson), the output of individual nineteenth-century poets has not been re-edited for modern consumption. This is due, in part, to the 'inferiority shadow' which has attached itself to the century.

On the whole, poets before 1870 were reasonably well served by the publishers of their time. Among the publications of the early nineteenth century are some poems by Donald MacLeod, Glendale, father of Neil MacLeod (1811, with a further pamphlet in 1871); Peter Grant, the spiritual bard of Grantown on Spey (1815); and Evan MacColl, Lochfyneside (1836, 1838). Poets published in the middle of the century include William Livingston, Islay (1858, 1865) and John MacLachlan (1869). By the end of the century, the pace of publication quickened to meet urban, expatriate demand; the main poets active in the last quarter of the nineteenth century readily achieved publication, among them Neil MacLeod (1883), but also Mary MacPherson (1891) and John MacFadyen (1890), natives of Skye and Mull respectively, who had been closely connected with the Gaelic communities in Glasgow. The lighter poets of the 'MacLeod school', like Henry Whyte ('Fionn') and John Campbell, Ledaig, who far outdid their doyen in the production of sentimental verse, were likewise in print by the 1880s. Their works served to consolidate the allegedly poor taste of the cèilidh and concert circuit, for which their songs and sketches were often specially concocted.

Most anthologies of nineteenth-century Gaelic poetry, like individual collections, are now badly dated. They tend to reflect particular emphases or social contexts, and a broad representation of the poetry of the period is not readily obtained. Some verse by popular early nineteenth-century poets (notably Alexander Mac-Kinnon and Evan MacColl) found a place in John MacKenzie's monumental collection of Gaelic poetry, *Sàr Obair nam Bard Gaelach* (1841). The finest collection of mainly nineteenth-century Gaelic verse is Archibald Sinclair's *An t-Oranaiche*, published in Glasgow in 1879 by the editor's Celtic Press. While reflecting the Argyllshire roots of the compiler, *An t-Oranaiche* is a splendid example of nineteenth-century printing and publishing, containing an extremely valuable selection of songs, many of which were composed before 1860. *An t-Oranaiche* represents the more robust days of the Lowland Gaelic community before it was infected by the romantic virus and subsequent poetic rigor mortis of the last quarter of the century. The general tone of that latter period can be sampled in such anthologies as Henry Whyte's *Celtic Lyre* (1898), which contains a selection of light, sentimental songs with couthy English translations. These urban-approved works, however, pay little attention to the township poets who were functioning vigorously in the Highland communities. With some exceptions, their verse was not generally collected until the early twentieth century, in such volumes as Thomas Sinton's *Poetry of Badenoch* (1906), *Modern Gaelic Bards*, edited (with tunes) by Malcolm C. MacLeod (1908-13), *Bàrdachd Leódhais* ('The Poetry of Lewis'), edited by Iain N. MacLeòid (1916), and *Na Bàird Thirisdeach* ('The Tiree Bards') edited by Hector Cameron (1932). In addition to the material which found its way into printed collections, a great deal of poetry existed in oral transmission. Some verse was written into manuscript notebooks, while other items were rescued by the newspapers, which preserved a large amount of material. Printed volumes of spiritual verse, like their secular counterparts, are focused on individual poets such as Peter Grant of Strathspey and John Morrison of Harris, and no significant anthology of Gaelic spiritual verse has yet been made, despite its potential appeal. 'Dedicated' anthologies have been slow to appear. It was only in the last quarter of the twentieth century that anthologies devoted to particular types of nineteenth-century Gaelic verse were published. Of these there are only two to date; emigrant verse relating to North America is edited in Margaret MacDonell's *The Emigrant Experience* (1982), while the present editor's *Tuath is Tighearna* (1995a) offers a base-line anthology of poetry and song relating to the Clearances and the Land Agitation.

The present work is the first general anthology of nineteenth-century Gaelic verse to have been published since *An t-Oranaiche* of 1879. In attempting to represent the range of the Gaelic verse of the nineteenth century, it is indebted to most of the forms of preservation described in the preceding paragraphs. It contains only a small sample of what is available, and the sources on which it is based themselves represent only a fraction of the poetic output of the century. Although (for reasons which will be discussed later) the nineteenth century cannot be measured by the same standards as the eighteenth century, the evidence of this anthology is sufficient to show that the century does not lack good poetry, and it demonstrates that it contains much more of the 'moods of normal human experience' than it has been given credit for. It also bears ample witness to the skills of the poets. Admittedly there are those who are sentimental, and who have been listening too acutely with their English ear to the sounds of the Lowlands; but there are numerous others who are firmly grounded in Gaelic tradition, and maintain the older forms of verse. And there are many further poets who stand between these poles of cultural differentiation. The easy dismissal of the nineteenth century is therefore unjustified. The period deserves to be assessed on its own terms, and the achievements of the poets require to be measured accordingly.

THE PERIOD

The profile of the nineteenth century in the Highlands and Islands is as complex and controversial as the nature of the poetry produced in it. Depending on one's vantage point, whether chronological or ideological, it is possible to emphasise the grimmer or brighter aspects of the century.

In broad social terms, it can be said that the first half of the century was affected by waves of economic boom and bust, with consequent dislocation of people. The economic base of the Highlands was extremely unstable from the second half of the eighteenth century. The various occupations and industries which brought temporary relief in the first quarter of the nineteenth century proved incapable of sustaining a growing population. Kelping and crofting together laid the foundation of the subsequent economic system of the region. When kelping was at its height in the first two decades of the century, the population grew rapidly, sustained by the potato as the staple diet. When the potato crop failed throughout the area in 1846 (a year long remembered as *a' bhliadhna a dh'fhalbh am buntàta*, 'the year the potato departed'), eviction, clearing and assisted emigration were set in train by landlords who now faced the grim prospect of maintaining a redundant proportion of the population (Devine 1988). This pattern accelerated trends which were already well established in the region, resulting in a very considerable amount of migration and emigration. Internal migration led to the establishment of large communities of Gaels in the Scottish Lowlands, especially in Glasgow (Withers 1998), and emigration overseas created very substantial Gaelic communities in the U.S.A. (North Carolina) and Canada (Nova Scotia and Ontario), and more scattered, but strongly Gaelic, settlements in Australia. The communities in Nova Scotia, and especially in Cape Breton Island, were of considerable significance, and contributed much to the shaping of Gaelic culture during the nineteenth century (Dunn 1953).

The remainder of the century witnessed a marked degree of social resurgence and reconstruction. Much of this resurgence, associated with the Land Agitation which was at its height in the 1880s, came from those crofting communities which, while undergoing substantial social restructuring, had managed to maintain indigenous leadership, and were conscious of the need to consolidate both their distinctive lifestyles and the beneficial aspects of the economic order which had emerged in the course of the century. They were rewarded with the attention of politicians and the passing of the Crofters' Holdings (Scotland) Act of 1886 (Hunter 1976).

In education, however, the opposite pattern is evident. The century appears to have begun reasonably well, but to have ended badly. Several bodies were active in spreading formal education (aimed chiefly at achieving literacy) in the Highlands before 1870. Most notable among them were the Gaelic Schools Societies, originating in Edinburgh in 1810, when the Edinburgh Society for the Support of Gaelic Schools was established. Although these societies saw literacy in Gaelic as a stepping-stone to the acquisition of English, and used the Gaelic Bible as the main literary text, some progress was made in the use of the Gaelic language and in the production of Gaelic texts to meet the needs of newly literate Highlanders. The labours of the Rev. Dr Norman MacLeod ('Caraid nan Gàidheal') (1783-1862) are particularly noteworthy, since he produced two periodicals which had a major role in the development of a popular Gaelic printed literature. His work was continued to some extent by ministers such as the Rev. Alexander MacGregor (1808-81). Despite the obvious blindspots and over-prescriptiveness of their approach, the achievement of the various ecclesiastical bodies and clerical writers was not insubstantial. It had a powerfully bracing effect on the Gaelic langue itself. The creation of a printed prose literature was of immense significance, although the nineteenth century is seldom credited with Gaelic literary development of any worthwhile kind. (It is highly probable that the gradual growth of a printed prose literature, providing discussion of serious contemporary issues such as clearance and emigration, would have affected the role of verse, which would no longer be expected to handle 'major' matters. It is noticeable that some of the lighter and 'sweeter' nineteenth-century songsters, such as Donald MacKechnie, made major contributions to Gaelic prose on philosophical and anthropological themes, while others, like Henry Whyte ('Fionn') and his brother John, wrote polemical articles in newspapers, criticising landlords and encouraging crofter activism.) The trend towards the educational support of Gaelic was stopped by the Education (Scotland) Act of 1872 which, by nationalising education and placing local control in the hands of school boards, relieved the ecclesiastical bodies of their responsibilities, and severely reduced the place of Gaelic in the new framework (Lynch 2001: 565-6).

As educational endeavours proceeded, the first half of the nineteenth century was punctuated by religious revivals which were felt intensely in different parts of the Highlands and Islands (Meek 1998). These were often related to the efforts of the Gaelic schools movement, but this movement itself formed part of a wider programme of missionary endeavour which sought to take the Christian Gospel to the remotest parts of the region. Itinerant preachers of different denominations were operating vigorously in the Highlands in the period preceding the Disruption of 1843 (Meek 1987), and the campaign was maintained thereafter by a plethora of ministers, churches and schools. By the 1870s, the churches which had benefited from, and had even been created by, these missionary endeavours and by the accompanying religious revivals were becoming institutionalised and more inward-looking. Following the fissiparous pattern of the Disruption of 1843 which demonstrated massive Highland support for the Free Church of Scotland, the Presbyterian churches were beginning the fight for Gospel purity within themselves, and were prepared to do battle over adherence to confessional standards. This was to result in further disruptions by the end of the century (Lynch 2001: 85-88).

In all of these processes, Highlanders themselves played a key role, although (increasingly) external leadership was assuming a higher profile. Throughout this period, Highlanders, in fact, had more than one identity, depending on their point of reference. Sometimes they acted as Gaels, playing the Gaelic card, and asserting their Gaelic nationhood, with a nippy whiff of rebellion (as in the Land Agitation); but on other occasions they might perceive themselves as Scottish in the national sense, and also

British, acting as thoroughly loyal subjects of the British Crown. This was very evident in their response to the call to arms, to fight on behalf of the British Empire in campaigns as far apart in time and place as the landing at Aboukir Bay (1801) with Sir Ralph Abercromby, and the Crimea (1853-56) with Sir Colin Campbell – both leaders being Scots. By the end of the century, Highlanders were again involved in fighting in Egypt, with Kitchener at Omdurman, and in the Boer Wars in South Africa. Equipped with tartan and bagpipes, they became a symbol of British patriotism at its best, and established a lasting image of the 'true' Highlander and the loyal Scottish soldier (Brander 1996).

Migration, emigration, and imperial policing – all of these processes reflect mobility and the beginning of globalisation. The nineteenth century was a time of rapidly improving forms of communication. For much of the century the sailing-ship was the principal means of ocean-going, and Highlanders were familiar with its many guises, as emigrant vessel, trader, troop carrier, and inter-island ferry. In the local context, luggers and gabbarts hauled supplies from the mainland to the islands. In the wider oceans, fine-lined clippers like the *Ariel* and the *Taeping* sailed to Australia and China, racing one another to bring home wool and tea and win bounties for their owners (MacGregor 1979). Highlanders participated in every aspect of the wind-powered ships, becoming (in many instances) as familar with Shanghai as they were with Stornoway. In the first decade of the century, steam-driven paddle-steamers began to penetrate the region, sailing northwards from the Clyde ports. The ubiquitous 'puffer' – a larger, steam-driven version of the lighters produced on the Forth and Clyde Canal – made its debut, and, like the gabbart before it, discharged coal and other commodities on sandy Hebridean beaches. By the second half of the century individual investment in steamships was transformed into corporate investment, leading to the emergence of the larger companies such as that of David Hutcheson, later to become the property of David MacBrayne, whose red-funnelled ships became synonymous with the Highlands and Islands. MacBrayne's fleet was supplemented by the cargo-ships of MacCallum and Orme. Names like *Claymore*, *Clansman* and *Dunara Castle* became (and remain) an integral part of Highland self-awareness (Duckworth and Langmuir 1987). On the mainland, the growth of the railways complemented the arrival of the steamship. Highlanders found much to love, hate and observe (sometimes with wry detachment) in the new forms of transport which were gradually transforming their homeland, and giving them prospects of travel which were unimaginable in the previous century.

Improved communications opened up the Highlands and Islands to a range of influences. The Lowlands became increasingly important as a source of physical sustenance and cultural aspirations. The Highlands, on the other hand, fed the romantic longings of that part of the population which was now tied to the treadmill or growing luxuriously weary of the crenellated walls of fashionable mansions. For the rich of earlier decades, whether the anglicised clan chiefs ensconced in Edinburgh and London or their entrepreneurial successors who were buying Highland estates, the region held increasingly realisable dreams – castles, stalking, deer-hunts and many other leisure activities (Devine 1994: 84-99). This formed part of the cult of 'Highlandism', which had developed partly in the after-glow of James Macpherson's 'Ossian', which was published between 1760 and 1763 and provoked a storm of controversy about its authenticity (Gaskill 1996). 'Ossian' also stimulated great external interest in the region. During the nineteenth century, the now familiar patterns of tourism, both cultural and geographical, were delineated, as inquisitive paddle-steamers poked their sharp noses into the waters round Fingal's Cave, and bewhiskered professional gentlemen in plus-fours eyed the peaks, and began to tackle the challenge of climbing the Cuillins. As the names of certain Skye mountains testify, some influential climbers were to leave their mark on the landscape of the Highlands and Islands, as well as on its literature. One such was Alexander Nicolson (1827-93), a Skyeman and Sheriff of Kirkcudbright, who produced a major collection of Gaelic proverbs, and had a Skye peak – *Sgùrr Alasdair* – named after him. Those less prominent Highlanders who had moved to the Lowland cities, and were able to use the new economic forces to better their lot, could join in the fun, though most were able to visit their homelands only at times of statutory holiday, such as the Glasgow Fair.

For those who remained in the Highlands and Islands, however, life was much less amenable. Their daily toil was relieved not by holidays, but by employing the traditional culture of the region to its fullest capacity, as a means of celebrating their homeland, their communities, their own people and their relationship to the wider world of Gaelic identity, in all its varied aspects. Their tales, like their songs, were soon to be deemed worthy of preservation. The wealthier gentlemen and scholars who had seen both the Gaelic and the non-Gaelic worlds gradually became aware of the riches of oral narrative which the Highland communities possessed. The collection of Gaelic tales had begun in the first half of the nineteenth century, and was signalled splendidly in the publication of John Francis Campbell's *Popular Tales of the West Highlands* (1860-62). Further collections of proverbs, poems and tales were to appear during the remainder of the century. The movement to collect Gaelic lore and oral literature meshed with the desire to assert the viability of the crofting communities. This was reinforced by societies such as the Gaelic Society of Inverness (founded in 1871) and by some of the more overtly social and local societies of the Gaelic communities in the Lowland cities. Men such as Professor John Stuart Blackie, Professor of Greek at the University of Edinburgh, discovered Gaelic and began to explore its philological links with other languages. Blackie, however, extended his interests to include the linguistic and social welfare of the Gaelic people. As a tireless champion of crofters' rights, he combined an incurable romanticism (and an accompanying hatred of trains and railways) with a devotion to the good cause of Gaelic. He was the principal mover in the campaign to establish a Chair of Celtic at the University of Edinburgh, a campaign which resulted in the appointment of Donald MacKinnon, a native of Colonsay, to the Chair in 1882 (Gillies 1989). A decade later, the first Mod was held in Oban – an event attended by the voluminous Gaelic poetess, Mary MacPherson (who won no prizes) (Thompson 1992). These developments helped to validate and reinforce the cultural well-being of the wider Gaelic community in Scotland, and, despite the vicissitudes, Highlanders at home and abroad could take some degree of pride in what had been achieved by the end of a century which had witnessed quite dramatic changes.

THEMES AND STYLES OF NINETEENTH-CENTURY VERSE

Given the various upheavals and revolutions of the nineteenth century, it is easy to assume discontinuity with the preceding century in terms of the poetic tradition. Yet the period is not free-standing, and if we can rid ourselves of the predominant critical view that this was merely the era of all-pervasive English influence, and concentrate instead on indigenous Gaelic conventions, a different picture emerges. Since the Middle Ages and earlier, the

Gaelic poetic tradition functioned in terms of well-defined genres of verse, chief among them being panegyric (poetry in praise of the living and in commemoration of the dead). Satire too was a prominent form which was much feared. Humorous verse was also practised, and humour and satire often merged in hilarious combination. In the nineteenth century, continuity of traditional styles can be detected; what changes is the manner in which these styles are handled, and the purpose to which they are put. It is possible, indeed, to observe these changes taking place. Poets who belong to the last quarter of the eighteenth century and the first half of the nineteenth century are usually closer to eighteenth-century conventions, as can be seen in the verse of Ewen MacLachlan (**Poem 36**) and John MacLean, Poet to the Laird of Coll (**Poem 11**). As society changes from chiefs and tacksmen to landlords and crofters from the early 1800s, the older icons are replaced by newer ones. The range of traditional panegyric is diversified in response to the diversification of the century itself. Praise can be directed at such objects as the steamship and the China tea-clipper, and at such individuals as sea-captains and ministers. Satire finds a new application (and gains great strength) in the dispraise of bad landlords and factors (see Meek 1995a). Religious experience provides a massive extension for panegyric, but it also finds a place for salutation, satire and narrative verse of the kind which flourished in the secular tradition.

Thus, although the maintenance of traditional patterns can be discerned in nineteenth-century Gaelic verse, a change in subject-matter is evident. A more subtle, overall change (or series of changes) of tone and mood also occurs, and is particularly evident by the end of the century. In general, the 'popular' seems at first sight to have displaced the 'profound' and the deliberately wrought. But the desire to give a significant place to the 'popular' did not begin in 1800. It is arguable that it is already evident by the closing decades of the eighteenth century. In 1786, for instance, John Gillies of Perth published his splendid collection of Gaelic verse. It contains none of the major poems of the eighteenth-century poets; instead, it gives significant place to poets such as John MacCodrum of North Uist, offers some specimens of evangelical verse, and affords much of its space (beyond Gaelic heroic ballads) to popular song. The growing importance of popular song is evident after 1800. When, by the end of the nineteenth century, the songs of Neil MacLeod were taking the cèilidh-halls by storm, this represented the triumph of a certain type of popular song in a particular social context. It is instructive to compare the type of poetry produced by Neil's father, *Dòmhnall nan Oran* (published in 1811), which falls into the category of the township bard, with that of his son. The songs of the latter not only reflected the mood of their time, they also set standards; Neil MacLeod came to be regarded, both in the Lowlands and in the Highlands (particularly in his native Skye), as a fine poet, and his father's skills were largely forgotten. Neil is still highly esteemed in certain circles today on the basis of the sentiment, 'singability' and neat metrical structures which are characteristic of his verse. Music (of a wistful, romantic kind) was an important dimension of the critical standards which were applied in the later nineteenth century. Poets who failed to follow the romantic recipe for success in the Lowland cèilidh-house of the late nineteenth century generally lost out to the popular songsters. Light-weight, predictable song, repeating well-known themes and images, was all the rage in the 1880s and 1890s.

Just as the Gillies Collection appears to foreshadow the change in poetic form which progressively came to dominate the nineteenth century, it also seems to anticipate change in content. The most obvious change in the content of nineteenth-century verse is that feeling and subjectivity take over from observation and objectivity as the main concerns of the poets. The eighteenth-century poets were often at their best when describing a natural scene, or the seasons, or portraying a battle. They could, on occasion, give vent to their emotions, as in the great songs of grief which followed Culloden. William Ross, for example, did so memorably, and some of his verse appears to anticipate the romantic inclination which came on stream after 1800. Our nineteenth-century poets, on the other hand, are much more concerned to tell us how it *feels* to see a deserted landscape, where there was once a lively community; how it *feels* to be in an emigrant context, far from home; how it *feels* to be on a steam train or ship; how it *feels* to hear of the death of a famous general or a great leader of the Gaelic cause; how it *feels* to have the experience of salvation, and to be 'lost in wonder, love and praise' for Christ. Sometimes their emotions ran riot, and degenerated all too often into tacky sentimentalism, produced at the turn of a tap, as the verse of John Campbell of Ledaig (for example) amply demonstrates.

The nineteenth-century poets, however, did not lack the capacity to describe nature or the physical world; some (like

William Livingston and Mary MacPherson) did so splendidly.
They tended to give precedence to their emotions as they ob-
served their respective landscapes, but the hallmarks of their most
memorable pieces include firm control of feeling, and a capacity
to preserve freshness of insight. Their achievement is all the more
evident by the standards of the late nineteenth century, when the
craft of poetry seems almost too ubiquitous, clichés displace
original thought, and intellectual rigour is at a discount.

As the aspirations of the poets changed, so also did the shape of
their poetry. In the nineteenth century, we appear to lack (at least
in the secular field) poems as ambitious as Duncan Bàn Mac-
Intyre's 'Moladh Beinn Dòbhrain' ('In Praise of Beinn Dòbhrain')
(MacLeod 1933: 133-226) and Alexander MacDonald's 'Birlinn
Chlann Raghnaill' ('Clanranald's Galley') (ibid.: 23-129). The
poetic artefact generally becomes smaller, the horizon narrower,
the personal response more dominant. Indeed, we can observe the
change from large-scale, eighteenth-century landscape portraits to
nineteenth-century emotional vignettes in the verse of Duncan
Bàn MacIntyre himself, whose active life as a poet extended into
the early nineteenth century. His 'Cead Deireannach nam Beann'
('Last Leave-taking of the Bens') (**Poem 1**), composed in 1802
when he made his final visit to his native mountains, stands in
sharp contrast to his 'Moladh Beinn Dòbhrain', both in scale and
thought. Here MacIntyre lays strong emphasis on his emotional
reaction to the altered landscape – 'bha smaointean mòr' air m'
aire-sa' ('my mind turned to deep reflection') – and expresses his
surprise at the change in the mountain itself. Realising that his
days are almost spent, he recreates the adventures and company of
his youth, and develops the theme of *caochladh* ('adverse change')
in man and nature. His poem appears to have been something of a
trend-setter, or at least to have anticipated some of the keynotes of
subsequent homeland verse. The codes and signals of the poetry
of *cianalas* ('yearning for home') are well established in 'Cead
Deireannach nam Beann'.

Yet, despite the overall tendency towards shorter pieces, the
nineteenth century has its share of longer, ambitious poems on a
variety of themes. The ability to compose lengthy poems of natural
description was not entirely lost, as is made clear by such pieces as
Duncan Black Blair's remarkable 'verbal video' of the Niagara Falls
(**Poem 15**). Long narrative poems, aspiring to epic themes and
proportions, were produced by William Livingston. Livingston's
battle poems are likewise 'verbal videos', portraying Highland

heroism with a striking and unforgettable vividness, and are carried along by a range of robust, dynamic images, blending aspects of the style of Homeric verse and Ossianic epics. The valour of both the MacLeans and the MacDonalds, seen as almost equally matched in 'Blàr Thràigh Ghruinneard' ('The Battle of Gruinneard Bay') (**Poem 55**), is well developed. Well-structured, long narrative verse is also represented in the humorous satire on 'Calum Beag', and on the traditional theme of a *navigatio*, by John MacLean, the Balemartin Bard (**Poem 26**). Dialogue poems of some scale and ambition are found.

Long poems, however, appear to have become the hallmark of religious rather than secular verse, perhaps because of the influence of the sermon as an art form. The elegies on Highland divines by the Rev. Dr John MacDonald (**Poem 40**) and the didactic poems of John Smith of Lewis (**Poem 58**) reflect this trend. The tendency for long poems to be produced mainly by religious composers demonstrates that there had been a re-ordering of priorities within the poetic spectrum, and that the church (predominantly in its Presbyterian form) had taken control of some key domains of poetry; admiration for, and interaction with, the world of nature had produced the largest poems of the eighteenth century, whereas in the nineteenth century long, meditative poems are to be found most consistently in the spiritual realm.

Several nineteenth-century poets aspired to compose short poems, in effect lyrics, with varying degrees of success. The most impressive composer of the lyric was Dr John MacLachlan of Rahoy whose seemingly simple, off-the-cuff and unambitious poems disguise a firm sense of poetic art. The most poignant of his poems (often on the theme of unrequited love or the desolate countryside) contain a tight emotional spring, well-chosen vocabulary and striking images, sometimes skilfully developed in accordance with the organic growth of the poem. His distinctive gift is his ability to distil large tracts of emotional experience into succinct jewels of expression; sometimes (in his response to clearance, for example, as in **Poem 8**) he seems to summarise in no more than half-a-dozen verses the entire panorama of larger poems by other composers such as Allan MacDougall. Several poets, such as Evan MacColl and Neil MacLeod, produced poems which have a lyrical quality; in MacLeod's case at least, they are too predictably sentimental to carry conviction as fully fledged lyrics, while MacColl's successful poems are few in number, and one can only regret that his considerable poetic talent and ability to portray the Cowal landscape were wasted on Gaelic 'pop' for the cèilidh circuit, and on banal English doggerel. The lyrical style of the 'MacLeod school' commonly has a 'chocolate box' texture, with an attractive painting on the outside and sweet confection within. As a romantic songster who has been influenced by Ossianic perspectives, MacLachlan at times comes breathtakingly close to the sentimentality of the 'MacLeod school', but his personal involvement in the event or experience, as a participant observer, pulls him back from the romantic abyss, giving his verse an edge of realism which is usually absent in the effusions of the 'MacLeod school'. The inability of most other poets to achieve success in the lyric form can be related, at least partly, to compromise with other types of poetry. The urge to produce a strong element of narrative could lead to diffuseness, with the result that the energy of the lyric was dissipated. Although nineteenth-century poems are not generally long compared with those of the eighteenth century, some feel tedious because the poets are unable to create the tension required to sustain the piece.

POETS' PERSPECTIVES

The Gaelic poets observed, and in many cases, participated in, the trends and events of the nineteenth century. Their output reflects all the various features of the period which we have described in the preceding profile. The poetic record is surprisingly full and remarkably closely connected to contemporary happenings. How did the nineteenth century appear to the poets? How did they themselves fit into the tempo of the times? The rapid pace of change and the quick succession of social revolutions are certainly an ever-present backdrop in their verse, but it needs to be stressed that how a poet viewed the relevant events of the century depended on his or her context and personal circumstances at the time of composition. It is very dangerous to suppose that the thought-patterns of the nineteenth century remain constant throughout.

Some common perspectives or philosophies which aim to explain their world can be detected among those poets who went through similar experiences at around the same time. These can be seen in some of the poems dealing with migration and emigration in the first quarter of the century. The swift transition from one land to another, or from one community to another, or the shock of seeing a changed landscape after spending a period in the new community, produce broadly similar reactions in the poets, though these are expressed in different words. The word *car* (which gives this collection its title) occurs not infrequently in this context with a number of meanings. Duncan Bàn MacIntyre, returning to survey Beinn Dòbhrain and its environs, feels that he has been the victim of a *car* ('trick') by the treacherous world – 'gun tug an saoghal car asam' ('the world has tricked me wickedly') (**Poem 1**). For John MacLean of Tiree, formerly Bard to the Laird of Coll, but now confronted with a towering North American forest which defies his best efforts at ground-clearing, the whole sad episode which brought him from Caolas, Tiree, to Barney's River is a *car*, an unfortunate turn of events set in motion by the deceptiveness of the emigrant agents. MacLean's 'Oran do dh'Ameireaga', also called 'A' Choille Ghruamach' ('The Gloomy Wood') (**Poem 11**), was composed after his arrival in Nova Scotia in 1819, but by the mid-1820s he was composing verse of a quite different kind (**Poem 12**), extolling the virtues of his new environment, which he now saw as a God-ordained refuge for those who had been cleared from the Highlands. MacLean's world had taken, in effect, another *car* – one for the better. His later sentiments were echoed by other poets who found a congenial home in North America. This in itself is sufficient warning that there is no single view of the emigrant experience or the 'clearance experience' among the poets, nor is there always a consistency of view in the output of individual poets like John MacLean. Perspectives could change. Some clouds eventually showed their silver linings, and the poets responded accordingly.

In his 'Oran do dh'Ameireaga', MacLean contrasts his bleak circumstances at Barney's River with the happiness of his boyhood in Tiree, where he enjoyed friendship and much conviviality. His native community is portrayed positively, despite the fact that it must have been sufficiently lacking in sustenance to encourage him to leave it. This 'before and after' scenario – a variation on the theme of *caochladh* – is not uncommon among the poets throughout the nineteenth century.

Because of the various sudden changes which come their way, many poets look back to their childhood and (often) their home-land as an age or area of innocence. Loss of innocence is indeed one of the major themes of the nineteenth century, particularly among those poets who recollect earlier states of existence. It can be found in the verse of MacIntyre, Livingston, MacLachlan, MacPherson and MacLeod, and in the occasional poems of many others. Few poets are actually able to resolve their dilemma successfully; MacIntyre bows to fate (**Poem 1**); Livingston sees primordial evil at its heart and attributes this to 'gamhlas Ghall' ('the ill-will of Foreigners') (**Poem 7**); MacLachlan fatalistically discerns the inexorable fulfilment of prophecy (**Poem 8**); and MacLeod, while perceiving the past as a sealed unit which is now accessible only by retrospective reconstruction, perversely consoles himself with the prospect of spending his last days in the old community (**Poem 10**). A much more robust perspective informs the work of Mary MacPherson. Her vision is romantic to a certain degree, but it discerns realistic continuities. By preserving the unity of past and present, it remains inherently optimistic (**Poem 4**).

A retreat into the past, reconstructing it as a way of coming to terms with the present and providing a model for the future, is apparent in some of the poets who focus on the disjunction between past and present. Different approaches to the past are evident. William Livingston, for example, looks back in anger, and is inclined to play literary war-games, productive of long narrative poems which fight the battles of yesteryear for the benefit of thoughtful, contemporary Gaels. In their new context, these battles are probably meant to hold the mirror to contemporary Scotland and her leaders. The army of the MacDonalds of Islay, pitted against the MacLeans, is Scotland's army too (**Poems 7, 55**). Although Livingston made creative use of the past, his awareness of historical precedent helped him to avoid the simplistic jingoism and militaristic naivety of later poets such as John Campbell of Ledaig, for whom imperial soldiering was very much a contemporary part of the Highland ideal (**Poem 54**). The latter abandoned reason and logic as a result of imbibing what Sorley MacLean has justly called 'imperialist dope' (MacGill-Eain 1985: 66). Campbell's befuddled admiration for the kilted Gael's role in contemporary war-mongering contrasts sharply with the deep reflectiveness of Livingston, whose armies were essentially Gaelic and Scottish, rather than British and imperial.

Campbell was not, of course, alone in his admiration of the brave kilted regiments and 'the thin red line'. Gaelic poets generally took great pride in the imperial record of Highland soldiers. After 1850, however, the more perceptive began to articulate an inconsistency between the Highland contribution to the empire and the actual rewards given to those who had served loyally. John Smith of Lewis, in his powerful post-1874 'Spiorad a' Charthannais' ('The Spirit of Kindliness') (**Poem 58**), grimly pointed out that the families of those who had fought at Waterloo (1815) were rewarded with clearance and eviction. He was thinking primarily of the Strathnaver Clearances and the very considerable military contribution of the men of Sutherland to the Peninsular War, but such ironies were no less evident at the time of the Crimean War in the middle of the century. From the end of the previous century, poets had warned that the emptying of the glens would have an adverse effect on recruitment and ultimately on the defence of Britain itself. The first part of their prophecy was amply fulfilled when the Crimean War broke out, and recruiting sergeants struggled to find Highlanders who would join the colours. The second part of their prophecy was, to some degree, fulfilled when Highlanders realised that they had been badly short-changed for their support of the empire, and began their own anti-landlord rebellion, helped along by the vigorous verse of Mary MacPherson, who, despite her pride in Skye's contribution to the British army, was not afraid to encourage the use of the fist at home (**Poem 59**). Imperial indifference to the plight of the Highlands helped to feed the Land Agitation of the 1870s and 1880s, but the beguiling dream of 'a land fit for heroes' continued to raise regiments and to dash hopes well into the twentieth century.

The hardships of contemporary life thus challenged the assumptions of many poets about 'the way the Highlands ought to be'. The ideal and the reality were far apart. The material world seemed unstable and unreliable, offering little of lasting value. Nineteenth-century Gaelic poetry composed in Scotland often conveys a pervasive sense of fragility, as if society lacked any solid foundation. In the Highlands and Islands, the natural landscape had been blighted by clearance and social change, and could not be accepted at face value any longer. Poets who celebrated their homelands (an increasingly dominant theme among exiles) tended to look back longingly to a pre-clearance ideal when the natural rhythms of the community were positive and inclusive. The re-imagined homeland thus came to incorporate, or indeed to represent, a set of emotional and moral values which provided a new focus for eulogy, and also a potent stimulus for political activism by the last quarter of the century.

Given the need to satisfy the emotional longings of displaced Highlanders, description of the homeland was all too easily reduced to sentiment and romanticism. The ideal homeland assumed iconic significance, largely displacing the clan chief as an object of praise. As a consequence, realistic portrayal of the

natural environment was seldom achieved. Mary MacPherson was
one of the few who tried to provide a consistently recognisable
physical outline of her native island. Other poets opted into, and
out of, the prevailing identikit of high mountains and fertile
islands. Neil MacLeod, for example, provides an uncharacteris-
tically strong and dynamic picture of Skye in the first half of his
'Fàilte don Eilean Sgitheanach' ('Salute to the Isle of Skye')
(**Poem 3**). The celebration of nature for its own sake was, on the
whole, unusual in Gaelic Scotland by the middle of the century. It
re-emerged freshly and vigorously – and largely freed from
nostalgia – only in the New World, when communities of exiled
Highlanders (often second-generation settlers) began to observe
the more attractive aspects of what was (in the eyes of the first
generation) a hostile landscape. The verse of Duncan Black Blair –
and especially his tour de force on the Niagara Falls (**Poem 15**) –
is noteworthy in this respect. The great cataract is a representation
of the Sublime, an aesthetic concept originating in the eighteenth
century which intermingled with Ossianic romanticism and
influenced depictions of the mountains in several nineteenth-
century poems. The positive and negative effects of this
ambivalent literary legacy can be seen in Neil MacLeod's 'Salute
to the Isle of Skye' (**Poem 3**), where pride in a mountainous
landscape motivates the opening verses of the poem, and a
pervasive sadness at the loss of old heroes (a variation of the
classical *ubi sunt?*) and youthful innocence dominates the
remainder. It should be emphasised, however, that, despite the
disjunction at its heart, or perhaps even because of it, this poem is
one of the most successful *songs* of the nineteenth century. It is
also helped greatly by its fine tune which consistently maintains
the majestic note of the opening verses and provides a counter-
balance to its inherent nostalgia. This reminds us – once again –
that popular nineteenth-century Gaelic song can be seriously
misrepresented if the literary critical standards for *written* verse are
too rigidly applied to it.

Innocence and beauty were generally sought beyond nature
and landscape. They were sought, for instance, in the nineteenth-
century approach to love. Love poetry became one of the main
resting-places of the many formal conventions which described
the ideal individual found in panegyric poetry in the seventeenth
and eighteenth centuries. 'Perfect Peggies' are so abundant as to
raise questions about the sincerity of many poems. Separation,
caused by migration or emigration, or by a sailor's calling, is

common in such verse, reflecting the mobility of the age. Love as a means of adding warmth to a cold and broken world, and of creating an ideal context, was extended to other fields, such as the portrayal of the homeland in the Highlands. 'Designer romanticism' worked at various levels to counteract the coldness of social change and the loss of traditional structures. It induced the 'MacLeod school' of poets to produce spurious verse which often involved role-playing and gender-bending; they could take the place of lovesick men and maidens, and bereaved individuals of the past and present; they could see themselves as homesick sailors on square-riggers, re-imagine tragic accidents such as shipwrecks, and speak with the voice of the temperance agent, the loyal imperial soldier, or the hapless emigrant yearning for the homeland – without ever having experienced any of these circumstances.

Similarly, evangelical experience helped to compensate for some of the loss of innocence. The Bible described the loss of innocence in the Garden of Eden, and preachers stressed the potential recovery of purity through appropriating the imputed righteousness of Christ in saving faith. Re-birth in Christ was the key to a 'new creation', and this is a dominant note in nineteenth-century hymns. Evangelical verse was produced in profusion, portraying the heroic greatness of Christ, his love for humanity and the particular love of the saved for him. Spiritual heroism thus outstripped secular heroism as the supreme way of life to which humanity might aspire. Evangelicals celebrated Christ's conquest over death by variously adapting secular codes and styles. This was by no means a new approach in Gaelic verse; it is attested from the days of the early Gaelic church, as 'Amra Choluim Chille' ('Song on Columba'), an almost contemporary elegy on Columba, testifies (Clancy and Márkus 1995: 104-28). The ideal of the spiritual warrior was, however, reasserted in the Gaelic world at different times. The new evangelical emphasis can be perceived initially in the verse of the eighteenth-century poet, Dugald Buchanan, whose poem, 'An Gaisgeach' ('The Hero'), challenged the stereotype of the secular warrior (MacLean 1913: 37-39). The old imagery of temporal warfare was thus redirected, and found a lasting niche in the spiritual context. The importance of spiritual warfare was emphasised by John MacLean and John Morrison (**Poem 49**), and by many others. Throughout the nineteenth century, ministers and leaders of the churches were themselves portrayed, often in elegies (such as those of the Rev. Dr John

MacDonald of Ferintosh) (**Poem 40**), as exemplary heroes who had fought 'the good fight of faith'. For evangelicals, Christ's victory issued a challenge to contemporary lifestyles and to the secular world order (**Poem 46**), and the spiritual poets produced much verse on such themes. Moralising about the world and its condition, even from a secular standpoint, reflects the influence of spiritual perspectives and the high prestige afforded to the sermon.

Yet it must not be thought that all nineteenth-century verse is primarily the product of, and the means of providing, emotional escapism. No doubt it fulfilled something of that function, but not all poets shirked the reality around them. Many were more than willing to employ their powers of satire against the forces which sought to undermine traditional features of society. Indeed, the satirical poetry of the nineteenth century is worthy of special merit, since it is able to liberate itself from the shackles of vituperation and abuse, characteristic of earlier satirical verse, and often uses sinuous, skilful narrative tinged with humour and irony. In addition to targeting particular individuals, satire extends to some of the most evident characteristics of the period, including the routine voyages of ordinary people (**Poem 26**) and the methods of evangelical clergymen who were prepared to raise funds somewhat ruthlessly for their own cause (**Poem 30**).

It was generally those poets who had moved from the Highlands who took time (partly because they had time) to meditate, brood and romanticise. Romanticism was particularly prominent among the leisured elite who, like Neil MacLeod, had succeeded in moving up the social ladder. Life for other migrants was less conducive to relaxed reflection. The majority of those poets mentioned in the preceding part of this section left the Highlands, and found their way south or overseas, only to join the treadmill or swing the axe. An exception was Dr John MacLachlan, who was the medical practitioner in Ardnamurchan and Mull, and saw the ruined townships at first hand. Mary MacPherson straddled both the Highlands and the Lowlands, but maintained a lively interest in Highland affairs as a participant observer. As in the case of MacLachlan, the hard circumstances of her life set limits to her indulgence of romanticism.

Many nineteenth-century Gaelic poets, however, remained firmly rooted in their own communities in the Highlands and Islands. Allan MacDougall, who witnessed the arrival of the steam paddlers in West Highland waters, did not leave his native

Lochaber. He combined his honorific role as poet to MacDonell of Glengarry with occasional verse on persons and events in his own locality. His song on the *Highland Chieftain* vibrates with good humour and realism, as it contemplates the power of the steamboat, compared with the sailing-ship (**Poem 21**). As a general rule, the verse of those poets who remained in the Highlands, or in close contact with their homelands, is more robust than that of the Lowland poets, although the romantic *zeitgeist* was transmitted to the Gaelic areas. It must be remembered too that, in Glasgow, Toronto and many other cities, émigré Gaels created an alternative 'urban township' which provided new outlets for the time-honoured skills of poets reared in the 'rural township'. The contrast between the urban Gael and the rural Gael can, at times, be too sharply drawn.

In the crofting communities of the Highlands and Islands, the township bards affirmed traditional core-values, and maintained their localities' self-esteem by composing poems extolling their distinctive qualities. Their verse is usually unassuming and transparent, adopting relatively little of the more posed romanticism of the nineteenth century, from which they were protected to some extent. They praised the worthies of their own areas, and dispraised those who failed to conform to the ideals of the community. They recognised the changes in their local environments, and composed songs which articulated the corporate grief of their people when emigration or clearance occurred. They also deployed a range of verse which helped their communities to ward off the depression or despondency which may have been caused by major threats to their survival. Neil Morrison, the Pabbay Bard, composed the only surviving poem on the potato blight of 1846, and it is, significantly, a humorous poem in which the poet considers that the potato has vanished because of the ill treatment which it has received from its consumers (**Poem 27**). Presumably the implication is that the potato will return when the people treat it with greater respect. John MacLean, the Balemartin Bard, like Neil Morrison, produced verse of direct relevance to the community, and also indulged in humorous satire of a fairly sophisticated kind, with a strong narrative element (as in his 'Calum Beag') (**Poem 26**).

Humour was a particularly important component of township verse, both urban and rural. It could be used in a number of roles, as entertainment (for the cèilidh), warning (against the intrusion of unacceptable people and things), and palliative (softening the edge of social disaster, or, in the cities, aiding cultural assimilation). Morrison and MacLean, whose urban counterpart must surely be John MacFadyen, are typical of many who served their communities well, but who gained no great acclaim farther afield, although individual songs by them could travel well beyond their original localities (as did MacLean's 'Calum Beag' (**Poem 26**) and MacFadyen's 'Oran na Mulachaig' ('Song on the Kebbuck', **Poem 17**)). After 1870 the township bards, both urban and rural, played a key part in the success of the Land Agitation (Meek 1995a).

Overall, therefore, nineteenth-century Gaelic verse shows considerable variety in its themes and approaches, its styles and techniques. Variety is, however, complemented by variability. Sugary-sweet sentiment sits alongside bitter satire, and romantic depictions of the homeland, made to match the mood of Lowland concert halls, are balanced by robust challenges to the intrusion of alien lifestyles and the actions of factors and landlords. By the last quarter of the nineteenth century, the sentimental songsters had gained particular prominence among émigré audiences. In reacting against their output and its influence, twentieth-century critics have been inclined to judge the verse of the whole century somewhat harshly. As the contents of this book hope to demonstrate, it is surely worthy of a more balanced assessment than has been offered hitherto.

Principles of edition

The aim of this anthology is to provide a broad picture of the themes and styles of nineteenth-century Gaelic verse. It covers the nineteenth century chronologically from 1801 to 1892. Chronology is, however, a potentially misleading guide to the output of any century; as has been argued earlier, styles continue from one century to another, and it is important to recognise this. Styles change too, and it is no less important to note the ways in which earlier approaches are adapted to new themes and contexts. The construction of the book therefore rejects chronology as its main governing principle, and operates thematically, selecting thirteen themes, with five poems in each theme.

The themes have been chosen to illustrate the very wide range of material produced during the nineteenth century. In selecting only thirteen themes and five poems in each, a very large proportion of the poetic output of the nineteenth century is omitted, and painful decisions to exclude often had to be made.

Indeed, each theme could furnish an anthology of its own, and to do justice to the nineteenth century that is precisely what is needed. This book can be no more than a very general introduction to the Gaelic verse of the period; further, more detailed assessments are required at every level, and are eagerly awaited from future editors.

In fashioning the present selection, a determined attempt has been made to incorporate material from as many areas of the Highlands and Islands as possible, but it will be very evident that some areas are better represented than others. The southern Gaelic-speaking areas, including the Inner Hebrides and some mainland districts where Gaelic has now ceased to be spoken, were clearly much better served by the nineteenth-century printing presses than the northern areas, and this has imparted bias to the book. So too has the editor's own connection with the Inner Hebrides, as has been admitted in the Preface. Anthologies which have their starting-point in other districts of the Highlands and Islands, and draw on local repertoires, are therefore required to redress the balance of textual availability.

The present format is by no means unassailable. It will readily be seen that the sections are not wholly self-contained; religious experience, for example, frequently crosses thematic and generic boundaries, and can be found in songs accommodated within 'Emigration' or 'Elegy'. The 'Homeland' theme is itself sufficiently broad to subsume 'Clearance', and population displacement is a common motif even in those poems which celebrate native territories and are classified with 'Homeland'. 'Love' could embrace loyalty to homeland, culture and language. Again, it would have been possible to arrange the anthology generically, that is to say, in terms of the genres of verse which are commonly used by the poets – elegy, eulogy, satire – and it will be evident that these genres are utilised regularly in different thematic contexts. However, it was felt important that the reader should be given a more focused view of how each theme, and indeed each poem, employed the traditional genres.

To aid appreciation of the different poetic approaches to the selected themes, each section is prefaced by a brief introduction which draws the reader's attention to the significance of the songs and poems. The emphasis in these guidelines is on particular aspects of style and content. The general Introduction with which the book begins sets the broader contextual scene. Inevitably, this enunciates a particular understanding of the verse and of the nineteenth century. Bearing in mind the potential thraldom of editorial perspective, the sectioning of the book is intended to offer some degree of flexibility to the reader. Detail is left to the end of the volume: notes on the sources of, and references within, the verse are provided at the back of the book.

The notes also provide, wherever possible, references to tunes. However, although the majority of items in this volume constitute a body of song rather than 'poetry', the editor's principal aim has been to expound the historical, social and literary background of the material, and to address, in some small way, the profound loss of contextual awareness which is now affecting people's knowledge of nineteenth-century Gaelic verse. The musicology of nineteenth-century Gaelic song is unquestionably an important and greatly neglected field which requires to be explored in much more detail, but it needs expertise of a kind which the present editor does not possess. It is also evident that many of the songs in this selection continue to be sung, and that the musical tradition can be recovered much more readily than the historical and social context.

TEXTS

As the aim of this book is to provide a representative sample of most of the main themes of nineteenth-century verse, it has not been deemed necessary, or indeed appropriate, to offer new editions of all the poems. In fact, an immense amount of hard labour yet remains to be done in furnishing proper editions of most of the nineteenth-century Gaelic poets. As has already been emphasised, inadequate editing is but one of the many problems that have curtailed a just appreciation of the corpus.

In the absence of scholarly editions, this anthology has relied mainly on the work of earlier editors and collectors. In some instances, it has been possible to check the printed versions of certain poems (e.g. **Poems 11** and 57) against handwritten versions made by the poets themselves. As **Poem 57** demonstrates very clearly, the MS text sometimes furnishes verses and variant readings which have been omitted from the published version. This serves as a warning against accepting any printed text at face value. For reasons that may now elude us, earlier editors may have adjusted their texts, and may have misled subsequent compilers (including the present editor), wittingly or unwittingly. Certain nineteenth-century editors, such as A. MacLean Sinclair, have

earned something of a reputation for textual tinkering. Twentieth-
century editors are no less prone to inaccuracy. Compilations like
Na Bàird Thirisdeach (Cameron 1932) can often be shown to be
highly unreliable in their methodology, commonly omitting verses
without explanation, and not infrequently providing biographical
details which have not been checked against primary sources of
information such as census returns. To be fair, however, the variety
of data which we now take so much for granted, and which we can
access in compendia, sound archives or on-line, was not so readily
available when earlier editors were at work.

The present editor is therefore very much aware of the
occupational hazards of anthologising. Wherever possible, he has
done his best to check textual and contextual information. Texts
have been lightly edited, mainly to conform to contemporary
orthographic conventions. In all but four instances, the full texts
of poems have been allowed to stand intact. Where verses have
been omitted, the omissions have been clearly indicated. Other
editorial decisions, including the interpretation of unusual words
or difficult lines, have been explained.

TRANSLATIONS

The non-Gaelic reader who wishes to sample Gaelic verse might
reasonably expect to find verse of some sort in translation. This
book therefore tries to render the Gaelic originals in such a way
that they are still recognisable as verse, even in translation, with
some occasional imitation of metrical and stylistic devices. This
method is fraught with danger, since 'poetic' translations, if poorly
executed, may diminish the value of the original text, and mislead
the reader. Alternatively, polished translation may disguise the
failures of the poorer pieces.

These, however, are risks worth taking if the nineteenth century
is to be given a fair deal in its own terms. Occasionally one has
reason to suspect that the dominant late twentieth-century view
that nineteenth-century Gaelic verse was inherently 'bad' has
encouraged modern writers and translators to 'toss off' hasty
renderings which do much less than justice to the skills of the
poets. Nor were methods much better in an earlier day. The
'translation industry' which flowered in the last quarter of the
nineteenth century had its own set of blinkers. In particular, the
couthiness of contemporary English popular verse, which trans-
lators of Gaelic verse often attempted to imitate, influenced their

technique, and it is likely to have damaged critical perceptions of the Gaelic originals. It may also have affected perceptions of the output of the century as a whole.

The 'remaking' of Gaelic songs for Lowland consumption may be sampled in **Poems 61-64**, where translations by Henry Whyte ('Fionn') and Malcolm MacFarlane are allowed to stand along-side the Gaelic texts, and the editor's more literal translations are relegated to the notes. The seriously detrimental effect of imitation, rather than proper translation, is nowhere more apparent than in Lachlan MacBean's very free rendering of Mary MacDonald's 'Leanabh an Aigh' (**Poem 46**), everlastingly popularised by him as 'Child in the Manger'. The three verses known to thousands today are to a large extent a new poem which takes little more than its thoughts and sentiments from the Gaelic original. The present editor's approach to translation tries to redress the balance for this poem, as for others which have been similarly misrepresented. The aim is to be fair all round. There is indeed much that is pedestrian in the Gaelic poetry of the nineteenth century, but there is also much that is very good and deserving of recognition. In trans-lation, it is unfair to reduce both good and bad to a haze of bland prose or couthy doggerel.

In producing his own more literal, but (he trusts) poetic, translations, the editor is very much aware that he too may have been the hapless victim of various preconceptions. His personal preferences will be all too clear, and they may indeed have been responsible for some of the quirks of translation. The fact that some poems seemed to move from Gaelic to English with relative ease, while others offered a stout resistance to being dislodged from their original language, may reflect the translator's com-petence or lack thereof. Perhaps, on the other hand, the nature of each poem determined its response to the translator. It was particularly evident that the shorter lyrics of poets such as MacLeod and MacLachlan moved easily into English, and this may be an indicator that, as original Gaelic pieces, they sit astride a subconscious bilingual boundary in the mind of the composer. It was often the more traditional poems that resisted all blandishments to cross the line, and stubbornly refused to make a match with English rhymes or word patterns which would have conveyed more precisely the technical features of the original. In such cases, the editor exercised restraint, producing a relatively unadorned version in English. He recognised that the Muse was as badly needed by the translator as by the poet, and he was aware of 'off days', as well as 'on days'; a temporary torrent of inspiration might be followed by a prolonged period of oakum-picking tedium before the Muse condescended to return, making it necessary to revise earlier drafts. Sometimes the Muse stayed sullenly away, as if insulted by the emerging rendition. The mood of the translator, the context of the task, the demands of many other very unpoetic duties, and the nature of each poem were probably all factors which influenced the work at different stages. Negotiation and compromise, and a willingness to 'try and try again', were the guiding principles in this delicate operation.

Given such variables, it is hardly surprising that some poems have been translated in a matter of minutes or, usually, hours; that others have taken years; and that many more are still incomplete in the sense that, here and there, they lack that critically precise word or nuance or emotional chord which would match the mood of the original version. Even at this late stage, despite the ransacking of every available dictionary and thesaurus, the search for satisfactory renditions continues, and will continue beyond the publication of this book. Translation will always be an unfinished task, and an inaccurate one.

The editor, then, was ever mindful of the adage that poetry is what is lost in translation. Yet he lives in the hope that not all of the poetry in the present collection has been lost in that challenging process. He is also aware that poetry of a certain kind can be gained in translation – to the disadvantage of the original poet. If the poets' skills have been obscured or misrepresented, the editor will have failed the very people whom he has sought to rehabilitate. His overall aim has been to provide the non-Gaelic reader not only with the meaning of the texts, but also with an impression of the metrical forms, rhetoric, emotional nuances and artistic sparkle of the original versions. The poets of the nineteenth century deserve no less. It has been a delight to have been in their company in the making of this book.

The Poems

HOMELAND

The homeland is a dominant theme in nineteenth-century Gaelic verse, and it flourished largely in the context of exile. The exile's re-imagining of the region, in the light of youthful associations now lost through age and separation, lies at the heart of much of the extant verse. Relatively few of our published poets described their native areas prior to leaving them; the natural beauty and intrinsic qualities of their localities were generally taken for granted, unless they were under threat. Yet there was a realistic residential tradition of homeland verse which retained the positive, celebratory features of eighteenth-century verse. This is exemplified by Evan MacColl (**Poem 2**), interacting vigorously with the River Ruel, and Father Allan MacDonald (**Poem 5**), celebrating a living island. Mary MacPherson's verse (**Poem 4**) owes much to exile, but she returned frequently to Skye from the Lowlands, and bravely accommodated the Highland and Lowland dimensions of her life.

Duncan Bàn MacIntyre was exceptional in producing songs which belong to the periods before and after his move to Edinburgh. **Poem 1** records his final (1802) visit to Beinn Dòbhrain, where he had spent much of his life. This leave-taking song marks a thematic watershed, foreshadowing some of the most conspicuous codes of *cianalas* ('longing for home') in nineteenth-century verse: youth versus age, active community versus adverse change, companionship versus loss of friends, harmony with nature versus dislocation and mental disjunction. MacIntyre, however, is involved in the action of the poem, as he plods up the slopes and observes the scenes of younger days. Consequently his perspective has power and immediacy, and symbolic integrity. *Active* imagery is evident, as it is in other songs close to real experience, notably MacColl's **Poem 2** and MacDonald's **Poem 5**. The latter, which portrays Eriskay as a youthful island bursting with energy and purpose, stands in the sharpest possible contrast to MacLeod's portrayal of Skye in **Poem 3**, which offers a grand but idealistic recollection of the homeland. Despite the dynamic and powerful opening focusing on the sublime Cuillins, the song becomes an elegy for irrecoverable heroic virtues. Loyalty to departed glories is the keynote. *Passive* imagery reminiscent of James Macpherson's 'Ossian' and his portrayal of the ruined Balclutha (Gaskill 1996: 128) – overgrown walls, graves of heroes, empty houses, sighing wind – furnishes the poem's core. Mary MacPherson, also from Skye, uses some of these images in **Poem 4**, but she subverts her innate nostalgia by glimpsing and affirming the potential of a future community, with new houses replacing the old. Her realistic, active images – herding, weddings, harvesting, close observation of flora – bring energy and life to the poignancy of a vanished past.

HOMELAND

1. Cead Deireannach nam Beann

Donnchadh Bàn Mac an t-Saoir

Bha mi 'n-dè 'm Beinn Dòbhrain
'S na còir cha robh mi aineolach;
Chunna mi na gleanntan
'S na beanntaichean a b' aithne dhomh:
B' e sin an sealladh èibhinn
Bhith 'g imeachd air na slèibhtean,
Nuair bhiodh a' ghrian ag èirigh
'S a bhiodh na fèidh a' langanaich. 8

'S aobhach a' ghreigh uallach,
Nuair ghluaiseadh iad gu faramach;
'S na h-èildean air an fhuaran,
Bu chuannar na laoigh bhallach ann;
Na maoislichean 's na ruadhbhuic,
Na coilich dhubha 's ruadha –
'S e 'n ceòl bu bhinne chualas
Nuair chluinn' am fuaim sa chamhanaich. 16

'S togarrach a dh'fhalbhainn
Gu sealgaireachd nam bealaichean,
Dol mach a dhìreadh garbhlaich,
'S gum b' anmoch tighinn gu baile mi;
An t-uisge glan 's am fàile
Th' air mullach nam beann àrda,
Chuidich e gu fàs mi,
'S e rinn domh slàint' is fallaineachd. 24

Fhuair mi greis am àrach
Air àirighnean a b' aithne dhomh,
Ri cluiche 's mire 's mànran
'S bhith 'n coibhneas blàth nan caileagan;
Bu chùis an aghaidh nàdair
Gum maireadh sin an-dràsd' ann,
'S e b' èiginn bhith gam fàgail
Nuair thàinig tràth dhuinn dealachadh. 32

Last Leave-taking of the Bens

Duncan Bàn MacIntyre

I was yesterday in Beinn Dòbhrain –
of her bounds I was not ignorant;
I observed the valleys
and the mountains once familiar;
that was a joyful prospect
to walk upon the top-slopes
when the sun was rising
and when the deer were bellowing.

How happy was that noble herd
when they would set off noisily,
with the hinds beside the wellspring
and the speckled calves so handsome there;
the does and all the roebucks,
the black cocks and the red ones –
they made the loveliest music
when at dawn their tune was audible.

I would set out so happily
to hunt among the mountain passes;
going out to climb the rough slopes,
I'd reach home when night was darkening;
the pure water and the fragrance
on the summits of high ranges –
that helped me to grow safely,
and gave me good health and vitality.

For a time I had my upbringing
on shielings I knew intimately,
with frolic, fun and flirting
and the warm kindness of the lassies there;
it would be completely against nature
if that remained unchanging;
we were forced to leave them
when the time had come to separate.

Nis on bhuail an aois mi
Fhuair mi gaoid a mhaireas domh,
Rinn milleadh air mo dheudach,
'S mo lèirsinn air a dalladh orm;
Chan urrainn mi bhith treubhach
Ged a chuirinn feum air,
'S ged bhiodh an ruaig am dhèidh-sa
Cha dèan mi ceum ro-chabhagach.   40

Ged tha mo cheann air liathadh
'S mo chiabhagan air tanachadh,
'S tric a leig mi mialchù
Ri fear fiadhaich ceannardach;
Ged bu toigh leam riamh iad,
'S ged fhaicinn air an t-sliabh iad,
Cha tèid mi nis gan iarraidh
On chaill mi trian na h-analach.   48

Ri àm dol anns a' bhùireadh
Bu dùrachdach a leanainn iad,
'S bhiodh uair aig sluagh na dùthcha,
Toirt òrain ùra 's rannachd dhaibh;
Greis eile mar ri càirdean
Nuair bha sinn anns na campan,
Bu chridheil anns an àm sinn,
'S cha bhiodh an dram oirnn annasach.   56

Nuair bha mi 'n toiseach m' òige
'S i ghòraich' a chum falamh mi;
'S e Fortan tha cur oirnne
Gach aon nì còir a ghealladh dhuinn;
Ged tha mi gann a stòras,
Tha m' inntinn làn de shòlas,
On tha mi ann an dòchas
Gun d' rinn nighean Deòrs' an t-aran domh.   64

Bha mi 'n-dè san aonach
'S bha smaointean mòr air m' aire-sa,
Nach robh 'n luchd-gaoil a b' àbhaist
Bhith siubhal fàsaich mar rium ann;

Now since old age has hit me,
I have an illness that is permanent;
it has ruined my teeth's sharpness
and darkened my eyes' clarity;
I cannot aspire to exploits
though I might find that needful,
and though a rout should chase me,
I cannot step out hastily.

Although my head has greyed
and my locks are much thinner now,
I often set a greyhound
to chase the wild and chiefly one;
although I always liked them,
should I see them on a hillside,
I cannot now pursue them,
having lost a third of breath's capacity.

When it would be the time of rutting,
I would pursue them eagerly,
and spend an hour with local folk,
giving them new songs and balladry;
I'd spend another while with comrades
when we'd be in encampments;
we were happy in that period,
and the dram would not be strange to us.

When I was in youth's initial stages
it was folly that kept me penniless;
it is Fortune that endows us
with everything that's pledged for us;
although I'm short of riches,
my mind is filled with solace,
since I now have the prospect
that George's daughter made the bread for me.

I was yesterday on the hill-slope,
and my mind turned to deep reflection
that those much-loved folk were absent
who once traversed the wilds with me;

'S a' bheinn as beag a shaoil mi
Gun dèanadh ise caochladh –
On tha i nis fo chaoraibh
'S ann thug an saoghal car asam.   72

Nuair sheall mi air gach taobh dhìom
Chan fhaodainn gun bhith smalanach,
On theirig coill' is fraoch ann,
'S na daoine bh' ann, cha mhaireann iad;
Chan eil fiadh ra shealg ann,
Chan eil eun no earb ann,
Am beagan nach eil marbh dhiubh,
'S e rinn iad falbh gu baileach às.   80

Mo shoraidh leis na frìthean,
O 's mìorbhailteach na beannan iad,
Le biolair uaine 's fioruisg,
Deoch uasal rìomhach cheanalta;
Na blàran a tha prìseil,
'S na fàsaichean tha lìonmhor,
O 's àit' a leig mi dhìom iad,
Gu bràth mo mhìle beannachd leò.   88

2. Moladh Abhainn Ruaile

Eòghann MacColla

A Ruaile an àigh,
A Ruaile mo ghràidh,
Chan ioghnadh na bàird bhith 'g aithris ort!
Bho d' bhun gu do cheann
'S leat maise neo-ghann
Nach tèid rè mo linn às m' aire-sa;
'S tu fèin an sruth tlàth
San caithinn an là,   8
O mhoch-thràth gu tràth nan rionnagan,
Le slat no le morghath,
Toirt cuimhneachan searbh
Do chuairtear nam meanbh-bhall lannaireach.

and that mountain which I scarce thought
would ever change adversely –
since she is now a sheep-walk,
the world has tricked me wickedly.

When I looked all around me,
I could not but be sorrowful,
since an end has come to wood and heather
and the folk who lived there formerly;
there is no deer for hunting,
there is no bird or roe there;
the few that have not perished
have departed from it totally.

My farewell to those deer forests –
they are hills that are most wonderful,
with green watercress and pure water,
a fine noble drink, so excellent;
those meadows that are precious,
those wilds that are abundant,
since I have now relinquished them,
for ever my thousand blessings there.

In Praise of the River Ruel

Evan MacColl

Wonderful Ruel,
Ruel of my love,
that poets speak of you is not surprising!
From your source to your head,
you have beauty without end,
which will ever have my attention;
you are the gentle stream
where I'd spend my day,
from morning till the time of star-lighting,
with a rod or a spear,
giving a bitter reminder
to the small-speckled, sparkling traveller.

O, abhainn gun stèidh!
Gad choimhead an-dè,
Gun d' chuir thu gun bhrèig plath-fathar orm –
An-siud thu a-nuas,   16
An seo thu a suas,
Nad mhuilleine cuairteag aighearach;
An seo thu a' falbh
Gu h-athaiseach balbh;
An siud thu, le toirm na gaillinne,
A' cur na rèis chruaidh
A bheir thu le buaidh
Gu fochair nan cuan-sruth salannach.   24

A mhuime nam breac,
Feuch siud iad a' gleac
Rid chaislichean sneachd-gheal, steallaireach;
An seo iad a' leum
An coinneamh na grèin –
Mo cheist air na laochain gheal-tharrach!
O, iasgair, bi clis!
Siud fear dhiubh a-nis   32
Fo dhubhar a' phris ud feitheamh ort;
Cuir cuileag gun dàil
Na rathad, mas àill
Leat fhaicinn an càs nach laghach leis.

'S beag ioghnadh, a Ruaile,
Aig deireadh do chuairt
Do shruth bhith don chuan cho tobhairteach,
'S na tha o gach frìth   40
De dh'easa gun sgìos
A' tabhairt dhuit cìs le bodhar-fhuaim.
B' e 'n sòlas leam fèin
Bhith leanachd an ceum
Tighinn thugad nan leum-ruith cobharach,
'S Mac Talla gun tàmh
A' magadh le gàir,
Na dhachaigh san àrd-chreig ghobharach!   48

O, river without restraint!
When seeing you yesterday,
you truly filled me with amazement;
there you plunge down,
and there you surge up,
in millions of happy eddyings;
here you make way,
slowly and quietly;
there your sound is tempestuous,
running the hard race
that takes you as victor
to the salt ocean-currents' vicinity.

Foster-mother of the trout,
see them there as they fight
with your snow-white, splashing, shallows;
here they make leaps
towards the sun –
how I love these heroes, white-bellied!
O fisher, be quick!
There is one of them now
under the shade of that bush, awaiting you;
send a fly without delay
in its way, if you wish
to see it in a plight that's unpleasurable.

It's no wonder, Ruel,
at the end of your path,
that, for the sea, your stream is so profitable;
considering all the tireless falls,
coming from each high forest,
that, with deafening roar, pay tribute to you.
It was my delight
to follow their path,
as they approached you with frothy frolickings,
and the Echo without stop
mocking them with a laugh,
in his home in the high rock with its goat-flocks!

Sruth-tathaich nan còrr,
'S tric a dh'èisd mi nad chòir
Fead sealgair nan eun-chù cuinneineach;
Maoth mhèilich nan uan,
Ceòl uiseag is chuach,
'S guth mhaighdeann mun bhuaile chumanach;
Ceòl eile nad sgàth
Cho tearc, mas fhìor dha,   56
'N cluais buachaille bàn nam mullaichean –
Ceòl theud bho thòrr-sìth,
'S na 'daoine' gun dìth,
Cruaidh-dhannsa air druim an tulachain!

Ged 's fhada bhon rè
Chaidh dìth air na fèidh
Am monadh do mhàthar-uisg' bhiolairich,
Rid thaobh air a sgiath   64
'S tric leònar cearc-liath,
'S thèid peilear an cliabh na h-iolaire;
Chan ainneamh nad bhùrn
Thig deireadh air mùirn
Dubh-dhòbhran a' chùirn le mhuirichinn;
'S an ruadh-bhoc gun taing
Da easgaidean seang
Thig tric ann ad Ghleann gu duilichinn.   72

O, Gleann nan gorm raon,
O, Gleann nam ban caoin,
Dh'fhàs òr-fhaltach, beul-binn, ceanalta –
Mnai òg nan gruaidh dearg,
'S nam pearsa gun chearb
Fhuair urram na h-Alb' gun cheannachadh!
Mo bheannachd nan dèidh!
B' e bàrd os cionn ceud   80
A mholadh mar 's còir am bannal ud;
Ged chaitheadh e bliadhn'
A' leantainn a mhiann,
An deicheamh den sgiamh cha chanar leis.

Stream that herons haunt,
I often heard by your side
whistling by a hunter with pointers, sharp-nostrilled;
the gentle bleating of lambs,
music of cuckoos and larks,
and maids' voices about the fold with its milk-pails;
and still another tune there,
which, if true, was so rare
in the ear of the fair herd of the mountain tops –
the sound of strings from the knoll,
and the little folk in their droves,
dancing hard on the ridge of the hillock!

Though it is long since the time
that the deer were brought to an end
in the moor of your cress-covered water-source,
by your side on its wing
a wound is often put in a grouse,
and a bullet in the ribs of the eagle;
often too, in your stream,
comes an end to the joy
of the otter of the cairn with its family;
and the roe-buck, despite
its shanks' swift flight,
comes frequently in your Glen to difficulty.

O, Glen of green plains,
O, Glen of gentle women,
grown golden-haired, sweet-mouthed, mannerly –
young ladies of red cheeks
and of flawless demeanours,
who have gained freely the honour of Scotland!
My blessing be theirs!
It would be a bard of highest renown
who'd praise these ladies properly;
though he should spend a whole year
indulging his desire,
he'd proclaim not a tenth of their loveliness.

3. Fàilte don Eilean Sgitheanach

Niall MacLeòid

O! Failt' air do stùcan,
Do choireachan ùdlaidh,
Do bheanntainean sùghmhor
Far an siùbhlach am meann!
Tha 'n geamhradh le dhùbhlachd
Mu na meallaibh a' dùnadh,
'S gach doire le bhùirean
Air a rùsgadh gu bonn.   8

Chì mi an Cuilthionn
Mar leòmhann gun tioma,
Le fhiasaig den t-sneachd
Air a phasgadh ma cheann;
'S a ghruaidhean a' srùladh
Le easannan smùideach,
Tha tuiteam nan lùban
Gu ùrlar nan gleann.   16

Do chreagan gu h-uaibhreach
Mar challaid mun cuairt dut,
'S na neòil air an iomairt
A' filleadh mum bàrr;
'S am bonn air a sguabadh
Le srùlaichean gruamach,
Bho bhàrcadh a' chuain
A' toirt nuallain air tràigh.   24

O! càit eil na gaisgich
A dh' àraich do ghlacan,
Bu shuilbhire macnas
Mu stacan a' cheò?
Le fùdar ga sgailceadh
Bhon cuilbheirean glana,
'S na mial-choin nan deannaibh,
Nach fannaich san tòir.   32

Salute to the Isle of Skye

Neil MacLeod

O! A salute to your summits,
your gloom-laden corries,
your nourishing mountains
where the kid has swift pace!
The winter with tempest
is closing round hilltops,
and each grove by its bellow
is stripped to its base.

I see the Cuillinn
like a lion that's fearless,
with its rough mane of snow
enfolding its head;
and its cheeks being wetted
by spray-laden torrents,
tumbling and turning
to the floor of the glens.

Your rocks stand up proudly
like a rampart around you,
while the clouds, ever restless,
encircle their peak,
and their bases are clean-swept
by grim, straggling streamlets,
from the swelling of ocean
which roars on the beach.

O! where are the stalwarts
once reared in your hollows,
who rejoiced to go sporting
round the mist-covered stacks,
with powder being blasted
from their cleanly-kept rifles,
while hounds that are tireless
followed hard in their tracks?

Na laoich nach robh meata
Ri aodann a' bhatail,
Nach aomadh gu taise
Ri caismeachd an nàmh;
Chan eil raon agus machair
Air 'n do sgaoil iad am bratach,
Nach d' fhàg iad an eachdraidh
Gun mhasladh dan àl.   40

Ach tha 'm fàrdaichean sguabte,
'S an seòmraichean uaine;
Iad fhèin is an gaisge
Nan cadal fon fhòd;
'S tha osag nam fuar-bheann
Le h-osnaidhean gruamach,
Gan caoidh mu na cruachan,
'S a' luaidh air an glòir.   48

O! càit eil gach sòlas
Bha agam nam òige,
Toirt meal' às na ròsan
Mud chòsagan tlàth?
Tha companaich m' eòlais
Air am fuadach bhon còmhnaidh,
Tha mhil air a deòthal
'S na ròsan gun bhlàth.   56

Ach 's caomh leam do ghleanntan,
Do shrathan 's do bheanntan,
'S an ceò tha na chadal
Air baideal nan àrd;
Na ciabhagan torach,
Na srònagan corrach,
'S na sruthan ri coireal
Don eilid 's da h-àl.   64

Guma buan a bhios d' eachdraidh,
Agus cliù aig do mhacaibh,
Gus an crìonar an talamh,
'S am paisgear na neòil!

Those heroes unflinching
in the face of the battle,
who would not sink softly
at the advance of the foe;
there is no plain or machair
where, unfurling their banner,
they left not their story
with no shame to their own.

But their homes are now wind-swept,
their rooms are grassed over,
while they and their valour
lie asleep in the grave;
the breeze of the cold bens
sighs sadly round uplands,
lamenting their absence
and recalling their fame.

O! where is each pleasure
that I had in my childhood,
taking honey from roses
about your soft nooks?
My familiar companions
are exiled from homesteads,
the honey has been drained,
and the roses lack blooms.

But dear to me are your valleys,
your straths and your mountains,
and the mist that is sleeping
on the ramparts on high;
the strips that are fertile,
the rugged projections,
and the streams that make murmur
to the kids and the hind.

May your story be lasting,
and your sons ever famous,
till earth becomes shrivelled
and clouds are folded away!

Fhad 's bhios sìoban na mara
A' bualadh air carraig,
Bidh mo dhùrachd gun deireas
Do dh' Eilean a' Cheò!   72

4. Nuair bha mi òg

Màiri Nic a' Phearsain

Moch 's mi 'g èirigh air bheagan èislein
   Air madainn Chèitein 's mi ann an Os,
Bha sprèidh a' geumnaich an ceann a chèile,
   'S a' ghrian ag èirigh air Leac an Stòrr;
Bha gath a' boillsgeadh air slios nam beanntan,
   Cur tuar na h-oidhche na dheann fo sgòd,
Is os mo chionn sheinn an uiseag ghreannmhor
   Toirt na mo chuimhne nuair bha mi òg.   8

Toirt na mo chuimhne le bròn is aoibhneas
   Nach fhaigh mi cainnt gus a chur air dòigh,
Gach car is tionndadh an corp 's an inntinn
   Bhon dh'fhàg mi 'n gleann 'n robh na suinn gun ghò;
Bha sruth na h-aibhne dol sìos cho tàimhidh,
   Is toirm nan allt freagairt cainnt mo bheòil,
'S an smeòrach bhinn suidhe seinn air meanglan,
   Toirt na mo chuimhne nuair bha mi òg.   16

Nuair bha mi gòrach a' siubhal mòintich,
   'S am fraoch a' stròiceadh mo chòta bàn,
Feadh thoman còinnich gun snàthainn a bhrògan,
   'S an eigh na còsan air lochan tàimh;
A' falbh an aonaich ag iarraidh chaorach
   'S mi cheart cho aotrom ri naosg air lòn –
Gach bot is poll agus talamh toll
   Toirt na mo chuimhne nuair bha mi òg.   24

As long as the sea-spray
batters the headlands,
to the Isle of the Mist
my commitment remains!

When I was young

Mary MacPherson

As I rose early with a little sorrow
on a May morning, when I was in Ose,
the cattle were lowing as they came together
and the sun was rising on the Rock of Storr;
light's shaft was shining on the mountains' side-slope,
making the pall of night fly beneath its cloak,
while above my head the happy lark was singing,
reminding me of when I was young.

Reminding me, with joy and sorrow
which my language fails to express in form,
of each twist and turn in mind and body
since I left the glen where heroes knew no wrong;
the river water was flowing down so gently,
and the streamlets' gurgle returned my words,
while, on a branch, the sweet thrush was singing,
reminding me of when I was young.

When I was heedless traversing moorland,
and the heather tearing my white petticoat,
through mossy tuffets, with no thread of footwear,
and ice in pockets on stagnant lochs;
as I looked for sheep and crossed the upland,
I was just as light as a snipe on a field –
each rent and bog and hole-pocked marshland
remind me now of when I was young.

Toirt na mo chuimhn' iomadh nì a rinn mi,
    Nach faigh mi 'm bann gu ceann thall mo sgeòil –
A' falbh sa gheamhradh gu luaidh is bainnsean
    Gun solas lainnteir ach ceann an fhòid;
Bhiodh òigridh ghreannmhor ri ceòl is dannsa,
    Ach dh'fhalbh an t-àm sin 's tha 'n gleann fo bhròn;
Bha 'n tobht' aig Anndra 's e làn de fheanntaig
    Toirt na mo chuimhne nuair bha mi òg.   32

Nuair chuir mi cuairt air gach gleann is cruachan,
    Far 'n robh mi suaimhneach a' cuallach bhò,
Le òigridh ghuanach tha nis air fuadach,
    De shliochd na tuath bha gun uaill gun ghò –
Na raoin 's na cluaintean fo fhraoch is luachair,
    Far 'n tric na bhuaineadh leam sguab is dlò,
'S nam faicinn sluagh agus taighean suas annt',
    Gum fàsainn suaimhneach mar bha mi òg.   40

An uair a dhìrich mi gual' an t-Sìthein,
    Gun leig mi sgìos dhiom air bruaich an lòin;
Bha buadhan m' inntinn a' triall le sìnteig,
    Is sùil mo chinn faicinn loinn gach pòir;
Bha 'n t-sòbhrach mhìn-bhuidh', 's am beàrnan-brìghde,
    An cluaran rìoghail, is lus an òir,
'S gach bileag aoibhneach fo bhraon na h-oidhche,
    Toirt na mo chuimhne nuair bha mi òg.   48

Nuair chuir mi cùl ris an eilean chùbhraidh,
    'S a ghabh mi iùbhrach na smùid gun seòl,
Nuair shèid i 'n dùdach 's a shìn an ùspairt,
    'S a thog i cùrsa o Thìr a' Cheò,
Mo chridhe brùite 's na deòir lem shùilean
    A' falbh gu dùthaich gun sùrd, gun cheòl,
Far nach faic mi cluaran no neòinean guanach
    No fraoch no luachair air bruaich no lòn.   56

Remind me now of the many things I did then
that I cannot assemble till my story's told –
going off in winter to waulks and weddings
with no lantern light, but the peat-end's glow;
happy youngsters would have song and dancing,
but that time has gone, and sorrow clouds the glen;
Andrew's ruined homestead, now full of nettles,
kept reminding me of when I was young.

When I made a circuit of each glen and hillock
where I was once joyful herding cows,
with light-hearted youngsters who are now evicted,
the seed of folk without guile or show –
those fields and plains under heather and rushes,
where I often cut a clump and a sheaf of corn,
if I could see them peopled, and houses built there,
I would become joyful, as I was when young.

When I ascended the Sìthean's shoulder,
I sloughed off my tiredness on the meadow's side;
my mental powers ranged outwards, bounding,
and each flower's glory came before my eye;
the soft yellow primrose and the dandelion,
the regal thistle, and the marigold,
and each happy leaf beneath night's dewdrop
reminded me of when I was young.

When I turned my back on the fragrant island,
and took the smoky boat that has no sail,
when her whistle blasted and the churning started
and she set her course from the Misty Land,
my heart was crushed and my tears were flowing,
going to the country with no tune or spark,
where I will see no thistle or joyful daisy
or heather or rushes on field or bank.

5. Eilean na h-Oige

An t-Athair Ailean Dòmhnallach

Ged a gheibhinn-sa mo thagha
B' e mo rogh' den Eòrpa,
Aite tuinidh an cois na tuinne
An Eilean grinn na h-Oige;
Lom e dhuilleach, lom e mhuran,
Lom e churachd eòrna;
Air a luimead, gura lurach
Leamsa a h-uile fòd dheth.   8

Is fhada o thugadh dhutsa an t-urram
Aig a' Phrionnsa Teàrlach;
'S ann bha fuireach an sàr dhuine
Chuir gum fulang Leòdaich;
Is Iain Mùideartach an curaidh
Dh'iomair cluich air Lòchaidh;
Thug iad uile greiseag unnad –
Fir an-diugh gad thòrachd.   16

Chan eil ionad anns a' chruinne
As inntinniche òigridh;
Sunndach, cridheil fonn nan nighean
As binne sheinneas òran;
Ar cuid bhodach, is iad tha frogail,
Mòr tha thogail còmh' riu;
Sùrd na caileig air a' chaillich –
Is mear an aigne tha fòidhpe.   24

Fuaim nam feadan feadh nan creagan,
Leinibh bheag' a' dannsa;
Luchd na mara a' sàr tharraing
Canabhas ri cranntaibh;
Eigh nan gillean sìos mun linnidh,
Iad ga iomairt trang ann;
Tràigh as gile, cnuic as grinne,
Rogha suidhe samhraidh.   32

Island of Youth

Father Allan MacDonald

Though I should get my choice
of all of Europe's places,
I'd prefer a home beside the ocean
in the shapely Isle of Youth;
bare of foliage, bare of marrem,
bare of barley covering,
but despite its bareness, I think lovely
every single turf there!

Long it is since you were honoured
by the Prince called Charles:
there too the champion lived
who caused MacLeods to suffer;
John of Moidart was the hero
who plied his arms by Lochy;
you were their dwelling for a session;
men today desire you.

There is no place upon the earth
with youngsters more attractive;
happy, hearty are those maidens
who sing a song most sweetly;
our old men are so sprightly,
spirits rise high among them;
our old ladies are like lassies
with agile minds to drive them.

Among the rocks the chanters sounding,
and little children dancing,
while the seamen are hard-heaving
canvas to the mast-heads;
the cry of lads down at the pool,
where they are busy playing;
the whitest shore, the finest hillocks –
choice seat for summer staying.

Là na gaillinn gura fallain
Gaoth na mara greanntaidh;
Gasda an sealladh muir a' stealladh
Sad mu mhullach bheannta;
Marcan-sìne bhàrr na Sgrìne
Nuas na mhill 's na theannruith;
Muir gach ama caochladh greanna
Ris na meallan geamhraidh.   40

Gasda am faram aig a' bhannal
Tha air an teanal thall ud;
Luadhadh daingeann air na maidean,
Chuireas plaid an teanntachd;
Trom am buille, treun an ruighe,
Trang a' bhuidheann bhaindidh;
An clò na shiubhal dol an tiughad,
Rann cur ruith gun taing air.   48

Thall mun teallach faic a' chailleach
Cur na deannaibh cuibhle;
Fear an taighe, is math a lamhan,
Dubhan cam ga rìghleadh;
Taigh a' Bhealaich, is mòr an tathaich
Tha ann de fhearaibh is nìonag,
Is fear dam b' aithne le sàr anail
Gabhail rann na Fèinne.   56

Pìob ga spreigeadh, binn a fead leam,
Is cha b' e sgread na fidhle;
Cridhe toirt breab às, 's e ga freagairt
Ann am beadradh inntinn;
Air an fheasgar bhiodh na fleasgaich
A' co-fhreasgairt tìm dhi:
Leam bu ghasda bhith nam faisge,
Dol an teas an rìghlidh.   64

Fir a' tarraing mach à caladh,
Gum b' e an sealladh èibhinn;
Togail chranna, buill gan snaidhmeadh
Ann an gramaibh gleusda;

On a day of tempest, how very healthy
is the breath of ocean's anger;
a splendid sight is the sea's crashing
upon the tops of mountains;
the spindrift from the Sgritheann descends,
borne down at speed in vapours;
the ocean's frown is changed each hour
with the showers of winter.

Fine the thumping of the women
who have assembled yonder,
waulking firmly on the trestles,
to tighten the cloth's texture;
hard their wallop, strong their forearm,
a busy band of ladies;
the tweed is moving, growing thicker,
as song propels it onwards.

By the hearthstone, see the housewife
who sets the wheel to whirring,
while the goodman – deft his hands are –
ties lines to crooked fish-hooks;
to the House of Bealach, many gather,
both young men and maidens,
as a well-skilled fellow, never breathless,
sings verses of the Fèinne.

As pipes are tuned, how sweet their sound,
and not the screech of fiddle;
the heart beats strong as it responds
in its mental idyll;
in the evening the young fellows
would move their feet in keeping;
it was my delight to be beside them
in the heat of reeling.

As men are rowing from the shoreline,
what a glorious picture!
Masts being raised, and ropes belayed,
in hands that are so skilful;

Siùil a' crathadh, chluinnte am faram,
Gus am faighte rèidh iad;
Is mach air chabhaig thun na mara,
Is cop ri darach dèideig.   72

Na lìn fhada is na lìn sgadain
Ann am badaibh rèidh ac';
H-uile h-ullachas dhìth culaidh
Bhios a' ruith an èisg ac';
Dia na tuinne gur e am bun e –
Ciod nì duine as eugmhais?
Toradh na mara à cuilidh Mhuire –
Is e tha cumail èis bhuap'.   80

. . . .

Ogain gheala feadh nam bealach,
Gur e an teanal grinn iad;
Siud iad agaibh feadh nan laga
Ann am baidean cruinn iad;
Nall am mullach thar an tulaich,
Dhaibh is ullamh sìnteag;
Dìreadh chnoc, gearradh bhoc,
Saor o lochd 's o mhìghean.   88

Ròn le a chuilean air an t-siubhal;
Cò nach luthaig spèis dha?
Is e cho measail air an isean
Mun dèan clibisd beud air;
Ri àm cunnart, siud air mhuin e,
Falbh an t-sruth gu rèidh leis;
Gum bu tubaisdeach don duine
Chuireadh gunna air ghleus ris.   96

Corr chas-fhada, stob bun cladaich,
An riochd bhith ragaicht' reòta;
An ann fo gheasaibh tha i seasamh?
Am bi i feasd' san t-seòl ud?

as sails are flapping, you hear their cracking,
until they are fastened firmly;
then out they hasten to the ocean,
froth on a fair one's planking.

The long lines and the lines for herring
are arranged in trimmest bundles;
each boat's prepared in the best of ways
for one that's made for fishing;
the god of the sea is their support –
what would man do without him?
Ocean produce from Mary's storehouse
keeps hardship from their quarter.

. . . .

Lambs in whiteness in the passes,
how delightful is their gathering;
there they go among the hollows,
in little groups assembling;
they pass the tops and cross the hillocks,
for skipping always ready,
climbing knolls, and cutting capers,
free from guile and sorrow.

A seal with his pup is on the move;
who would not esteem him greatly?
He is so protective of that youngster,
lest mischance befall him;
in time of danger, he gets a back-ride,
and the current moves him gently;
it would be unfortunate for any
who'd use a gun against him.

A long-legged heron stands stark-rigid
as if frozen on the shoreline;
is she bewitched to stand so stiffly?
Will she be in that pose always?

Cailleach ghlic i, cha do chleachd i
Cluich an cuideachd ghòraich;
Rogha suthain bhith gun duine
An cuid' rithe grunnach lònain.   104

. . . .

Is tric a shuidh mi am bàrr na beinne
Ag amharc luingeas Ghallda,
Len cuid canabhas ri crannaibh,
Gum b' e an sealladh greannmhor;
Sgoth a' tilleadh an ealta mire,
Cromadh sireadh annlainn;
Gum b' e sonas a bhith fuireach
Anns an innis sheannsail.   112

Is tric a theireadh fear an inisg
Gu robh an t-eilean staimhnte,
H-uile duine bh' ann a thuineadh
Ann an ionad fainge:
Ach 's e chuir air barrachd lurachd,
Air gach tulach 's gleann deth,
Dìon na tuinne a bhith uime
Cumail muigh na h-anntlachd.   120

A wise old wifie, it was not her practice
to keep foolish friendships;
her eternal choice is to be alone
as she wades among the marshes.

. . . .

I often sat upon the hilltop,
observing foreign shipping,
their sails hoisted to the mast-tops –
it was a splendid vista;
a skiff returning, with birdflocks wheeling,
diving to seek sustenance;
it is a pleasure to be living
in an isle so prosperous.

Frequently would the cynic say
that the island is restricted,
that every one who would live there
is by a fank encircled;
but what has added greater beauty
to every glen and hillock
is the wave's protection round about it,
keeping out each sickness.

CLEARANCES AND SOCIAL CHANGE

Although the far-reaching changes which affected the social configuration of the Highlands and Islands in the nineteenth century are conveniently – and sometimes unthinkingly – termed 'clearances' nowadays, a single summative concept did not figure in the minds of contemporary poets. What they perceived was a set of adverse processes which gradually changed the complexion of the communities. Some poets refer to this by means of the verb *caochail* ('change, die') and its verbal noun *caochladh*. The characteristics of *caochladh* included the arrival of sheep, the loss of the native population, the disappearance of traditional customs, and an accompanying coldness as the community decayed or collapsed, sometimes dramatically. These processes created the passive images which we have already noted in the context of homeland verse.

The most dejected and resigned poets often combine these images with a sentimental depiction of past days, as Neil MacLeod once again exemplifies in his eventide evocation of his native Glendale (**Poem 10**). Such reflection neutralises the ability to condemn purposefully or react constructively. *Caochladh* in Islay and its causes are, by contrast, very powerfully depicted by John MacCorkindale (**Poem 6**), whose spirited conversation with the ancient observer, Dun Nosebridge, allows an active engagement with the recent history of his native area, though he himself is now resident in the Lowlands. The poet blames cold-nosed Lowland entrepreneurs for exploiting the economic potential of the Highlands with little regard for the native stock. A similar perspective informs William Livingston's splendidly evocative view of a transformed Islay (**Poem 7**). He portrays the deceptive beauty of a vacant landscape when observed externally like an oil painting; its picturesque appearance conceals the treacherous nature of improvement, which has destroyed ecological balances. The destruction of these balances and the cost to Gaelic and Highland culture are underlined by Dr John MacLachlan. In **Poem 8**, MacLachlan is outraged at the intrusion of tarry-handed, non-Gaelic, screeching shepherds into the land of Fingal and the Ossianic heroes; they violate the sublime nature of the region. Here MacLachlan's verse shows the influence of MacPherson's 'Ossian', depicting Fingal as living in 'Morven', which MacLachlan probably equated with his own area. In **Poem 9**, MacLachlan trudges through an empty glen which once supported a community. He conveys to great effect his chilling awareness of cultural devastation. The poem is filled with active images – shinty-playing, story-telling, music and song – but they all belong to the past. As he himself recognised in another song (Gillies 1880: 40), MacLachlan became a latter-day Ossian, sadly outlasting and lamenting the departed people.

CLEARANCES AND SOCIAL CHANGE

6. Còmhradh eadar Dùn Bhrusgraig agus Fear-turais

Iain Og Mac Còrcadail

Fear-turais

A Dhùn Bhrusgraig nan cas-chreag,
Ged bha mi tacan air falbh uat,
Thàinig smaointinn fom aigne
Gu tighinn a dh'fhaicinn do ghorm-bhrat,
'S gun gabhainn sealladh od chùirnean
Air gleannan cùbhraidh nan tolman,
Far an d'fhuair thu do leabaidh,
Is Leac an Daraich mar cholbh dhi,
'S chan eil i lag.   9

'S iomadh linn chuir thu tharad,
Is garbh-char chur an gnìomh ort –
Chan e sin tha air m' aire
Ach pàirt de dh' eachdraidh na linn seo;
Innis dhomh mum luchd-dùthcha,
Ciod an cùrsa 'n do thriall iad?
Chan eil aon dhiubh ri fhaicinn
Ris an leiginn mo bhriathran
Ged bhithinn lag.   18

Tha mi faicinn nam bailtean,
San tric robh aighear 's toil-inntinn,
Nan làraichean farsaing,
Gun fhasgadh no dion annt';
'N àite gleadhraich nan eachraidh,
Nan cairtean 's nan cliathan,
Anns an earrach chan fhaic mi
Ach cìobair 's madadh ra chliathaich
Sna h-uile srath.   27

Conversation between Dun Nosebridge and a Visitor

John MacCorkindale, Junior

Visitor

Dun Nosebridge of the steep crags,
although I was away from you a while,
a thought came into my mind
that I should come to view your green cover,
and that I should survey from your pinnacle
that fragrant, small glen with its hummocks,
where you found your bedrock,
with the Ledge of Oak as its buttress,
which is not weak.

Many a generation passed over you,
and many a wild deed was on you enacted,
but that is not what concerns me,
but part of the history of this period;
tell me about my fellow countrymen –
what way have they gone?
Not one of them is to be seen
to whom I could express my words
though I should be weak.

I can see the townships
where there used to be joy and happiness,
now reduced to extensive ruins
with no shelter or protection in them;
instead of the clatter of horsegangs,
of the carts and the harrows,
in the spring I see nothing
but a shepherd and a dog beside him
in every strath.

Tha na h-innisean maiseach
San tric a thadhail mi 'm òige –
Na lagain tha fasgach
Le fuarain 's biolair nam pòran,
Gach gleann, cnoc, agus cas-shruth,
Gach srath agus mòinteach –
Tha iad uile mar bha iad,
Ach cà' bheil càirdean is eòlaich
A chaidh chur às?   36

An Dùn a' Freagairt

Mas e Gall a tha labhairt,
Gabh mo chomhairle tràthail,
Cuir car ann ad chasaig,
'S thoir ort sìos thun na tràgha:
Ged tha sibh làidir san tìr seo
'S air ur lìonadh le àrdan,
Cha dèan sibh amadan dhìomsa
Le cur a-sìos air na Gàidheil
Nach d' rinn dhuibh cron.   45

Fear-turais

A Dhùin aosda nan glas-chreag,
'S ann a th' annam fìor Ghàidheal
A dh'fhàg an tìr bho cheann tamaill,
'S tha measg nan Gallaibh a chòmhnaidh;
Is thug mi 'n sgrìob seo ad amharc,
Gun fhanaid no mòrchuis,
Dh' fheuch am faighinn uat sgeula
Mun eucoir 's mun dòghlam
Th' air Ile bhochd.   54

An Dùn

'S iomad aon thig am amharc
A bhios ri fanaid 's ri mòrchuis,
Ach 's iad na Goill tha mi 'g ràitinn,
Oir tha iad làidir san dòigh seo,

The magnificent meadows
where I was a frequent visitor in my youth –
the hollows that are sheltered,
with springs and watercress in their pores,
each glen, hill and steep stream,
each strath and each upland –
they are all as they once were,
but where are the friends and acquaintances
who have been put out?

The Dun Replying

If it is a Lowlander who speaks,
take my advice speedily,
and turn your cassock right round,
and get moving down to the shoreline;
although you are strong in this land
and filled with pomposity,
you will not make a fool of me
by decrying the Gaels
who did you no harm.

Visitor

Ancient Fort of the grey crags,
I am, in fact, a true Gael
who left this land some time ago,
and now reside among Lowlanders;
and I took this trip here to see you,
without mockery or haughtiness,
to see if I could get from you tidings
of the injustice and poverty
that afflict poor Islay.

The Dun

Many a one comes to view me
who engages in mockery and bombast,
but I refer to Lowlanders,
because they promote that style strongly,

Len adan spàirte mun cluasan
'S dreach an fhuachd air an sròntan –
Chan fhiach 's chan fhiù leo a' Ghaidhealtachd
Ged 's i chuir loinn air na sgròbain
Fhuair innte blas.   63

Ach tha [mi] tuigsinn od chainnt-se
Gur h-ann sa Ghleann chaith thu d' òige,
'S ged tha thu giùlan na h-aide
'S i bhonaid chocte bu chòir dhut;
Bha do chàirdean gu socair
Anns a' ghleannan seo chòmhnaidh,
Ach trìd nan triocan aig Webster
A Port Asgaig gun d' sheòl iad
A-nunn don Ros.   72

Tha mòran thuathanach san àm seo
Anns a' Ghleann cur an òrdugh,
Dhol thar na h-Atlantic
Chum 's gun seachainn iad fòirneart;
Chionn tha Brown agus Webster
Mar mhadaidh-allaidh gun tròcair,
A' slugadh nan truaghan,
'S a' toirt uatha gach feòirlinn
A gheibh iad ac'.   81

'S ann leam as duilich ri aithris
Gu bheil na nàisnich dhìleas
Air an cur às an fhearann
Le ainneart 's le mìorun;
Na Goill a' faotainn an uachdar
Gan ruagadh 's gan dìobairt –
Anns gach baile cha chluinn mi
Ach falbh thar tuinn gus an tìr sin
A tha ro-mhath.   90

Tha cuid diubh fàgail na dùthcha,
'S cuid a' sgrùdadh nam màltan;
Cuid gun fhios ciod a nì iad
A' trusadh bìdh do na pàisdean;

with their hats thrust around their ears,
and the colour of the cold on their noses –
they don't give a hoot for the Highlands,
though it was she who put a shine on the gullets
that found there a tasty bite.

But I recognise from your talk
that you spent your youth in the Glen,
and although you are wearing a hat,
you ought to sport the cocked bonnet;
your relatives were quietly
living in this small glen,
but through the tricks of Webster
they sailed from Port Askaig
over to the Ross.

There are many farmers at present
in the Glen making ready
to go across the Atlantic
in order to avoid oppression,
because Brown and Webster
are like wolves without mercy,
swallowing the poor people
and depriving them of every farthing
they can get.

I find it sad to relate
that the faithful native people
are being displaced from the land
by ill-will and oppression;
Lowlanders are getting to the top
by banishing and evicting them –
in every township I hear talk of nothing
but of going overseas to that land
that is very good.

Some are leaving the country
and others are contemplating the rents;
some do not know what to do
by way of gathering food for the children;

Na maoir a' faotainn làn chosnadh –
Gach Boc agus Càrach –
Mar choin air èill 's iad ri sodan
Gu bhith 'm broilleach gach Gàidheil
On tha iad bochd.   99

Bhon dh'fhàilnich uachdaran an eilein,
Tha Ile sgeith às nan nàisneach,
'S chan eil aogasg an gradaig
Gun tèid stad air an àr seo;
Ach gabh mo leisgeul car tamaill,
Bhon tha mi 'n cabhaig an tràth-sa;
Nuair thig thu rithist am amharc,
Bidh agam naidheachd as fheàrr dhut,
'S mo bheannachd leat.   108

7. Fios chun a' Bhàird

Uilleam MacDhunlèibhe

Tha a' mhadainn soilleir grianach,
'S a' ghaoth 'n iar a' ruith gu rèidh;
Tha an linne sleamhainn sìochail
On a chiùinich strì nan speur;
Tha an long na h-èideadh sgiamhach,
'S cha chuir sgìos i dh'iarraidh tàmh;
Mar a fhuair 's a chunnaic mise,
A' toirt an fhios seo chun a' Bhàird.   8

Seo crùnadh mais' a' mhìos
San tèid don dìthreabh treudan bhò,
Do ghlinn nan lagan uaigneach
Anns nach cuir 's nach buainear pòr;
Leab-innse buar nan geum –
Cha robh mo roinn diubh 'n-dè le càch;
Mar a fhuair 's a chunnaic mise,
Thoir am fios seo chun a' Bhàird.   16

the estate officers get full employment –
every Fop and Cross-grained fellow –
like hounds on leashes, straining to get off
and tear into the breasts of all Gaels
because they are poor.

Since the island's landlord went bankrupt,
Islay is spewing out its natives,
and it does not seem in the short term
that there will be a stop to this slaughter;
please accept my apology meantime,
since I am in a hurry at present;
when you come to visit me again,
I will have better news for you –
and I bid you farewell.

A Message for the Poet

William Livingston

The morning is clear and sunny
and the west wind gently blows;
the firth has a peaceful shimmer,
with the strife of skies now calm;
the ship is beautifully rigged,
but, though fatigued, will not seek rest;
just as I found and as I saw,
taking this message to the Poet.

This is the month's crowning glory
when herds of cattle go to the wilds,
to the glens of lonely hollows,
where seed will not be sown or reaped;
it is the grazing-bed of lowing beasts –
but yesterday my portion was not with them;
just as I found and as I saw,
take this message to the Poet.

Tha mìltean sprèidh air faichean,
'S caoraich gheal' air creachain fhraoich,
'S na fèidh air stùcan fàsail,
Far nach truaillear làr na gaoith;
An sìolach fiadhaich neartmhor
Fliuch le dealt na h-oiteig thlàith;
Mar a fhuair 's a chunnaic mise,
Thoir am fios seo chun a' Bhàird.   24

Tha an còmhnard 's coirean garbhlaich,
Còrs na fairg' 's gach gràinseach rèidh,
Le buaidhean blàths na h-iarmailt
Mar a dh'iarramaid gu lèir;
Tha 'n t-seamair fhiadhain 's neòinean
Air na lòintean feòir fo bhlàth;
Mar a fhuair 's a chunnaic mise,
Thoir am fios seo chun a' Bhàird.   32

Na caochain fhìor-uisg' luath
A' tighinn a-nuas o chùl nam màm
Bho lochain ghlan' gun ruadhan
Air na cruachan fad' on tràigh;
Far an òl am fiadh a phailteas,
'S bòidheach ealtan lach gan snàmh;
Mar a fhuair 's a chunnaic mise,
Thoir am fios seo chun a' Bhàird.   40

Tha bogha mòr an t-sàile
Mar a bha le reachd bithbhuan,
A' mòrachd maise nàdair
'S a cheann-àrd ri tuinn a' chuain –
A rìomball geal seachd mìle,
Gainmhean sìobt' o bheul an làin;
Mar a fhuair 's a chunnaic mise,
Thoir am fios seo chun a' Bhàird.   48

Na dùilean stèidh na cruitheachd,
Blàths is sruthan 's anail neul,
Ag altram lusan ùrail
Air an laigh an driùchd gu sèimh,

On the fields are cattle in thousands
and white sheep on heather slopes,
with deer on desolate summits,
where the wind's base will not be spoilt;
their wild, powerful offspring
are wet with dew of gentle breeze;
just as I found and as I saw,
take this message to the Poet.

The level plain and rough-land corries,
ocean shoreline and each smooth grange
react to the effects of the skies' warmth
as we would all desire;
the wild shamrock and the daisy
are in flower on fields of grass;
just as I found and as I saw,
take this message to the Poet.

The swift streams of pure water
descend from behind the rounded hills,
from lochs that are clean and scumless
on the eminences far from the shore;
where the deer will drink sufficient,
beautiful flocks of wild duck swim;
just as I found and as I saw,
take this message to the Poet.

The great bow-shaped bay of ocean
by eternal rule remains unchanged,
magnifying nature's beauty,
with its head high towards the waves;
its white arc extends seven miles,
its sands swept smooth from tidal edge;
just as I found and as I saw,
take this message to the Poet.

The elements, the foundation of creation,
warmth and streams and breath of clouds,
nurture herbs in freshness
on which the dew will gently lie,

Nuair a thuiteas sgàil na h-oidhche
Mar gum b' ann a' caoidh na bha;
Mar a fhuair 's a chunnaic mise,
Thoir am fios seo chun a' Bhàird.　56

Ged a roinneas gathan grèine
Tlus nan speur ri blàth nan lòn,
'S ged a chìthear sprèidh air àirigh,
Is buailtean làn de dh'àlach bhò,
Tha Ile 'n diugh gun daoine;
Chuir a' chaor' a bailtean fàs;
Mar a fhuair 's a chunnaic mise,
Thoir am fios seo chun a' Bhàird.　64

Ged thig ànrach aineoil
Gus a' chaladh 's e sa cheò,
Chan fhaic e soills' on chagailt
Air a' chladach seo nas mò;
Chuir gamhlas Ghall air fuadach
Na tha bhuainn 's nach till gu bràth;
Mar a fhuair 's a chunnaic mise,
Thoir am fios seo chun a' Bhàird.　72

Ged a thogar feachd na h-Alb',
As cliùiteach ainm air faich' an àir,
Bithidh bratach fhraoich nan Ileach
Gun dol sìos ga dìon le càch;
Sgap mìorun iad thar fairge,
'S gun ach ainmhidhean balbh nan àit';
Mar a fhuair 's a chunnaic mise,
Thoir am fios seo chun a' Bhàird.　80

Tha taighean seilbh na dh'fhàg sinn
Feadh an fhuinn nan càrnan fuar;
Dh'fhalbh 's cha till na Gàidheil;
Stad an t-àiteach, cur is buain;
Tha stèidh nan làrach tiamhaidh
A' toirt fianais air 's ag ràdh,
'Mar a fhuair 's a chunnaic mise,
Leig am fios seo chun a' Bhàird.'　88

as the shadow of night falls,
as if it were mourning what has gone;
just as I found and as I saw,
take this message to the Poet.

Though the shafts of sunlight should impart
skies' gentleness to meadows' hue,
though cattle can be seen on shieling,
and folds are full of cows' brood,
Islay is today devoid of people;
the sheep has laid its townships waste;
just as I found and as I saw,
take this message to the Poet.

Even if a lost wretch should happen
to reach the harbour in a mist,
from a hearth he will see no glimmer
on this shore forever more;
the ill-will of Foreigners has banished
the departed, who will never return;
just as I found and as I saw,
take this message to the Poet.

Although Scotland's army should be raised,
with its great name upon the field,
the heather banner of the men of Islay
will not charge to protect it with the rest;
ill-will has scattered them over the ocean –
and only dumb beasts are in their place;
just as I found and as I saw,
take this message to the Poet.

The houses once owned by those departed
lie throughout the land in frigid heaps;
the Gaels have gone, never to return;
ploughing, sowing and reaping have ceased;
the foundations of the sad ruins
bear witness to this and say,
'Just as I found and as I saw,
let this message reach the Poet.'

Cha chluinnear luinneag òighean,
Sèisd nan òran air a' chlèith,
'S chan fhaicear seòid mar b' àbhaist
A' cur bàir air faiche rèidh;
Thug ainneart fògraidh uainn iad;
'S leis na coimhich buaidh mar 's àill;
Leis na fhuair 's a chunnaic mise,
Biodh am fios seo aig a' Bhàrd.   96

Chan fhaigh an dèirceach fasgadh
No 'm fear-astair fois o sgìos,
No soisgeulach luchd-èisdeachd;
Bhuadhaich eucoir, Goill is cìs;
Tha an nathair bhreac na lùban
Air na h-ùrlair far an d'fhàs
Na fir mhòr' a chunnaic mise;
Thoir am fios seo chun a' Bhàird.   104

Lomadh ceàrn na h-Oa,
An Lanndaidh bhòidheach 's Roinn MhicAoidh;
Tha 'n Learga ghlacach ghrianach
'S fuidheall cianail air a taobh;
Tha an Gleann na fhiadhair uaine
Aig luchd-fuath gun tuath, gun bhàrr;
Mar a fhuair 's a chunnaic mise,
Thoir am fios seo chun a' Bhàird.   112

No longer heard is the tune of maidens
with songs' chorus at the board,
nor, as before, do we see stalwarts
on a level field driving home a goal;
eviction's thrall has taken them from us;
the strangers have won, as is their wish;
with all that I have found and seen,
may this message reach the Poet.

The beggar will not find shelter,
nor will the weary traveller get rest,
nor will an evangelist find hearers;
injustice, Foreigners and rent have won;
the speckled adder lies coiling
on the floors where once there grew
the big men that I saw there;
take this message to the Poet.

The Oa district has been denuded,
lovely Lanndaidh and MacKay's Rhinns;
sunny Largie with its many hollows
has a sorrowful remnant on its slope;
the Glen is now a green wilderness,
held by men of hate lacking tenants or crops;
just as I found and as I saw,
take this message to the Poet.

8. Och! Och! Mar tha mi

An Lighiche Iain MacLachlainn, Rathuaidhe

Och! Och! Mar tha mi, 's mi seo nam ònar
A' dol tron choill' far an robh mi eòlach,
'S nach fhaigh mi àit' ann am fhearann dùthchais,
Ged phàighinn crùn airson leud mo bhròige.

Neo-bhinn an fhuaim leam a dhùisg à m' shuain mi,
'S e tighinn a-nuas orm o chruaich na Mòr-bheinn –
An cìobair Gallda, 's cha chòrd a chainnt rium,
E glaodhach thall ri cù mall an dòlais.   8

Moch madainn Chèitein an àm dhomh èirigh,
Cha cheòl air gheugan, no geum air mòintich,
Ach sgreadail bhèisdean sa chànain Bheurla,
Le coin gan èigheach cur fèidh air fògar.

Nuair a chì mi na beanntan àrda,
'S an fhearann àigh san robh Fionn a chòmhnaidh,
Chan fhaic mi ann ach na caoraich bhàna,
'S Goill gun àireamh sa h-uile còmhdhail.   16

Na glinn chiatach sam faighte fiadhaich,
'M biodh coin air iallan aig gillean òga,
Chan fhaic mi 'n-diugh ann ach cìobair stiallach,
'S gur duibhe mheuran na sgiath na ròcais.

Chaidh gach àbhaist a chur air fuadach,
Cha chluinn thu gruagach ri duan no òran;
Nach bochd an sgeul e gun d' shearg ar n-uaislean,
'S na balaich shuarach nan àitean-còmhnaidh?   24

Nuair a chì mi na lagain àlainn –
A h-uile àirigh dol fàs le còinnich,
Fo bhadain chaorach len uain gan àrach,
Chan fhaod mi ràidhtinn nach b' fhàidhe Tòmas.

Alas My Plight!

Dr John MacLachlan, Rahoy

Alas for my plight here, as I am so lonely,
going through the wood which I once knew closely,
when I cannot get a plot in my native country
though I'd pay a crown for a mere shoe-breadth.

Unsweet is the sound that has roused my reflections,
as it comes down from the heights of Morven –
the Lowland shepherd – how I hate his language! –
bawling yonder to that slow dog of discord.

Early on a May morning when it is time to arise,
I hear no music on branches, nor lowing on moorland,
but the screeching of beasts in the English language,
yelling at dogs to make the deer scatter.

When I observe the towering mountains,
and the lovely country which was once Fionn's homeland,
I see nothing there but sheep with white fleeces,
and countless Lowlanders at every trysting.

The glorious glens where one once found hunting,
where dogs on leashes were held by young fellows,
I see nothing there now but a ragged shepherd,
and his fingers blacker than the crow's pinion.

Every old custom has been sent packing –
you will not hear a maiden with a song or ditty;
is it not sad to relate that our nobles have withered,
with low-born laddies occupying their mansions?

When I survey the magnificent hollows,
and every shieling overgrown with mosses,
under clumps of sheep raising their offspring –
I cannot deny that Thomas was a prophet.

9. Trom tiamhaidh mo chridhe

An Lighiche Iain MacLachlainn, Rathuaidhe

Trom tiamhaidh mo chridhe ag imeachd tron ghleann,
Gun chòmhdhail, gun choinneamh, ged 's i 'n Nollaig a th' ann,
Lem shùil air an fhàsach, 's na làraichean lom,
Far am faca mi 'n Gàidheal ri àbhachd le sunnd.

Chan fhaic mi ann duine, ach cluinnidh mi 'n Gall
A' sgriachail ri chuilean air a' mhullach ud thall;
'S chì mi na caoraich, 's muilt mhaola nach gann,
An àite nan curaidh 's nan cruinneagan donn.   8

Cha chluinn mi 's chan fhaic mi na b' aithne dhomh uair,
Ach na cnocan 's na h-easan, 's na creagan ud shuas;
Bu chaomh leam an sealladh aon choileach air dùn –
Ged a b' èiginn domh bhreabadh, cha bu bheag orm an cù.

Ag ionndrainn nam feara, a' cheathairne chòir,
A bheireadh dhomh cuireadh le furan gun ghò;
Cha chluinn mi 's chan fhaic mi na fleasgaichean òg',
Dol cruinn air an achadh len camain nan dòrn.   16

'S iad a chuireadh an iomain 's a leanadh i teann,
Cho luath ri buic earba feadh garbhlach nam beann –
A bhuaileadh na buillean gu curanta, cruaidh,
A' còmhstri ri chèile gun bhrèine, gun ghruaim.

Nuair a sgaoileadh an comann an deidhinn tràth-nòin,
'S a shuidheadh gach buidheann gu subhach mun bhòrd,
Bhiodh seanfhear an taighe, na mnathan, 's a' chlann,
Ag òl air a chèile gun èislean, gun ghreann.   24

Am sònraicht' den oidhche nuair rachadh iad cruinn,
Bu shunndach 's bu chridheil an fhidheall a' seinn;
Na gruagaichean teisteil 's na fleasgaichean treun,
A' dannsa gu h-innealt 's ri mireag gun bheud.

Sad and heavy is my heart

Dr John MacLachlan, Rahoy

Sad and heavy is my heart as I tramp through the glen,
with no company or meeting, though New Year has come;
my eye fixed on the wasteland, and those ruins now bare,
where I once saw the Gael, with great humour, make play;

I see not a person, but hear the Lowlander's cry,
screeching hard to his puppy on the upland out there,
and I see the sheep, and hornless wedders in droves
in place of the heroes and brown maidens of old.

I see not, nor hear, those folk I once knew –
only hills, falls and rocks rise into my view;
I'd rejoice if I'd see one cock on a top,
and, though I'd have to kick it, I'd despise not a dog.

I miss sorely those men, the kindly folk of the land,
who would invite me to join them with a welcome so warm;
I see not, nor hear, those sprightly young lads
assembling on the field, shinty sticks in their hands.

They would drive the ball hard and pursue it with strength,
as speedy as roebucks on the rugged slopes of the bens;
they would deliver their shots, heroic and hard,
competing with each other, well mannered and glad.

When the company parted, after the afternoon ploy,
and each group would sit round the table with joy,
the old man of the home, each woman and child
would drink health to each other, neither gloomy nor tired.

At the time of the night when they gathered as one,
how hearty and cheery was the fiddle being played,
the worthy young women and the gallant young lads
would dance very nimbly, and make sport without harm.

Greis ro dheireadh na h-oidhche nuair a sguireadh a' chuirm,
'S a shuidheadh an còmhlan gu stòld' air na fuirm,
Gum b' èibhinn bhith 'g èisdeachd nan èideagan grinn,
Togail nan luinneag cho milis 's cho binn. 32

Tha mise 'n seo 'm ònrachd ag imeachd tron ghleann,
Mo shùil air an fhàsach le làraichean lom;
B' e 'n t-ioghnadh nan cinneadh mo chridhe cho fuar
'S nach tigeadh a' mhuinntir am chuimhne san uair.

10. An Gleann san robh mi Og

Niall MacLeòid

Nuair philleas ruinn an samhradh,
Bidh gach doire 's crann fo chròic,
Na h-eòin air bhàrr nam meanglan
Dèanamh caithreim bhinn len ceòl;
A' chlann bheag a' ruith le fonn
Mu gach tom a' buain nan ròs –
B' e mo mhiann a bhith san àm sin
Anns a' ghleann san robh mi òg. 8

  Anns a' ghleann san robh mi òg,
  Anns a' ghleann san robh mi òg,
  B'e mo mhiann a bhith san àm sin
  Anns a' ghleann san robh mi òg.

Sa mhadainn 'n àm dhuinn dùsgadh,
Bhiodh an driùchd air bhàrr an fheòir;
A' chuthag is gug-gùg aic'
Ann an doire dlùth nan cnò; 16
Na laoigh òg' a' leum le sunnd,
'S a' cur smùid air feadh nan lòn;
Ach chan fhaicear sin san àm seo
Anns a' gleann san robh mi òg.

Long before the night ended and the party was done,
and the company sat down sedately on stools,
it was joyful to listen to the lovely young maids
as they gave forth their lyrics in the sweetest of ways.

I am here, all alone, as I tramp through the glen,
my eye fixed on the wasteland and those ruins now bare;
it would be surprising if my heart grew so cold
that I could not remember those who lived here of old.

The Glen where I was Young

Neil MacLeod

When the return of summer
fills each grove and tree with bloom,
the birds on top of branches
make sweet harmony in tune;
the little children run with joy
round each hill to pick a rose –
it were my wish to be at that time
in the glen where I was young.

> In the glen where I was young,
> in the glen where I was young;
> it were my wish to be at that time
> in the glen where I was young.

When we would waken in the morning
dew would be on grassy tips;
the cuckoo would be calling
in the close thicket of the nuts;
the young calves would leap with joy,
taking romps across the fields;
but there is no sign of that at this time
in the glen where I was young.

'N àm an cruinneachadh don bhuailidh
B' e mo luaidh a bhith nan còir;
Bhiodh a duanag aig gach guanaig,
Agus cuach aice na dòrn;   24
Bhiodh Mac Talla freagairt shuas,
E ri aithris fuaim a beòil;
Ach cha chluinnear sin san àm seo
Anns a' ghleann san robh mi òg.

Ann an dùbhlachd gharbh a' gheamhraidh
Cha b' e àm bu ghainn' ar spòrs;
Greis air sùgradh, greis air dannsa,
Greis air canntaireachd is ceòl;   32
Bhiodh gach seanair aosmhor, liath
'G innse sgialachdan gun ghò,
Air gach gaisgeach fearail, greannmhor,
Bha sa ghleann nuair bha iad òg.

Bha de shòlas dhe gach seòrs' ann
Chumadh òigridh ann am fonn;
Cha robh uisge, muir, no mòintich,
Air an còmhdach bho ar bonn;   40
Ach an-diugh tha maor is lann
Air gach alltan agus òb;
Chan eil saorsa sruth nam beanntan
Anns a' ghleann san robh mi òg.

Tha na fàrdaichean nam fàsach,
Far an d' àraicheadh na seòid,
Far 'm bu chridheil fuaim an gàire,
Far 'm bu chàirdeil iad mun bhòrd,   48
Far am faigheadh coigreach bàigh,
Agus ànrach bochd a lòn;
Ach chan fhaigh iad sin san àm seo
Anns a' ghleann san robh mi òg.

Chaochail madainn ait ar n-òige
Mar an ceò air bhàrr nam beann;
Tha ar càirdean 's ar luchd-eòlais
Air am fògradh bhos is thall;   56

When, to the fold, they'd all be gathered,
I'd be delighted to be there;
each maiden would be singing,
holding her bucket in her hand;
the Echo would respond,
as it repeated her mouth's sound;
but that cannot be heard at this time
in the glen where I was young.

In the wildest depth of winter,
there would be no limit to our fun;
times at jesting, times at dancing,
times at pipe-music and tunes;
each grandfather, old and grey,
would tell tales in guileless form,
about each happy, manly hero
in the glen when they were young.

There was enough of every pleasure
to keep the youngsters in good heart;
no water, sea or moorland
would be excluded from our path;
but today both fence and factor
guard each river and each bay;
there is no access to the hill-streams
in the glen where I was young.

Those houses are in ruins
which once reared the strongest men,
where rang out their hearty laughter,
where, at table, they were kind;
where a stranger would find warmth,
and a poor wanderer his food;
but they will not find that at this time
in the glen where I was young.

Vanished is youth's happy morning
like the mist on mountain tops;
all our relatives and friends
are dispersed across the globe;

Tha cuid eile dhiubh nach gluais,
Tha nan cadal buan fon fhòd,
Bha gun uaill, gun fhuath, gun anntlachd
Anns a' ghleann san robh iad òg.

Mo shoraidh leis gach cuairteig,
Leis gach bruachaig agus còs,
Mun tric an robh mi cluaineis
'N àm bhith buachailleachd nam bò;   64
Nuair a thig mo rèis gu ceann,
Agus feasgar fann mo lò,
B' e mo mhiann a bhith san àm sin
Anns a' ghleann san robh mi òg.

there are others who will not stir
now asleep beneath the sod,
who knew no pride, no hate or anger
in the glen where they were young.

I bid farewell to every hollow,
every bank and cranny small,
where I was frequently at play
as I herded all the cows;
when I reach my race's end
and the weak evening of my day,
it were my wish to be at that time
in the glen where I was young.

EMIGRATION

As social conditions in the Highlands and Islands deteriorated in the course of the nineteenth century, emigration was stimulated; some, but by no means all, emigration was a consequence of 'clearing'; emigrants made their choices even without the compulsion of clearance or eviction. Many emigrants had high hopes for bettering their lot in the New World, and there is little evidence in contemporary Gaelic song that they regarded themselves as mere flotsam cast adrift on the great ocean. Some may have entertained prospects which were not fulfilled, or were hard to fulfil, in the short term, and the emigrant experience probably turned sour quickly for others. There was certainly much risk, not least in the long and dangerous voyage, but even potential emigrants to Australia, such as those from Kingussie who are the focus of **Poem 13**, were able to anticipate better days. Generally, emigrants to Canada and Australia bettered themselves in the long term, after an uncomfortable phase of settling in and coming to terms with their new environment.

The 'culture shock' of arriving in the very un-Gaelic New World in 1819 is starkly portrayed by John MacLean, Poet to the Laird of Coll, in **Poem 11**. As a Tiree man, he was unaccustomed to towering trees and the labour of felling them; consequently he felt imprisoned and overwhelmed in the 'gloomy wood' of Barney's River, Nova Scotia. As a poet used to patronage, he was rendered temporarily speechless and songless by the lack of a community who would solicit and enjoy his compositions. The trees were a poor substitute for living people, and, although the tree was commonly the symbol of the chiefly patron in the Old World, it provides an image of hostility and opposition in the New. Yet, within a decade, MacLean was able to compose **Poem 12**, which presents a very different picture of his circumstances; the great woods have been conquered, communications have been established, and education and religious instruction are available. The poem flows with movement. An initial sense of throttling constriction turns into an appreciation of the wider purposes of Providence and the success of the Gospel worldwide. MacLean's later sentiments are echoed by Hugh MacCorkindale in **Poem 14**, where the benefits of the New World, including the firewood-producing woods, are listed. Although he resents the manner in which some were evicted from the Highlands, he indicates that flexibility and a will to work hard are the keys to prosperity. Achievement was reflected in neat houses and well trimmed orchards. Duncan Black Blair was able to appreciate the greater aesthetic glories of the New World; **Poem 15** celebrates the noisy beauty and might of the Niagara Falls, which reflects the majesty of its Creator.

EMIGRATION

11. Oran do dh' Ameireaga

Iain MacIlleathain (Bàrd Thighearna Cholla)

Gu bheil mi am ònrachd sa choille ghruamaich,
Mo smaointean luaineach, cha tog mi fonn;
Fhuair mi an t-àit' seo an aghaidh nàduir,
Gun thrèig gach tàlant a bha nam cheann;
Cha dèan mi òran a chur air dòigh ann,
An uair nì mi tòiseachadh bidh mi trom;
Chaill mi a' Ghàidhlig seach mar a b' àbhaist dhomh
An uair a bha mi san dùthaich thall.   8

Chan fhaigh mi m' inntinn leam ann an òrdugh,
Ged bha mi eòlach air dèanamh rann;
Is e mheudaich bròn dhomh 's a lùghdaich sòlas
Gun duine còmhla rium a nì rium cainnt;
Gach là is oidhche is gach car a nì mi
Gum bi mi cuimhneachadh anns gach àm
An tìr a dh' fhàg mi tha an taic an t-sàile,
Ged tha mi an-dràsd' ann am bràighe ghleann.   16

Chan iongnadh dhòmhsa ged tha mi brònach,
Is ann tha mo chòmhnaidh air cùl nam beann,
Am meadhan fàsaich air Abhainn Bhàrnaidh
Gun dad as fhèarr na buntàta lom;
Mun dèan mi àiteach 's mun tog mi bàrr ann
Is a' choille ghàbhaidh chur às a bonn
Le neart mo ghàirdein gum bi mi sàraichte,
Is treis' air fàilinn mum fàs a' chlann.   24

Is i seo an dùthaich sa bheil an cruadal
Gun fhios don t-sluagh a tha tighinn a-nall;
Gur h-olc a fhuaras oirnn luchd a' bhuairidh
A rinn le an tuaraisgeal ar toirt ann!
Ma nì iad buannachd cha mhair i buan dhaibh;
Cha dèan i suas iad 's chan iongnadh leam,
Is gach mallachd truaghain a bhios gan ruagadh
Bhon chaidh am fuadach a chur fon ceann.   32

A Song to America

John MacLean (Poet to the Laird of Coll)

I am so lonely in this gloomy forest;
my thoughts are restless, I can raise no song;
since I found this place which conflicts with nature,
every former talent in my head has gone;
I am unable to construct a song here,
I become despondent when I try my hand;
I have lost my Gaelic as I once had it
when I lived over in that other land.

I cannot put my mind in order
though I knew once how to make a verse;
what has increased my sorrow, and decreased my solace
is having no-one near me with whom I can converse;
each day and night, in each task I do,
I keep remembering time and again
the land that I left hard by the ocean –
though I now live at the top of glens.

I am not surprised that I am doleful –
behind the hills is where I have a roof,
in the middle of a wilderness on Barney's River,
with bare potatoes as my finest food;
before I till the soil there and take crops from it,
and dig the awful forest from its root
by my fore-arm's strength, I'll be exhausted,
and long in decay before I've raised my brood.

This is the land that is filled with hardship,
unknown to those coming across the sea;
what evil tactics were used by those enticers
who, by their yarns, took us over here!
If they make a profit, it will not be lasting,
it will not raise their status, and I wonder not,
since they are pursued by the curse of wretches
who were subjected to an eviction plot.

Bidh gealladh làidir ga thoirt an tràth sin,
Bidh cliù an àite ga chur am meud;
Bidh iad ag ràitinn gu bheil bhur càirdean
Gu sona sàidhbhir gun dad a dh'èis;
Gach naidheachd mheallta ga toirt gur n-ionnsaigh-se
Feuch an sanntaich sibh dol nan dèidh;
Ma thig sibh sàbhailt', nuair chì sibh àdsan,
Chan fhèarr na stàtachan na sibh fèin. 40

An uair thèid na dròbhairean sin gur n-iarraidh
Is ann leis na briagan a nì iad feum,
Gun fhacal firinne bhith ga innse,
Is an cridhe a' dìteadh na their am beul;
Ri cur am fiachaibh gu bheil san tìr seo
Gach nì as prìseile tha fon ghrèin;
An uair thig sibh innte gur beag a chì sibh
Ach coille dhìreach toirt dhibh an speur. 48

An uair thig an geamhradh is àm na dùbhlachd
Bidh sneachd a' dlùthadh ri cùl nan geug,
Is gu domhain dùmhail dol thar na glùine,
Is ge math an triùbhsair cha dèan i feum
Gun stocainn dhùbailt sa mhocais chlùdaich
Bhios air a dùnadh gu dlùth le èill:
B' e am fasan ùr dhuinn a cosg le fionntach
Mar chaidh a rùsgadh den bhrùid an-dè. 56

Mur bi mi eòlach airson mo chòmhdaich
Gum faigh mi reòta mo shròn 's mo bheul;
Le gaoith a tuath a bhios nimheil fuaraidh
Gum bi mo chluasan an cunnart geur;
Tha an reothadh fuathasach, cha seas an tuagh ris,
Gum mill e a' chruaidh ged a bha i geur;
Mur toir mi blàths di, gum brist an stàilinn,
Is gun dol don chèardaich cha gheàrr i beum. 64

An uair thig an samhradh 's am mìosa Cèitein
Bidh teas na grèine gam fhàgail fann;
Gun cuir i spèirid sa h-uile creutair
A bhios fo èislean air feadh nan toll;

A firm promise will then be offered,
the reputation of the place will be enhanced;
they will make the claim that all your relations
are happy and wealthy, with no earthly lack;
every misleading story will be laid before you,
to see if you will crave to follow them;
if you arrive safely, when you observe them,
the swells are no wealthier than yourselves.

When those drovers set out to get you,
they succeed only by telling fibs,
without ever uttering a word that's truthful,
while their heart condemns what is on their lips;
they make pretence that this land possesses
the most precious gems beneath the sun on high;
on your arrival, you will see little
but a towering forest blocking off the sky.

When winter comes and the time of darkness
the snow lies packed behind each branch;
deep and thick, it goes over knee-height,
and though the trouser's good it will not suffice
without a double stocking in a ragged moccasin
tight-closed with thongs around the foot:
it was our new fashion to wear it hairy,
as skinned yesterday from the brute.

If I am not careful about my clothing,
my nose and mouth will be found to freeze;
because of the north wind with its biting coldness
a pernicious danger awaits my ears;
the frost is awful, the axe cannot stand it,
it will spoil the blade though it were sharp;
unless I warm it, the steel will fracture –
without going to the smithy, it will cut no mark.

When summer comes, and the month of Maytime,
the heat of the sun will leave me weak;
it will put vigour into every creature
which, in all the holes, has been asleep;

Na mathain bhèisteil gun dèan iad èirigh
Dhol feadh an treud, is gur mòr an call:
Is a' chuileag ìneach gu socach puinseanta
Gam lot gu lìonmhor le rinn a lainn.　　　　72

Gun dèan i m' aodann gu h-olc a chaobadh,
Chan fhaic mi an saoghal, 's ann bhios mi dall;
Gun at mo shùilean le neart a cungaidh,
Ro ghuineach drùidheach tha sùgh a teang';
Chan fhaigh mi àireamh dhuibh ann an dànachd
Gach beathach gràineil a thogas ceann;
Is cho liutha plàigh ann 's a bha air rìgh Phàro
Airson nan tràillean, nuair bhàth e an camp.　　　80

Gur h-iomadh caochladh tighinn air an t-saoghal,
Is ro bheag a shaoil mi an uair bha mi thall;
Bu bheachd dhomh 'n uair sin mun d' rinn mi gluasad
Gum fàsainn uasal nuair thiginn ann;
An car a fhuair mi cha b' ann gum bhuannachd,
Tighinn thar a' chuain air chuairt bha meallt',
Gu tìr nan craobh anns nach eil an t-saorsainn,
Gun mhart, gun chaora, is mi dh' aodach gann.　　　88

Gur h-iomadh ceum anns am bi mi an dèislàimh
Mun dèan mi saidhbhir mo theachd-an-tìr;
Bidh m' obair èigneach mun toir mi feum aisd',
Is mun dèan mi rèiteach airson a' chroinn;
Cur sgonn nan teinntean air muin a chèile
Gun do lasaich fèithean a bha nam dhruim,
Is a h-uile ball dhiom cho dubh a' sealltainn,
Bidh mi gam shamhlachadh ris an t-sùip.　　　96

Ge mòr an seanchas a bh' aca an Albainn,
Tha a' chùis a' dearbhadh nach robh e fìor;
Na dolair ghorma chan fhaic mi falbh iad,
Ged bha iad ainmeil a bhith san tìr;
Ma nìtear bargain chan fhaighear airgead,
Ged 's èiginn ainmeachadh anns a' phrìs;
Ma gheibhear cùnnradh air feadh nam bùthan
Gum pàighear null e le flùr no ìm.　　　104

the beastly bears, they too will waken
to go through the herd, causing massive loss,
and the taloned insect, poisonous and snouty,
will wound me profusely with its sharp-tipped lance.

It will make my face come up lumpy,
I'll not see the world, I will be blind;
my eyes will swell through its potent poison,
its tongue's venomous juice is of a penetrating kind;
I cannot enumerate for you in verses
every horrid beast that rears its head,
with plagues as plentiful as came to Pharaoh
because of slaves, when he drowned his men.

My world is affected by many adverse changes
which I scarcely imagined when in that isle;
it was then my intention before I left it
that, when I came here, I would reach noble style;
the misfortune that hit me brought me no profit,
coming over the ocean in deception's track,
to the land of trees where there is no freedom,
no cow nor sheep, and few clothes for my back.

In many activities I will lag behind
before my livelihood makes any wealth;
my work will falter before I prosper,
and clear the land to plough the earth;
when stacking log-blocks to use as firewood,
I strained some muscles that were in my back,
and I will be likened to a chimney sweeper,
since every limb of me looks so black.

Though great the talk that they had in Scotland,
matters prove that it was all lies;
the green dollars I do not see tendered,
although they were reputedly in this land;
if one makes contracts, one gets no money,
though it has to be mentioned in the price,
and if, when shopping, you find a bargain,
flour and butter must transact its like.

Chan fhaic mi margadh no latha fèille
No iomain feudalach ann an dròbh,
No nì nì feum dhuinn am measg a chèile:
Tha an sluagh nan èiginn 's a h-uile dòigh;
Cha chulaidh fharmaid iad leis an ainbhfhiach,
A' reic na shealbhaicheas iad an còir;
Bidh fear nam fiachan is cromadh cinn air
Ga chur don phrìosan mur dìol e an stòr.　　　112

Mun tig na cùisean à taigh na cùirte,
Gun tèid an dùblachadh aig a' mhòd;
Tha an lagh a' giùlan o làimh na jury
Gun tèid a spùinneadh 's nach fiù e an còrr;
Bidh earraid siùbhlach air feadh na dùthcha
Gan ruith le cùnntasaibh air an tòir;
Gur mòr mo chùram gun tig e am ionnsaigh:
Cha ghabh e diùltadh 's bidh diùbhail òirnn.　　　120

Chan fhaigh mi innse dhuibh ann am Ghàidhlig,
Cha dèan mo nàdur a chur air dòigh
Gach fios a b' àill leam thoirt do na càirdean
San tìr a dh' fhàg mi, rinn m' àrach òg;
Gach aon a leughas e, tuigibh reusan,
Is na tugaibh èisdeachd do luchd a' bhòsd,
Na fàidhean brèige a bhios gur teumadh,
Gun aca spèis dhibh ach dèidh bhur n-òir.　　　128

Ged bhithinn dìcheallach ann an sgrìobhadh
Gun gabhainn mìosa ris agus còrr,
Mun cuirinn crìoch air na bheil air m' inntinn
Is mun tugainn dhuibh e le cainnt mo bheòil;
Tha mulad dìomhair an dèidh mo lìonadh
On is èiginn strìochdadh an seo rim bheò,
Air bheag thoil-inntinn sa choille chruinn seo,
Gun duine faighneachd an seinn mi ceòl.　　　136

Cha b' e sin m' àbhaist an tùs mo làithean,
Is ann bhithinn ràbhartach aig gach bòrd,
Gu cridheil sùnndach an comann cùirteil
A' ruith ar n-ùine gun chùram òirnn.

I see no market or day of selling
or the driving of cattle in a drove,
or anything to help us in our predicament;
the people are in desperation of every form;
they are not to be envied as they are indebted,
selling everything they rightly own;
the shameful debtor must hold his head down
since he goes to prison unless he pays the store.

Before matters are taken from the court house,
at the bar of trial, they will be twice as sore;
the law that's delivered by the hand of the jury
demands he be plundered, as he's worth no more;
a nimble officer will scour the country
pursuing them with warrants in every place;
my great worry is that he will come my way;
he cannot be refused, and we will lose face.

My Gaelic fails me when I try to tell you,
nor can my nature arrange in form,
all I'd wish conveyed to my relations
in the land I left, where I was once a boy;
each one who reads this, let him heed reason,
and pay no attention to the loquacious pack –
those false prophets who sting you sorely,
and love not you, but the gold in your sack.

Though I should be diligent in my writing,
I would need to spend a month and more,
before I could express all that concerns me,
and present it to you by word of mouth;
a subconscious sorrow has filled my being
since I must submit here all my life long,
with little pleasure in this constricting forest,
and no one asking if I'll sing a song.

That was not my custom when I was youthful –
at every table I loved to chat,
in jovial company, in hearty spirits,
in carefree style, as our time ran fast.

An uair thug mi cùl ribh bha mi gur n-ionndrainn,
Gun shil mo shùilean gu dlùth le deòir,
Air moch Diardaoin a' dol seach an Caolas
Is an long fo h-aodach 's a' ghaoth on chòrs'.   144

12. Craobhsgaoileadh an t-Soisgeil san Tìr seo

Iain MacIlleathain (Bàrd Thighearna Cholla)

Tha naidheachd anns an rìoghachd seo
A ruigeas linn no dhà,
'S a bhios na h-adhbhar taingealachd
Don chlann nach do rinn fàs;
Tha 'n Soisgeul air a mhìneachadh
Le firinn is le gràdh
A-mach air feadh nan coilltichean,
'S gun cluinn iad e 's gach àit'.   8

Bho chionn trì-fichead bliadhna
Bha an t-àit' seo fiadhaich fàs,
Gun taigh, gun duin' ach Innseanaich,
'S e 'n-diugh gu tìreil blàth;
Gun d' ullaich am Fear-saoraidh e
Do dhaoine bha nan càs,
'S a chuireadh thar nan cuantan
Leis na h-uachdarain gun bhàidh.   16

An sluagh air tùs a thàinig ann,
Bha iomadh là gun dòigh;
Am fearann bha ri rèiteach' ac',
'S bha 'n clann gun fheum 's iad òg;
Bu tric iad claoidhte, sàraichte,
'S a' fàilneachadh chion lòin;
Bu tric le fuachd a' fulang iad,
'S am mulad bha gan leòn.   24

When I turned my back to you, I missed you greatly,
and my eyes wept tears in copious floods,
early on Thursday as we passed Caolas,
the ship under sail and the wind off the coast.

The Propagation of the Gospel in this Country

John MacLean (Poet to the Laird of Coll)

There's a story in this kingdom
that will reach a kin or two,
and will be a cause of thankfulness
for children not yet grown;
the Gospel has been expounded
in truthfulness and love
throughout the farthest forests,
and is heard in every place.

Some sixty years ago
this place was wild and rank,
without house or man but Indians,
but it is now warm and snug;
the Saviour has prepared it
for people in their plight
who were dispatched across the oceans
by landlords without heart.

The people who came here at first
were many a day in want;
they had to clear the territory,
with children too young to help;
they were often worn, exhausted,
and weakening without food;
from cold they often suffered,
and were pained with sorrow's wound.

Mun tàinig Maighstir Seumas thuc',
An teachdair' eudmhor, suairc,
Bha iad gun neach gu 'n treòrachadh,
'S dlùth-cheò orra mun cuairt;
Thug esan mòran lèirsinn dhaibh
Mu èifeachd fuil an Uain,
Gu glanadh dhinn gach gràinealachd
'S gar sàbhaladh bho thruaigh'.   32

Gur h-iomadh àit' ri là-san
Bha nam fàsaichean fo choill',
Is mathain fhiadhaich chòmhnaidh annt',
'S loin chabrach mhòr na loinn;
Bu tric air bhrògan sneachd e
Dol air astar feadh na tìr';
Bu tric bha fuachd is acras air,
Bu tric e tartmhor, sgìth.   40

Ard-chliù don Tì tha riaghladh,
Do nach eil do-dhèante nì;
An-diugh tha eich is carbadan
A' falbh air feadh na tìr;
Tha biadh is deoch gu leòr againn,
'S gach nì tha oirnn a dhìth,
'S tha iomadh aodhair gleusd' againn
A' tabhairt sgeul mu Ios'.   48

Am Bìoball tha nar làimh againn
An cainnt a thuigeas sinn,
A' chainnt a bh' aig ar màthraichean
'S a bhios gu bràth leinn binn;
Mu innleachd mhòir na slàinte
Tha 'n-diugh eòlas àrd san tìr,
'S tha mòran innt' rim faotainn
Thug do dh'Ios' le gaol an crìdh'.   56

Gun d' ullaich Dia taigh-foghlaim dhuinn
Na thròcair mhòir tha buan,
'S bidh eòlas air a sgaoileadh às
Mu chionta dhaoin' 's mun truaigh',

Before Master James arrived –
that kind messenger of zeal –
they had none to give them guidance
and were surrounded by thick mist;
he gave them much enlightenment
about the Lamb's effective blood,
to cleanse us from each wickedness
and save us from hell's loss.

There was many a place in his time
which was wasteland under trees,
with fierce bears living there,
and great moose of finest form;
he frequently donned snowshoes,
going far throughout the land;
often was he cold and hungry,
and often parched and tired.

Great praise to him who's ruling
and makes possible every thing;
today there are horses and wagons
on the move throughout the land;
food and drink we have in plenty,
and everything we might need,
and we have many a skilful pastor
to proclaim our Jesus' name.

In our hands we have the Bible
in a language that we know,
the language of our mothers,
which to us is ever sweet;
about the great plan of salvation,
high knowledge fills the land,
and many are found within it
who loved Jesus with their heart.

God prepared a college for us
in his great mercy that endures,
and knowledge will go forth from it
about people's guilt and plight,

Mu cheartas Dhè 's mu naomhachd
Is mu chaomhalachd 's mu thruas,
'S mun t-saorsa cheannaich Iosa
Leis an ìobairt thug e suas.   64

Gur tobar anns an fhàsach e,
'S tha 'n t-àl seo dheth ag òl;
Gur craobh e meadhan gàrraidh
Tha de thoradh làn gu leòr;
Gur lòchran e tha soillseachadh
San oidhch' le solas mòr –
'N oid-fhoghlaim a tha teagasg ann,
Tha freagarrach air gach dòigh.   72

Aig triùir a chaidh an ionnsachadh
Tha chainnt dheas shùghmhor, bhinn,
A chleachd a bhith san dùthaich
San robh sinn an tùs ar tìm;
'S bhom bilibh innte cluinnidh sinn
Am briathraibh cuimir, fior,
An naidheachd thaitneach, fhallain
Bheir o amaideachd an crìdh.   80

'S e 'n Soisgeul sgeul as luachmhoire
A chuala cluas ri tìm;
Gur sgeul e dh'fhàgas sòlasach
Am peacach brònach tinn;
'S ann leis tha 'n spiorad gràsmhor
A' toirt slàinte dhuinn is sìth,
'S gur h-eachdraidh tha do-rannsaicht' e
Os cionn a h-uile nì.   88

Tha 'n Soisgeul binn a' sgaoileadh
'N iomadh àit' san t-saoghal an-dràsd';
Tha gathan Grian na Fìreantachd
Dol do gach tìr lem blàths;
Luchd-teagaisg diadhaidh truacant'
Tha dol thar nan stuaghan àrd';
Tha sluagh cur cùl rin ìomhaighean
'S a' tighinn gu Ios' le gràdh.   96

about God's justice and his holiness,
his compassion and his grace,
and about the freedom Jesus bought
through the sacrifice he made.

It is a spring within the wilderness,
and this brood from it takes drink;
a tree in the midst of a garden
that is amply filled with fruit;
it is a lamp that illumines
the night with a great light;
the teacher who instructs there
is suitable in all ways.

Three who were there instructed
have that rich tongue, sweet and apt,
that was spoken in the country
where we spent our early life;
and from their lips we hear through it
in true and shapely words
that pleasing, wholesome message
which from folly turns the heart.

The Gospel is the most precious story
that ear has ever heard,
the tale that brings solace
to each sinner, sick and sad;
through it the gracious spirit
imparts health to us and peace –
it is a tale unfathomable
beyond every other thing.

The sweet Gospel is now spreading
in many parts throughout the world;
the rays of the Sun of Righteousness
give their warmth to every land;
godly, caring teachers
cross the towering waves;
people forsake their idols,
and to Jesus come with love.

Ged 's iomadh àit' san t-asoghal
Sa bheil daoine 'n-diugh aig Crìosd,
Tha cùram de gach aon diubh aig',
'S e toirt dhaibh naomhachd crìdh';
Ged gheibh iad ànradh 's sàrachadh,
Na tonnan àrd ged bhìos,
Bheir e do chaladh sàbhailt' iad,
'S bidh iad gu bràth fo dhìon.   104

A shluagh bidh uile chòmhnaidh leis
'S iad saor o bhròn 's o chràdh;
Bidh oighreachd ghlan neo-thruaillidh ac'
Nach mill droch-shluagh no 'm bàs;
Mar ghrèin bidh iad a' soillseachadh
'S an crìdh le aoibhneas làn,
A' seinn na Halelùia
Le caithream-ciùil gu h-àrd.   112

Ri dol mun cuairt na rìgh-chathrach
Chan fhàs iad sgìth no fann,
Toirt cliù don Tì a ghràdhaich iad
'S a sheas nan àit' fon bhann;
Le fhuil ghlan e gach truailleachd bhuap'
Bha fuaighte riu gu teann,
Is chrùn e iad nan rìghrean
Anns an rìoghachd bhios gun cheann.   120

Though many places in the world
have people who are Christ's,
he cares for every one of them,
and gives them holy hearts;
though they be oppressed with hardship,
though the waves should tower high,
he will guide them safe to harbour,
and there protect them ever more.

His people will ever live with him,
from pain and sorrow free,
owning an unsullied, pure estate
unspoilt by death or evil host;
like the sun they will be shining,
their hearts now filled with joy,
as they sing their Hallelujah
with harmonious tunes above.

As they go round the kingly throne,
they will not grow faint or tired,
as they praise the one who loved them
and took their place beneath the lash;
with his blood he cleansed all evil
within their nature tightly knit,
and as kings he crowned them
in his eternal realm.

13. Oran le Seann Ileach

Eòghann MacCòrcadail

Tha còrr is fichead bliadhna thìm
Bhon dh'fhàg mi glinn mo dhùthchais;
Bu nì gun fheum bhith fuireach ann –
Bha cosnadh gann san dùthaich;
Thug mi sgrìob gu tìr nan Gall,
'S mi 'n geall air beagan ciùinidh;
Cha do chòrd iad idir rium,
Is cha robh call sna cùisean.   8

Idir cha robh call dhomh fhèin,
Is dh'fhàg mi 'm dhèidh na burgaich;
'S a Chanada a-nall gun tàinig –
Aite b' fheàrr dhomh dùbailt;
Is fhuair mi cosnadh ann gun tàir,
'S mo phàigheadh cha bu diù e,
Is bho sin gu ruig an t-àm seo,
Cha robh fang mum chùrsa.   16

Tha cùrsa dhaoine math gu leòr,
Le dachaigh bhòidhich, fhaoilidh;
Nì nach fhaiceadh iad rim beò,
Le còmhnachadh an taobh sin;
B' e là an àigh do mhòran Ghàidheal,
Sheòl thar sàile 'n taobh seo,
Len cuid ghearran ann am pàircean,
Crodh, is bàrr, is caoraich.   24

Tha taighean-cloich', is taighean-brige,
Frame is *log* aig tuathanaich;
'S a' chuid as mò dhiubh siud le òrsaid
Dosarrach rin guailnean;
Na craobhan lùbte làn de ùbhlan,
Torrach, sòghail, uaine,
Plums is peuran, *grapes* is caorainn,
Smiaran 's dearcan-ruadha.   32

Song by an Old Islayman

Hugh MacCorkindale

More than twenty years have passed
since I left my native valleys;
it was pointless for me to be living there –
employment was scarce in the country;
I took a trip to the Lowlanders' land,
to make a little saving;
they did not agree with me at all,
but I lost nothing in these arrangements.

I incurred no loss of any kind,
and I left behind the burghers,
and across to Canada I came –
a place doubly better for me;
quite easily I found work there,
and my pay was far from paltry
and from then until the present,
my way has not been hindered.

People's lifestyle is good enough,
with beautiful, ample houses –
something they would never have seen
if they had remained across the ocean;
what a wonderful day for many Gaels
when they sailed across to this part –
they have their ponies in paddocks,
cows, and crops, and sheep there.

There are houses here of stone and brick,
of frame and log, for farmers,
and most of these have an orchard,
thick with branches, by their shoulder;
the bending trees are full of apples,
abundant, juicy, green-coloured;
plums and pears, grapes and rowans,
blackberries too, and strawberries.

Tha 'n tìr seo math don duine bhochd,
'S don bheairteach mar an ceudna;
Gach aon dhiubh dol a rèir a neart,
An gnìomh, an teach, 's an èideadh;
Ach daoine leisg is luchd na misg',
Tha ghort gu tric gan lèireadh;
'S an duine ionraic gheibh e meas,
Bidh aige stoc is feudail.　　　　40

Tha reothadh mòr is sneachda trom,
Air uachdar gruinnd sa gheamhradh;
Ach tha na h-aodaichean da rèir,
Gur dìon bho bheum na gailbhinn.
Is tha ar n-eich len cruidhean geur,
A' tarraing slèigh gu meanmnach;
A-mach is dhachaigh thig gun èis,
'S dh' fhàg lòd nan dèidh rinn airgead.　　48

An uair [a chaidh] mi leis an tuaigh
A thoirt a-nuas nan craobhan,
Bha 'n obair trom, ach dh' èireadh sunnd
Nuair chìte ceann dhiubh 'g aomadh;
A' dèanamh turran fada cruinn
San loinn a b' fheàrr a shaoilinn,
A ghabhadh losgadh an an-àm,
'S bha cruithneachd trom na dhèidh sin.　　56

Bidh na stocan gu bhith loisgte,
An sia no seachd de bhliadhnan,
'S tha na pàircean fada, rèidh,
'S an sprèidh nam measg ag ionaltradh;
Agus seo na fhearann saor
Aig daoine fhuair am pianadh
Anns an tìr a dh' fhàg nan dèidh,
'S a bha nan èiginn riamh ann.　　　64

Tha iad saor bho mhaor no bàirlinn,
'S bho àrdan an uachdarain;
Bho gach *factor* agus bàillidh
B' àbhaist bhith gan gualadh,

This land is good for the poor man,
and for the wealthy in like manner;
each one increases according to his strength
in business, house and clothing;
but lazy louts and drunken folk
are often pained by hunger;
the righteous man will be well regarded –
he will have stock and cattle.

A mighty frost and heavy snow
cover the ground in winter,
but clothes are made accordingly
to protect us from the storm-blast;
and our horses with sharp hooves
pull the sleigh with spirit;
they go off, and come back unhindered,
leaving a profitable load behind them.

When I went out with the axe
to bring down the tree-trunks,
the work was heavy, but spirits rose
when a crest would be seen falling;
then I would make long, rounded heaps,
in the trimmest manner possible,
that could be burnt in time of hardship,
and heavy wheat came after.

The stumps will be almost burnt
within a six- or seven-year period,
and the fields look long and smooth,
as cattle graze among them;
and all this land is going cheap
for people who once were tortured,
and were always in distress
in the land they left behind them.

They're free from ground-officer and removal notice,
and from the pomp of landlord,
from every factor and baillie,
who used to be their torment;

'S o thoirt a-nuas an còmhdaich chinn,
Ged reothadh lom a' ghruag dhiubh;
'S cha dèan mòrlanachd no tàir,
Gu bràth an cur fo ghruaman.   72

Bheir mi nis anns a' cho-dhùnadh
Cliù do Rìgh nan Airdean,
A dh'fhosgail dhuinne dùthaich ùr,
Is cùisean tha gar fàbhar;
Faodaidh daoine cur is buain,
Gun uamhas ro na màil orr',
'S don duine bhochd chan eil fon ghrèin,
Ga fheum aon tìr as fheàrr dha.   80

San Eilean Ileach bha mi òg,
Duin' uasal còir b' e 'n t-uachdaran;
Bha e math don duine bhochd,
'S cha d' rinn e lochd air tuathanach;
Ach chaill e 'n t-àite, nì bha cràiteach,
Rinn seo nàisnich fhuadach;
Tha gach taigh is baile fàs
'S tha caoraich 'n àite 'n t-sluaigh ann.   88

Ach ma thig orra gu h-obann,
Cogadh thar nan cuantan,
Is beag a nì na caoraich mhaol',
Le gunna caol san uair sin;
Cha bhi Gàidheal dol gu blàr
A chumas nàmhaid bhuapa –
Is beag an dolaidh, rinn iad tàir
Air clann mo ghràidh gam fuadach.   96

free too from having to doff bonnets,
though frost should shave their hair off,
and neither disparagement nor forced labour
will ever make them gloomy.

Now, in conclusion, will I render
praise to the King of the Heavens,
who opened for us a new land
and circumstances in our favour;
people there may sow and reap
without the fear of rentals,
and for the poor man there is no land
beneath the sun where he'll do better.

I spent my youth in the Isle of Islay,
and a fine gentleman was the landlord;
he was kind to the pauper,
and did no wrong to farmers;
but he lost the place, a painful matter,
causing natives to be evicted;
every house and township is empty
and sheep replace the people.

But should there come upon them swiftly
a war from across the oceans,
the hornless sheep will not do much
with a slender gun at that time;
Gaels will not be going to battle
to keep at bay their enemy –
and no great loss, since they disparaged
my dear folk by clearing them.

14. Guma slàn do na fearaibh

Dòmhnall Caimbeul (Dòmhnall Phàil)

Guma slàn do na fearaibh
Thèid thairis a' chuan,
Gu talamh a' gheallaidh
Far nach fairich iad fuachd.

Guma slàn do na mnathan
Nach cluinnear an gearan;
'S ann thèid iad gu smearail
Gar leantainn thar chuan.   8

Is na nìonagan bòidheach
A dh'fhalbhas leinn còmhla,
Gheibh daoine rim pòsadh
A chuireas òr nan dà chluais.

Gheibh sinn aran is ìm ann,
Gheibh sinn siùcair is *tea* ann,
'S cha bhi gainne oirnn fhìn
San tìr sa bheil buaidh.   16

Nuair dh'fhàgas sinn 'n t-àit' seo,
Cha chuir iad mòr-mhàl oirnn,
'S cha bhi an Fhèill Màrtainn
Cur nàire nar gruaidh.

Gum fàg sinn an tìr seo,
Cha chinnich aon nì ann;
Tha 'm buntàt' air dol dhìth ann,
'S cha chinn iad le fuachd.   24

Gheibh sinn crodh agus caoraich,
Gheibh sinn cruithneachd air raointean,
'S cha bhi e cho daor dhuinn
Ri fraoch an Taoibh Tuath.

Farewell to the fellows

Donald Campbell (Donald son of Paul)

Farewell to the fellows
who'll go over the ocean
to that land of promise,
where they will not feel the cold.

Farewell to the ladies
whom we'll not hear complaining,
but who will follow us bravely
on our way over sea.

And the lovely young lassies
who will go with us likewise,
they will find men to marry,
who will add gold to their ears.

We will get butter and bread there,
we will get sugar and tea there,
and we will lack nothing
in that prosperous land.

When we leave this district
no high rents will afflict us,
and the Feast-day of Martin
will not embarrass our cheek.

We will leave this country,
for nothing will thrive here;
the potatoes have perished,
and will not grow with the cold.

We'll get sheep there and cattle;
we'll find wheat on the flat-lands,
nor will it cost us as dearly
as the heath of the North.

Nuair thèid mi don mhunadh,
A-mach le mo ghunna,
Cha bhi geamair no duine
Gam chur air an ruaig.   32

Gheibh sinn sìod' agus sròl ann,
Gheibh sinn pailteas den chlòimh ann,
'S nì na mnathan dhuinn clò dheth
Air seòl an Taoibh Tuath.

Cha bhi iad gar dùsgadh
Le clag Chinn a' Ghiùthsaich;
Cha bhi e gu diùbhras
Ged nach dùisg sinn cho luath.   40

15. Eas Niagara

An t-Urr. Donnchadh Blàrach

A Thì mhòir a chruthaich na dùilean,
Is a shocraich an cruinne
Led ghàirdean cumhachdach neartmhor
Air a bhunait;

Is glòrmhor an obair a rinn thu,
Niagara ainmeil,
An t-eas mòr a rinn thu chumadh
San t-seann aimsir.   8

Siud an t-eas iongantach lòghmhor,
Eas mòr na gàirich,
Eas ceòthranach liathghlas na smùidrich
Is na bùirich ghàbhaidh;

Eas fuaimearra labhar na beucail,
A' leum na steallaibh
Thar bhile nan creagan aosmhor
Na chaoiribh geala.   16

When I go to the upland,
and take out my gun there,
no keeper or person
will chase me away.

We'll get satin and silk there,
we'll get plenty of wool there,
and the women will weave it
like the tweed of the North.

They will not arouse us
with the bell of Kingussie;
and it will not much matter
if we can't waken so soon.

Niagara Falls

Rev. Duncan Blair

Great God who created the elements,
making the orb stable
by means of your arm, strong and mighty,
on its basis;

Glorious is the work you did
on famous Niagara,
when you fashioned the mighty waterfall
in the old epoch.

That is the wonderful, splendid waterfall,
the great, crying torrent,
the misty, grey-dark cataract of vapour
and terrible roaring.

Loud, noisy waterfall of shouting,
leaping in spoutings
over the edge of the ancient rocks
in white foamings.

Gu srideagach sradagach sneachdgheal
Is a dhreach soilleir,
A' teàrnadh o bhràighe gu ìochdar
Le dian bhoile;

Sruth uaine briseadh ma mhullach,
Is e ruith na dheannaibh
Thar bhearradh nan stacan àrda
Le gàir mhaireann;   24

Le slacraich ghailbhich a' tuiteam
An slugan domhain,
Gu linneachaibh dubhghorm doilleir
A' goil mar choire.

An t-aigeal ga thionndadh on ìochdar
Le fìor ainneart,
Is an glas-uisge brùchdadh an uachdar
Le luas saighde;   32

An linne ga sloistreadh 's ga maistreadh
Troimhe chèile,
Is i fosgladh a broillich ghlasdhuibh
Ris na speuraibh.

B' iongantach an sealladh bhith faicinn
Deataich liathghlais
Ag èirigh an àird anns an adhar
Ri là grianach;   40

An uair shealladh tu fada air astar
Air an ioghnadh,
Is e theireadh tu gur bàta-toite
A bh' ann le smùidrich.

Ach nuair thigeadh tu am fagas da,
Ghabhail beachd air,
Throm-fhliuchadh an cathadh caoirgheal
Le braonaibh dealt thu;   48

Sparkling, sprinkling, snow-white,
of bright likeness,
tumbling from the top to the bottom
with intense madness;

A green current breaking round its surface,
running in swiftness
over the precipice of the lofty cliffs
with ceaseless crying;

With tempestuous wallop when dropping
into a deep gulley,
to dark-blue, opaque water-pools
boiling like a cauldron.

The abyss being turned from the bottom
by truly great power,
and the grey water surging to the surface
with the speed of an arrow;

The pool being mashed and churned
in disorder,
and opening its dark-grey bosom
to the heavens.

It was a strange sight to observe
grey-blue vapour
rising into the skyline
on a day of sunshine;

When you would look from a distance
at the wonder,
you would say it was a steamship
with all its smoking.

But when you would draw near it,
to view it closely,
the white-spouting spindrift would soak you
with dewy globules;

Is chìtheadh tu am bogha froise
Le dhathaibh sgiamhach,
Ged bhiodh sìde thioram sheasgair
Anns an iarmailt.

Am mìn-uisge tuiteam mun cuairt duit
Air an àilean,
Is an fhaiche gu h-ùrail uaine
Mar a b' àill leat;   56

Na craobhan a' cinntinn dosrach,
Is lusan ùrghorm
A' fàs le feartaibh na grèine
Gu rèidh fon driùchd ud.

Na liosan a tha mud thimcheall
Chan iarr uisge,
Chan aithne dhaibh idir tiormachd
Ri aimsir loisgich.   64

Cha tuigear leo ciod as ciall do
Bhith gun fhliche,
Ged theannaicheadh gach àit' mun cuairt daibh
Mar chruas cloiche.

Tha an t-adhar gun ghoinne gun chaomhnadh
A' taomadh fheartan
A stòras do-thraoghadh na h-aibhne
Gu saidhbhir beartach.   72

Dh' fhàg siud aghaidh an fhuinn ud,
Dh' oidhche is a latha,
Gu h-ùrail uain-fheurach àlainn
A' fàs gu fallain.

An uair theàrnadh tu sìos don t-slugan
Gu oir an uisge,
Bhòdhradh an tormanaich uamhaidh
Do chluasan buileach.   80

And you would see the rainbow
with its beautiful colours,
though there should be clear dry weather
in the firmament.

The spray falling around you
on the meadow,
with the field green and succulent,
as you would wish it;

The trees produce thick branches,
and fresh green flora
grow effortlessly by the sun's powers
beneath that dew-shower.

The gardens that are around you
require no water;
they do not know any dryness
in scorching weather.

They do not know what it is
to lack wetness,
though each place around them should shrivel
to stone's hardness.

The sky without lack or reserve
pours down its powers
into the inexhaustible store of the river
with wealthy richness.

That made the surface of that land
by night and daytime
fresh, green-grassed, splendid,
its growth healthy.

When you'd descend into the plunge-pool
to the edge of the water,
the terrific rumbling would deafen
your ears totally.

An uair shealladh tu an sin mun cuairt duit
Air a' chas-shruth,
Chuireadh e do cheann na thuaineal
Is tu nad bhreislich.

Is nuair a thigeadh tu am fagas
Don phlaide liathghlais,
Tha an crochadh ri aghaidh na creige,
Bhiodh geilt is fiamh ort.   88

An uair shèideadh a' ghaoth gu làidir
Is an t-uisge frasach
Ga chathadh gu fiadhaich ad aodann
Gach taobh gan teich thu;

Mar latha gailbheach san Fhaoilteach
Le gaoith is uisge,
A fhliuchadh am priobadh na sùl' thu
Is a dhrùidheadh tur ort.   96

Mar osaig o inneal-sèididh
Fùirneis iarainn,
Is amhlaidh ghaoth sgalanta chruaidh ud
Thig le dian neart

Eadar a' charraig 's an steall atà
Nuas a' tuiteam;
An còmhdach tha air do cheann
Is gann gum fuirich.   104

Shaoileadh tu gun d' èirich doineann
Anns an iarmailt,
Ged tha an t-sìde ciùin mar bha i,
Deàrrsach grianach.

Ach trian chan urrainn mi aithris
De gach iongnadh
A tha ra fhaicinn air an eas ud,
An t-eas cliùiteach;   112

When you'd then look around you
at the torrent,
it would make your head go dizzy
and give you madness.

And when you'd come close to
the grey-green blanket
suspended against the face of the rock,
you'd feel fear and terror.

When the wind would blow strongly,
with rain showers
being thrown wildly in your face
wherever you'd run for cover;

Like a stormy day in January
with wind and downpour,
which would wet you in a twinkling
and soak you fully.

Like a blast from the bellows
of an iron furnace
is that wind of hard gusting
which comes mightily

Between the rock and the torrent
that falls downwards;
the covering on your head
will scarcely stay there.

You would think that a storm had arisen
in the heavens,
though the weather keeps its calmness
with radiant sunshine.

But one third I cannot recount
of every wonder
that is to be observed on that waterfall,
the famous torrent;

Bu mhòralach greadhnach an sealladh
E gun teagamh:
Ma tha iongantais air an t-saoghal
Is aon diubh esan.

Mìltean tunna gach mionaid
A' tuiteam còmhla
Thar bhile na creige don linne
Na aon mhòrshruth.   120

Is dlùth air ochd fichead troighean
Anns an leum ud,
O bhràighe gu ìochdar na creige
Na seasamh dìreach.

Is a' chreag ud gu h-àrd aig a mullach
Air chumadh lethchruinn,
Cosmhail ri crudha an eich charbaid
No leth cearcaill.   128

An t-uisge a' spùtadh na steallaibh
Mach gu fada
O bhonn na creige san linne,
Fichead slat uaip'.

Chluinneadh tu a thorman seachd mìle
Uaidh air astar,
Mar thàirneanach anns na speuraibh
Ri beucaich neartmhor.   136

Is nuair bhiodh tu nad sheasamh làimh ris,
B' amhlaidh thartar
Is mìle carbad air cabhsair
Nan deann dol seachad.

Gun critheadh an t-adhar mun cuairt duit
Leis na buillibh
Tha an t-uisge trom a' sìor-bhualadh
Air on mhullach;   144

A majestic and magnificent spectacle
it was doubtless:
if the world contains wonders,
it is one of them.

Thousands of tons every minute
cascading together
over the rock's edge to the whirlpool
in one great current.

There are almost eight score feet
in that leaping,
from the top to the bottom of the rock
standing vertical.

And the rock high at its summit
is semi-spherical,
like the shoe of a horse in a chariot
or a half-circle.

The water spouting in splashes
out a great distance
from the base of the rock in the pool,
twenty yards from it.

You would hear its noise seven miles
away at a distance,
like thunder in the skies
as it roars mightily.

And when you stand close to it
its rumbling would resemble
a thousand wagons on a causeway
speeding past you.

The air around you would quiver
with those wallops
that the weighty water keeps hurling
down from the summit;

Is maothchrith air an talamh throm
Fo bhonn do chasan,
Mar mhothaichear latha stoirmeil
Taigh ga chrathadh.

Ach ged bhiodh mìle teanga am bheul
Chan innsinn uile
Na h-iongantais a th' air an eas ud;
Mar sin sguiream.   152

While the heavy earth trembles
beneath your feet gently,
as one senses on a day of tempest
a house being shaken.

Even with a thousand tongues in my mouth
I could not recount
all the wonders of that waterfall;
I thus finish.

LIFE IN LOWLAND CITIES

Movement from the Highlands and Islands produced substantial colonies of Gaels in the Scottish cities, notably in Glasgow. In some respects, the process of rerooting in the urban environment paralleled that of settlement in the New World, though there were obvious differences. In contrast to the woodlands of Nova Scotia, the cities offered amenities, employment and well established social structures. Gaels faced the challenge of using these benefits to their own advantage, while creating new communities in which their culture could continue, and, if possible, flourish.

The verse which documents this process bears comparison with that composed in response to the New World. The sinister city eventually becomes the Gaelic city. Duncan MacPherson, in **Poem 16**, provides a wry and superficially dismissive view of Glasgow as a city of fashion and deception, of trading and fighting. Each verse concludes with a punch-line which undermines the more positive features which have been described. The poet's tongue may have been in his cheek as he composed, but it is likely that many would have felt emotions of this kind on their first encounter with urban ways. In **Poem 17**, John MacFadyen uses good humour to satirise the Gaelic people who see wonders, like massive cheeses, in city stores. His poem is less about the cheese than about the territorial loyalties which the Gaels have brought with them; Gaels from different parts of the Highlands and Islands boast about the bigger, better and more plentiful cheeses which they have seen in their own districts, and they do so using features of local Gaelic dialects. MacFadyen, in **Poem 18**, pokes fun at another community of economic migrants, namely the Irish, whom he depicts somewhat stereotypically as folk who enjoy a drunken brawl. For them it is a social event, bringing the 'kin' from far and near. The roll-call of Irish surnames, presented in their English forms, suggests that the poet sees very little in common between the Gaels and the Irish. The temperance movement, which sought to eliminate the deleterious effects of strong drink in the cities, inspires Neil MacLeod's somewhat melodramatic and tear-jerking account of the drunkard's home in **Poem 19**. The transplanting of the social customs of the Gaels is evident in **Poem 20**, in which Mary MacPherson deftly delineates the annual New Year shinty-match which was held by teams of exiled Gaels. The vigour and happiness of the occasion are evident in her lively thumb-nail sketch. Gaels transplanted other aspects of their way of life to an urban context; cèilidhs, concerts, story-telling events and Gaelic services soon became part of the normal life of the urban Gaelic communities.

LIFE IN LOWLAND CITIES

16. Oran do Ghlaschu

D. Mac a' Phearsain

'S mi seo an Glaschu nam bùithean
Far bheil fasain is ioghnaidh gu leòr;
Leis na chunnaic mo shùilean,
Tha mo chridhe air dùsgadh gu ceòl;
Sluagh mar sheangain gun àireamh,
Ruith gach rathad sna sràidean nan deann,
Am measg toit is droch fhàileadh,
'S pailteas fearainn dol fàs feadh nan gleann.   8

Ged tha Glaschu cliùiteach
Anns na fasain as ùire fon ghrèin,
'S iomadh trioblaid is neògloin
Tha luchd-misg toirt dhan deòin orra fhèin;
Chan eil bainne ann ri fhaotainn,
An deoch as fheàrr air an t-saoghal gu lèir,
Ach beirm làidir a' chaochain
A' cur mhnathan is dhaoin' às an cèill.   16

Dol tro Mhargadh an t-Salainn,
Far an lìonmhor luchd-malairt an èisg,
'S iomadh bodachan peallach
Bhios a' seinn air gach ealaidh fon ghrèin;
Cailleach mhòr, bhuidhe, ghrìsfhionn,
Fighe stocaidh is pìob ann a beul,
Ag èigheach 'Sgadan Loch Fìne',
'S i air tùchadh le innse nam breug.   24

Ged as àillidh an sealladh
Mnathan uaisle a' bhaile gu lèir,
Ag imeachd feasgar na Sàbaid
Air Sràid Earra-Ghàidheal nan seud;
Sìoda còmhdach gun sàiltean,
'S iad a' sguabadh na sràid as an dèidh,
Le gnùis-bhrat 's cochall làmh orra,
'S gun na fiaclan slàn ann an deud.   32

A Song to Glasgow

D. MacPherson

Here I am in shop-filled Glasgow,
where there are fashions and wonders galore;
with all that my eyes have observed,
my heart has been roused to song;
people like ants without number
run everywhere in streets at full pelt,
among smoke and bad odour,
when land in plenty goes waste in the glens.

Although Glasgow is famous
for the newest fashions under the sun,
there are many trials and horrors
to which drunkards gladly succumb;
no milk can be found there,
the best drink in the whole of the earth,
only the strong, distilled ferment
that makes women and men lose their sense.

As I make my way through the Saltmarket,
where the sellers of fish are in throngs,
many a ragged, wee manny
sings a ceaseless variety of songs;
a large woman, yellow and speckled,
knits a sock with a pipe in her mouth,
and shouts, 'Loch Fyne herring' –
telling lies has made her go hoarse.

Yet it is a beautiful prospect
to see the noble women of the town
taking a walk on a Sabbath evening
on Argyle Street's gem-studded road,
covered in silk to their heels,
and sweeping the street as they pace,
with veils and gloves on their hands,
and not an undamaged tooth in their face.

Chì mi cail' a' chinn ghuanaich
Le falt-ceannaich a fhuair i an-dè,
'S a' bhonaid thall cùl a cluasan,
Mar tha air adharcan-luachrach an t-slèibh;
Ged as stiùireanach, caol-chasach,
Astarach, aotrom a ceum,
Cha bhiodh a pògan ach searbh leam,
'S fiaclan tilgte dhaoin' marbh ann a beul.   40

'S bochd an sealladh tha againn
Air oidhche Di-satharna fhèin,
Fir is mnathan a' caonnag
'S an clann leth-rùisgte caoineadh nan dèidh;
Fuil gan dalladh sna sùilean,
'S iad le ana-cainnt toirt dùbhlan da chèil',
'S nan dèanadh Gàidheil an tùrn ud,
Bhiodh iad ainmeil nan dùthaich na dhèidh.   48

17. Oran na Mulachaig

Iain MacPhàidein

Am faca sibh a' mhulachag,
Am faca sibh an tulaman,
Am faca sibh a' mhulachag den chàise?
'S i cho mòr ri cloich-mhuilinn,
Shìos aig Lipton anns an uinneig,
Agus miann gach neach a chunnaic i air pàirt di.   6

'S i siud a' mhulachag eireachdail,
A thàinig à Ameireaga –
Tha leth-tunn' innte 's ceathramh, tha 'd ag ràdh rium;
Tha cuid a their gur geir a th' ann,
'S cuid eile gur e maide th' ann,
'S tha connsachadh is caganadh gun tàmh uimp'.   12

Chruinnich iad mun cuairt oirr'
Mur sheilleinean mun chuachan,

I see the light-headed lassie
with a wig which she bought yesterday,
her bonnet perched at the back of her ears,
like the lapwing of the upland plain;
though she's trim-tailed and slim-legged,
with a step that's swift-moving and light,
I would regard her kisses as bitter,
with the cast teeth of the dead in her bite.

What a tragic scenario greets us
when we look on a Saturday night;
men and women are fighting,
with howling, half-naked kids at their back;
blood in their eyes blinds their vision,
while they defy one another with swears;
if Gaels behaved in like manner,
they would gain, in *their* country, great fame.

Song on the Kebbuck

John MacFadyen

Have you seen the kebbuck
have you seen the whopper,
have you seen that kebbuck of cheese?
It's as mighty as a millstone
down in Lipton's window,
and everyone who saw it wants a piece.

That's the splendid kebbuck
that came over from America –
it weighs three-quarters of a ton, so they say;
some say it's fat that fills it,
while others say it's wooden;
they debate and chew it over endlessly.

They gathered all around it
like bees about the beehive,

'S gur gann gum faigh thu gluasad air sràid leò,
'S gille mòr a' chòt' air
A bheil na putain bhòidheach,
Gu tric a' toirt daibh òrdugh gu meàrsadh.　　　18

Nuair a thàinig mise nall,
Cha robh fhios a'm ciod a bh' ann,
Nuair a chunnaic mi nam meall air an t-sràid iad;
Sasannaich is Goill,
Agus Eireannaich neo-ghann,
Agus argamaidean teann anns a' Ghàidhlig.　　　24

Bha Còmhalaich ann 's Cinn-tìrich,
Latharnaich is Fìnich,
Muileach agus Ileach no dhà ann,
Collaich agus Tirisdich,
Uibhistich is Sgitheanaich,
'S a h-uile fear a' bruidhinn air a' chàise.　　　30

Cha deach mi staigh an còmhradh
Nuair thòisich iad air bòlaich,
Ach sheas mi aig a' chòrnair, car sàmhach;
'S a h-uile fear a chunnaic dhiubh
Mulachag san robh tunna,
Bha fear eile chunnaic dusan san robh dhà dhiubh.　　　36

Thionndaidh fear gu leth-taobh,
'S e bruidhinn ri Gilleasbaig,
'Cha bhiodh i seo ach beag ann ar n-àit'-ne;
Nuair bha bràthair mo sheanar-s'
Agus bail' aig' ann an Eisdeal,
Chunnaic mise deich air an spàrr dhiubh.'　　　42

Bha fear a chunnaic barrachd
Anns a' Mhorairne ghleannach,
Far an robh a' mhainnir a bha àlainn;
Bha mulachag aig Sellar,
Bha cho mòr ri Càrn na Caillich,
'S cha b' urrainn iad a carachadh le gèimhleag.　　　48

and almost blocked your way on the street,
while the big lad with the topcoat
that is decked with shiny buttons
often gave them orders to leave.

When I came across to view it,
I did not understand the reason,
when I saw them on the street in a crowd;
Lowlanders and English,
and no small amount of Irish,
arguing in Gaelic very loud.

Folk from Cowal and Kintyre,
from Lorn and Lochfyneside,
a couple from Mull and Islay were with these;
men from Coll and from Tiree,
and some from Skye and Uist,
and everyone was talking of the cheese.

I had not begun to speak with them
when they began their boasting;
instead, I stood at the corner, subdued;
and for everyone who'd seen
one cheese which weighed a ton,
another had seen twelve weighing two.

A man turned to the one side
in conversation with Gillespie,
'This one would rank tiny in our part;
when my grandfather's brother
had a farm there in Easdale,
I saw ten of them suspended on a spar.'

One man had seen even more
in the glen-lands of Morvern,
a place that had a sheep-farm, so glorious;
Sellar had a kebbuck
that was as big as Càrn na Caillich,
and they couldn't make it shift with a crowbar.

Sin nuair thuirt am Muileach,
'Chan eil *doubt* nach eil i sannsail,
Ach chunnaic mi sa Ghleann tè a b' fheàrr na i,
Thug sinn do Chreag an Iubhair i,
Los a cur sa *Chlansman*,
Is thog iad leis a' chran às a' bhàt' i.'   54

Sin nuair thuirt an t-Ileach,
'Fuiridh mi air fìrinn,
Chunnaic mise trì anns a' Bhàrr dhiubh.'
Thuirt fear 's e tighinn is saghan air,
'A dhaoine, nach i 'n *clipper* i?
Cha tèid dad an giorra dhi air meudachd.'   60

Sin nuair thuirt an Tirisdeach,
'Cha tric leam a bhith brag,
Ach innsidh mi gun ag mar a tha dhuibh;
Chunnaic mis' an Sgairinis
Cnapaich nach robh *slack*,
'S sinn gan aiseag leis an *smack* do Loch Làthaich.'   66

Thuirt fear, a ghlas a chiabhag,
'Nach tog sibh fèin dar briagan,
Chan fhac' a h-aon dhibh riamh a leithid air meudachd;
B' eòlach an Dùn Breatann mi,
Mun Cheathramh, 's Taigh Iain Ghròta,
'S chan fhaca mi cho mòr, no mar sgàile.   72

'Tha 'n Nollaig air tighinn teann oirnn,
'S gheibh sinn uile sgonn dhith,
Air bonnach beag is toll ann, mar b' àbhaist,
Is dileag leis den Ileach –
Cha mhisd' sinn ga chur sìos e –
Ach chan fhaod sinn bhith nar sìneadh sa chlàbar.'   78

That was when the Mullman started,
'There's no doubt it is substantial,
but I saw one that surpassed it in the Glen;
we took it to Craignure
to put it in the *Clansman*,
and they had to raise it from the boat with a crane.'

Then the Islayman began,
'I will stick with candour,
when I tell you I saw three in the Barr.'
One man said as he came puffing,
'Men, is it not a real clipper?
Nothing can compare with it for size.'

Then the Tiree man said,
'It's seldom that I brag,
but I will tell you frankly how things are;
in Scarinish I observed
big lumps that were not slack,
when we took them with the smack to Loch Làthaich.'

One fellow with grey hairs said,
'Why won't you stop your fibbing?
None of you saw a giant of that kind;
I knew Dumbarton well,
Kirriemuir and John o' Groats,
but I never saw near its equal for size.

'New Year has come upon us,
and we'll all get a piece of it,
as is the custom, on a bannock with a hole,
with a droppy of the Islayman –
to help us all to scoff it –
but we must not fall flat in the glaur.'

18. Oran Margadh an t-Salainn

Iain MacPhàidein

O 'n cual', an cuala sibh 'n caithream ud,
E 'n cual', an cuala sibh 'n sadadh ud,
On cual', an cuala sibh 'n tabaid,
Bha 'm Margadh an t-Salainn an-dè?

Nuair chruinnich iad còmhla san taigh-òsd' aig M'Kennie,
'S ann ann a bha bhòilich mun dòigh bh' aig an seanair,
Mar bhuaileadh e dhòrn is mar dh' òladh e searrag,
'S ann bha e san tabaid ro-threun.   8

Bha pìobaire 'n aona phuirt a' bronnagail le faram,
Gun ghaoithe na phluic, ach mar chluicheadh e achlais,
Fidheall dà theud air ghleus na deannaibh,
A' togail làn aighear nan treun.

Bha Bridget air cabhsair 's i dannsa ri Brolligan,
Ceann-rùisgte, cas-rùisgte, 's chnacadh i corragan,
Spreadadh i 'm poll a-nall mu na h-oisinnean,
'S ghlaodh i le sodan, 'Ho-rè'.   16

Bha Michael MaGinty 's e seatadh ma coinneamh,
Bha toll aig an uilinn 's bha 'm mullach tro bhonaid,
Bha bhriogais na stròicean 's a bhròg air a h-oir aige,
Is leth-shlat de chotan na dhèidh.

Ach thòisich an iorghail nuair chruinnich na fineachan,
A Ulster, à Munster, à Antrim, 's Leitrim,
Connaught, 's Tralee, 's O' Shees à Limerick,
'S thàinig na fir à Kildare.   24

Na O'Rorks 's na M'Gorks 's iad a' mort nan O'Branigans,
Bh' aig Kelley *shillèlah* 's e 'g èirigh air Flannigan,
Micheal Mulhoul gun dhall e O'Rafferty,
'S leag iad M'Cafferty fhèin.

Song on the Saltmarket

John MacFadyen

O did you hear, did you hear that commotion,
E did you hear, did you hear that walloping,
O did you hear, did you hear of the fighting
in the Market of Salt yesterday?

When they gathered together in McKennie's hostelry
great was their boasting about their grandfather's actions,
how he would strike with his fist and drink from a bottle –
he was a really brave man in the fray.

The single-tune piper was making music with clamour,
no wind in his cheek, but playing under his armpit;
a two-stringed fiddle was being tuned with vigour,
raising the high spirits of the brave.

Bridget was on the pavement, dancing with Brolligan,
bare-headed, with no shoes, and cracking her fingertips;
she would make the mud splash around the street corners,
and cry, in glad humour, 'Hurray'.

Michael MaGinty was stepping in front of her,
a hole in his elbow, and his bonnet was topless,
his trousers were ragged, and his shoe at an angle,
and a half-yard of cotton in his wake.

But the stramash began when the kindreds foregathered,
from Ulster, from Munster, from Antrim and Leitrim,
Connaught, Tralee and O'Shees from Limerick,
and there came the men of Kildare.

The O'Rourkes and McGorks battering the O'Branigans,
Kelley had a shilleley, and was hammering Flannigan,
Michael Mulhoul blinded O'Rafferty,
and even McCafferty was laid.

Nuair thòisich an tuasaid bu chruaidh a bha 'n sadadh,
Bha slaodadh air cluasan is struaiceadh air claiginn,
Gach fear air a bhualadh is spuaic air a mhalaidh,
'S e glaodhaich air caraid gu streup.   32

O'Brian, 's O'Ryan, O'Reilly, 's O'Ligerim,
O'Brearie, 's O'Learie, O'Sheaie, 's O'Sigerim,
O'Hara, M'Ara, O'Larra, 's O'Liderim,
Barney M'Fiddie, 's M'Dade.

Nuair shèid iad na fideagan chìte nan cabhaig iad,
A' crùban gan deòin 's gach fròig am falach;
Gun tug iad an cinn sna tuill fo thalamh,
Mar radan is abhag nan dèidh.   40

19. Taigh a' Mhisgeir

Niall MacLeòid

Air oidhche ghruamach gheamhraidh fhuair,
'S mi gabhail suas an t-sràid,
Clach-mheallain chruaidh, le gaoith a tuath
A' ruagail air an làr,
Bha deòiridh truagh, 's na deòir na ghruaidh,
'S a shnuadh cho tana, bàn,
E ruith gu luath, 's a' gul gu cruaidh,
A' suathadh bhas a làmh.   8

Bha thrusgan donn gu tana, gann,
Na stiallan lom air cnàmh;
'S a' ghaoth a' sèideadh tro gach toll,
Mu chom, gun iochd, gun bhàidh.
'Mo bhalachan maoth,' thuirt mi gu caoin,
'Ciod chuir an taobh-s' thu 'n tràth-s',
Nuair tha gach dùile feadh nan crìoch
Fo dhìon nan àite-tàimh?'   16

When the struggle began, the whacking was mighty,
ears were pulled, and skulls were splintering;
each man had been hit and had a wound on his forehead,
and was calling a friend to the fray.

O'Brian, O'Ryan, O'Reilly, and O'Ligerim,
O'Brearie, O'Learie, O'Sheahy and O'Sigerim,
O'Hara, McAra, O'Larra and O'Liderim,
Barney McFiddie and McDade.

When they blew the whistles you would see them scampering,
crouching in each nook to hide so willingly,
thrusting their heads in holes under the surface,
like rats with a terrier at tail.

The Drunkard's Home

Neil MacLeod

On a cold, surly winter's night
as I walked up the street,
and hailstones hard, with northern blast,
fled along the ground,
a poor wee soul, tears on his cheeks,
his countenance pale and wan,
was running fast, and weeping hard,
and wringing his hands' palms.

His tawny coat was worn and short,
decayed to barest strips,
while the wind was blowing through each hole,
with no mercy round his ribs.
'My little lad,' I softly said,
'what put you here right now,
when every creature in these bounds
is secure within its home?'

Och! thuirt e rium am briathran ciùin,
'S a shùilean fliuch fo dheòir,
'Tha m' athair shuas le luchd na cluich',
Air mhisg an taigh an òil;
Mo mhàthair bhochd 's i ris a' bhàs,
'S am pàisde beag ga deòthal,
'S tha eagal orm, mun tig an là,
Nach bi mo mhàthair beò.'   24

'N sin smaoinich mi dol leis air ais,
'S gum faicinn fàth a dheòir;
Oir chomhairlich an duine glic
Bhith tric an taigh a' bhròin;
Cho beag 's gan dèan sinn airson sìth,
Ma nì sinn e le deòin,
Cha bhi ar duais gu bràth gun dìol
Am fianais Rìgh na glòir'.   32

Nuair ràinig sinn an dachaigh lom,
Far nach robh fonn no ceòl,
Ach gearan agus osnaich throm,
Tighinn bho gach com gun treòir,
Bha bhean na sìneadh air an làr,
Air clàran fuar de bhòrd,
'S a h-ochd no naoi de phàisdean maoth
Ri taobh ag iarraidh lòin.   40

'S cò mhàthair nach biodh ann an teinn
A' cluinntinn fuaim an gàir,
'S a' faicinn leanaban caomh a cuim
An dìth gun bhiadh, gun bhlàths?
'S am fear bu chòir bhith dhaibh na dhìon,
Cur rian orra le bàidh,
Tha ghuth cur crith orra le fiamh,
'S a ghnìomh gan cur gu bàs.   48

Ged nì gach ainmhidh borb air sliabh
Dan gineal dìon na thràth,
Is eòin nan speur mun èirich grian,
A' dìoghlam bìdh dan àl,

'Alas!', he said to me with gentle words,
and his eyes wet with tears,
'My father is up with those who play,
drunk in the public house;
my poor mother is at death's door,
with a small child at her breast,
and it is my fear, before day dawns,
that my mother will be dead.'

I then decided to return with him
to see what caused his tears,
since the sage had well advised
to be often in sorrow's house;
however little we do for peace,
if we do it with our will,
our reward will never go unpaid
before glory's King.

When we arrived at the bare home
where there was no song or mirth,
but moans and heavy sighs
from every feeble breast,
his wife was stretched out on the floor,
upon cold planks of wood,
with eight or nine of children weak,
at her side requesting food.

And what mother would not be in straits
hearing their crying sound,
and seeing the loved ones of her breast
without warmth or food, in want?
And the one who ought to be their shield,
attending them with love –
his voice makes them shake with fear,
and his deeds design their death.

Although every wild beast on the hill
will protect its own in time,
and birds of the sky, before sunrise,
gather food for their young chicks,

Tha 'm misgear truagh, gun tuar gun chiall,
A' riarachadh a chàil,
Gun suim da ghineal no da shìol,
Bhon rinn a mhiann dheth tràill.   56

Ach 's lìonmhor iad air feadh ar tìr,
A chuir gu dìth an sliochd,
'S an àit' an togail suas le mùirn,
A spùinn iad le an-iochd;
Toirt dhiubh an aodaich is an lòin,
Bu chòir bhith dhaibh na mheas,
Mar sin gam fàgail lag gun stàth,
Air sgàth an sàth den mhisg.   64

'S is lìonmhor maighdeann bhaindidh, chiùin,
Bha cliùiteach, glan, na beus,
Chaidh àrach suas le gràdh is mùirn,
Gu caoin le càirdean fhèin,
A ghabh le straoidhear bochd gun diù,
'S le ùmaidh borb gun chèill,
A rinn a beatha searbh 's gach cùis,
'S a dhùin a sùil san eug.   72

Air dhomh bhith meòrach' greis fo sprochd,
Air lochdan bochd an òil,
Thàinig an t-athair truagh le fuaim,
'S bu duaichnidh, garg a ghlòir;
E falbh 's a' tuiteam air gach taobh,
Na shlaod gun dreach gun treòir,
'S a' mionnachadh da phàisdean maoth,
Nach fhaodadh teachd na chòir.   80

E mallachadh gu garg da mhnaoi,
'S a' maoidheadh air a ceann,
Ag iarraidh solais agus bìdh,
An ìocshlaint nach robh ann;
Ach ged bha crìoch a turais dlùth,
'S a lùths air fàs cho fann,
Bha sùil a' dearcadh air le truas,
'S a beul a' gluasad mall;   88

the poor drunkard, with no sense or form,
indulges his own taste,
and pays no heed to his young brood –
to passion he's a slave.

But many there are throughout our land
who have made their offspring poor,
and instead of raising them in love,
have cruelly robbed their nest;
depriving them of food and clothes,
which they should have in gift,
thus leaving them weak with no support,
to get their fill of drink.

And there's many a comely, womanly maid
honourable, pure in way,
who, by her own kindly folk,
was reared with love and care,
who took up with a spendthrift trash,
a coarse and senseless wretch,
who filled her life with bitter pain,
and closed her eye in death.

After I had reflected, low in mind,
on the sad faults of drink,
the poor father noisily arrived,
with wild and terrible words;
he fell about on every side,
a strengthless, formless knave,
directing swears at his young bairns,
who dared not come his way.

With harshest words he cursed his wife,
and heaped threats upon her brow,
seeking light and also food –
but that cure could not be found;
and though her journey's end was close,
and she had all but lost her strength,
she looked at him with piteous eye,
and slowly moved her lips;

'S i 'g earbsa gum biodh Freasdal caomh
Toirt caochlaidh air na thràth,
Mun tig am Breitheamh air le diumb,
'S mun dùin a shùil sa bhàs;
Dh' fhàg i e fhèin 's a pàisdean ciùin
Air cùram Rìgh nan gràs,
Is dhùin i sùil sa chadal bhuan,
Nach gluais gu latha bhràth.   96

20. Camanachd Ghlaschu

Màiri Nic a' Phearsain

'S iad gillean mo rùin a thogadh mo shunnd;
'S i seo a' Bhliadhn' Ur thug sòlas duinn;
'S iad gillean mo rùin a thogadh mo shunnd.

'S iad gillean mo ghràidh
Tha 'n Glaschu nan sràid –
    Is fhada bho àit' an eòlais iad.   6

'S ann goirid ron Challainn
A chruinnich an comann,
    'S a chuireadh an iomain an òrdugh leo.

Nuair thàinig an t-àm,
Gun chruinnich na suinn,
    'S bha caman an làimh gach òigeir dhiubh.   12

Aig aon uair deug
A rinn iad an triall,
    Le pìob 's bu bhrèagh' an còmhlan iad!

Nuair ràinig na sàir
Gu ionad a' bhlàir,
    Gun chuireadh gun dàil an òrdugh iad.   18

Trusting that Providence would be kind,
and change him in his time,
before an angry Judge would come
and his eye would close in death;
she left him and her gentle brood
to the care of Grace's King,
and she shut her eye in eternal sleep,
from which she'll never stir.

The Glasgow Shinty Match

Mary MacPherson

The lads that I love would gladden my heart;
this is the New Year which gave joy to me;
the lads that I love would gladden my heart.

The lads that I love
are in Glasgow of streets –
they are far from their native territory.

As the New Year came close
the society gathered,
and it set in order the shinty match.

When the time came to pass,
there assembled strong lads,
with a stick in the hand of each of them.

It was at eleven o' clock
that they set off,
with pipes, and what a fine group they were!

When the heroes had gathered
at the site of the battle,
they were arranged in their ranks immediately.

Bha glainneachan làn
Dhen Tòiseachd a b' fheàrr,
Is aran is càise còmhla ris.

Bha bonnaich gun taing
Is pailteas dhiubh ann,
    'S clann-nighean nan gleann gan còcaireachd.   24

Nuair roinneadh na laoich
'S a ghabh iad an taoibh,
    Bha mis' air an raon toirt còmhdhail dhaibh.

'S e 'n sealladh as brèagh'
A chunnaic mi riamh,
    Gach òigear gun ghiamh 's a chòta dheth.   30

Gach fleasgach gun mheang,
'S a chaman na làimh,
    'S a' chnapag le srann ga fògar leo.

Bha cuid dhiubh cho luath
Ri fèidh air an ruaig,
    'S cha chluinnt' ach 'A-suas i, Dhòmhnaill' leo.   36

'S ann ann a bha 'n ealain
Le glagadaich chaman,
    'S gach curaidh cur fallais is ceòthain deth.

Bha duine gun chearb
Le siosa-cot dearg,
    'S cha bhiodh am boc-earba còmhla ris.   42

Fear eile gun ghiamh
'S a chiabhagan liath,
    Chuir 'taigh' i bhàrr fiacail mòran diubh.

'S e duine gun tùr
Nach faiceadh le shùil
    Gu robh iad bho thùs an òige ris.   48

Glasses were brimming
with best Ferintosh whisky,
with bread and with cheese to accompany it.

There were bannocks galore
in profusion around,
and the girls of the glens were baking them.

When the heroes were drawn,
and took their own sides,
I was on the field accompanying them.

The finest scene
that I ever saw,
was each flawless lad with his jacket off.

Each unblemished young man
with his stick in his hand,
sent the ball whizzing away from him.

Some were as swift
as a deer in a rout,
and 'Up with it, Donald' was what you'd hear from them.

Great skill was apparent,
with shinty sticks whacking,
and each stalwart perspiring steamily.

There was an unerring fellow
with a red-coloured waistcoat,
and the roebuck could not keep up with him.

There was another fine man
whose locks had gone grey,
who drove home a goal despite many of them.

Only a fool would not see
what was perfectly clear,
that from earliest years they'd been playing it.

Nuair chuireadh am blàr
Gun choisich na sàir
  Le pìob gu Sràid an Dòchais leo.

Suidhibh, a chlann,
Is gabhaidh sinn rann,
  Gun cuirear an dram an òrdugh dhuibh.   54

Gun dhealaich na suinn,
Mar thàinig iad cruinn,
  Len cridheachan coibhneil, 's b' òrdail iad.

When the battle was done,
the heroes walked home
to Hope Street with a piper ahead of them.

Sit down, my friends,
and we'll sing a verse,
until a fine dram is ready for you.

The heroes then parted
as they had foregathered,
with kindly hearts, most orderly.

TRANSPORT AND TRAVEL

The revolution in transport which came to the Highlands and Islands during the nineteenth century allowed comparatively easy access to the Lowland cities. By the end of the century railways were well established in the Highlands, and the harnessing of steam brought steam paddlers to Highland and Island waters by 1820. These developments did not sweep the traditional sailing ship off the seas immediately; sail continued to be important in the Highlands and Islands and also in the wider global economy into the twentieth century. Sailing clippers still ruled the waves in the mid-century. **Poem 22** commemorates the Great Tea Race of 1866, from Fuzhou, in China, to London. The winner was Captain Donald MacKinnon of Tiree, master of the triumphant *Taeping*. The poet also gives an honourable place to her rival, the *Ariel*, the favourite to win the race.

The thrills and spills, and also the fears, of travelling by the new ships and 'iron horses' are well attested in Gaelic verse. Allan MacDougall was one poet who found much to celebrate and to enjoy in the new steam-powered ships. In **Poem 21**, he combines a much-needed prayer for safe travel on the *Highland Chieftain*, which began to sail to Fort William from 1820, with some musing on her means of propulsion, which is capable of defying all the elements. He welcomes the ship to the Highlands, and gives her the poet's seal of approval – important for the acceptability of such a departure from traditional modes of transport. The poem concludes with a eulogy of her master, Captain MacNab, who evidently belongs to the poet's area. This piece is an excellent illustration of the manner in which older genres of verse were applied to new subjects: the poet adapts traditional panegyric images, such as the fast steed (applied to the ship) and the hunter (applied to her master). **Poem 24**, composed at the very end of the century by Neil MacLaine, describes the discomfort of travelling on board steamships in bad weather. The heaving decks of the *Dunara Castle*, on a gruelling voyage round the Mull of Kintyre and onwards to Tiree, have a devastating effect on the airs and graces of fashion-conscious young ladies. Despite such unpredictable passages, the steamship gained a place in the affections of Gaels, and this is reflected in Mary MacPherson's farewell to the *Clydesdale* in **Poem 25**. The role of the steamship, in both maintaining the Highland economy and depriving it of its young people as they go to the Lowlands, is very well sketched in this lively poem. The image of the horse is again applied to the steam train in **Poem 23**, which is filled with humour as it describes the prancing of this steed, and dreams about its potential for doing the work back home in the poet's native patch.

Transport and Travel

21. Slàn gun till na Gàidheil ghasda

Oran don bhàta-thoite, den goirear an *Ceann-fine*

Ailean Dùghallach

Slàn gun till na Gàidheil ghasda,
Dh'fhalbh Di-màirt air sàil do Ghlaschu,
Leis a' bhàta dhìonach, sgairteil,
Làidir, acfhainneach gu strì.

'S e h-ainm am Beurla 's an Gàidhlig,
An 'Ceann-fine measg nan Gàidheal';
'S thig i dhùthaich nam beann àrda,
'S gheibh i càirdean anns gach tìr.   8

Nuair a dh'fhalbhas i gu h-aotrom,
'S luaithe h-astar na 'n gath-gaoithe;
Cha till fairg' i no sruth caolais,
Ge b'e taobh don tig an t-sian.

'S ged a dh'èireadh muir gu buaireas,
Snàmhaidh i air bhàrr nan stuaghaibh,
Mar steud-cruidheach 's spuir ga bhualadh,
Dhol san rèis a bhuannachd cìs.   16

Le cuibhleachaibh air gach taobh dhith,
'S i masgadh fairge le saothair;
Ioghnadh 's motha th' air an t-saoghal,
A dhealbh clann-daoine rim linn.

Gu dol an aghaidh na gaoithe,
Le teine gun aon snàthainn aodaich,
Gun ràimh, ach a stiùir ga saoradh,
Air muir a' taosgadh na glinn.   24

Sgioba fearail ri àm cruadail,
'S Caiptean Mac-an-Aba, an t-uasal,
Calum Dòmhnallach is Ruairidh
'S MacCoinnich a tha suairce, grinn.

A safe return for the Highland gallants

Song on the steam-ship which is called *Chieftain*

Allan MacDougall

A safe return for the Highland gallants
who went, on Tuesday, by sea to Glasgow
on the watertight, valiant vessel,
    equipped and strong to fight the tide.

Her name in English and in Gaelic
is the 'Chieftain among Gaels';
she will come to the Highlands,
    and win friends in every clime.

When she sails away so lightly,
her speed is faster than a wind-blast;
no heavy sea or current will halt her,
    whatever side the squall may rise.

And though the sea should swell to tempest,
she will swim upon the wave-crests,
like a hooved steed spurred in earnest
    to run the race to win a prize.

On each side she carries paddles,
and she churns the sea with ardour;
of world's wonders, this is the greatest
    that man has devised in all my time –

To sail straight against the wind-storm
with fire, and not a thread of sail-cloth,
without oars, while her rudder saves her,
    as glens appear in the surging brine.

She has a manly crew in time of hardship,
with Captain MacNab, the noble,
Malcolm MacDonald and Rory
    and MacKenzie, kind and fine.

Caiptean Mac-an-Aba 'n t-àrmann,
A shìol nam fear a sheasadh làrach,
A leagadh aighean agus làn-daimh,
Anns an fhàsach bràighe ghlinn.   32

Mu Urchaidh nam buinnean gailbheach,
Aig Eas Chaiteleig nan garbh-shruth,
'S tric rinn do mhorgha marbhadh,
Air bradan tàrr-gheal fon still.

22. Deoch-slàinte nan Gillean

Iain MacFhionghain

Deoch-slàinte nan gillean a b' àill leam a thilleadh;
Mo chàileachd air mhire ga sireadh san àm!
Cha b' e rùn a bhith pòit a dh'fhàg sunndach ga h-òl mi,
Ach cliù nam fear òga nach sòradh an dram!

Gun gabh sinn an t-òran a rinneadh do Dhòmhnall
Bhon tha e cho fòghlaimt' air seòladh nan long:
Bhon fhuair e an t-urram eadar China is Lunnainn,
Gur feàrr leam na m' uile gun bhuidhinn e 'n geall.   8

Bha 'n *Ariel* bhòidheach gar fiachainn aig seòladh –
Gur h-i a bu chòir a bhith còmhl' ruinn san àm;
'S le mheud 's fhuair thu dh'fhòghlam an toiseach do thòisich,
Gun bheat thu iad còmhla 'n àm crosadh na *Line*.

'S i ghearradh an fhairge mar shiosar air caimrig,
Is *Chinaman* mailidheach na dhealbh air a sròin;
'S i thàirngeadh an t-sùrdag air bhàrr nan tonn dùbhghorm,
Mar fhiadh anns a' bhùireadh air chùl nam beann mòr.   16

Nuair thogadh tu h-aodach am bàrr a cruinn chaola,
'S i shnàmhadh gu h-aotrom mar fhaoileag nan tonn;
Gaoth-tuath 's i 'na frasan mar luaidhe ga sadadh,
Is fuaim aig a darach n àm sgapadh nan tonn.

Captain MacNab is the stalwart
descended from those who stand fast,
who would fell both hinds and stags,
   in the heights of the glen that's wild.

About Orchy of the terrible torrents,
at Eas Chaiteilig of the strong streams,
often your sea-spear, beneath the deluge,
   caught a white-bellied salmon on its tine.

The Health-drink of the Lads

John MacKinnon

Here's a health to the lads whom I'd wish to return here;
my nature's enthused as it looks for it now!
It's not a wish to be boozing that makes me glad to consume it,
but the fame of the youths who'd refuse not the dram!

We'll sing the song that was composed for our Donald
since he has such knowledge of sailing the ships,
and since he gained the honour between China and London,
his winning of the wager I prefer to all things.

The beautiful *Ariel* was vying with us at sailing –
she certainly ought to have been beside us that time;
but, thanks to those skills gained at your very beginning,
you beat both ships together when crossing the Line.

She'd cut through the ocean like scissors through cambric,
with a heavy-browed Chinaman portrayed on her stem;
she'd make a fine skipping on the crest of dark billows,
like a deer in the rutting behind the high bens.

When you'd hoist up her canvas to the peaks of her thin masts,
she would sail along lightly like the gull of the waves;
the north wind with showers like lead shot would pound her,
and her oak would resound as she clove through the seas.

Tha na Sasannaich tùrsach, 's na Goill chan eil sùnnd orr',
On choisinn thu 'n cliù seo do dhùthaich nam beann;
Led sgoilearachd Bheurla, 's tu 'd sheòladair gleusda,
Gheibh a' ghaoth fo cuid bhrèidean 'n àm reubadh nan tonn.   24

Gur mis' th' air mo lèireadh sa mhadainn 's mi 'g èirigh,
An driùchd air mo lèine 's mi èisleanach fann,
An China na dunach gam lot leis a' chuileig –
Gum b' fheàrr a bhith 'm Muile fo dhubhar nam beann.

23. An t-Each Odhar

'S e mo laochan an t-each odhar,
Thàinig à Glaschu fodham;
'S e nach gabhadh cur air theadhair,
Air Achadh nan Gamhna.

'S e mo laochan an t-each-iarainn,
Leis an tàinig mi do Ghrianaig;
'S nuair a thàirngeadh iad an t-srian,
'S e fiadh nach rachadh teann air.   8

Siud an t-each aig bheil an sgrìob,
Cha toir e mionaid ri mìle;
Thèid e air leth-dusan sìnteag,
Seachad sìos air Renfrew!

Nuair a dh'fhalbh e 'n sin na throtan
A cheart cho luath ri *mail coach*,
Gun do chrom mi sìos fon drochaid,
Mun sgrogadh e an ceann diom.   16

Rìgh! gur mise ghabh an t-eagal,
Cha mhòr nach deachaidh mi 'm bhreislich;
Nuair a thòisich e ri breabail,
Gun do theich na beanntan.

The English are gloomy, and Lowland folk have lost humour,
since you won this great tribute for the land of the bens;
as you're such a scholar in English, and so expert a sailor,
the wind will raise up her canvas when smashing the waves.

I am filled with great sorrow as I rise in the morning,
with the dew on my shirt, feeling feeble and ill,
in miserable China, being nipped by mosquitos –
I'd rather be in Mull beneath the shade of the hills.

The Dun-coloured Horse

My hero is the horse of dun colour
that has carried me from Glasgow;
he surely could not be tethered
on the Field of Bullocks.

My hero is the horse of iron
on which I travelled to Greenock;
when they would pull his bridle,
the deer could never catch him.

That's the horse that travels quickly,
he'll do a mile within a minute;
by means of half-a-dozen skippings
he will have gone past Renfrew.

When he then took to trotting
just as fast as any mail coach,
I bent down below the bridge
in case he should behead me.

King above! was I not frightened;
I very nearly was demented;
when he began his kicking,
the mountains seemed to vanish.

Nuair a chaidh e staigh don *tunnel*,
'S a sheall mi mach air an uinneig,
Shaoil mi nach faicinn leus tuilleadh,
'S gum bu duine dall mi!   24

Righ! gur mise ghabh an t-ioghnadh,
Nuair a ghabh e an t-sùrdag,
Mach tro phàirceannan tùirneip,
Tro chùirn agus deanntaig.

Chaidh mi suas gu fear an fhearainn,
Feuch am faighinn e ra cheannach;
'S chuirinn dhachaigh e gu Sellar
Tharraing feamainn gheamhraidh.   32

Chuirinn e dh'ionnsaigh a' Mhàidseir,
A tharraing nan giomach an t-Sàilein;
B' fheàrr e na 'n t-each ruadh aig Dàibhidh,
No 'n làir bhàn aig Sandaidh.

Ach nam faighinn-sa chur dhachaigh
Còmhl' ri pònaidh Achadh Rainich,
Bhiodh Dùghall, mac Iain 'Ic Lachainn,
Cumail ceart na h-einnsein.   40

'S nam faighinn-s' air an ràil e,
H-uile car gu Rudh' na h-Airde
Ghabhainn tro mhonaidhean Fheàrnaig,
'S theàrnainn air Gleann Sandaidh.

Ach nam faiceadh cuid de dhaoine
Dìreadh ri Bealach Gaoith' e,
'S ann a thòisicheadh iad ri glaodhaich
Gum b' e 'n saoghal thall e!   48

Siud an t-each sa bheil an cruadal,
'S a fhuair an t-urram air luaithead;
'S e nach fheumadh dol a bhualadh
Sguab dha anns a' gheamhradh.

When he entered the tunnel,
and I looked out of the window,
I thought I'd never see a glimmer,
and that I now was blinded!

King above! did I not wonder
when he took to happy leaping
out through the fields of turnip,
and through cairns and nettles.

I went up to meet the landlord
to see if I could make a purchase,
that I might send him home to Sellar,
to pull up the winter's seaweed.

I would send him to the Major
to haul the lobsters to Salen;
he'd excel the brown horse of David
or the white mare of Sandy.

But if I could send him homewards
together with Achadh Rainich's pony,
Dugald, son of John of Lachlann,
would maintain the engine.

And if I could get him on the railway,
every inch to Rudha na h-Airde,
I would go through the moors of Fernaig,
and I'd descend upon Glen Sanda.

But if certain people saw him
climbing up towards the Wind Pass,
they would begin to shout out loudly
that he was other-worldly!

That's the horse that's truly hardy,
which has earned renown for fastness;
he would not require the threshing
of a sheaf for him in winter.

Nuair a chrìochnaich mi mo dhuanag,
Chaidh a h-èisdeachd le duin'-uasal,
'S thuirt e rium nan rachainn suas,
Gum faighinn cuach de bhranndaidh. 56

24. Oidhche na *Dunàra*

Niall MacIlleathain

Thug mi 'n oidhche raoir sa bhàta;
Thug mi 'n oidhche raoir sa bhàta;
Thug mi 'n oidhche dhoilleir fhiadhaich
Sa chuan shiar gu tìr nan Gàidheal.

Bliadhna na faidhreach chaidh seachad
'S càch gu h-èibhinn a' dol dhachaigh,
Thog mi 'm poca leam nam achlais,
'S ghabh mi 'n t-aiseag san *Dunàra*. 8

Nuair dh'fhàg sinn a-mach à Grianaig
Bha i bòidheach 's fiath nan eun ann,
'S bha na h-ìonagan ro-chiatach,
Gach tè riamh dhiubh 's fiamh a' ghàir' oirr'.

Bha meud-mhòr 's a h-uile tè dhiubh –
Tirisdich a' bruidhinn Beurla,
Muilich 's Sgitheanaich, 's b' e 'm beud e;
Chaill iad gu lèir an cuid Gàidhlig. 16

Thòisich fear air gleusadh pìoba,
'S thòisich danns' air a' chlàr-ìseal;
Is ma dh' innseas mi an fhìrinn,
Saoil nach robh mi-fhìn san àireamh?

Bha na h-ìonagan cho spòrsail,
'S air an sgeadachadh cho leòmach;
H-uile tè le ulaidh còmhdaicht',
'S it' an eòin nan adan àrda. 24

When I completed my ditty,
it was heard by a gentle fellow;
he said that if I went up on stage,
I'd get a quaich of brandy.

The Night on the *Dunara*

Neil MacLaine

I spent last night on board the vessel,
I spent last night on board the vessel;
I spent a night that was dark and stormy
on the sea west to the Gaels' homeland.

A year ago at last fair-time
when others were going home gaily,
I put my bag beneath my armpit
and I took my passage on the *Dunara*.

When we set sail from Greenock,
it was lovely, with the calm of seabirds,
and the lassies looked so pretty,
every single one was smiling.

Each one was so very pompous;
Tiree girls were talking English,
Mull ones and alas! Skye ones too –
all of them had lost their Gaelic.

A fellow began to tune his bagpipes,
and on the lower deck the dancing started;
and if I'm honest in my story,
wasn't I myself among the dancers?

The young lassies were so sprightly,
bedecked in their attire so brightly;
every one was in her finest,
with high hats that sported feathers.

Shil i, 's shèid i, 's dh'fhàs i dorcha,
'S gun do bhòc an fhairge colgach;
Cha robh leithid siud de stoirm ann
On bhliadhn' a dh' fhalbh am buntàta.

Nuair a bhòc an fhairg' na gleanntan,
Cha chluinnte Beurla san àm sin;
Ghlaodhadh gach tè, 'Cùm, cùm teann mi,
Tha mo cheann an impis sgàineadh.'   32

Chuala mi guth tiamhaidh, brònach,
Bho NicMhuirich às a' Mhòintich,
'S i ag ràdh ri Liusaidh Bròige,
''S math dheth 'n tè tha 'n còir a màthar.'

Mun d' ràinig sinn Maol Chinn-tìre
Chaidh an ceòl air feadh na fìdhle;
Cha robh tè nach robh na sìneadh,
'S lùb dol air a druim le spàirneachd.   40

Chìte thall 's a bhos nan sìneadh
Gruagan feall air a' chlàr ìosal,
'S cìrean cùil a' dol nam pìosan;
'S ann leam fhìn nach b' adhbhar gàir' e.

Nuair a ràinig sinn na Torrainn
Bha mhuir gharg na mill a' roladh,
'S chluinnte osnadh throm air osnaidh
Tighinn bho luchd nan dosan cràsgach.   48

Nuair a ràinig sinn Bun Easain
Is a dh'èirich sinn nar seasamh,
'S iomadh ribinn ghrinn bha preasach,
'S iomadh deis' a bha ri càradh.

'N tè a chaill a dronnag Ghreugach
Thug i leum a-null gu h-eutrom
Gu ball-dìonaidh dhèanamh grèim' air,
Ach 's beag feum bha dhi san àrcan.   56

It rained, it blew, and it grew darker,
and the ocean swelled with anger;
there was never such a tempest
since the year the potatoes vanished.

When the ocean surged like valleys,
the English language soon departed;
each one would cry, 'Hold, hold me tightly;
my head is on the point of cracking.'

I heard a voice, sad and wistful,
from the Moss girl surnamed Currie,
saying then to Lucy Brogie,
'Lucky the one who's near her mammy!'

Before we reached Kintyre's Headland,
the whole scene was total chaos;
every single girl was levelled,
and her back was bent with retching.

Here and there would be seen scattered
false hairpieces on lower deck-planks,
and back-combs being smashed to pieces;
to me it was not a cause for laughter.

When we reached the rocks of Torrin
the wild sea in piles was rolling;
sighs could be heard in succession,
coming from those with towering hairstyles.

When at length we reached Bunessan,
and we were able to stand upright,
many a fine ribbon was creased then,
and many a suit in need of stitching.

The one who lost her Grecian curls
leapt across the deck so lightly,
to take a hold of a lifebelt,
but the cork could scarce assist her.

'N fheadhainn bha san oidhch' cho spòrsail
'S nach dannsadh iad rìdhle còmhl' ruinn,
Cha tugainn fhìn sa mhadainn gròt orr';
Dh'fhan am bòsd, ach dh'fhalbh an àilleachd.

Fhuair sinn sàbhailt' don Tìr Iosail,
'S bheir mi 'n dàn seo gu ceann-crìche;
Ach cha leig mi 'm feasd air dìochuimhn'
Oidhch' na dìl' air an *Dunàra*.   64

25. Oran do *Dhail na Cluaidh*

Màiri Nic a' Phearsain

Beannachd leat, a *Dhail na Cluaidh*,
Gur iomadh bliadhn' a threabh thu 'n cuan,
Fàgail Ghlaschu mòr nan stuagh
    Mu thuath gu tìr mo dhùthchais.

Gur iomadh oidhche fhliuch is fhuar
Ri frasan sneachda 's gaoth a tuath
Chuir thu Mhaol le saothair chruaidh,
    'S gun bhiadh ach gual is bùrn dhut.   8

Nuair a dh'èireadh i na glinn,
Gun snàmhadh tusa bhos an cinn,
'S do chuibhlichean a' bleith nan tonn
    Mar mholltair ann an òpar.

Nuair rachadh an t-sian na luaisg,
Is cathadh mara mu do chluais,
Chan fhaict' thu ach mar eun sa chuan,
    'S tu cumail suas do chùrsa.   16

Gur iomadh frachd thug thusa leat,
Rinn fuasgladh oirnn an àm na h-airc,
Nuair chaidh an tuath a chur fo smachd
    Le achd nan daoine mòra.

Those that night who were so haughty
that they would not dance a reel beside me,
by morning I'd not give a groat for them;
their boast remained, but their beauty vanished.

We reached the Low Island safely,
and I shall now conclude this ditty;
but I'll never lose my recollection
of that night of deluge on the *Dunara*.

Song on the *Clydesdale*

Mary MacPherson

Farewell to you, O *Dale of Clyde* –
many a year you've ploughed the brine,
leaving great Glasgow of gables high,
   to head north to my home country.

Many a cold and rainy night,
with showers of snow and northern blast,
you rounded the Mull by striving hard,
   with no food but coal and water.

When the sea would rise in glens,
you would swim above their heads,
as your fly-wheels ground the waves
   like grain inside a hopper.

When the storm would stir the seas,
and spume would rise about your ears,
you were like a bird at sea,
   as you steered your course with rigour.

Many a cargo you conveyed
which saved us in the hour of need,
when the folk were kept under heel,
   through the deeds of the great nobles.

Nuair lìbhrigeadh tu a' mhìn 's an tea,
Gum faigheadh tusa càise 's ìm,
'S bhiodh toradh mara agus tìr
    A' falbh air prìs don Ghalldachd.   24

Gur iomadh diùlnach agus òigh
Thug thusa leat à Tìr a' Cheò,
A' falbh a chothachadh an lòin,
    'S gu leòr dhiubh nach do thill ann.

'S a' chuid a thilleadh dhiubh air ais,
An dèidh an duais a chur ma seach,
'S ann air do ghnùis a bhiodh an tlachd
    Nuair thachradh iad bhith cruinn ort.   32

Nuair a ghabhadh cuid an smùid
Dhen stuth a bh' agad anns a' chùil,
Cha tigeadh fàilinn air do ghlùn,
    Ged bheirte sùrd air danns' ort.

'S gum bi 'n *Ceann-cinnidh* còir fo sprochd
Mur coinnich thu rithe anns gach port;
Nach cluinn do cheòl 's nach faic do thoit,
    'S gur goirt bhios iad gad ionndrainn.   40

Nuair choinnicheas sibh air druim a' chuain,
An dàrna tè a-mach à Cluaidh,
'S an tè eile ruith a-staigh gu luath,
    Le cual à tìr nam beanntan;

Gun èigheadh an *Ceann-cinnidh* còir,
'A bheil sibh uile air ur dòigh?
Bheil naidheachd mhath agaibh air bòrd
    Bheir sòlas dhomh ri chluinntinn?'   48

Gum freagradh *Dail na Cluaidh* gu fòill,
'Tha naidheachd mhath agam air bòrd –
Tha iasgach math an Tìr a' Cheò,
    Is mòran na mo bhroinn dheth.'

When you would deliver meal and tea,
you would get butter and some cheese,
and the produce of land and sea
    would seek a price in Lowlands.

Many a youthful lad and lass
you took away from the Isle of Mist,
as they went to earn their keep,
    and many did not return there.

And those of them that would come back,
once their pay was safely banked,
your face would wear a joyful laugh,
    when they chanced to be on board you.

When some would succumb to haze,
because of the stuff you had tucked away,
your knee would not tire in any way,
    though they should set you dancing.

The friendly *Chieftain* will be sad,
if you do not meet her in each port;
without your music or your smoke,
    they will miss you sorely.

When you both met on ocean's back,
one from the Clyde on an outward track,
and the other running in so fast,
    with cargo from the Highlands;

The kindly *Chieftain* would then call,
'Are you all in best of form?
Do you have any news on board,
    that would cheer my soul to hear it?'

The *Dale of Clyde* would then assert,
'I do have news to lift your heart –
There's fine fishing in the Misty Land,
    and much of it's inside me.'

Ma chuir thu nise rinn do chùl,
'S nach faicear tuilleadh leinn do smùid,
Ar mìle beannachd na do shiubhal,
   A h-uile taobh gan triall thu.   56

If you have now turned your back,
and we'll no longer see your smoke,
our thousand blessings in your wake,
wherever you may travel.

SATIRE AND SOCIAL COMMENT

As communications between the Highlands and Islands and the outside world improved during the nineteenth century, this had an impact on social conventions in the region. New fashions were gradually introduced, and tended to displace older practices, most obviously in dress, food and drink. Changes in women's dress were most evident. In the first quarter of the nineteenth century the potato assumed ever greater significance as a mono-culture, sustaining a rapidly growing population in the islands until the Potato Famine of 1846. Among the novel beverages which came to the region, tea was given a special place, and was blamed for altering the appearance of young women, and weakening the people's constitutions.

Gaelic poets observed the new trends, and commented accordingly. In **Poem 26**, John MacLean from Balemartin, Tiree, made his long-suffering neighbour, Calum Beag, the butt of a multi-faceted satirical ballad describing an erratic voyage to Glasgow. Calum is cast in the role of a clueless mariner, who narrowly escapes from the clutches of women and wild weather. Perhaps fearing their future effects in the islands, MacLean satir-ises a range of contemporary 'weaknesses', including the fatal attraction of the Clyde seaports for sailors with a propensity to drink. The fashions imported from the Lowlands, and worn pre-dominantly by women, inspire **Poem 29** by Donald MacRury. He sees the steamship as a factor in weakening and removing the indigenous resources of the Highlands. Expenditure on new tastes, particularly in food, was evidently frowned on by the clergy, as MacRury notes. This theme appears to great effect in the Rev. John Gregorson Campbell's satire in **Poem 30**, which is at the expense of his Free Church colleague in Tiree. Apparently the latter had attempted to curb the wasteful spending of his parishioners, but his motive allegedly was his concern to raise funds for his church. The Potato Famine of 1846 is the subject of **Poem 27**, the only Gaelic poem on this theme known to survive. Neil Morrison, the Pabbay Bard, takes a highly original tack: the potato, in his view, has vanished from the land because it has been grossly abused and overused by the people, who insist on attacking it with forks, boiling it, and using it as feed for cattle. The humour sweetens the pill, since the Famine had serious consequences for the Highlands. It induced clearing by landlords like the Duke of Argyll. Argyll implemented his policies through his Chamberlain, John Campbell (see **Poem 32**), who was heartily hated by those who suffered removal at his hands. Eugene Rose bids Campbell good riddance in **Poem 28**, in which he euphorically celebrates the news of his death in 1872.

SATIRE AND SOCIAL COMMENT

26. Calum Beag

Iain MacIlleathain (Bàrd Bhaile Mhàrtainn)

A Chaluim Bhig, a Chaluim Bhig, a Chaluim 's tu fo chùram;
'S e thigeadh dhuit bhith 'd earalas is d' air' thoirt air an iùbhraich:
B' e siud an turas carraideach nan cailleadh tu do chùrsa,
'S cha b' uilear don dubh-lunndaich na siùil a bhith làn.

Nuair dh' èirich thu sa mhadainn anns a' chamhanaich bha fiath ann;
Dol seachad Port an Tobair bha thu togarrach ga feuchainn;
Bu chinnteach bha mise dheth gum bitheadh tu sna liadhan,
Mum fuaradh i 'n Liathanaich beulaibh Loch Làthaich.   8

Nuair ràinig thu Bun Easain anns an fheasgar ghabh thu 'n daorach;
Cha b' e siud a b' aithreach leat, ach gun rinn thu caonnag;
Chaidil thu do leòr anns a' chrò bh' aig Nic Mhùsaich;
'S e 'n t-snighe dhol ad shùilean a dhùisg thu cho tràth.

Aig Sòthaidh Chinn I chuir thu rith' anns a' chòrs' e,
A tharraing air Caol Ile, thoirt sgrìob bhar a h-eòlais;
Bha cainbe 's a canabhas a' snagarsaich le dòilich,
Is b' aithreach leat nad òige nach d' fhòghlaim thu snàmh.   16

Bu choidheas leat an crann a bhith cam no bhith dìreach,
Nuair thogadh i ri marannan, 's a theannaicheadh am brìos rith':
Bha ullagan a' bùiridh air ùileadh gu finealt,
E lùbadh 's a' dìreadh, is dìosgan na bhàrr.

'S i dhìreadh ris gach fiar-bhruthach liath 's i ri saothair,
Nuair thogte a siùil bhòidheach an còmhdhail na gaoithe;
Bho gualainn gu sliasaid bha cliathach a' glaodhaich,
'S i cur na coire daonnan air taobh Mhic Iain Bhain.   24

Cha b' ioghnadh i bhith caranta air bharraibh nan tonn uaine;
Bha fiodhaidh math sna saithean aic', is darach anns an ruadh-bhòrd;
Bha tàirnean air an sparradh ann gan teannachadh le cruaidh-òrd;
Is rogha 'n iarainn Shuainich bho gualainn gu sàil.

Little Calum

John MacLean (The Balemartin Bard)

Little Calum, Little Calum, O Calum filled with worry,
you'd be well advised to concentrate and focus on your vessel;
it would be a contentious crossing if you were to lose your bearings;
your black barge would be the better if wind filled her sails.

When you got up in the morning, at first light there was calmness;
as you went past Port an Tobair, you were inclined to give her trial;
I myself was certain that you'd get tangled in the seawrack,
before she'd tacked past Lianach, at the mouth of Loch Làthaich.

When you reached Bunessan, you took an evening bender;
that gave you no regrets, but you were sad you caused a quarrel;
you took your fill of sleeping in Nic Mhùsaich's hovel –
you wakened very early when the seepage filled your eyes.

At Soay off Iona you gave her full sail on the coastline
to make for the Sound of Islay, off her normal seatrack;
her rigging and her canvas were cracking in the windstorm,
and you regretted that when young you had not learned to swim.

You didn't really care if her mast was straight or crooked,
when she would rise to billows, and the breeze would hit her strongly;
its blocks were screaming loudly though they were oiled so smoothly –
it was bending and rising, and creaking on high.

She climbed each heaving grey slope as she made every effort,
when her lovely sails were hoisted to contend with tempest;
from shoulder to quarter her strakes were yelling loudly,
and she was always blaming the side made by Mac Iain Bhàin.

No wonder she was spirited abreast the greenish wavecrests;
her posts were finest timber, and her brown board was oaken;
with rivets it was clenched, and fixed with hardest hammer,
while the best Swedish iron extended beam to heel.

Sin nuair labhair Calum, 'Tha rud eil' air tighinn nam inntinn;
Seachnaidh sinn a' Mhaol; tha i daonnan cho mìomhail;
Ach tilleadh agus lùbadh gu Diùraidh 's e nì sinn;
Is gabhaidh sinn an Crìonan 's ceann shìos a' Chanàil.'   32

Nuair ràinig thu Aird Driseig bha na h-igheanan an tòir ort;
Chùm iad ann ad chabhaig thu toirt caithream dhaibh air òrain;
Do ghillean 's iad air bhuidealaich an cuideachd Mhic-an-Tòisich,
Is chaidh thu thar na còrach ag òl sa Chàrn Bhàn.

Dol seachad na Caoil Bhòtach cha mhòr nach deach d' fhuadach,
A' tadhal anns gach acarsaid san tachradh riut gruagach,
A' sùgradh 's a' beadradh 's gach baile bha mun cuairt dhiot;
'S nuair ràinig thu Cluaidh thug thu nuas na siùil àrd'.   40

Nuair ràinig thu Glaschu cha b' aineolach mun dòigh thu;
Bha nìonagan a' bhaile sin a' togar tighinn ad chòmhdhail;
Cha b' ioghnadh leam idir ged a thigeadh dhuit bhith spòrsail,
'S a liuthad caileag bhòidheach tha 'g òl do dheoch-slàint'.

B' e siud a' chaileag chuireideach nuair thug i leatha dh'òl thu,
'S a dhannsa gu lùthmhor air ùrlar bha còmhnard;
Ach char i thu san doilleireachd le boile Mhic-an-Tòisich,
Nuair thug i thu don t-seòmar – bha stòiridh fo làr.   48

'S i mhire-chath a b' aithreach leat; 's beag earalais a dhearbh thu;
Bha air' aic' air do phòca le seòltaichead chealgach;
Ach chuimhnich thu sa mhionaid air d' fhear-cinnich, Dòmhnall Sealgair,
Mar thachair ann an dearmad a' chearbaiche dha.

Sin smaointich thu nach fanadh tu sa bhaile 'n robh na biasdan,
Len ùpraid 's len uileartaich a chuireadh às do chiall thu;
Cha b' ionnan leat bhith seòladh air còrsa na h-iarmailt,
A' dol don eilean shiar leath' o bheulaibh Loch Làthaich.   56

Nuair thog thu na siùil bhadanach ri barraibh a cruinn chaola,
Bha canabhas a' crathadh oirr' 's a' slaiseadh anns a' ghaoithidh;
Is chruinnich na bha 'n Glaschu de bhlaigeartan air daoraich,
A' tional air gach taobh 's iad a' glaodhaich 'Hosàth'.

It was then that Calum stated, 'Another plan has struck me;
we will avoid the Mull; it is always so capricious;
we will set a new course, and beat and tack to Jura;
we will take the Crinan and the lower end of the Canal.'

When you reached Ardrishaig, the girls began to chase you;
they kept you in a hurry singing songs for their amusement;
your lads were in a stupor in MacIntosh's company,
and you went beyond your limit as you boozed in Cairnbaan.

Going through the Kyles of Bute, you were almost banished seawards,
since you stopped at every anchorage where you'd chance upon a maiden,
indulging love and sportiveness in every town around you;
but when you reached the Clyde, you pulled down the high sails.

When you arrived in Glasgow, you knew something of their methods;
the lassies of that city were inclined to come to meet you;
to me it is no wonder that you were disposed to be so playful,
with all these lovely maidens who raised glasses to your health.

She was a sprightly maiden who took you off to drinking,
and to go dancing lithely on a floor that was level;
but she tricked you in the darkness with the madness of the whisky,
when she took you to the chamber – there was a cellar below.

You regretted your enthusiasm; you truly were not watchful;
she eyed your pocket carefully with a deceitful cunning;
but you remembered in that minute your kinsman Donald Hunter,
and how, in his forgetfulness, misfortune came his way.

You reached a firm conclusion then to leave that town of rascals,
with all their noise and yelling that drove you into madness;
you thought it highly preferable to sail the coast of tempest,
and head for the western island from the mouth of Loch Làthaich.

When you raised her billowing sails upon her narrow mastheads,
her canvas was shaking, and banging in the windstorm,
and all the drunken idiots in Glasgow then assembled,
gathering on each side and shouting 'Huzza'.

Do ghunnachan nach diùltadh a' smùideadh air thuairmeas,
Bha Cluaidh 's i a' slugadh na bha thurraidean mu bruachan;
Dùn Breatann 's a chuid bhatairidh, cha robh iad leat ach suarach;
MacTalla 's e ri fuaim, 's ann ri fuathas an là. 64

Mar fhiadh anns a' bhùireadh air chùl nam beann fuara
A' direadh ri uchd garbhlaich 's an sealgair ga ruagadh,
Bha ise 's siubhal sìth aic' is sìnteagan uallach,
A' gearradh nan tonn uaine 's i fuaradh air càch.

Thuirt Donnchadh 's e labhairt, 'Gur h-e caraichead an t-saoghail
Chuir mise thighinn air allaban gam dhalladh leis an daoraich;
Fiach an gabh thu 'n t-ath-ghoirid, 's leig dhachaigh tro na Caoil i,
'S gun seinneamaid ceòl aotrom aig taobh a' Chanàil.' 72

'Nach cuimhne leat na caileagan san oidhch' a ghabh thu 'n daorach?
Gur buidheach mi don h-uile fear as lugha nì den t-saorsainn;
Bha thusa 'm brath na foille dhomh, 's b' e siud do choire daonnan;
'S gur feàrr leam a' Mhaol na gun taobh mi 'n Càrn Bàn.

'A Dhonnchaidh, ged 's soirbh thu, tha colg ort nach saoilinn,
Nuair sheideas a' ghaoth 'n iar-dheas gu fiadhaich nad aodann;
Chan ioghnadh leam fhèin ged a shèideadh tu caonnag,
'S gu bheil do chuid den t-saoghal ri taobh a' mhuir-làin.' 80

Dol seachad air Creag Ealasaid a' ghealach cha robh boillsgeadh;
Bha uisge mòr is dealanach fo stùc nam beannan oillteil;
An sin 's ann a thuirt Caluman, 'Gum b' fheàrr a bhith 'm Beinn Hoidhnis,
Ged bhithinn ann an Goinneag lem chloinn dol don tràigh.'

Nuair fhuair thu an fharsaingeachd chan fhanadh tu à Ile;
Cha taobhadh tu Campbeltown no baile bha 'n Ceann-tìre;
Na maraichean bha cabhagach a tharraing dhachaigh dìreach,
Gu eachdraidh a sgrìobhadh air inntinn nam bàrd. 88

Nuair thàinig sruth is soirbheas bha colg orr' le chèile;
Bha 'n fhairge na plumanaich 's na mullain gheal aig èirigh;
Ach dh' aithnich Iain MacLùcais gur tu bh' às do lèine
An èirigh na grèine am *bay* Eilein Bhàin.

Your guns, unrefusing, were blasting off at random,
the river Clyde was swallowing all the turrets on her edges;
the batteries on Dumbarton you thought were very puny;
the Echo was resounding to the noise of the day.

Like a deer in the rutting-place behind the frozen mountains,
climbing up the rough slopes when pursued by hunters,
she was sailing splendidly with paces that were noble,
cutting the green combers, and going to windward of all.

Then Duncan said, 'It's this world's wily nature
that caused me to go wandering and to get drunk so badly;
be sure you take the shortcut, and steer homewards through the Kyles,
that we may sing light-heartedly by the side of the Canal.'

'Don't you recollect the lassies the night that you were bleezing?
I am grateful for every man who sets limits to their freedom;
it was you whose tricks deceived me – that always was your failing –
and I'd rather round the Mull than return by Cairnbaan.

'Duncan, though you're amenable, you take the strangest tantrum,
when the wind, south-westerly, blows in your face so madly;
I am not at all surprised that you are inclined to fighting,
when all your worldly wealth is beside the high tide.'

When you passed Ailsa Craig, the moon had ceased its shining;
downpour and lightning pierced the crests of horrid mountains;
that was when Wee Calum said, 'I'd rather be in Ben Hynish,
though I'd be in Goinneag with my children going to shore.'

When you reached the open waters, you made straight for Islay;
you would not touch Campbeltown or any Kintyre harbour;
the sailors were in a hurry to make for home directly,
to inscribe this adventure on the minds of the bards.

When the breeze and current came, they were both very angry;
the sea was in great hummocks, in white stacks arising;
but John MacLucas recognised that you were the one in shirt-sleeves
at the time of the sunrise in the bay of Eilean Bàn.

B' onagarra torman le foirm nach robh suarach
Air thonnan glasa càir-gheal 's am bàrr greannach, gruamach;
Onfhadh na fairge le garbh-dhosan uaine
Ga shadadh oirr' on fhuaradh, mun d' bhuannaich i 'n tràigh.   96

Gu moch an làrna mhàireach bha 'm bàta na h-èideadh,
Làn mòna mar b' àbhaist fo bhràigh Puirt a' Ghreumaich;
B' fhadalach do thuras leat a' tighinn tro bhuinne Rèilinn,
'S Iain Mòr 's e na èiginn leis fhèin cur a' Mhàirt.

Bha Port an Tobair carraideach on chairich Sgeir nan Gruagan,
'S a thuit an ceidhe 'n ùine bha 'n iùbhrach air chuantan;
Ach dh' àithn' thu dod ghillean iad bhith sgiobalta mun cuairt dhi,
'S a fàgail sa bhruaich an taobh shuas den mhuir-làn.   104

MacShìmoin ort mar fhar-ainm 's MacArtair anns an rìnteal;
Taobh shiar Earra-Ghàidheal cha nàir e ri chluinntinn;
Thu mhuinntir Thirìdhe san rìoghachd tha fo thuinn,
'S cha leig thu Bail' a' Phuill às do chuimhne gu bràth.

27. Oran a' Bhuntàta

Niall Moireasdan (Bàrd Phabaidh)

'S bochd a' ghaoir anns gach dùthaich
Aig clann daoine gad ionndrainn,
O thàinig plàigh anns an ùir
A rinn d' fhògradh.

Dh' fhàg don t-sluagh air dhroch bhlas thu,
Mar an gual ann an dreach thu,
'S tu cho cruaidh ris na clachan
Fod chòmhdach.   8

Thar gach seòrsa bhiodh aca
Bu tu 'm pòr san robh 'n taice
Do gach aon nach robh pailt
Ann an stòras.

She made a wicked noise in a manner that was evident,
on top of foaming billows, grey with wild and surly wavecrests;
the surging of the ocean with her green, rugged rollers
blasted her from windward before she gained the sand.

Early the next morning the boat was attired finely,
full of peat as usual beneath the top of Graham's Harbour;
you had a strenuous passage as you came through Rèileann's current,
and Big John was in distress sowing the March crop alone.

Port an Tobair was tempestuous since Gruagans' Rock had shifted,
and the pier had collapsed while the galley was on voyage;
but you commanded your lads to be smart in taking action,
and to leave her in the bank above the high tide.

Your nickname is MacSimon but you are MacArthur in the rental;
it is no shame to hear it said on Argyll's western seaboard;
you belong to Tiree in that realm beneath the billows,
and you'll keep Balephuil in your mind all your days.

Song on the Potato

Neil Morrison (The Pabbay Bard)

> Sad is the howl in each district
> from those humans who miss you,
> since a plague entered the soil
> and sent you fleeing.
>
> It made you taste bad for the people,
> giving you a coal-like appearance,
> and making you as hard as stones
> beneath your peeling.
>
> Beyond every kind they possessed
> you were the crop of support
> for all who were not rich
> in resources.

O mheasg na talmhainn a b' fheàrr
Thàinig sgrìob ort ro gheàrr,
Ach na mhair dhiot feadh bhàgh
Ann am mòintich. 16

'S iomadh dìmeas is tàir
Bha thu giùlan 's gach ceàrn;
Ged a thogair thu 'm fàgail,
Cha bu neònach.

Bhith gad chrochadh air stàilinn
Ann am prìosannan pràisich,
'S uisge goilteach an àird
Chum am beòilean. 24

Gun deidheadh cuibhrige daraich
Os do cheann ga theann sparradh,
Gus am fàgadh do neart
Anns a' cheò thu.

'S nuair a bheirist' a-bhàn thu
Gus do thaomadh sa chlàr,
Gum bitheadh leth-dusan làmh
Agad còmhla. 32

'S leam chan ioghnadh thu theicheadh,
'S a liuthad aon a bha breith ort,
A thug toll air do sheiche
Len òrdag;

Is cuid eile gad riabadh,
A' cur forca nad chliathaich,
O nach b' fhiù leo d' fhiachainn
Lem meòirean. 40

'S nam faiciste sgall ort
A dhèanadh grian le teas samhraidh,
Reathadh do thilgeil air cheann
Na cùil mhòna;

From the midst of the best land
there came upon you quick havoc,
except for what remained of you
in beds in moorland.

Much contempt and dislike
you bore in every part;
that you decided to leave them
was no surprise.

Being suspended on steel spikes
in prisons of brass,
filled with boiling water
to their edges.

An oaken covering would be thrust
hard down upon you,
until your strength would depart
in the steaming.

And when you would be brought down
to be poured out on the board,
half-a-dozen hands would reach out
towards you.

Your exit is no surprise,
since so many grabbed you,
putting a hole in your skin
with their thumbnails;

While others tore you apart,
putting a fork in your side,
since they did not think it worthwhile
to use fingers.

If you had developed a bald patch
made by the hot sun of summer,
you would be thrown on the peatstack
in the corner;

No d' fhàsgadh gu teann
'S do chur sìos chum nan gamhn',
Gus an adhairc a phlanndaicheadh
Bòidheach.   48

Cha robh clèireach no tàillear,
Niall mac Eòghainn is Iain Bàna,
Dòmhnall Og Fear Chnoc Ard,
Nach b' e 'n dòigh-san,

A bhith cruinneachadh bhiastan
A lèirsgrios thu gam biadhadh –
Sprèidh a mheasadh bho chian
A bhith neòghlan.   56

Fear nach b' fhiach leo gum b' fhiù e
Reathadh a thilgeil sa chùl-taigh,
Gus an tigeadh mìos dùdlachd
Na reòtachd;

Nì e biadh dha na mucan
A chur saill agus sult orr',
Ach a-nis chan eil guth
Air an dòigh sin;   64

'S bha mòr-shluagh dham bu cheàird
Bhith gad ithe 's gad chàineadh,
Thubhairt gur beatha bha fàiligeach
Breòit' thu;

Thilg ort gun bhith fallain
Leis nach b' fhiach thu mar aran,
Tarraing colla air an stamaig
'S tu neòghlan;   72

Ach an-diugh bu mhath ac' thu
Ged a bhitheadh thu bruich seachdain,
'S tu cho fuar ris an t-sneachd'
Air Strath Leòsaid.

Or be tightly compressed
and sent down to the stirks,
to establish their horns
beautifully.

There was no clerk or tailor,
Neil son of Ewen or Iain Fair-hair,
or young Donald, Laird of Cnoc Ard,
who did not act thus:

By gathering animals
which, through feeding, destroyed you –
cattle long regarded
as unclean.

The one they did not value
would be thrown in the outhouse,
until the arrival of December
of hard freezing;

It will make food for the pigs
to put fat and lard on them,
but now there is no mention
of that approach;

And the population whose practice
was to eat you and complain,
and call you a flawed,
rotten substance;

Who accused you of being unwholesome,
and did not value you as bread,
bringing sickness to their stomach,
because you were unclean;

Today they would like to have you,
though you should need a week's boiling,
and were as cold as the snow
on Strath Leòsaid.

'S math an còcair an t-acras;
'S e nach dèanadh ort tarcais,
Ged a bheireadh tu 'n aileag
Dhan sgòrnan.   80

Bha cuid eile gad mhalairt
Ann an èirig an àrlais,
Leis nach b' fhiach thu thaobh tartraich
Dham bòrdaibh.

'S tu mar thàirneanaich caismeachd
Do na pàisdean bhiodh acrach,
Ann an èirigh sa mhadainn
Le sòlas;   88

A' teannadh dlùth riut gus d' fhiachainn
'S iad gad fhàsgadh rin cliathaich,
Gus an sàsaich thu cìocras
Am beòil-san.

'S bhiodh cuid eile de chailleacha
Bhiodh gad reic airson airgid,
Tional stuthan neo-thairbheach leat
Gu còisir.   96

Ach 's iomadh leisgeadair greannach
Leis nach b' fhiach thu mar aran
A nì athchuinge fhad'
Airson tròcair;

Thu bhith ac' ann am falach
Anns a' chùl-taigh fon talamh,
'S ri teannachd na gaillinn
Gu fòir orr';   104

Ruairidh Hiortach 's Iain Màrtainn
'S Aonghas bochd Cheann na Tràghad –
'S iad nach trèigeadh le gràin thu
Mar bheòshlaint.

A good cook is hunger;
it would not despise you,
though you should bring hiccups
to their gullet.

Others used you as barter
in exchange for their hire-fee,
who thought you were not noisy enough
for their tables.

You were like a marching of thunder
to those children who were hungry,
as they rose in the morning
with solace;

Pulling close to you to taste you,
squeezing you hard to their rib-cage,
so that you would assuage
their mouth's hunger.

There would be other old wifies
who would sell you for money,
to buy things that were pointless
for a concert.

But there is many a surly-looking lounger
who regarded you as food of no value,
who now makes a long prayer
for mercy;

That they might have you hidden
under earth in the back-house,
in the strength of the tempest
to help them;

Rory from St Kilda and Iain Màrtainn,
and poor Angus from Ceann na Tràghad –
they would not forsake you with disgust
as sustenance.

Reiceadh iad an cuid aodaich
Ann an geall airson d' fhaotainn,
'S chan fhaigh iad rin saoghal
An leòr dheth.   112

'S b' iad na lathaichean cearta
Nuair bha cinneachadh pailt ort,
Is nach cluinnte *collection*
San dùthaich;

Ga thional aig daoine
A h-uile Di h-aoine,
'S ga tharraing 's ga shlaodadh
Gan ionnsaigh.   120

Tha 'n gruaidhean air seacadh,
'S an aodainn air cairteadh,
Le goinne 's le acras
Gad ionndrainn.

Aig maorach a' chladaich
Air am fàgail cho laga
Is nach èirich iad ceart
Air an glùinean.   128

Tha na raointean a chleachd
'N cuid ròd a bhith 'g at leat,
Air tionndadh gu gaiseadh
Mi-ghnàthaicht';

Air crìonadh 's air seacadh
Mar lusan ri gailleann,
Gun fhios ciod e 'n talamh
As fheàrr dhut.   136

Thèid cuid leis na spealan
A sgath dhiot a' bharra,
Cho lom ris an talamh,
'S e 's àill leo.

They would sell their own clothes
in keenness to get you,
and they will not get enough
in their lifetime.

Those were the great days
when you grew in profusion,
with no talk of a 'collection'
in the country;

Being uplifted by people
on every Friday,
and being dragged and hauled
towards them.

Their cheeks have shrivelled,
and their face is like leather,
through scarcity and hunger,
since they miss you.

The shellfish of the shoreline
have made them so feeble,
that they cannot rise properly
on their knees.

The plains which were accustomed
to have you swell from each furrow,
have now become blighted
unnaturally;

They have shrivelled and withered
like plants in a tempest,
and nobody knows which soil-type
best suits you.

Some set out with scythes
to strip the shaws from you,
to make you as bare as the topsoil –
that is their preference.

'S cuid eile gad spìonadh
A-nuas às do fhreumhan,
'S gad fhàgail-sa shìos
Fo na fàilean. 144

Anns an Iuchar b' e 'n sòlas
Bhith gad fhaicinn fod chòmhdach
Fo do dhìtheannan bòidheach,
Is driùchd orr'.

Ann an ciaradh an fheasgair
Iad a' liùgadh 's a' preasadh,
'S a' ghrian a' tighinn deasarr'
Na cùrs' or'. 152

Nuair a bhiodh tu làn abaich,
Bhiodh na h-ùbhlan nan gadan
A' tuiteam sna claisean
Gach taobh dhiot.

Ma chreidear mo bhriathran,
Bidh cuimhn' air a' bhliadhna
Sna dh' fhalbh thu le fiabhras
Na h-ùrach. 160

You are pulled up by others,
right out of your rootings,
and they leave you down there
below the turf-dykes.

It was once their joy in July
to see you in blossom,
carrying beautiful flowers,
under dew-drops.

As the evening would darken
they would lie low and crinkle,
as the sun would come clockwise,
coursing round them.

When you would be fully mature,
there would be apples in bunches
falling into the furrows
on each side of you.

If my words are believed,
that year will be remembered,
when, through soil-disease,
you left us.

28. Cumha a' Bhàillidh Mhòir

Uisdean Ròs

Donald Morrison: There was this old man, according to traditional story, he was evicted from his croft, and then he got a small 'rookery' beside a burn or small river. And he was there all his days but he always regretted that he was evicted from his croft. And the Factor died. Uisdean Ròs they called him and he said, when the Factor died:

Tha sgeul anns an dùthaich, 's tha sinn sunndach ga h-èisdeachd,
Gu bheil am Bàillidh na shìneadh, 's gun trìd air ach lèine,
'S e gun chomas na bruidhneadh, gun sgrìobhadh, gun leughadh;
'S gu bheil cùl-taice nan Ileach na shìneadh, 's chan èirich.

'S nuair thèid iad don bhàta nì sinn gàir' a bhios èibhinn;
'S nuair chruinnicheas sinn còmhla bidh sinn ag òl air a chèile
Uisge-beatha math Gàidhealach, fìon làidir is seudar;
'S cha bhi sinn tuilleadh fo chùram on a sgiùrsadh a' bhèist ud.   8

Gum bi a' Factor air thoiseach san t-sloc sa bheil Sàtan,
'S Aonghas Mòr as a dheaghaidh, 's lasair theine ri mhàsan,
Leis na rinn thu de ainneart air mnathan 's air pàisdean,
'S an sluagh bha san dùthaich rinn thu sgiùrsadh far sàile.

'S nuair a chualaig iad an Canada gun do chaidil a' bhèist ud,
Chaidh an tein'-èibhinn fhadadh is chaidh bratach ri geugan;
'S ann an sin a bha làn aighear, 's iad a' tachairt ri chèile,
'S chaidh iad uil' air an glùinean 's thug iad cliù gun do dh'eug thu.   16

Lament for the Great Factor

Eugene Rose (or Ross)

There is news in the land that makes us happy to hear it –
the Factor stretched out without a stitch but a death-shirt,
unable to speak, or practise reading or writing;
the Islaymen's patron lies prostrate, with no prospect of rising.

When they go to the boat we'll have a laugh that is hearty,
and, when we gather together, we'll drink toasts to each other
with good Highland whisky, with strong wine and cider,
without any more worries, since that beast was sent packing.

The Factor will be foremost in the pit owned by Satan,
and Big Angus right behind, with a flame of fire at his buttocks,
because of all your oppression of women and children,
and the folk of this land that you drove over the ocean.

When they heard in Canada that that beast was unconscious,
bonfires were lit and banners fastened to branches;
their joy was then boundless, as folk met one another –
they all fell on their knees, and praised God that you'd snuffed it.

29. Oran nam Fasan

Dòmhnall MacRuairidh

'S tìm dhomh teannadh rim òran
A chur ann an òrdugh,
A dh' innse cho pròiseil
'S a tha òigridh na tìr';
'S beag an t-ioghnadh luchd-òrduigh
A bhith gearan an còmhnaidh
Air na h-adaichean connlaich,
Oir tha mòran dhiubh innt'.   8
Tha luchd-teagaisg an àite
A' toirt ruith air an càineadh,
Aig cho beag 's a tha nàir' annt',
'S mar a chnàmh iad an tìr.
Ged bhiodh airgead a' chrùin ac',
Gun cuireadh iad ump' e
Ann am fasanan ùra –
'S adhbhar thùrs' bhith ga inns'.   16

Ged a theannainn ri àireamh
Na h-uile fasain tha 'n-dràsd' ac',
Bho nach d' ionnsaich mi gràmar,
Cha dèan Gàidhlig a' chùis
Air na h-ainmeannan neònach
A tha 'n-diugh aig an òigridh
Air na h-èididhean bòidheach
Tha gan còmhdach as ùr.   24
Bidh *parinn* air an guaillibh,
'S *pelisse* mu na cruachain,
'S *frills* eil' ac air fhuaigheal
A' dol mun cuairt aig a' ghlùin;
Bidh *elastic* sna brògan,
'S *cordovan* anns a' chòrr dhiubh,
Len cuid sgàileanan bòidheach
A' còmhdach an sùil.   32

Siud na fasanan meallta
Thàinig thugainn bharr Ghalldachd;

Song on the Fashions

Donald MacRury

It's time now to assemble
my song in right order,
to tell you how pompous
are the young folk of this land;
little wonder that clerics
make complaints that are endless
about the straw bonnets,
since many have them on heads.
The clergy of the district
are inclined to condemn them,
saying they are quite shameless,
and have ruined the land.
Though they'd have the crown's money,
they would spend it on clothing
in all the new fashions –
to say that makes me sad.

Though I'd start to recount
all their present-day fashions,
since I have not learned grammar,
my Gaelic will fail
to list all the strange labels
that the youth have created
for the beautiful costumes
that they now freshly wear.
There's a parinn on their shoulders,
a pelisse round their hip-bones,
and frills that are woven
go round the knee's flair;
their shoes have elastic,
and cordovan in main parts,
and their lovely parasols
hide their eyes with their shade.

These fashions deceive us,
and they've come from the Lowlands;

Uiread clèibh air a' cheann ac',
'S cnota teann uime shìod;
Len cuid aodaichean uachdair,
'S beag a chumas den fhuachd diubh;
Double skirt air an cruachain,
Cò 's uallaich' na sibh?   40
Mar gum faiceadh tu bàta
Bhiodh a' tighinn thar sàile,
Bhiodh am peak air a theàrnadh
A' tighinn a-bhàn chun a' chruinn;
Reef 's tack ac' gun fhuasgladh,
'S iad a' coiseachd gu h-uallach,
Len cuid phutanan suaicheant',
Feuch am buair iad fear clì.   48

Siud na maighdeannan guanach
Bhios a' casad an gruaige,
Agus pad air a shuaineadh
An lagan cruaidh chùl an cinn.
Len cuid adaichean neònach
Sìos a' falach an sròine,
An dèis an cur ann an òrdugh
Gu bòidheach le sìod.   56
'S iad a thionndaidheas gu h-uallach
Ma bhios fleasgach rin guallainn,
Feuch an dèan iad a bhuaireadh –
O, mo thruaigheagan sibh!
Ged a dhèanadh tu 'm pòsadh,
'S doirbh an cumail an òrdugh,
'S nach dèan iad car dòigheil
Gus an òl iad an tea.   64

Siud an tea rinn an aimlisg
Bhon là thàinig i dh'Alba;
'S beag a chunnaic ar seanmhair
Dhith, gu dearbha, ra linn;
'S leibh gu cinnteach ro shearbh i,
Tha i goid uainn an airgid,
'S mura sguir sibh dhe h-eanraich,
'S ann a mharbhas i sibh.   72

a creel's size is their headgear,
with a silk knot tied fast;
with all their top-clothes
hardly keeping cold from them,
a double skirt on their hip-bones –
who can beat you for pride?
As if you'd see a vessel
coming over the ocean,
with its peak folded safely,
dipping down to the mast;
reef and tack furled neatly,
as they walk along proudly,
with their conspicuous buttons,
to entice a daft man.

What giddy maidens they are,
who put twists in their hairstyles,
and a pad wrapped in a hard hollow
at the back of the head.
With their bizarre bonnets
concealing their noses,
and all set in order
so nicely with silk.
They turn themselves blithely
if a young man is beside them,
to see if they can tempt him –
O, such poor hussies are you!
Though you should take them in marriage,
they'll be hard to control,
since they'll do nothing correctly,
till they drink their tea.

It's the tea that's caused trouble
since it came to Scotland;
our grandmother scarce knew it,
in truth, in her time;
you will doubtless think it bitter,
since it deprives of us money,
and if you don't refrain from its juices,
it will kill you, for sure.

Ged a gheibheadh sibh pàisde,
Chan urrainn dhuibh àrach;
Bithidh ur cridhe ga fhàsgadh
Leis a' chnàmh a tha innt';
Gheibh sibh botal an uair sin,
'S pìob a dh'*Indian* suas ann;
'S beag an t-ioghnadh an sluagh sin
A bhith, mo thruaighe, gun chli.   80

Ma thig cogadh no cruadal,
'S olc an urra 'n càs cruaidh iad,
Bidh an nàimhdean an uachdar,
Bhon chaill an sluagh ud an clì.
Bho nach deachaidh an àrach
Leis a' chìch aig am màthair,
Cha bhi tapachd no tàbhachd
Anns an àl ud 'n àm strì.   88
'S beag an t-ioghnadh na truaghain
A bhith gun ghaisge, gun chruadal,
Bhon a chreachadh an tuath-cheathairn,
'S a thugadh uatha gach nì,
'S nach eil sian a bhios sùghmhor,
No chinneas san dùthaich,
Nach toir soitheach na smùide
An ceann gach ùin' às an tìr!   96

Though a child should be given,
you will be unable to rear it;
your heart will be troubled
by the pain she endures;
you will then get a bottle
sprouting a pipe of India rubber;
little wonder such people
have, alas, lost their strength!

In the event of battle or hardship,
they can't be trusted in struggle;
their enemies will conquer,
since that host has lost force.
Since they were not reared
on the breast of their mother,
that brood will have no vigour
or vim in the fray.
No wonder these weaklings
lack bravery or toughness,
since rural folk have been raided,
and deprived of each thing,
and there is nothing of substance
or that grows in the district,
that the ship of steam engine
will not soon take away!

30. An t-Ollamh Mòr, Mòr

An t-Urr. Iain MacGriogair Caimbeul

'A Mhoire, is mis' tha fo mhulad,
'S ann a chaill mi na bh' annam de chlì;
Marbhaisg air Ollamh na dubhaich
Nach ceadaich dhomh cupan den *tea.*
Lèighseadh i 'm pian ann am mhaodal,
'S an soirbheas am chaolain na mhill;
Ged dh'fhoghlaim esan mòr oilean,
Gum fàg e ar goileachan tinn.   8

'Am faca tu 'n t-Ollamh mòr, mòr,
A thàinig gar leigheas à Leòdhas
O dhrongaireachd, *tea*, is tombaca?
'S, a rìgh, gur h-e 'n gaisgeach MacLeòid!

'Gach nì chuireadh neart ann am cholainn –
Tea, siùcar, is *coffee*, is dram,
A shàbhaladh maoin dhol san ladar,
Cha leig e aon bhlasad dhiubh 'm cheann.   16
Obh, òbh, ciamar a shluigeas mi 'n t-aran
Gun eanaraich, gun bhainne, gun *ham*?
Gheibh na coimhearsnaich là-eigin tachdte
Mi fhìn is Lachainn 's a' chlann.

'Tha mi faicinn; 's e riaghladh an t-sagairt
A ghabh e air mnathan na tìr;
B' e thus' agus mis' an dà dhallag,
A Lachainn, nuair thraisg sinn o *thea.*   24
Anna bheag, cuir an ceatal air teine;
O eudail, ach staram mo chinn!
Ruith, Iain; faigh cathair dod athair;
Cha bhi sinn nas fhaide gun *tea.*

'Shaoil e gum biodh e na Phàpa
A' marcachd air talamh Thirìdh',
Gun riaghladh e 'n sporan 's an gluasad,
'S aig ainm gum biodh buaidh anns gach tìr.   32

The Truly Great Doctor

Rev. John Gregorson Campbell

'By Mary, I am feeling so sorry;
I have lost all I had of my strength;
a death-shroud on the Doctor of darkness
who will not permit me a cupful of tea.
It would heal the pain in my stomach,
and the wind that puts my gut into kinks;
though he has acquired such great knowledge,
he will make our stomachs quite sick.

'Have you seen the truly great Doctor
who came from Lewis to cure us
of drunkenness, tea and tobacco?
King above, a real hero's MacLeod!

'Each thing that would strengthen my body –
tea, sugar, and coffee, and drams,
to save money to put in the ladle,
he won't let a taste cross my lips.
How on earth can I swallow a bread-slice,
without gravy, without ham or milk?
Neighbours will find me choked some day –
myself and Lachie and the kids.

'I see it; he has resorted to priestcraft
to control the women of the land;
you and I were two idiots, Lachie,
when we agreed to abstain from tea.
Put on the kettle, wee Annie;
O dear, my head is throbbing with pain!
Run, Iain; find a chair for your father;
we will no longer go without tea.

'He thought he would ride through Tiree
as a Pope, when he covered the ground;
he would rule their purse and their manners,
and his name would have weight in each land.

Nach esan a nochd bhith gun eanchainn
Nuair chaidh e air iomrall cho claon?
'S ann dh' fheumadh e gliocas na nathrach
Mun seasadh e chasan ri taobh.

'Mar as lugha th' aig duine de thuigse
Air tuigse 's ann as lugha chì feum;
'S e fuaim soithich fhalaimh as àirde;
'S i 'n asal as àirde nì beuc;   40
Ged nigheadh tu mhuc thèid i 'n làthaich;
'S e 'n dall air an t-sràid as àird' ceum;
'S am fear a chì smùirnean am shùil-sa
Tha sail anns an t-sùil aige fèin.

'Dh' aindeoin gach Ollamh air thalamh,
'S i luibh tha ro-ghasd' tha san *tea*;
Bha mo cheann rè na seachdain gu sgaradh;
Nis dhannsainn mar chaileag san tìr.   48
Mealladh leis tuilleadh cha ghabh mi;
Cha traisg mi, bitheam fallain no tinn,
Air iarrtas luchd chòtaichean molach
Len coidheas an Soisgeul no *tea*.'

'Biodh agads' deagh mhisneach, a Mhàiri,
Sgil fhuaireadh, a ghràidh, aige fhèin;
Cùm thusa blàths ris na cearcan,
'S bidh dà ubh san là aig gach tè.   56
Bi ealamh, dèan nid dhaibh sa chlòsaid;
Cur brìg fopa de fhosradh an treud;
'S mas fheàirrd' an t-seann fheadhainn fallas,
Thoir sals dhaibh is faradh dhaibh fhèin.'

'Le uibhean ged lìonadh na taighean,
Cha togadh e 'n sac th' air mo chrìdh',
'S mo ghùn lurach, ùr, anns an fhasan
Nach faigh mi chur latha mum dhruim.   64
'N e plaide no clò 's e gun dath air
An sgeadach as taitneach le mnaoi?
'S tha thu fhèin gun tombaca, a Lachainn;
Tha seachdain on bhlaiseadh leat *tea*.'

Did he not show he was brainless,
when he made such a foolish mistake?
He would need to be as wise as the serpent
before he could keep up with her ways.

'The less that one has of understanding,
the less need for sense will one see;
an empty vessel is loudest,
and the ass makes the greatest bray;
though you'd wash a pig, it will go to the mudbath;
the blind will step highest on the road;
the one who sees a speck in my eyes
has a mighty beam in his own.

'Despite every Doctor on the planet,
tea is a most excellent plant;
my head for a week was near splitting;
now I'd dance like a girl in the land.
I'll not be deceived by him further,
I'll not abstain, though well or sick I may be,
despite the wearers of hairy topcoats
who cannot tell the Gospel from tea.'

'You be encouraged, dear Mary;
there's a skill that he himself has;
you keep the hens warm and happy –
you will get two eggs per day from each one.
Quickly, make them nests in the closet;
put straw mats of herd's litter below;
and if the old ones would need to be sweating,
give them salts and a spar of their own.'

'Though eggs should fill all the houses,
it would not take the pain from my heart,
while my lovely new gown that's in fashion
cannot be placed for one day on my back.
Is it in a plaid or tweed with no colour
that a woman likes best to be seen?
And you have no tobacco, my Lachie;
you have not tasted tea for a week.'

''S e m' eagal gun dhealaich do chiall riut;
Gabh comhairle rianail uam fhèin;
Leugh thu gur freumh uilc tha san airgead,
'S tha 'n t-Ollamh seo sealg air a cheum.   72
Leis an sgil thug e dhuit ann a shearmon
Air cearcan gu dearbh nì thu feum;
Dèan deas, rach ga èisdeachd Di-dòmhnaich,
Is leth-ginidh 'd phòc dhèanadh rèit'.

'Thig Seumas beag Ruthaig 's fiamh gàir' air,
Le bhonaid ga càradh rid shròin;
Thoir thusa gliog math air an ùrlar
'N àm tilgidh a' chùinidh od dhòrn.   80
Ged chrochadh e cailleach gach Sàbaid
Gheibh thusa do shàthachd *tea* òl;
'S mud chrosdachd, mhionnan is bhreugan,
Chan fhosgail e bheul riut rid bheò.'

'My fear is that your sense has left you;
take sensible advice from myself;
you have read that the root of evil is money,
and this Doctor follows hard in its step.
With the skill that he provided in his sermon,
you will certainly do well from the hens;
make ready, go to hear him on Sunday,
with a half-guinea to make recompense.

'Wee James from Ruaig will come smiling,
thrusting his bonnet right under your nose;
you give a good clang on the floorboard
when you throw in the money you've saved.
Though he should hang an old wifie each Sabbath,
you can drink as much tea as you like;
and about your temper, your swearing and lying,
he will say nothing for the rest of your life.'

EULOGY AND SALUTATION

Changes in Highland society in the course of the nineteenth century were much more than a matter of new styles and fashions. The processes covered in earlier sections of this book – clearance, emigration and migration, new modes of transport – accelerated the collapse of social structures which had been in serious decay since at least 1745. The older hierarchy of clan chief, tacksmen and clanspeople was gradually undermined as tacksmen were phased out and chiefs became increasingly remote figures. New 'culture heroes' were found, usually those who were at the forefront of revival movements affecting the Gaelic language and the political and religious development of the Highlands and Islands.

The restructuring of Gaelic society is reflected in panegyric verse. The community of Gaels in its various forms, either in the homeland or in territorial associations in the cities, is the primary focus of most of the praise. Within the community, those individuals who were eulogised were more often the activists of their day – soldiers, sailors, scholars and ministers. Apart from the songs of John MacLean, Poet to the Laird of Coll, it is surprisingly difficult to find specimens of nineteenth-century Gaelic verse directly praising the clan chiefs. A more occasional approach to aristocratic eulogy is evident, consisting of salutation for special occasions, often the marriage of a family member, as in Calum Campbell MacPhail's **Poem 31** on the marriage of the Marquis of Lorne. Emphasis on good lineage is prominent in MacPhail's poem. MacPhail was an 'ordinary' Gael, praising the upper class of Gaelic society. Within the small middle class of tacksmen and factors, however, the capacity to compose Gaelic verse was maintained, as is shown by **Poem 32** by the wife of Argyll's Chamberlain, John Campbell of Ardmore. This rare glimpse into the family album is all the more fascinating since the common people of the Argyll Estates generally despised Campbell, and one displaced crofter used Gaelic verse to satirise him (see **Poem 28**). Another Campbell gentleman with Islay links is eulogised in **Poem 33**. He is no less a person than John Francis Campbell, the celebrated folklore collector, who was the chairman of the 1878 Islay Gathering in Glasgow. Here panegyric conventions, including praise for the noble ladies of the family, are neatly adapted to popular song. Campbell represented both the old order of benevolent chiefs and the new hero who championed Gaelic culture. In **Poem 34**, Neil MacLeod exhorts Gaelic (i.e. Gaels themselves as well as their language) to support Professor John Stuart Blackie's campaign to establish a Celtic Chair at Edinburgh. MacLeod echoes Scott's lines, 'Breathes there the man with soul so dead . . .' In **Poem 35**, John MacLean personifies the masthead icon of Norman MacLeod's *Cuairtear nan Gleann*, and praises the messenger's qualities as a means of entertaining and uniting sea-divided Gaels.

Eulogy and Salutation

31. Fàilte air Mac Ceann-feadhna Earra-Ghàidheal is air Ban-phrionnsa Louise

Calum Caimbeul MacPhàil

Fhuair sinn sgeula an-dràsd'
Nach robh aig na Gàidheil o thùs,
Ban-phrionnsa cho àrd
Bhith tighinn gu làr nar dùthaich;
Mac Ceann-feadhna Earra-Ghàidheal
Ga glacadh air làimh on chrùn,
Morair Latharn' an àigh –
'S e choisinn thar chàich an cliù. 8

Togaidh na Gàidheil an ceann,
'S seinnidh iad rann le deòin,
Bhon dh'èirich orra a' ghrian,
'S gun do chuir i fo sgiath na neòil;
Thàinig dubhar air Sasainn,
'S tha Ghearmailt fo smalan le ceò,
'S dhealraich reul Inbhir Aora
Bho thaobh gu taobh den Roinn Eòrp'. 16

Gur lìonmhor a chàirdean
De fhìor-fhuil nan Gàidheal gun truaill',
O Chaisteal a' Bhealaich
Gu taigh Inbhir Atha na cruaich';
An Tiridhe 's am Muile,
Far an èireadh na curaidhean cruaidh,
An Latharn' 's Cinn-tìre,
An Ile 's dà chrìoch Ghlinn Da Ruail. 24

Gur pailt tha do shluagh
Mu ìochdar Dhùn Cuaich an fheòir,
'S dà thaobh Loch Fìne,
Sa bheil trì fichead mìl' agus còrr;

Welcome to the Son of the Chief of Argyll and to Princess Louise

Calum Campbell MacPhail

We have now received news
that Gaels before had not heard,
that a Princess of high rank
will shortly alight in our land;
the son of the Chief of Argyll
is taking her hand from the Crown;
the splendid Marquis of Lorne
who excelled all others' renown.

The Gaels will lift up their heads,
and they will gladly sing a verse,
since the sun has risen upon them,
and put the clouds under her wing;
darkness has come upon England,
and Germany has a mist-covered frown,
while the star of Inveraray has beamed
through Europe and all of its bounds.

Plentiful are his kinsfolk
of the Gaels' true, flawless blood,
from the castle of Taymouth
to Inverawe's house by the ben;
in Tiree and Mull,
where the hardy heroes would rise,
in Lorn and Kintyre,
in Islay and both ends of Glendaruel.

How plentiful are your people
in the lower reaches of grassy Dùn Cuaich,
and on both sides of Loch Fyne,
which are sixty miles long and more;

Gleann Aora a' bhradain,
'S Loch Siorradh na h-eala 's a' gheòidh;
'S chan eil toileachas inntinn
Nach faigh Bhana-phrionnsa Louisa ri beò.   32

Aig àm èirigh na grèine
Bithidh an smeòrach a' gleusadh dhi ceòl,
'S bithidh an uiseag air gheug ann
A' seinn cheilearan rèidh feadh nam meòir;
Bidh a' chuthag 's gug-gùg aic'
A' toirt fàilte don Diùc aig a' bhòrd,
'S bithidh earbag nan stùcan
Le minnean feadh lùban nan lòn.   40

Bithidh an seillean le dhranndan
A' tional meala don Bhan-phrionnsa òg,
'S iomadh bò air an rèidhlean
Cur brìgh toraidh on fheur chum a stòir;
Bidh MacEalair le lìonan
Cur bhradan gu lìonmhor gu bòrd,
'S Mac a' Bhiocair le ghillean,
Bheir e eòin di, is sitheann gu leòr.   48

Ach mun dèan mi co-dhùnadh,
Tha aon nì am dhùrachd a ràdh;
Ma fhuair esan Ban-phrionnsa,
Fhuair ise sàr thaghadh nan Gàidheal;
Tha fuil Rìgh Raibeart na fhèithean –
Siud aithnichear le cheum air an t-sràid;
Cha b' ann on chrìonaich a ghluais e,
Ach o fhìor fhuil Dhiùc Ruadh Earra-Ghàidheal.   56

Ge bè rinn an eachdraidh a leughadh,
Is iomadh fear treun a bha dhiubh;
'S gum b' e barail na leugh i
Gu robh 'm Bìoball mar reul dhaibh gan iùil;
Aig a' Chrois an Dùn Eideann
'S ann a dhearbh iad bhith treun air a chùl;
Leig iad sìos am fuil chraobhach
Airson creideimh is saorsa don dùthaich.   64

Glen Aray of the salmon,
and Loch Shira of the goose and the swan;
there will never be any delight
that Princess Louise, all her days, will not have.

At the time of sun-rising
the thrush will make music for her,
and the lark on the wing
among twigs will sing its smooth songs;
the cuckoo will be calling,
as it welcomes the Duke to his board,
while the little doe of the uplands
will adorn the curved lawns with her kid.

The bee with its buzzing
will gather honey for the young Princess,
and many cows on the pasture
will send the produce of grass to her store;
MacKellar with his fish-nets
will lay salmon in plenty on the bank,
and MacVicar with his ghillies
will bring her venison and fowl without stint.

But before I conclude,
I would wish to affirm one point;
if he obtained a Princess,
she received the finest of Gaels;
in his veins is the blood of King Robert,
as his step on the street makes clear;
he did not arise from small stock,
but the true blood of the Red Duke of Argyll.

Whoever has read the story,
knows that many heroes came from their line,
and the view of all readers
is that the Bible, like a star, was their guide;
at the Cross in Edinburgh's city,
they proved that their support was hard;
they laid down their blood, so branching,
for the liberty and faith of the land.

Bithidh mi nis a' co-dhùnadh
On theirig an ùin' orm an-dràsd',
'S guidheam sòlas don òg Dhiùc,
'S do Louisa, ban-phrionnsa nan Gàidheal;
Esan sliochd on tig fiùrain
A sheilbhicheas crùn nan trì làn;
An sin tuigidh gach dùthaich
Gu bheil uaisle an tùr Earra-Ghàidheal.   72

32. Oran do Bhàillidh Iain Caimbeul

Le mhnaoi, Flòraidh Chaimbeul

Rùn mo chèile air a cheann,
Air a cheann dubh, air a cheann dubh;
Rùn mo chèile air a cheann,
'S b' fheàrr gu robh thu raoir leinn.

'S ann an Ile fhuair thu d' àrach,
Fuaim na tuinne ris an Airde,
Air do chuartachadh le càirdean;
'S cha b' e 'n gràdh a sheargadh.   8

'S moch a bhitheadh tu air ghluasad
Aig an t-seilg air feadh nam bruachan,
Leis a' ghunna, cò bhiodh suas riut?
Sùil mo luaidh neo-mhearachdach!

'S iomadh latha thug mi spèis dhuit,
Mun d' ghlac mi do làmh on chlèire,
'S cha b' e càch rim bithinn rèidh;
O, b' fheàrr thu fhèin mar cheanna-bheairt.   16

Nuair a thigeadh tu led bhràithrean,
'S Uilleam aoibheil Bhaile Mhàrtainn,
B' e mo dhùrachd suidhe làimh riut,
'S shruthadh tàbh od sheanachas.

I shall now reach my conclusion,
since I have used all of my time;
I pray joy for the young Duke,
and for Louise, princess of the Gaels;
his seed will produce fine fellows
who will possess the crown of three lands,
and each will have cause to acknowledge
that nobility lives in the tower of Argyll.

A Song to Factor John Campbell

By his wife, Flora Campbell

Love for my spouse be on his head,
on his dark head, on his dark head;
love for my spouse be on his head,
and I wish you'd been last night with us.

It was in Islay that you were raised,
with the wave's sound against the Headland,
with your kinsmen all around you –
their love was not prone to withering.

Early would you be in action
at the hunt throughout the steep banks,
with your gun – and who could match you?
My love used his eye unerringly!

Many a day did I give you attention
before I gained your hand from clergy;
the others would not have my agreement –
as my head-piece, you were preferable.

When you would come with your brothers
and good-natured William of Ballimartin,
it would be my wish to sit beside you,
and your talk would flow with eloquence.

Tha thu iriosal is uasal,
'S tha thu treubhach mar bu dual duit;
Ann ad oighr' air iomadh buaidh,
'S ann tha thu 'd dhuais gun mheang leam.   24

Tha thu foghainteach mar Bhàillidh,
Buidhinn cliù o Earra-Ghàidheal;
Cà bheil aon a lìonadh d' àite,
Led innleachd, pàirt neo-chearbach?

Ann ad dhachaigh tha thu còmhnard,
Cridheil, suairce, 's e do dhòigh e;
'S iomadh h-aon a' suidhe gud bhòrd,
Len uile dheòin bheir dearbhadh.   32

'S ann a-raoir a bha mi brònach,
Gun d' fheuch na h-ìonagan ceòl rium;
Bha do bhàta diùltadh seòlaidh,
'S thug na deòir mo chainnt uam.

Seall thu Sìne Chill an Ailein,
'S MacIlleathain Pheighinn a' Ghàidheil,
Iad gad choimhead mar as àbhaist,
'S cha d' rinn càch an dearmad.   40

'S a-nis on tha thu sàbhailt' còmhl' rium,
Bitheamaid aoibhneach mar as còire;
'S guma fada bhios tu beò dhuinn,
'S dò gum mair sinn taingeil.

You are both humble and noble,
and faithful to kin, as is your nature;
you are the heir of many virtues –
I regard you as a prize without blemishes.

You are mighty as a Factor,
gaining commendation from Argyll;
where is one who could fill your place,
with your way of dealing honestly?

In your home you are level-headed,
hearty, kindly – that's your manner;
there are many who sit at your table
who will, with all their hearts, confirm it.

Last night I was truly sorrowful;
the girls tried to make music for me;
your boat was refusing to set sail,
and my tears took my speech from me.

Observe Jean of Killinalen,
and MacLean of Pennyghael –
they are visiting you as is their custom,
and the others did not forget them.

And now that you are with me safely,
let's be happy as is most proper;
long may you be alive for us –
and we'll surely maintain our gratitude.

33. Rùn nan Ileach

Niall MacNèill

Is iomadh sian chaidh seach Beinn Bhàn,
Is iomadh tonn air tràigh a sgàin,
On dh'fhàg thu, ach ar crìdh' tha làn
    Le meud a' ghràidh tha againn duit.

Mìle fàilt' don uasal ghrinn
O na h-Ilich cridheil cruinn!
Fàilte dha bidh iad a' seinn
    Air teuda binn gu fileanta.   8

Chan ioghnadh sinn bhith ort an tòir –
Fiùran fòghlaimt', àlainn, còir –
Caoin mar anail na Beinn Mhòir
    San Og-mhìos nuair as tairisich'.

'S tu fèin gun cheist an Gàidheal fìor
A rinn cho ainmeil sgeòil ar tìr;
'S tu thog a' Ghàidhlig suas gu dìor
    Is Goill a' sìor chur às dithe.   16

'S tu mac an athar fhialaidh, ghrinn,
Nach fhaiceadh deòraidh bochd an teinn;
Nach d'fhògair Ilich às na glinn
    A bha tro linntean fada annt'.

Tha thu de theaghlach flathail, àrd;
'S gach ceàrn gheibh Caimbeul Ile fàilt';
Do bhaintighearnan na h-Il' biodh slàint',
    'S am bòich' 's gach àit' air aideachadh.   24

An coimeas riamh cha robh sa Ghrèig,
Iad bòidheach leis gach àgh nach trèig,
Le nàdar glan mar ghnè na lèig
    'S nach fhaicear beud no failleasachd.

The Desire of the Islay Folk

Neil MacNeill

Many a storm has passed Beinn Bhàn,
many a wave has burst on sand,
since you left us, but our heart is full
    with all the love we have for you.

A thousand welcomes to this fine man
from the cheery Islay people here!
Welcome to him they'll surely sing
    on sweet strings, most fluently.

No wonder that we seek you out –
a hero, educated, handsome, kind –
gentle as the breeze coming off Beinn Mhòr
    in June when it is tenderest.

You indeed are the true Gael
who gave our stories such great name;
strongly you lifted Gaelic high,
    as the Goill tried each day to stifle it.

Son of a father generous, fine,
who, to the poor, was always kind,
and drove no Islay folk from glens
    in which they'd dwelt for centuries.

You are of a noble family of high rank –
Campbell of Islay is welcome in each part;
may Islay's ladies enjoy good health –
    their beauty is mentioned everywhere.

Their like was never found in Greece,
endowed with every lasting grace,
with purest nature like a gem
    without a speck or shadowing.

Tha Ile bhochd gach là ri bròn
'S i cuimhneachadh air àm a leòin,
San d'fhàg sibh i, 's nach ann da deòin,
    Chaidh sibh air fògar fada uaip'.   32

Ged tha i roinnte aig fir ùr',
'S leibhse a crìdh, a h-ainm, 's a cliù;
'S tha iomadh nàistneach innt' as fiù
    A ghleidheas dlùth nan aigne sibh.

34. Brosnachadh na Gàidhlig

Niall MacLeòid

Dùisg suas, a Ghàidhlig, 's na bi fann,
Is gleus do chlàrsach feadh nan gleann;
Tha aon fhear-tagraidh math ort teann
    A chumas taic riut,
Cho fad 's a mhaireas teanga 'n ceann
    Professor Blackie.   6

Bha cuid an dùil nach robh thu slàn,
'S gun robh do bheatha dlùth don bhàs,
Ach bheir thu 'n car asda gun dàil,
    Nuair thèid thu 'n cleachdadh,
A dhèanamh luaidh air gnìomh nan sàr
    Tha fo na leacan.   12

Bidh thu 'n Oilthigh mòr Dhùn Eideann
Measg gach Laidinn, Eabhra, 's Greugais,
'G innse sgeulachdan na Fèinne,
    'S mar a ghleachd iad,
'S ri àm a' chruadail cò bu trèin'
    A dhearbh an gaisge?   18

Bheil neach le cridhe beò na chom
An-diugh a' còmhnaidh ann ar fonn,
Tha dèanamh tàir air cainnt nan sonn

Poor Islay is saddened every day
remembering her time of pain,
when you left her, and, against her wish,
    went into exile far from her.

Although she is carved among new men,
her heart is yours, her name and fame;
she has many natives of great worth
    who, in their hearts, will cherish you.

Exhortation to Gaelic

Neil MacLeod

Wake up, Gaelic, and don't be weak,
and tune your harp throughout the glens;
you have a good advocate close at hand
who will support you,
as long as a tongue is in the head
of Professor Blackie.

Some supposed that you were not well,
and that your life was near its end,
but you will trick them very soon
when you will be employed
to recount the doings of great men
now under grave-slabs.

You'll be in Edinburgh's great University
with every form of Latin, Greek and Hebrew,
telling the tales of the Fianna,
and how they struggled,
and, in time of hardship, who more strongly
proved their mettle?

Is there a person with a heart that beats
today who dwells within our land
and despises the tongue of brave folk,

As cliùiteach eachdraidh,
Sìol nan àrmann blàthmhor trom
A cheannsaich feachdan?   24

Bheil neach a dh' àraich tìr an fhraoich
Air call a bhàidh 's air fàs cho faoin,
Ri tàir air cainnt a mhàthar chaoimh
'S nach taobh a reachdan?
Ach gheibh iad sin an duais gu daor,
Mur caochail Blackie.   30

Ach sibhs' air fad, a shìol nan rann,
Nach eil fo smachd aig clann nan Gall,
Glacaibh an sruth, 's e seo an t-àm;
Cuir suas a' bhratach;
Tha brod a' ghaisgich air bhur ceann,
Professor Blackie.   36

Na fàgaibh taigh dam faic sibh smùid,
No duine beò a chì bhur sùil,
Bho Thaigh Iain Ghròt gu Cluaidh nan lùb,
Nach tog sibh creach dheth,
Gum faigh sibh an deich mìle punnd
Tha dhìth air Blackie.   42

'N sin thèid bhur n-eachdraidh is bhur n-euchd
Air feadh gach linn a thig nur dèidh;
Bidh glòir nam bàrd air ceòl nan teud
Gu rèidh nur glacaibh;
'S a' Ghàidhlig aosd' le maoin gun èis
A' gleus bhur macaibh.   48

'S nuair thèid a' Ghàidhlig a chur suas
An cathair inbhich mar bu dual,
'N sin òlaidh sinn dà làn na cuaich –
'S cha bhi iad lapach –
Air slàint' an laoich a thug a' bhuaidh,
Professor Blackie.   54

famed in history,
seed of distinguished, hefty heroes
who subdued armies?

Has the land of heather reared a man
who has lost his warmth and grown so wan
as to despise his dear mother's tongue,
and will not observe her laws?
Such will receive a dear reward,
unless death takes Blackie.

But all of you, you seed of poets,
who are not in thrall to Lowland folk,
catch the stream, for now's the time;
hoist high the banner –
a real hero is at your head,
Professor Blackie.

Do not leave a house where you see smoke
or a living soul whom your eye will note,
from John o' Groats to the twisting Clyde,
unless you raid him,
until you get the ten thousand pounds
wanted by Blackie.

Then your history and your feats will spread
among each generation after you;
the bards' eloquence set to music's chords
will be yours with ease;
and the ancient Gaelic, with endless wealth,
will inspire your sons.

And when Gaelic is raised aloft
in a prestigious Chair as was its wont,
we will drink the quaich, twice over full
with potent liquor,
to the health of the hero who has triumphed,
Professor Blackie.

35. Oran don 'Chuairtear'

Iain MacIlleathain (Bàrd Thighearna Cholla)

Deoch-slàint' a' 'Chuairteir' a ghluais à Albainn,
Bho thìr nam mòr-bheann 's a sheòl an fhairge,
Don dùthaich choilltich thoirt dhuinn a sheanachais,
'S am fear nach òl i, biodh mòran feirg ris.

Nuair thig an 'Cuairtear' ud uair sa mhìosa,
Gum bi na h-òganaich le toil-inntinn
A' tional eòlais bho chòmhradh sìobhalt,
'S bidh naidheachd ùr aig' air cliù an sinnsear.   8

Gur lìonmhor maighdeann a th' ann an dèidh air,
'S a bhios le coibhneas a' faighneachd sgeul dheth,
Le solas choinnlean a bhios ga leughadh,
'S bidh eachdraidh ghaoil aige do gach tè dhiubh.

Chan ioghnadh òigridh thoirt mòran spèis dha,
Nuair tha na seann-daoin' tha call an lèirsinn,
'S an cinn air liathadh, cho dian an dèidh air,
'S nach dèan iad fhaicinn mur cleachd iad speuclair.   16

'S e 'n 'Cuairtear Gàidhealach' an t-àrmann dealbhach,
Le phearsa bhòidheach an còmhdach balla-bhreac,
Mar chleachd a shinnsir gu dìreadh gharbhlach,
'S e fearail, gleusda gu feum le armaibh.

Nuair thig e 'n tìr seo mu thìm na Samhna,
Bidh fèileadh cuaiche mu chruachain theannta,
'S a bhreacan-guaille gu h-uallach, greannar;
Cha lagaich fuachd e no gruaim a' gheamhraidh.   24

Bidh bonaid ghorm agus gearra-chot ùr air,
Bidh osain dhealbhach mu chalpaibh dùmhail,
Bidh gartain stiallach thar fiar-bhrèid cùil air,
'S a bhrògan èille, 's b' e n t-èideadh dùthchais.

A Song to the 'Traveller'

John MacLean (Poet to the Laird of Coll)

Here's a health to the 'Traveller' that has come from Scotland,
from the land of the mountains, and has crossed the ocean,
to the country of forests to give us his information –
the man who will not drink it, may he be shown much anger.

When that 'Traveller' comes to us monthly
the young people will have much pleasure,
deriving knowledge from his polite conversing,
and he will bear a new tale of their ancestors' glory.

There are many maidens who are attracted to him,
and who with kindness will ask him for a story;
by the light of candles they will read it,
and he will tell a tale of love to each one of them.

There's little wonder that the youth like him greatly,
when even old people who are losing eyesight,
though their heads are greying, enthuse so greatly
that they must use glasses in order to see him.

The 'Highland Traveller' is the most comely hero,
with his beautiful body in a speckled covering,
like what his ancestors wore when climbing roughlands,
and he is manly and skilful in the use of weapons.

When he comes to this land about the time of Samhain
a plaited kilt will be wrapped round his firm thighs,
and his shoulder-plaid will be proud and jolly –
the cold will not weaken him nor the gloom of winter.

He will wear a blue bonnet and new short-coat,
he will have comely hose about his thick calves,
and striped garters crossing a slanted back-cloth,
and his shoes of thongs – the traditional outfit.

A 'Chuairteir' shìobhalt, ma nì thu m' iarrtas,
'S gun cuir thu 'n t-òran seo 'n clò nan iarann,
Ad choibhneas giùlain don chùrsa 'n iar e,
Don eilean ìosal, an tìr on thriall mi.   32

Am baile gaolach a' Chaolais àillidh
San robh mi chòmhnaidh nam òige, fàg e,
Aig Cnoc MhicDhùghaill san dlùth mo chàirdean,
'S thoir fios gan ionnsaigh gu bheil mi 'm shlàinte.

O mannerly 'Traveller', if you undertake my request,
and if you put this song in the iron print-blocks,
in your kind manner carry it to the west coast,
to the low-lying island, the land from which I travelled.

In the beloved township of lovely Caolas,
where I once lived in my youth, lay it,
at MacDougall's Hill where I have close kinsfolk,
and give them the news that I am healthy.

ELEGY

Traditional forms of eulogy applied to the living lost their force in the course of the nineteenth century, but it is clear that elegy remained a highly creative and robust genre. Praise of the dead continued to attract the best efforts of poets, and many fine examples of such verse can be found throughout the period. As has been noted in the case of eulogy and salutation, the subjects changed from the chiefs to the new leaders of Gaelic society, and the traditional codes and images were refashioned accordingly. An element of novelty is also attested in a context in which it might be least expected.

Poem 36 is an excellent example of traditional elegy which has been refashioned to commemorate an academic leader, Professor James Beattie (d. 1810). The poet, Ewen MacLachlan, was at that time Scotland's leading Gaelic scholar. He employs the Augustan style characteristic of English verse in the eighteenth century, emulating its linguistic precision with great skill; every word is carefully crafted, and carries weight. Classical allusions are normal in such verse, and are doubly appropriate here, given Professor Beattie's training as a philosopher and Classical scholar. Traditional Gaelic motifs, such as the ruined hall of the old-style chief, are woven into the poem. The poet's deep grief and profound sense of loss can still be felt. Like Beattie, Professor John Stuart Blackie (d. 1895) taught at Aberdeen, and, having moved to the Chair of Greek at Edinburgh, championed the Gaelic language in the 1870s and 1880s (see **Poem 34**). He is commemorated by Neil MacLeod in **Poem 37**. The image of the mountains represents both Blackie's achievements and his outdoor interests. His genial nature is conveyed effectively. A very popular British imperial soldier, Charles Gordon, is elegised with great feeling – and a sense of outrage at the manner of his death in Khartoum – by John MacFadyen in **Poem 38**. Evan MacColl's **Poem 39** on the death of his niece, Mary, eschews the conventionally dark images of mourning, and offers a remarkable amount of colour and sparkle within a mere six verses. This suits the theme, namely the unrealised potential of a life cut short at a very early age. The central images of transient and irrecoverable beauty are splendidly controlled. **Poem 40**, by the Rev. John MacDonald of Ferintosh, stands in sharp contrast to MacColl's concisely evocative poem. This long, episodic piece is an evangelical elegy. Drawing largely on biblical imagery, much of it pastoral, it resembles a formal obituary. Like a medieval saint's Life, it emphasises Dr Alexander Stewart's homiletic skills, pastoral devotion, and obedience to the divine call, and offers his life as a model of the truly godly minister.

ELEGY

36. Marbhrann do Mhr Seumas Beattie

Eòghann MacLachlainn

Och nan och, mar atà mi,
Thrèig mo shùgradh, mo mhànran 's mo cheòl;
Is trom an acaid tha am chràdhlot,
Is goirt am beum a rinn sgàinteach am fheòil;
Mi mar ànrach nan cuantan
A chailleas astar feadh stuaghan sa cheò,
On bhuail teachdair a' bhàis thu,
A charaid chaoimh bu neò-fhàilteamach glòir.   8

A ghaoil, a ghaoil de na fearaibh,
Is fuar a-nochd air an darach do chreubh;
Is fuar a-nochd air a' bhòrd thu,
Fhiùrain uasail bu stòilde ann ad bheus;
An làmh gheal fhuranach chàirdeil
As tric a ghlac mi le fàilte gun phlèid,
Rid thaobh san anart na sìneadh,
Na meall fuar creadha fo chìs aig an eug.   16

A' mhìogshuil donn bu tlàth sealladh
A-nis air tionndadh gun lannair ad cheann;
Is sàmhach binn-ghuth nan ealaidh,
Is dùinte am beul ud o 'm b' annasach cainnt;
An cridhe fìrinneach soilleir,
Leis am bu spìdeil duais foille no sannt,
A-nochd gun phlosg air an dèile:
Sian mo dhosgainn nach breugach an rann.   24

Gun smid tha an ceann anns na thàrmaich
Bladh gach eòlais a b' àirde ann am miadh,
Gliocas eagnaidh na Grèige,
Is na thuig an Eadailt bu gheur-fhaclaich brìgh;
Is balbh fear-rèitich gach teagaimh
Anns a' Bheurla chruaidh spreigearra ghrinn;
An uair bhios luchd-foghlaim fo dhubhar,
Cò nad ionad-sa dh'fhuasglas an t-snaidhm?   32

Elegy on Mr James Beattie

Ewen MacLachlan

Alas! alas! my condition!
Gone is my humour, my converse, my tune;
the stitch that now pains me is heavy,
a sore blow has torn open a wound;
I am like the wanderer of oceans
who loses course amid waves in a fog,
since death's messenger struck you,
my gentle friend of unblemished talk.

My dear, my dear of all comrades,
tonight your body on the oak lies cold;
cold tonight on the board you are resting,
noble sapling of most mannerly mode;
the white hand, kind and friendly,
which I often gripped in a genial clasp,
now lies by your side in the linen,
a cold lump of clay in death's grasp.

Your gentle brown eye of soft vision,
its gleam in your head has now gone;
silent is the sweet voice of music,
shut is the mouth of unusual talk;
the heart that was candid and truthful,
which loathed greed and dishonest prize,
is tonight without pulse on a deal-board;
I cry in grief that this verse tells no lies.

Dumb is the head that once nurtured
the finest knowledge of highest worth,
the meticulous wisdom of Greece,
and Italian insight, its pith precise in its words;
silent is he who resolved all questions,
in fine, firm English with vigorous voice;
when scholars are clouded in shadow,
who will replace you in untying the knot?

Is balbh an labhraiche pongail;
Bu tearc ra fhaotainn a chompanach beòil,
Am briathran snaidhte sgèimh-dhealbhach
A chur na h-ealaidh no an t-seanchais air n-eòil;
Ge b' e bàrd an dàin chiataich
Mu chian astar Enèas o Thròi,
Is firinn cheart nach bu diù leis
E fèin thoirt mar ùghdar do sgeòil.   40

Gun smid tha an gliocair a b' eòlach
Air fad na cruitheachd a dh' òrdaich Mac Dhè,
Gach gnè an saoghal na fairge,
Sa mhachair chòmhnaird no 'n garbhlaich an t-slèibh;
Gach bileag ghorm a tha lùbadh
Fo throm eallaich nan driùchd ris a' ghrèin;
San rìoghachd mheatailtich b' àghmhor
Do phurp ag innse dhuinn nàdur gach seud.   48

Is balbh fear aithne nan ràidean
A shoillsich aingil is fàidhean o thùs;
Is Soisgeul glòrmhor na slàinte,
Thug fios air tròcairean Ard-rìgh nan dùl;
An stèidh gach teagaisg bu ghràsmhoir'
Is tearc pears-eaglais thug bàrr ort, a rùin;
Dòchas d' anma bu làidir
San fhuil a dhòirteadh gu Pàrras thoirt dhuinn.   56

Riaghlaich d' eòlas 's do ghiùlan
Modh na foirfeachd a b' iùl dut 's gach ceum;
Do mhòr-chridhe uasal gun tnùth ann,
Gun ghoimh, gun uabhar, gun lùban, gun bhreug;
Cha b' uaillse tholgach an fhasain,
Cha dealradh saidhbhris a dh'atadh do spèis;
Is i an inntinn fhìorghlan a b' fhiù leat,
Is fòghlam dìchill ga stiùireadh le cèill.   64

Mo chreach lèir! an taigh mùirneach
Sam faicte a' ghreadhain gu sunndach mun bhòrd;
Dreòs na cèire toirt soillse,
Gach fìon bu taitniche faoileas fo chròic;

Silent is the sensible speaker;
rare is the man with comparable mouth,
who, with well-fashioned, elegant phrases,
could explain the nature of lore and of verse;
though it were the poet of that excellent epic
of how Aeneas, far from Troy, had set sail,
in truth, he would not feel it unworthy
to own himself as having authored your tale.

Without a word is the sage who knew well
the whole creation as God's Son had ordained,
every species in the world of the ocean,
on rough upland or smooth lowland plain;
each green blade of grass that is bending
beneath a heavy burden of dew in the sun;
in the mineral kingdom, how splendid
your sense, as you told us the type of each gem.

Silent is the one who knew the pathways
revealed by angels and prophets of yore;
and the glorious Gospel of salvation
telling the mercies of the King of All;
in knowing each teaching that was gracious,
few clerics surpassed you, dear friend;
the hope of your soul was set firm
in the blood shed to gain heaven as our end.

Your knowledge and your bearing ruled over
the righteous honour that guided your steps;
your great heart was devoid of all venom,
with no spite, pride, deviation, or lies;
it was not the unstable pomposity of fashion,
nor wealth's gleam that made your interest grow;
the mind that was pure was what you valued,
which diligent learning wisely controlled.

I am ruined as I recollect your kind mansion,
where a happy group was seen at the board;
the light of wax giving brightness,
each wine of best sparkle under foam;

Do chuilm bu chonaltrach fàilteach,
B' aiseag slàinte dhuinn mànran do bheòil;
Bu bhinn a thogail na tèis thu
Is a' chruit fhonnmhor ga gleusadh gu ceòl. 72

An uair dh'èireadh còisridh bu choinnealt
A dhanns' gu lùthmhor ri pronnadh nam pong,
Gum b' èibhinn cridhe do mhnà-comainn,
Do chròilein mhaoith, 's iad gu tomanach donn;
A ghearradh leum air bhòrd loma,
Dol seach a chèile mar ghoireadh am fonn;
Ach dh'fhalbh siud uile mar bhruadar,
No bristeadh builgein air uachdar nan tonn. 80

A Rìgh, gur cianail mo smuaintean
Ri linn dod àros bhith faontrach gun mhùirn;
Sguir a' chuilm 's an ceòl-gàire,
Chaidh meodhail ghreadhnach is mànran air cùl;
Chinn an talla fuar fàsail,
Is e chuir mullach na fàrdaich na smùr
Ceann na dìdinn 's na riaghailt
A bhith sa chadal throm shìorraidh nach dùisg. 88

Do bhantrach bhochd mar eun tiamhaidh,
Ri truagh thùirse, 's a sgiathan mu h-àl;
A neadan creachte, is i dòineach
Ma gaol a sholair an lòn daibh gach tràth;
On dh'imich fireun na h-ealtainn
Tha an t-searbh dhìle tighinn thart' às gach àird;
A rìgh nan aingeal, bi 'd dhìon daibh
Is tionndaidh ascaoin na sìne gu tlàths. 96

Is iomadh sùil atà silteach
A thaobh ùidh nam fear glic gun bhith buan:
Tha miltean ùrnaigh gad leantainn
Le miltean dùrachd is beannachd gud uaigh;
A liuthad diùlannach ainnis
A dh'àrdaich d' ionnsachadh ainneamh gu uaill,
Is gach là bhios càirdeas air faighneachd,
A Bheattie chliùitich, bidh cuimhn' air do luach. 104

your feast was filled with converse and welcome,
and your talk would restore us to health;
you were sweet when you raised a melody,
and tuned the chords of the musical harp.

When the fine company would arise
to dance supply to the plucking of notes,
the heart of your wife was joyous,
and of your gentle children, their hair bushy brown;
they would cut leaps on bare boards,
passing each other in time to the staves;
but that has gone like a dream from our presence,
or like the bursting of a bubble on waves.

O King, how sad are my sentiments
since your home lacks direction and joy;
feasting and laughter have vanished,
happy mirth and conversation have gone;
the hall is now cold and empty,
and its roof has been broken in bits,
since the chief who ruled and protected
will never stir from eternal, deep sleep.

Your poor widow is like a bird that is doleful,
in sad sorrow, her wings covering her brood;
her nest is plundered, and she is mourning
her beloved, who for each meal found their food;
since the eagle of the flock has departed,
the terrible flood pours down from each point;
King of angels, be their protection,
and turn the inclement weather to warmth.

Many eyes are now tearful
since the desire of wise men does not live;
prayers in thousands go with you,
and as many wishes and blessings to your tomb;
there are many poor lads with talent
whom your rare learning exalted to pride,
and as long as friendship is valued,
famous Beattie, your worth will remain in our mind.

Rinn d' eug sinn uile gun sòlas,
Tha teach nan innleachd 's an òigridh fo phràmh;
Chaidh Alba buileach fo èislean,
Sguir na Ceòlraidhean Greugach den dàn;
Thàinig dall-bhrat na h-oidhche oirnn
On chaidh lòchran na soillse na smàl:
B' e siud an crith-reothadh Cèitein,
A mhill am fochann bu cheutaiche bàrr.   112

Bu tu craobh-abhall a' ghàrraidh,
A chaoidh cha chinnich nas àillidh fon ghrèin;
Dealt an t-samhraidh ma blàthaibh,
Luisreadh dhuilleag air chràcaibh a geug;
Ach thug dubh dhoireann a' gheamhraidh
A' bheithir theinntidh le srann às an speur;
Thuit an gallan ùr rìomhach,
Is uile mhaise ghrad-chrìon air an fheur.   120

A Thì tha stiùireadh na cruinne,
Is tu leig dar n-ionnsaigh a' bhuille bha cruaidh;
Sinne chaill an t-sàr ulaidh,
Neamhnaid phrìseil nan iomadaidh buaidh;
Dh'fhalbh a' chombaisd 's na siùil oirnn,
Chaidh an gasraidh 's an fhiùbhaidh nam bruan,
Gach creag na cunnart don iùbhraich,
O laigh duibhre air reul-iùil an taobh tuath.   128

Och nan och, mar atà mi!
Mo chridhe an impis bhith sgàinte le bròn;
Tha an caraid-cùirte an dèidh m' fhàgail,
A sheasadh dùrachdach dàna air mo chòir;
Bidh siud am chliabh na bheum-cnàmhain
Gus an uair anns an tàr mi fon fhòd;
Ach 's glic an t-Aon a thug cìs dhinn,
Is da òrdugh naomh biomaid strìochdte gach lò.   136

Your death has left us all without comfort,
the house of skills and the youth are in gloom;
the whole of Scotland is downcast;
there is an end to the verse of Greek Muse;
the dark pall of night has come upon us,
since the torch of bright light has gone out;
that was a sharp frost in Maytime,
which marred the young sprouts of best crop.

You were the apple tree of the garden,
no finer will ever grow under sun;
summer dew on its blossoming branches,
and lush leaves on the tips of each one;
but the dark storm of winter has delivered
a fiery bolt with speed from the sky;
the fine, fresh sapling has fallen,
and, on the grass, all its beauty suddenly died.

O God who guides the planet,
you have dealt us a serious blow;
we have lost the supreme treasure,
a precious gem with many virtues endowed;
we have lost our sails and our compass,
broken are the crew and the planks;
each rock is a threat to the vessel,
since the north star was blotted out by the dark.

Alas! alas! my condition!
My heart is almost broken with grief;
the friend in court has now left me,
who would earnestly stand for my rights;
that will be a sore wound in my rib-cage,
until the time that I enter the grave;
but the One who has taxed us has wisdom;
to his holy order let us bow every day.

37. John Stuart Blackie

Niall MacLeòid

An d'fhàg thu sinn, a laoich nam buadh?
Cha chluinn sinn tuilleadh fuaim do bheòil,
Chan fhaic sinn tuilleadh d' aghaidh shuairc,
Mar ghrian gun ghruaim am measg an t-slòigh.

Ghearradh a' chraobh bu torach blàth,
'S a dh' àraich iomadh meanglan òg,
Bu taitneach leam a bhith fo sgàil,
'S mo chàil a' faotainn brìgh a lòin. 8

A Ghàidhlig aosd' as binne guth,
Cuir ort an-diugh do chulaidh bhròin;
'S d' fhear-tagraidh treun bu mhaiseach cruth,
Gun cheòl, gun chruit, gu balbh fon fhòid!

Sheas e gu duineil thu mar sgiath,
Le chainnt 's le ghnìomh a' dìon do chliù,
'S do Chathair shuidhich e gu fial,
Nach leig do ghlòir an cian-s' air chùl. 16

A ghlinn 's a bheanntan tìr mo ghràidh,
Tha 'n ceò air tàmh umaibh fo sprochd;
Chan fhaic sibh tuilleadh sùil a' bhàird
A' deàrrsadh oirbh bho àird nan cnoc!

Cha chluinn sibh tuilleadh fuinn a chiùil,
A' seinn gu sunndach feadh nan glac;
Bu tric e cuartachadh bhur stùc,
'S ag àrdachadh bhur cliù le tlachd. 24

A chlann mo dhùthcha is mo shluaigh,
Tha latha gruamach oirnn air teachd,
Tha 'n gaisgeach treun fo ghlais na h-uaigh,
A sheasadh leinn ri uair a' ghleachd!

John Stuart Blackie

Neil MacLeod

Have you left us, O hero of virtues?
We'll no longer hear your voice's sound,
we'll no longer see your kindly face,
like a sun without gloom among the crowd.

The tree of most productive blossom has been cut
which nurtured many a youthful shoot;
it was my pleasure to be beneath its shade,
my appetite obtaining the essence of its fruit.

Ancient Gaelic of sweetest voice,
put on today your sorrow's cloth,
since your brave advocate, of comeliest form,
without harp or music, is silent under sod!

He stood for you bravely like a shield,
with voice and deed protecting your good name,
and your Chair he founded with generous heart,
so that your glory will be long retained.

O glens and mountains of my beloved land,
in sorrow you have been enveloped in the mist;
no longer will you see the poet's eye
shining down upon you from the tops of hills!

No longer will you hear his music's tunes
sung among the hollows with glad sound;
he frequently travelled round your stacks,
and joyfully exalted your renown.

O children of my own land and folk,
a dreary day has come upon us now;
the brave warrior is locked within the grave,
who would have aided us in struggle's hour!

Sàr Albannach gun cheilg gun fhoill,
Bu mhùirneach e mu cloinn 's mu cliù,
'S bidh cuimhn' is ainm an laoich le loinn,
Mar dhaoimean lainnireach na crùn.   32

Gach buaidh tha uasal, maiseach, àrd,
Le eòlas làidir agus glic,
Bha sin le irisleachd is gràdh,
Mar theaghlach blàth a' tàmh fo chrios.

Gach sòlas dod anam, a thriath;
Ruith thu gu sgiamhach, glan do rèis;
Bu chliùiteach, taitneach, riamh do thriall,
'S tha sinne cianail as do dhèidh.   40

38. Oran do Sheanailear Gordon

Iain MacPhàidein

Fhuair sinne sgeul a' bhròin,
Bhrùchd iomadh sùil le deòir,
Dh'fhàg e gach cridh' fo leòn,
Còir aig a' bhàs ort;
Chualas thar cuain 's cha mhath,
Mhùchadh gach dùil gu grad,
Dh' innseadh gun thuit e 'n cath,
Seanalair Gordon.   8

Och nan och, dhealaich ruinn,
Och mo chreach, dhealaich ruinn!
Och nan och, dhealaich ruinn
Seanalair Gordon.

Saighdear 's ceann-iùil nam buadh,
Colgar' gun gheilt, gun ghruaim,
Sgrìobht' tha air inntinn sluaigh
D' iomadh buaidh làraich;   16

A true Scotsman with no deceit or guile,
he had warm affection for her kin and fame;
like a sparkling diamond in her crown
will shine that hero's memory and his name.

Every quality that's noble, fine and high,
with knowledge that was both robust and wise,
these, together with humility and love,
like close kin, beneath his belt did once reside.

May your soul have every solace, noble lord;
with splendour and purity you ran your race;
renowned and pleasant always was your way,
and we are in mourning since you left this place.

A Song on General Gordon

John MacFadyen

We received sorrowful news,
many eyes flowed with tears,
it put a wound in every heart –
death had claimed you;
it was heard overseas, a sad pass,
every hope was extinguished fast;
reported fallen in battle,
General Gordon.

Alas and alack! He has left us,
alas, my loss! he has left us;
alas and alack! he has left us –
General Gordon.

Soldier and leader of virtues,
aggressive without fear or frown;
written on the mind of folk
are your many triumphs;

Calma fod arm gun sprochd,
Ceannsgalach ciùin gun chron,
Sèimh mar an t-uan gun lochd,
Seanalair Gordon.

Gaisgeach ri àm gach feum,
Ceannard nan laoch gu euchd,
Fiùran 's a chliù gun bheum,
Geur-shùileach, làidir;   24
Marcaich' nan steud-each bras,
Tro gharbh-fhras na luaidh ghlais,
Luath far 'm bu cruaidhe 'n cath,
Seanalair Gordon.

'S lìonmhor fear-furail cruaidh,
Nach iarradh do dh' ùin' ach uair,
Dhùrachd bhith nunn thar cuain,
Dh' fhuasgladh an àrmainn;   32
Thrèig iad thu staigh 's a-muigh,
'S nàir leinn mar chaidh do chluich,
Seudan fo chasan mhuc,
Seanalair Gordon.

Dh' earb thu gu daingeann teann
'S an Ti sin a chaoidh nach meall,
A' charraig as treise bonn,
Nach gèill ri àm gàbhaidh;   40
Ionndrainnear d' iùl 's do rian,
An cridhe bha farsaing fial,
A' ghnùis nach do mhùth le fiamh,
Seanalair Gordon.

Gach dòchas gun dhìobair sinn,
Och, 's gur sgeul fìor tha 'n seo,
An curaidh na shìneadh,
'S cha till e gu bràth ruinn;   48
An com ud mun d' iath gach rath,
Toinnte an còrdadh gean,
Ughdar nan iomadh math,
Seanalair Gordon.

brave beneath your arms, with no gloom,
authoritative, faultless, calm;
gentle like an unblemished lamb,
General Gordon.

A hero in each time of need,
leader of warriors to brave deeds,
a stalwart of flawless fame,
sharp-eyed, powerful;
the rider of headlong steeds,
through the harsh shower of grey lead,
where battle was hardest, he was fast,
General Gordon.

Many a commander of strength
would have wished only an hour's notice,
who'd desire to go overseas
to relieve the hero;
they forsook you at home and away,
your treatment makes us ashamed,
jewels cast under pigs' feet,
General Gordon.

Your trust was solid and firm
in that One who never deceives,
the rock of strongest base
which yields not in hardship;
your steer and control will be missed,
the heart that was generous and large,
the face that never changed with fear,
General Gordon.

We have forsaken every hope,
this – alas! – is a true tale;
the warrior is laid low,
and he will never return to us;
that body surrounded by good fortune,
intertwined with genial accord,
the author of many benefits,
General Gordon.

39. Bàs Màiri

Eòghann MacColla

Chaochail i – mar neultan ruiteach
Bhios san Ear mu bhristeadh fàire;
B' fharmad leis a' ghrèin am bòidhchead,
Dh' èirich i na glòir chur sgàil orr'.

Chaochail i – mar phlathadh grèine,
'S am faileas na rèis an tòir air;
Chaochail i – mar bhogh' nan speuran,
Shil an fhras is thrèig a ghlòir e.   8

Chaochail i – mar shneachd a laigheas
Air an tràigh ri cois na fairge;
Dh' aom an làn gun iochd air aghaidh –
Ghile, O cha b' fhada shealbhaich!

Chaochail i – mar ghuth na clàrsaich
Nuair as drùitiche 's as mìls' e;
Chaochail i – mar sgeulachd àlainn,
Mun gann thòisichear ra h-innse.   16

Chaochail i – mar bhoillsgeadh gealaich,
'S am maraiche fo gheilt san dorcha;
Chaochail i – mar bhruadar milis,
'S an cadlaiche duilich gun d' fhalbh e.

Chaochail i – an tùs a h-àille,
Cha seachnadh iad à Pàrras fèin i;
Chaochail i – O! chaochail Màiri,
Mar gum bàthte ghrian ag èirigh!   24

The Death of Mary

Evan MacColl

She passed away – like clouds red-coloured
that deck the east as dawn approaches;
the sun was envious of their beauty
and rose, in splendour, to eclipse them.

She passed away – like a gleam of sunlight
when the shadow races hard to catch it;
she passed away – like the skies' rainbow,
deprived of glory when the shower had emptied.

She passed away – like snow that settles
on the shoreline by the ocean;
the tide came in, no mercy showing –
it did not long possess its whiteness!

She passed away – like the voice of harping,
when, at its sweetest, it is most touching;
she passed away – like a splendid story,
before one could scarce begin to tell it.

She passed away – like a shaft of moonlight,
when the sailor's terrified in the darkness;
she passed away – like the dream that's sweetest,
when the sleeper's sad that it has vanished.

She passed away – her beauty just beginning;
from Paradise itself they could not spare her;
she passed away – O! Mary has departed,
as if the sun were quenched at rising!

40. Marbhrann air Doctair Alasdair Stiùbhard

An t-Urr. Eòin Dòmhnallach

Och, tha ar speuran ro-ghruamach;
Is goirt an sgeula ri luaidh e,
Bhith toirt nan reul ud a-suas uainn,
Bha, an tìr ar cuairt dhuinn, nan iùl;
Ged tha na freasdalan cruaidh seo
Labhairt gun cheist anns an uair rinn,
Gun deònaich an Tighearn' na thruas dhuinn
Cluasan chum èisdeachd na sgèil;   8
Gun toir e phoball, mar 's miann leis,
Gu bhith do na freasdalaibh-s' strìochdadh,
Is gu bhith tuiteam gu h-ìosal,
'S ann aig cosaibh Chrìosd anns an ùir.
Seadh, agus peacaich gu riaghailt,
Mum bi an doras air iathadh,
'S na nithe bhuineas don sìochaint
Air 'm folach gu sìorraidh on sùil!   16

II
Thugadh air falbh na cinn iùil uainn,
Bha aithnicht', iomraideach, fiùdhail,
'S gum b' ainneamh 'n leithid nar dùthchaibh,
Mar luchd-stiùiridh 's beathachaidh threud.
'S am measg a' chuid dhiubh bu chliùitich',
Bha Maighstir Alasdair Stiùbhard –
Dom b' ainm an Doctair mar b' fhiù e –
Bha ainmeil sna dùthchaibh-s' gu lèir.   24
Bha e ro-aithnicht' mar bhuachaill,
Is mar fhear-teagaisg ro-luachmhor;
Neach anns 'n do choinnich na buadhan,
Gun teagamh rin luaidh bha gun bheud.
Bha e caomh, iriosal, suairce,
Is mìn, maiseach, neo-fhuaimneach,
An Crìosdaidh deas, 's an duin' uasal,
Na chridh', na ghluasad, 's na bheus.   32

Elegy on Dr Alexander Stewart

Rev. John MacDonald

Alas, our skies are very gloomy,
and it is a sad story to relate
that those stars are being taken to heaven
who, on our earthly walk, were our guides;
although these hard providences
speak to us without question,
may the Lord grant us in his mercy
ears to listen to the tale;
may he, as he wills, make his people
submit to these providences,
and to fall down humbly
at Christ's feet in the earth.
Yes, and may sinners submit to the order
before the door is closed over,
and those matters that pertain to their peace
are hidden forever from their eyes!

II
We have been deprived of those leaders
who were acknowledged, famous and worthy,
and such were rare in our countries
as leaders and nourishers of flocks.
And among those most esteemed
was Master Alasdair Stewart –
rightly designated the Doctor –
who was recognised in all these lands.
He was highly famed as a pastor,
and as a most precious teacher,
in whom all virtues assembled
that were undoubtedly without fault.
He was gentle, lowly and kindly,
meek, lovely and unpretentious;
a complete Christian and a gentleman,
in his heart, his bearing and his way.

III
Tha Inbhir Pheotharain cianail,
Is neulach, gruamach a h-iarmailt,
'S i mar gum folaicht' a' ghrian oirr',
'S gun iathadh uimp' dubh-neul a' bhàis.
Adhbhar na gruaim' ud chan ioghnadh,
Mar thuirt an sean-fhocal, 's fìor e,
Gur h-ann 'n tràth chaillear an riaghailt
Thig camadh 's fiaradh sa chlàr.   40
Nam b' aithne 'n-diugh dhi gu sònraicht'
Ro-mheud a' challa 's an leòin ud,
Shileadh gu goirt fad 's as beò i,
Och, a leòn – cuin nìthear e slàn?
Gun deònaich Athair na glòire,
Am meud a mhaitheis 's a thròcair,
Gun toir e cridhe nì bròn dhi
'S gun seòl i gu tobar na slàint'.   48

IV
A Mhaighstir Stiùbhard ro-ionmhainn,
B' i mo dhùrachd bhith 'g iomradh
Do chliù 's do bhuadhan ro-ionmholt'
Bha iomraideach, aithnicht' measg cheud;
Ach bhith gan aithris mar dh' iomrainn –
Oir bha iad ro-ainneamh is ainmeil –
'S gan cur an rannaibh no 'n seanachas,
'S neo-iomchaidh mo theanga 's mo ghleus.   56
Is ged a sheinninn na b' fheàrr iad,
Dhuts' cha bhiodh comain no stàth ann,
Tha os cionn molaidh do chàirdean,
Is di-molaidh nàimhdean fo ghrèin.
Ach Es' tha saoibhir na ghràsaibh,
Gu naomhaich 's gum beannaich an dàn seo
Do iomadh, is dhaibhsan gu h-àraid
Don chràdh nach faic iad thu fèin!   64

V
A thaobh do ghibhtean 's do phàirtean,
'S do bhuadhan urramach nàdair,
Is nì tha saor dhomh ri ràdh e

III
Dingwall is in sorrow,
her sky overcast and gloomy,
as if the sun had been hidden from her,
and death's dark cloud had closed in.
The cause of that sorrow is no wonder;
the truth is told in the proverb,
that it is when the rule vanishes
that the board twists and bends.
If today she knew specially
the great extent of that loss and wounding,
she would weep painfully all her lifetime.
Alas, her wound – when will it be healed?
May the Father of glory,
in accordance with his goodness and mercy,
give her a heart of contrition,
and may she go to the fountain of health.

IV
Dearly beloved Master Stewart,
it were my desire to make mention
of your reputation and fine virtues
famed and recognised among hundreds;
but to relate them as I would wish –
since they were very rare and renowned –
and to put them in verse or in passage
is beyond my tongue and my note.
And though I should sing them better,
to you it would be of no good or value,
since you are above your friends' praises,
and the dispraise of enemies under the sun.
But may he who in grace is abundant
bless and sanctify this versification
to many, and to those most especially
who are pained that they will not see yourself!

V
As for your gifts and your talents,
and your honourable qualities by nature,
it is easy for me to relate

Gu robh iad siud làidir is treun;
Ach fhuair iad snaidheadh ro-àlainn
Fon fhoghlam bu ghlaine 's a b' àirde,
A thug dhoibh barrachd àireamh,
An àilleachd is mìneachd, is sgèimh.   72
Fhuair thu am foghlam a b' àirde,
'S rinneadh 'm feum leat a b' fheàrr dheth;
Bidh cuimhne bhuan air gu h-àiridh
Am measg chlann nan Gàidheal gu lèir.
Beannaichidh cuid anns gach àl diubh
'N là ghabhadh earrann is pàirt leat
An tabhairt focail na slàint' dhaibh,
Sa chànain a b' ionmhainn leo fèin.   80

VI
Ach chan e foghlam no pàirtean,
Ciod air bith feum tha, no stàth, annt'
A rinn cho feumail nar là thu,
Is dod shaothair ghràidh a thug buaidh.
Shaothraich 'm Fear-saoraidh le ghràs ort –
'S an t-àm ud, gu fìor, gum b' àm gràidh e –
Is bha ri fhaicinn on là sin
Gu robh ghràs dhut saoibhir is buan.   88
Chan b' ann an toiseach do shaoghail,
'N tràth ghabh thu oifig an aodhair,
A fhuair thu aithn' air Fear-saoraidh,
'S air saothrachadh ghràis ort le buaidh;
Ach o fhuair thu lèirs' air a ghaol-san,
Chuir thu 'n cèill e do dhaoinibh,
Is bheannaich Esan do shaothair
Do iomadh aon measg an t-sluaigh.   96

VII
Dh'aidich thu fhèin dhuinn gu saor e
Gur fìor gun d' chaitheadh gu faoin leat
Iomadh latha dhe do shaoghal
Gun aithn' air an t-saors' bha thu luaidh,
'S gun cuireadh tu seachad a dh' aonta
Gu teann, do sheirbhis mar aodhair
Chum leughaidh leabhraichean faoineil,

that these were strong and firm;
but they were specially fashioned
under the purest, highest learning,
which gave them more than the normal
in beauty, meekness, and shine.
You received the highest education
and you made the best use of it;
it will be remembered especially
among all the kindred of Gaels.
Some in each generation will bless
the day you chose to participate
in giving them the word of salvation
in the language loved by themselves.

VI
But it is not learning or talents,
whatever their value or substance,
that made you in our time so useful,
and brought success to your work of love.
The Saviour laboured on you with his grace –
and that time was truly love's season –
and from that day it was evident
that his grace to you was lasting and rich.
It was not at your life's outset,
when you assumed the office of pastor,
that you gained knowledge of the Saviour,
and of his effective work of grace in you;
but, when you saw his love's nature,
you proclaimed it to people,
and he blessed your labour
to many among the folk.

VII
To us you yourself freely confessed
that it was true that you had wasted
many days of your lifetime
ignorant of the liberty you preached,
and that you would willingly devote,
strictly, your service as pastor
to reading books of vain substance

Dam mò 'n robh do ghaol anns an uair.   104
Ach an Tì na mhaitheas a rùnaich
Gun dèante deas mar fhear-iùil thu,
'N tràth bha thu gun eagal gun chùram,
An sin thug e sùil ort na thruas;
Rinn e do chogais a dhùsgadh,
'S dh'fhosgail gu glan e do shùilean;
O, thug e d' anam mar spùinn dhut,
'S b' e sin an tràth stiùireadh tu sluagh.   112

VIII
Chuir siud gu h-ìosal san ùir thu,
Chuir siud gu tric thu gud ghlùinibh,
Nis bu tu 'n cìs-mhaor nad ùrnaigh,
'S dhut bu chleachdadh bha ùr siud san uair;
Is chunnaic thu nis le do shùil e,
Gum b' leisgean riamh thu gun chùram,
Mun treud gu ionaltradh stiùireadh,
Ach gabhail an rùisg mar do dhuais.   120
'S tràth fhuair thu aithn' air Fear-saoraidh,
Na ghràs 's na choibhneas ro-chaomh-san,
Thug siud cridh' tiamhaidh is maoth dhut,
Is cumadh ro-naonh dhut 's gach buaidh;
Fhuair thu nis aithn' air na caoraich,
Tearc mar a bha iad, is sgaoilteach,
Is cheangail d' anam an gaol riu,
'S bu ghaol e bha maireannach, buan.   128

IX
Och, is truagh iad thug an leum ud
A-steach do fhìon-lios ar Dè-ne,
Gun ghairm a-riamh uaidhe fèin ac',
'S gun aithn' air an sgeul tha 'd a' luaidh;
Seadh, tha gun aithn' air an sgeul ud,
Na glòir, 's na toradh 's na h-èifeachd.
O, ciamar bheathaichear treud leo,
No bhitheas iad feumail don t-sluagh?   136
Ach thugar stìopan is glìob dhaibh,
Is taighean-còmhnaidh mar 's miann leo,
Is tha ac' an àilghios a dh' iarr iad,

which attracted most of your love at the time.
But the One who willed in his goodness
that you would be prepared as a leader,
when you were without fear or concern,
then noticed you in his pity;
he awakened your conscience,
and opened your eyes purely;
O, he gave you your soul as plunder,
and it was then you could guide a flock.

VIII
That cast you down in the earth,
and drove you on to your knees often;
you were now the tax-gatherer in prayer,
which was a new practice for you at the time;
and you now perceived with your eye
that you were ever a careless sluggard
in guiding the flock to pasture,
though you took the fleece as your prize.
When you got to know the Saviour,
in his grace and most gentle kindness,
that gave you a soft heart of sorrow,
and your virtues gained a most holy form;
you now gained acquaintance with the sheep,
few though they were, and inclined to wander,
and your soul was bound in love to them,
and it was lasting, eternal love.

IX
O, how sad are those who have leapt
into our God's vineyard,
without any call from himself,
and ignorant of the story they profess;
yes, who know nothing of that story,
in its glory, its fruit, and its effect.
O, how can they feed a flock
or be useful to the people?
But let them have a glebe and stipend,
and manses as they would desire,
and they have the whim that they wanted –

Biodh Criosd is a Shoisgeul san uaigh.
'S ann leam gun teagamh nach ioghnadh
Ged nach èisd caoraich an Tighearn'
An teagasg tioram is blian ac';
Bha teicheadh riamh aca uaidh'.   144

X

An Sgìre Mhaoilinn gu sònraicht'
Nochd am Fear-saoraidh a ghlòr dhut,
Is air do shluagh rinn e tròcair,
le dòrtadh orr' Spiorad nan gràs,
A chuir gu tuireadh is bròn iad,
O bheachd air 'n cunnart 's an dòrainn,
'S gu bhith gu h-obann a' feòraich,
'Ciamar gheibh sinn eòlas na slàint'?'   152
Rinneadh san àm ud thu dileas,
An cur an cèill dhoibh na firinn
'S an rathad gu ruigsinn air sìochaint
O theisteas na firinn a-mhàin.
B' e siud àm foghar da-rìribh,
Araon dhut fèin is dod sgìre;
A leithid de àm, cuin a chì sinn,
Nar sgìreachdaibh tioram is fàs?   160

XI

Thàinig à Maoilinn gu tuath thu,
Air cuireadh ìslean is uaislean,
A-chum a bhith dhaibh nad bhuachaill,
Air an robh, san uair, ac' mòr fheum;
Ach leam is cinnt' gum bu chruaidh leat
Bhith dealachadh riamh ris an t-sluagh ud,
Mar chaoraich 'm fàsach gun bhuachaill',
'S a' mèilich gu truagh às do dhèidh;   168
Gun fhios cò thigeadh nad àit'-sa,
An e fear bhiodh tairis is tlàth riu,
A bheireadh dhaibh ionaltradh 's àrach,
Air cluainibh tha slàinteil is mèith;
No 'n e an sionnach borb, làidir,
A sgapadh 'n treud feadh an fhàsaich,
Leis 'm bu choma ged bu bhàs doibh,
Ach fàgar an stìopan dha fèin.   176

and let Christ and his Gospel be in the grave.
In my view it is no surprise
though God's sheep should not listen
to their dry, tasteless teaching –
from such they have always fled.

X

In the parish of Moulin especially
the Saviour showed you his glory,
and on your people he had mercy
by pouring on them his Spirit of grace,
which made them sad and sorrowful
when they observed their pain and danger,
and constrained them to ask quickly,
'How can we gain knowledge of salvation?'
At that time you were made faithful
in expounding the truth to them,
and the way to arrive at peace
from the evidence of scripture alone.
That was indeed a time of harvest,
for both you and your parish;
such a time, when will we see
in our parishes, barren and dry?

XI

You came from Moulin northwards
at the request of lower ranks and nobles,
to be a shepherd for them,
of whom they had at that time great need;
but I am sure it was hard for you
ever to part from that people,
like sheep without shepherd in the desert,
bleating sadly when you left them,
without knowing who would replace you,
whether one who would treat them kindly and warmly,
giving them grazing and nourishment
on fields that are healthy and rich;
or whether it would be a fox, strong and brutal,
making the flock scatter through the desert,
who would not care though they perished,
as long as the stipend was his.

XII

'S tràth chual' thu 'n dèidh sin, mar thàrladh,
Nach d'fhuair an sluagh ud nad àite-sa
An neach a mheas iad bhith teàraint'
Mar bheath' no mar àrach don treud,
Leam is cinnteach gum bu chràdh leat
An sgeula bhrònach a chlàsitinn,
Oir b' iad do chlann-san tre ghràs iad,
'S do ghràdh dhaibh idir cha d' eug.   184
'S chreidinn gun teagamh san uair ud,
'N tràth thugadh gairm on taobh tuath dhut
Gun d' iarradh do comhairl' o shuas leat,
Is mar dh'iarr gun d'fhuair thu nad fheum;
Oir is ann air comhairl' a' Bhuachaill',
A chuireadh air Sion a-suas dhuinn,
Thigeadh don teachdair bhith gluasad
'S gach uair air a stiùireadh leis fhèin.   192

XIII

Bha sgìr Inbhir Pheotharain aoibhneach
Tràth dhealraich 'n reul ud le soills' oirr',
I mar gun teicheadh an oidhch' uaip',
An oidhch' oirr' a luidh fada, buan.
Bu rionnag shoilleir is shoillseach,
Rionnag gun smal oirr', gun fhoill innt',
'N teachdair' a fhuair iad mar roghnaich;
Na choibhneas thug Dia siud mun cuairt.   200
'S mur tàinig na trom-fhrasan ùrail
No feartan cumhachd chum dùsgaidh
Nuas orra nis a bha dlùth dhut
San ionad ùr 'n robh do chuairt,
'S ann chionn gun d' fhannaich ar dùrachd,
'S gun do lasaich spiorad na h-ùrnaigh,
Is on ghlùn, ma bha i lùbadh,
Nach robh dùrachd a' chrìdh' a' dol suas.   208

XIV

Gidheadh, nad theagasg bha èifeachd;
Bheannaich an Tighearna don treud e,
Is ged bu mhìn, och! bu gheur thu,

XII

When you heard how it happened thereafter
that those people did not find to replace you
the one whom they regarded as regenerate
to be life or nourishment for the flock,
I am sure that it was painful for you
to listen to their sad tidings,
for through grace they were your children,
and your love for them did not die.
And I would believe without question
that, when a call from the north was issued,
you would have sought advice from above,
and that, as you sought, you received in your need;
for it was by the advice of the Shepherd
who was placed on high for us in Zion
‚that it befitted the messenger to travel,
and always steered by himself.

XIII

The parish of Dingwall was joyous
when that star shone on it with brightness,
as if night had made its departure –
the night that lay on her, lasting and long.
A star radiant and shining,
a star without flaw, without blemish,
was the messenger they gained as they wanted;
in his kindness God brought that to pass.
And, if the heavy showers of refreshing,
or the strengths with power to awaken,
did not descend on those now beside you
in the new place of your sojourn,
it is because our entreaty had weakened
and the spirit of prayer had fractured,
and from the knee, if indeed it was bowing,
the heart's desire did not rise.

XIV

Yet, your teaching took effect;
to the flock the Lord made it a blessing,
and though gentle, O! you were cutting,

Mar ealtainn ris an eucoireach chruaidh;
'S mar thug an Tighearn' dhut lèirsinn,
Chuir thu an Soisgeul an cèill dhaibh,
'S bu ghrinn an Gàidhlig 's am Beurl' thu,
An aithris na sgeula don t-sluagh.   216
Thaobh do ghlan fhoghlam 's do shuairceis
Bha thu riamh measail aig uaislibh;
Gidheadh, chan abair 's cha luaidh mi
Gur h-ann chionn fuaim aoibhneach do sgèil;
Ach 's ann bha meas aig an t-sluagh ort,
'S aig na fhuair aithn' air an fhuaim ud,
Chionn na sgèil aoibhnich is bhuadhaich
A chual' iad gu soilleir od bheul.   224

XV
O, chual' iad firinnean luachmhor,
Soisgeul na sìth' is an t-suaimhneis,
Nam brìgh 's nan gloin' air an luaidh leat –
Siud d' fhianais air an t-sluagh ud gu lèir.
Sheirm thu dhaibh lagh agus Soisgeul,
Is sin gun chlaonadh, gun mheasgadh,
Fàgail gach anam gun leisgeul,
Nach gabhadh ri teisteas ar Dè.   232
Thugadh dhut tàlann, mar shaoil mi,
'S theireadh àireamh measg dhaoin' e,
Bhith labhairt gu tlàth is gu caoin riu,
Air 'n do shaothraich gràs measg an t-sluaigh;
Seadh, labhradh tu 'n tairisneachd chaomh riu,
Mar neach nad anam thug gaol daibh,
'S bheireadh tu 'n lòn do gach aon dhiubh,
Araon eadar chaoraich is uain.   240

XVI
Bu tu an labhairteach ùrail,
'N tràth sheasadh suas thu an cùbaid;
Bhiodh smachd is cudthrom is cùram
Ri thuigsinn od ghnùis anns an uair;
An guth bu bhinn, ach bu chiùin thu,
An cainnt bha ealanta, mùirneach,
'S nad theagasg sìmplidh is cùbhraidh,

like a razor to the hard, wicked soul;
and as the Lord gave you vision,
you expounded to them the Gospel,
speaking finely in Gaelic and English,
when relating the story to the folk.
As one well educated and kindly,
the upper class held you highly;
yet I will never say nor contend
that it was through your story's happy note;
but the people esteemed you,
and those to whom that sound became familiar,
because of the tidings of joy and triumph
that they heard clearly from your mouth.

XV
O, they heard truths that were precious,
the Gospel of peace and of comfort,
declared by you in their purity and essence –
that was your witness to all of those folk;
you sounded out to them the law and the Gospel,
without deviation or admixture,
leaving each soul without excuse
who refused the statement of our God.
You were given a talent, I considered,
and many people would say it,
to speak gently and mildly to the number
on whom grace had done its work;
indeed, you would speak to them in soft kindness,
as one who, in your soul, loved them,
and you would give their food to each member,
both the sheep and the lambs.

XVI
You were a refreshing preacher
when you stood up in a pulpit;
control, profundity and concern
were to be discerned then from your face;
in voice you were sweet, but calm also,
in language you were skilful and inviting,
simple and fragrant in your teaching,

'S a' sileadh mar dhriùchd orra nuas.　　248
Bu mhìn, 's bu mhaiseach, is b' àillidh
Riamh thu mar fhear-taigh' ann ad fhàrdaich;
Bu tu an companach gràdhach,
'S am pàrant ro-ionmhainn is caomh;
Bu cheangailt' riamh ann an gràdh thu
Ri bochdaibh Chrìosd air mhodh àiridh,
'S tràth chìtheadh tu aon de na bràithribh,
Air d' aodann àillidh bhitheadh faoilt.　　256

XVII
Ach bha do shiubhal 's do ghluasad,
'S do chaitheamh-beath' fad do chuairte
Nan dearbhachd shoilleir don t-sluagh ud
Air a' bhuaidh bh' aig do theagasg ort fèin.
Is mòr a' mhais' air an fhìrinn
Bhitheas am fear-teagaisg ag innse,
Tràth tha a shiubhal co-shìnt' rith' –
Bithidh 'n tuilleadh brìgh dhuinn na sgeul.　　264
Bu sheasmhach, dìleas an Clèir thu,
Air taobh na fìrinn bhiodh eudmhor,
'N aghaidh gach neach bheireadh beum dhi,
No don treud a choisneadh le Crìosd'
Ach an dèidh chòig bliadhna deuga
O ghabh thu cùram an treud ud,
Chaidh thu gu deas a thaobh d'easlain,
'S cha do phill o Dhùn Eideann thu riamh!　　272

XVIII
O, gun deònaicheadh an t-Ard-rìgh
Am mòrachd ionmholt' a ghràidh dhuinn,
Na frasan ùrail is gràsmhor
Gu pailt nar là leigeadh nuas;
A thogadh aognaidheachd bàis dhinn,
A' ghort 's a' chaoil dhe ar cnàmhaibh,
'S a dhèanadh ar Sion dhuinn àillidh,
Air an do luidh fàsalachd bhuan;　　280
A bheireadh peacaich da-rìreadh
Tre bhioradh shaighdean na fìrinn
Gu bhith a' glaodh, 'Ciod a nì sinn?',

descending on the people like dew.
You were gentle, beautiful and lovely
always as head of your household;
you were a loving companion,
and a very affectionate and kind parent;
you were ever linked in love closely
to the poor of Christ's calling,
and when you would see one of the brothers,
your fine face would show joy.

XVII
But your bearing and your manner
and your conduct during your lifetime
were a clear proof to those people
of how your teaching affected yourself.
The truth proclaimed by the preacher
is given great beauty
when his walk is consistent with it –
we find more substance in his tale.
In Presbytery you were firm and faithful,
and on truth's side you were jealous,
opposing all who would cause her damage,
or harm the flock won by Christ;
but when fifteen years had elapsed,
since you took the care of the flock there,
you went south because of illness,
and from Edinburgh you never came back!

XVIII
O, may the High King permit,
in the adorable greatness of his love for us,
that those showers of gracious refreshing
may descend plentifully in our day,
which would lift death's pall from us,
and take from our bones famine and hunger,
and make our Zion lovely for us,
on which barrenness has lain long;
showers which would truly cause sinners,
through the sting of truth's arrows,
to cry out, 'What will we do?'

Chum dol às o dhìteadh do-luaidh,
Is gu bhith glacadh na rìoghachd
Len uile neart agus dhìchill,
'S a' dùnadh ri Slànaighear prìseil,
Gu bràth tha do-innse na luach.

288

to escape the unspeakable doom,
and to embrace the Kingdom
with all their strength and exertion,
and to close with the precious Saviour,
whose worth can never fully be told.

LOVE

Nineteenth-century love songs contain a strongly elegiac strand, and are produced almost invariably by unfulfilled hopes. As happens in the case of homeland verse, which is deeply affected by separation, the norm of the 'happy familiar' seldom provides poetic dynamism; loss or threat must intervene to create emotional power. Given the mobile and volatile nature of nineteenth-century society, it was not hard to find suitable contexts for sharpening the picture of unrequited love. Migration and emigration, the demands of the sailor's life, and increasing awareness of class difference are among the most common catalysts. Consequently, the love songs of this period often seem stereotyped and repetitive.

Social class appears to be the main cause of unhappiness in **Poem 41**, in which Flora MacEacharn laments the alleged indifference of a young man who serves the Duke of Argyll. The man in question is portrayed as a hunter, an image with strong aristocratic nuances. The laconic description of his activities gives a sharp personal edge to the song, and it is likely that the experience is real. Real experience may also underlie the love songs of Dr John MacLachlan of Rahoy, though his careful crafting and his distinctive use of clever symbolism, neatly matching the experience, may suggest that he is an artist first and foremost. In **Poem 42**, the deft vignette of the paddle-steamer, with its relentless power to remove people from the homeland, contributes a fatalistic sense of tension and hopelessness; just as the steamer is being steered away by its helmsman, so the young lady is passing inexorably out of the poet's control. In **Poem 44**, MacLachlan employs the image of sunset to convey the transience of his love affair with a young lady known to have had family connections with Tiree; the image and the subject are very closely linked, and it is difficult to be sure whose beauty is setting, whether that of the girl or the sun. The sun, and commonly sunset, are favourite images in MacLachlan's work. The poet's conversation with the wind – to take a message to or from the loved one – is a frequent nineteenth-century motif. **Poem 43** represents a popular form of love song, with more 'public' sentiments than MacLachlan's poems, which was very often sung on the cèilidh circuits; it has a good-humoured element in its notion of a 'second try' among girls of another area, and it employs a code of description which is used time and again within the tradition. In **Poem 45** by Neil MacLeod, the young lady is likely to be entirely symbolic, without any real substance. Identified closely with the Highland landscape, she represents the temporary recovery of the poet's lost rural innocence. He can therefore spend the night in her home without any feelings of impropriety.

LOVE

41. Oganaich an Or-fhuilt Bhuidhe

Fionnghal NicEachrain (Fionnghal a' Ghobhainn)

Oganaich an òr-fhuilt bhuidhe,
Leat a chinneadh sealg is sitheann;
'S ann ad ghruaidh a bhiodh an rudhadh,
Nuair a bhiodh tu siubhal bheann.

Nuair a dhìreadh tu na stùcan
Leis a' ghunna chaol nach diùltadh,
'S i do luaidh ghorm is d' fhùdar
Chuireadh smùid air feadh nam beann.   8

Dhòmhsa b' aithne cuid ded àbhaist,
Ged nach innis mi ach pàirt dheth –
Sitheann bheann is iasg à abhainn,
Nuair bhiodh cach a tarraing srann.

Oganaich an òr-fhuilt shnìomhain,
Dh' fhàg thu sac tha trom air m' inntinn;
'S mura till thu nall don tìr seo,
Mo thoil-inntinn bidh air chall.   16

'S lèir a' bhlàth siud air mo shnuadh-sa,
Gun tug mi dhuit gaol nach fuaraich;
Dh' innis iad gun tug thu fuath dhomh,
Ach cha chreid mi, luaidh, an cainnt.

Ach nam biodh e mar bu mhath leam,
Bhiodh tu 'd bhàillidh air an fhearann –
Do chòir sgrìobht' o làimh Mhic Cailein –
'S cha bhiodh m' earrann-sa dheth gann.   24

Ged a bhithinn ann an iarainn,
Fhad 's bu bheò mi ga mo phianadh,
Cha leig mi do ghaol air dìochuimhn' –
Seo a' bhliadhn' a liath mo cheann.

Young man of the Golden Tresses

Flora MacEacharn

Young man of the golden tresses,
who had success in hunting deer-flesh,
your cheek would be flushed with redness
when you would be traversing bens.

When you would ascend the steep slopes
with your slender gun that was unrefusing,
it was your blue lead and powder
that spread smoke throughout the hills.

I well knew some of your practice
although I will tell it only partly –
venison from hills and fish from rivers
while the rest lay snoring in their beds.

Young man of the gold-haired ringlets,
you left on my mind a heavy sorrow;
and if you do not return to this district,
my mind's pleasure will have gone.

The effect is visible on my countenance –
I gave you love that will not colden;
they told me that you gave me hatred,
but, my love, I do not believe them.

But if it were as I would wish it,
you would be factor of the land here,
your credentials written by Argyll –
and no short measure would I have.

Though I should be placed in irons,
for the rest of my life being tortured,
your love will never leave my memory –
this is the year that has greyed my head.

42. Seinn an duan seo

An Lighiche Iain MacLachlainn, Rathuaidhe

Seinn an duan seo, hug ìri hù o,
Dom chailinn dualaich, hug o ro ì,
As deirge gruaidhean 's as duinne cuailein,
'S gur lìonmhor buaidh a th' air luaidh mo chrìdh'.

'S ann Di-màirt bho cheadha Loch Alainn
A dh'fhalbh mo ghràdh-sa le bàt' na smùid;
Bu luath a ceum dol gu tìr na Beurla,
'S tha mi fo èislean air bheagan sunnd.   8

'S gur ann le bàta nan roithean làidir,
'S nan cuibhlean pràis 's iad a-ghnàth cur strì;
Fear ga stiùireadh gu làidir, lùthmhor,
'S e dèanamh iùil dhi gu Diùraidh shìos.

Gur h-iomadh peucag a chì thu 'n Glaschu
Len èideadh maiseach 's lem fasan ùr;
'S ann bhios tu, eudail, mar reult na maidne,
Cur neul le airtneal air dreach an gnùis.   16

'S truagh nach robh mi leat thall an Eirinn,
Is m' aitreabh fhèin an taobh thall don chuan –
Dh'aithnichinn m' eudail am measg nan ceudan,
Is i mar Bhènus ag èirigh suas.

Tha do chòmhradh gu blasda, binn leam,
Pòg as milse na mil an fhraoich,
D' anail chùbhraidh tha mar na h-ùbhlan,
Tighinn rèidh, gun tùchan, od mhuineal caoin.   24

'S tha do shùilean mar na smeuran,
Mar ròs an gàrradh do dhà ghruaidh,
Mar choinnle cèire, 's iad laist' le chèile,
'S gun aithnichinn m' eudail am measg an t-sluaigh.

Sing this song

Dr John MacLachlan, Rahoy

Sing this song, hug ìri hù o,
to my curly maiden, hug o ro ì,
of reddest cheeks and brownest tresses,
and many virtues adorn my heart's sweet one.

It was on Tuesday from Lochaline pierhead
that my sweetheart left, on the ship of steam;
swift was her step going to the land of English,
and I am dejected, with little cheer.

It was on the ship of the powerful paddles,
and the wheels of brass that forever strive;
a man steering her with strength and vigour,
guiding her down towards Jura's isle.

Many a peacock will you see in Glasgow
with their fine attire and fashions new;
but you, my darling, will be like the star of morning,
shadowing their face with a cloud of gloom.

Would that I were with you over in Ireland,
and that my dwelling were on the sea's far side;
I would recognise my loved one among the hundreds,
and she like Venus, as she would rise.

I think your conversation is choice and tuneful,
sweeter than heather's honey is your kiss;
your breath has fragrance resembling apples,
clear and smooth-flowing from your fair breast.

Your eyes resemble blackberries,
your two cheeks are like a garden rose,
like waxen candles, and both lighted,
and I'd recognise my treasure among the crowd.

Tè eile fon ghrèin chan eil ri fhaicinn,
As bòidhche maise na bean mo ghaoil;
Dà shùil mhìogach, mheallach, lìonta,
Fon rosg shìobhalt' dh'fhàg m' inntinn faoin.   32

'S tric a bha mi fo sgàil nan craobh leat,
Is lagan fraoich air gach taobh dhinn fhìn;
Bu leam do chòmhradh 's le deòin do phògan,
'S tha mi fo leòn bhon là dh'fhàg thu 'n tìr.

43. Muile nam Mòr-bheann

Donnchadh MacDhunlèibhe

Am Muile nan craobh tha mhaighdeann bhanail,
Don tug mi mo ghaol 's mi faoin am bharail,
'S ma chaidh e fo sgaoil 's nach faod mi faighinn,
Gun taobh mi caileagan Chòmhail.

Bhon tha mi gun sunnd, 's is dùth dhomh mulad,
Cha tog mi mo shùil ri sùgradh tuilleadh;
Cha teid mi le mùirn gu cùirt nan cruinneag,
'S mo rùn am Muile nam mòr-bheann.   8

Tha maise is uaisle, suairceas is ceanal,
A' dìreadh a-suas an gruaidh mo leannain;
Ma bheir thu dhomh fuath, 's nach buan do ghealladh,
Nì uaigh is anart mo chòmhdach.

Tha maise no dhà ri àireamh fhathast
Air bean a' chùil bhàin nam blàth-shùil meallach;
Ma bheir thu do làmh, gum fàs mi fallain,
'S bu shlàinte mhaireann do phòg dhomh.   16

Do shlios mar an fhaoileann, taobh na mara,
Do ghruaidh mar an caorann, sgaoilt' air mheangan;
Sùil ghorm as glan aoidh, fo chaoin-rosg thana –
'S tu 'n òigh a mhealladh gach òigear.

Beneath the sun not another is visible
of finer beauty than that dear of mine;
two eyes enticing, well filled and smiling,
below quiet lashes, that have unhinged my mind.

Often I was under the trees' shade with you,
with a hollow of heather on each hand;
you gave me your talk and kisses gladly,
and I am wounded since you left the land.

Mull of the Mountains

Duncan Livingstone

In Mull of the trees lives the womanly lassie,
to whom I gave love when my mind was silly,
and if the affair's gone awry and I cannot gain her,
I'll head the way of the girls of Cowal.

Since I'm without joy, and I'm prone to sorrow,
I'll not raise my eye to courting ever;
I'll not go with cheer to court the lassies,
while my love's in Mull of the mountains.

There is beauty and honour, and generous kindness
suffusing the cheek of the one who's my sweetheart;
if you give me hatred, and your promise is transient,
the grave and the shroud will enfold me.

There is a beauty or two which can yet be recounted
about the lass of fair hair and the eyes so enticing;
if you give me your hand, I will quickly recover –
your kiss would be a lasting remedy for me.

Your side is like the seagull hard by the ocean,
your cheek like the rowan, displayed on a twiglet;
blue eye of pure hue, below fine, beautiful eyelash –
you are the one to entice every youngster.

Tha smuaine no dhà an tràth-s' air m' aire;
Chan innis mi chàch ceann-fàth mo ghalair;
Ged laigheas mi tràth, cha tàmh dhomh cadal,
'S do ghràdh gam sgaradh an còmhnaidh.   24

Gur math thig an gùn on bhùth don ainnir,
'S an fhasan as ùire 'n cùirt nan Gallaibh;
Troidh ghloin am bròig ùir – 's i dùint' le barr-iall –
Nach lùb air faiche am feòirnean.

Do chùl mar an lìon na mhìle camag,
Nach greannach fo chìr, is sìod' ga cheangal;
Do dheud mar na dìsnean, dìonach, daingeann;
Beul binn a ghabhail nan òran.   32

'S e sgar mi om chiall ro-mheud do cheanail,
'S on chaidh thu don t-sliabh, nach b' fhiach leat m' fharaid;
'S e d' aogas is d' fhiamh chuir pian am charaibh,
'S cha mhiann a bh' agam air stòras.

44. Seo nam shìneadh air an t-sliabh

An Lighiche Iain MacLachlainn, Rathuaidhe

Seo nam shìneadh air an t-sliabh,
'S mi ri iargain na bheil bhuam,
'S tric mo shùil a' sealltainn siar,
Far an laigh a' ghrian sa chuan.

Chì mi thall a h-aiteal caomh,
Deàrrsadh caoin ri taobh na tràigh;
'S truagh nach robh mi air an raon
Far an deach' i claon san àillt.   8

'S truagh nach robh mi fèin an tràth-s'
Air an tràigh as àirde stuagh,
'G èisdeachd ris a' chòmhradh thlàth
Th' aig an òigh as àillidh snuadh;

A thought or two occupy my mind presently;
I'll not tell to others the cause of my sickness;
though I go to bed early, my sleep is not restful,
since your love keeps breaking me always.

The gown from the shop well befits the lassie
and, from the Lowlanders' court, the newest fashion,
a pure foot in a new shoe – and it closed with laces –
which, on the field, will not bend a daisy.

Your tresses like a net of a thousand ringlets,
unruffled below a comb, with silk to tie them;
your teeth are like dice, intact and solid,
and a sweet mouth to sing the songs for us.

What robbed me of sense is the extent of your kindness;
since going to the hill, you make for me no enquiry;
your appearance and look are what pained my body,
and not at all a desire to gain money.

Here on the moor as I recline

Dr John MacLachlan, Rahoy

Here on the moor as I recline,
I pine for her who is not with me;
frequently my eye looks west,
where the sun sinks in the sea.

I see yonder her tender ray,
shining gently by the shore;
would that I were on that plain,
where, in beauty, she went down.

Would that I myself were now
upon that shore of highest wave,
listening to the warm words
spoken by that loveliest maid;

Aig an òigh as àillidh dreach,
'S gile cneas, 's is caoine gruaidh;
Mala shìobhalt', mìn-rosg rèidh
Air nach èireadh brèin' no gruaim.   16

O! nach innis thu, ghaoth 'n iar,
Nuair a thriallas tu thar sàil',
Ciod an dòigh a th' air mo ghaol –
Bheil i smaointinn orms' an tràth-s?

Nuair a shìn mi dhut mo làmh
Air an tràigh a' fàgail tìr,
'S ann air èiginn rinn mi ràdh,
'Soraidh leat, a ghràidh mo chrìdh'.'   24

Nuair a thug mi riut mo chùl
Chunnaic mi thu brùchdadh dheur;
Ged a shuidh mi aig an stiùir
'S ann a bha mo shùil am dhèidh.

Chaidh a' ghrian fo stuaigh san iar,
Dh' fhàg i fiamh air neul a' chuain;
'S èiginn dhomh on àird bhith triall –
Sguir an eunlaith fèin dan duan.   32

Mìle beannachd leat a-nochd –
Cadal dhut gun sprochd, gun ghruaim;
Slàn gun acaid feadh do chlèibh
Anns a' mhadainn 'g èirigh suas.

Uttered by the maid of fairest look,
of whitest skin, and gentlest cheek;
of fine, smooth lash and courteous brow
which are devoid of frown or pique.

O! will you not tell me, western wind,
when over sea you make your way,
how my sweetheart is right now –
is she thinking about me today?

When I stretched my hand to you
on the shore as I left that part,
it was with difficulty that I could say,
'Farewell, love of all my heart.'

When I turned my back on you,
I saw your tears flow down your face;
although I was seated at the helm,
it was astern that I turned my gaze.

The sun has set in the western wave,
leaving a sheen on the ocean's hue;
I must now move off this height –
even the birds have ceased their tune.

A thousand blessings be yours tonight,
a sleep unspoilt by gloomy mind;
have good health, without pain of heart,
in the morning as you rise.

45. Màiri Bhaile Chrò

Niall MacLeòid

Air latha dhomh 's mi falbh nan àrd,
Ait'-àraich fir na cròic,
Gun chaill mi m' iùl air feadh nam màm
Le bàrcadh trom de cheò;
Bha 'n oidhche dhorcha tarraing teann,
'S mo chridhe fann gun treòir,
Nuair thachair rium a' ghruagach bhàn
Air àirigh Bhaile Chrò.   8

Is thug i cuireadh dhomh gun dàil
Gu fàrdaich bhig gun sgòd;
Is thuirt i rium mi dhèanamh tàmh
Gu 'n sgaoil an là na neòil;
Gum faighinnn leabaidh thioram bhlàth
De bharrach àlainn òg;
Gum faighinn biadh is deoch is bàidh
Air àirigh Bhaile Chrò.   16

Is lìonmhor ròs tha fàs fon driùchd
Nach fhaca sùil an glòir;
Is lìonmhor maighdeann mhaiseach chiùin
Nach deach an cliù an ceòl;
Ach riamh cha d'fhosgail ròs fo dhriùchd
No òigh an cùirt san Eòrp',
Cho finealt' ann an cruth 's am blàth
Ri Màiri Bhaile Chrò.   24

Ged bheireadh baintighearna dhomh làmh,
Le saibhlean làn a dh' òr,
Gur lìonmhor buaireas agus cràdh
Tha 'n càradh ris an t-seòrs';
Gum b' annsa bhith air chosg an tràth
Le sìth is gràdh na chòir,
An gleann nan cuach, 's a' ruith nam bà,
Le Màiri Bhaile Chrò.   32

Mary of Baile Chrò

Neil MacLeod

One day as I traversed the heights
which rear the antlered one,
I lost my way among the hills
in a heavy, swirling mist;
the dismal night was drawing in,
and my heart was faint and low,
when I came upon the fair-haired maid
on the shieling of Baile Chrò.

Without delay she bade me come
to her lowly, humble home,
and she instructed me that I should stay
until day dispersed the clouds;
that I would get a dry, warm bed
of brushwood, fine and young;
that I'd find friendship, food and drink
on the shieling of Baile Chrò.

Many roses grow beneath the dew
whose sheen no eye has known;
and there's many a lovely, gentle maid
whose praise has not been sung;
but no rose ever bloomed beneath the dew
or a girl in Europe's courts
who was so fine in shape and form
as Mary of Baile Chrò.

Though I should get a lady's hand
and barns filled with gold,
that kind of person has a share
of this world's pains and woe;
I'd much prefer to spend my time
where peace and love were known,
in the glen of hollows, herding cows,
with Mary of Baile Chrò.

Nuair thèid i mach sa mhadainn chaoin
Gu fallain, aotrom, beò,
'S a ghleusas i a duanag ghaoil
An doire mhaoth nan cnò,
Bidh eòin nan geug a' seinn dan àl
Gu h-ait air bhàrr nam meòir,
Ach èisdidh iad 's an cinn fo sgàil
Ri Màiri Bhaile Chrò.   40

Tha sùilean iochdmhor, baindidh, ciùin
Ag inns' a rùin gun ghò,
Tha ceum neo-throm 's a cruth gun smùr,
Gun mheang, gun lùb, gun leòn;
Tha mais' is nàire snàmh na gruaidh,
Gun fhoill, gun uaill na dòigh,
Mar lilidh mhìn a' fàs le buaidh
Aig fuaran Bhaile Chrò.   48

Mu shoraidh slàn gun robh gu bràth
Na fàrdaich is na stòr;
Tha h-ìomhaigh ghràidh nam chuimhne ghnàth
Is briathran blàth a beòil;
Bidh m' aigne làn de ghaol nach cnàmh
Gun càirear mi fon fhòd,
Don ghruagach bhàn a ghluais mo dhàn
Air àirigh Bhaile Chrò.   56

When she goes out in the gentle dawn,
so healthy, live and light,
and as she tunes her song of love
in the soft thicket with its nuts,
the birds on twigs sing to their chicks
on the branches' tips with joy,
but they'll listen with heads beneath their wings
to Mary of Baile Chrò.

Her eyes are genial, womanly, calm,
telling their guileless tale,
her step is light, her shape unspoilt,
with no blemish, bend or flaw;
bashful beauty flows in her cheek,
with no treachery or pride,
like a smooth lily growing strong
by the spring of Baile Chrò.

My parting blessing forever be
on her dwelling and her store;
my memory will hold her lovely form
and the warm words of her mouth;
my spirit will be full of deathless love
till I'm placed beneath the sod –
for that fair maid who inspired my praise
on the shieling of Baile Chrò.

Hymns and Spiritual Verse

Gaelic hymns and spiritual verse flourished during the nineteenth century. Much of the material was Protestant, and was inspired by the strong evangelical movements which affected the area before 1900. This verse forms not so much a sub-section of the general output of the period, but an alternative corpus, standing apart from secular verse, and adapting many of its conventions for Christian song. Thus, it is possible to find the evangelical counterparts of several of the themes and genres which are explored elsewhere in this book, among them songs of longing for the heavenly homeland, emigration (see **Poem 12**), exile from 'the world' and pilgrimage to the heavenly city, spiritual warfare, eulogy and elegy on spiritual leaders (see **Poem 40**), praise poems and love songs to Christ.

In **Poem 46**, Mary MacDonald explores the paradox of Christ's matchless humility and his unrivalled supremacy. He came to the world as a child, but was more powerful than any earthly warrior, since he triumphed over death, and is worthy of worship. The contrast with the mortal earthly warrior is at the structural centre of the poem, but this crucial image, which challenges the secular military ethos of contemporary society, has been emasculated in Lachlan MacBean's popular 'translation', 'Child in the Manger'. An intensely personal interpretation of Christ's coming into a woman's life is offered in **Poem 47**, composed by Anna MacKellar, probably at a time of religious revival. She presents us with Christ the lover, and, though her song echoes the Song of Solomon, it has its own daringly erotic images which are reminiscent of Gaelic folk-song. It ends on a strong note of heroic Christian triumph. The Christian hope of gaining the heavenly city is graphically depicted in **Poem 48**. Its Baptist composer, Rev. Peter Grant, portrays the departure from earth, and the reception into heaven, of a terminally sick child who 'reports back' to its parents. This song became very popular in Gaelic tradition because of its comforting message at a time of high infant mortality and its fine melody. It also earned the disapproval of some Highland Presbyterian ministers who disputed its assumption that an infant would go to heaven, despite the taint of original sin. John Morrison, in **Poem 49**, provides a powerfully imagined account of the Christian's fight with original sin. Conflict exists between the old and new natures of the converted person. Roman Catholic piety is represented in **Poem 50**, by Father Allan MacDonald, who portrays Christ as a boat-builder, constructing his Church. The accurate details of boat-building reflect both Father Allan's love of boats (see also **Poem 5**) and his appreciation of the skills of his island parish.

HYMNS AND SPIRITUAL VERSE

46. Leanabh an Aigh

Màiri NicDhòmhnaill

'S e leanabh an àigh an leanabh bh' aig Màiri,
A rugadh an stàball, Righ nan dùl:
Thàinig don fhàsach, dh'fhuiling nar n-àite;
Is sona don àireamh bhitheas dha dlùth!

'S ann an Iudèa chualas an sgeulachd
As binne ra èisdeachd na teudan ciùil;
Armailt na Flaitheis is ainglean nèimh
Ag àrd-mholadh Dhè 's a' seinn a chliù.   8

Iriosal, strìochdte thàinig an Tì seo;
'S deacair dhomh innse meud a chliù;
Prionnsa na Sìth a rugadh mar chìochran
Ann an staid ìosal 's e gun mhùirn.

Eisdibh an fhuaim le sgeula nam buadh
A dh'aithris na buachaillean o thùs;
Gheibh sibh an t-uan sa phrasaich na shuain;
'S e shaoras a shluagh le buaidh 's le cliù.   16

'S e teachdaire 'n àigh thàinig on àirde
A dh'innis le gràdh na bha na rùn;
Gheibh sibh san stàball am fochar a mhàthar
Naoidhean thug bàrr air càch gach uair.

Seallaibh, ged tha e 'm prasaich san stàball,
An armailt ro-làidir air a chùl;
Ainglean on àirde frithealadh dhàsan;
Cumhachd is gràs is gràdh na ghnùis.   24

Ged a bhios leanaban aig rìghribh na talmhainn,
Le greadhnachas garbh 's le anabarr mùirn;
'S geàrr gus am falbh iad, 's fàsaidh iad anfhann,
An àilleachd 's an dealbh a' searg san ùir.

Infant of Wonder

Mary MacDonald

The infant of wonder is Mary's own baby,
born in a stable, king most high;
entering our desert, for us he suffered –
happy those walking close by his side!

It was in Judea his tale was related,
a story more tuneful than musical chords;
the hosts of the Heavens and angels of glory
extolling his merits, praising our God.

Humble, submissive was he in his advent;
I cannot express the whole of his fame;
that Prince of Peace was born as an infant,
in lowly estate, with no pompous acclaim.

Hear now the anthem of that great story,
as shepherds once told it on that first night:
you'll find the lamb asleep in the manger –
he'll save his people with triumph and might.

A wonderful messenger coming from heaven
related with love all in God's plan;
you'll find with his mother there in the stable
a babe who surpassed the might of each man.

Though in a manger there in that stable,
see the great army standing behind;
angels from heaven act as his servants,
grace, love and power from his face shine.

Though there be children born to earth's rulers,
vast in their splendour, abounding in wealth,
soon they will vanish, and weaken in body –
their form and their beauty wither in earth.

'S iomadh fear treubhach, gaisgealach, gleusda
Chaisg air an steud 's nach èirich dhiubh,
A-chaoidh gus an sèidear trompaid Mhic Dhè,
Ag àrd-mholadh Dhè 's a' seinn a chliù.   32

Cha b' ionnan 's an t-uan thàinig gar fuasgladh,
Iriosal, stuama, ghluais e 'n tùs;
E naomh gun truailleachd, cruithear an t-sluaigh,
Dh' èirich e suas le buaidh on ùir.

Seallaibh cia àrd e nis ann am Pàrras
Ag ullachadh àite da chàirdean rùin;
On cheannaich a bhàs dhaibh sonas do-àireamh,
A ghealladh gu bràth cha tèid air chùl.   40

Athair nan gràs, neartaich ar càil
Chum moladh gu bràth thoirt dha le cliù;
Don Tì as ro-àirde a dh'ullaich dhuinn Slànaighear
A dh'fhuiling am bàs nar n-àite 's nar rùm.

Teagaisg, a Rìgh, dhuinn slighe na sìthe;
Nad cheumaibh dìreach cùm sinn dlùth;
Thusa bha dìleas dhuinne bho shìorraidheachd,
Urras ro-chinnteach air ar cùl.   48

Neartaich ar dòchas, meudaich ar n-eòlas,
Cùm sinn nad ròidean dìreach, dlùth,
Le ola nar lòchrain mar ris na h-òighibh
A' seinn ann an Glòir an òrain ùir.

Seo leanabh an àigh mar dh' aithris na fàidhean,
'S na h-ainglean àrd' – b' e miann an sùl;
'S e 's airidh air gràdh 's ar n-urram thoirt dha;
Is sona don àireamh bhitheas dha dlùth!   56

Many a hero, warlike and skilful,
died on his steed, and never will rise,
until Christ's trumpet issues a summons,
praising our God, with song in the skies.

How different the lamb who came to redeem us,
humble and lowly were his first ways;
holy and spotless, mankind's creator,
he rose victorious, up from the grave.

See now his high status, exalted in heaven,
preparing a place there for his own;
for them his death bought joys that are endless;
his promise endures, never disowned.

Father of grace, make us more willing
to praise him forever, extolling the name
of him who is greatest, and gave us a Saviour,
who suffered and died, taking our place.

Teach us, O Lord, the path that is peaceful;
keep our feet walking in your own steps;
you who were faithful down through the ages
are a surety unfailing, giving us strength.

Strengthen our hope, broaden our knowledge,
keep us close to your pathways, straight and strong,
with oil in our lamps like those of the virgins
who, now in glory, sing the new song.

See the infant of wonder, as prophets related,
and the high angels – the desire of their eyes;
he merits our love and also our honour –
happy those walking close by his side!

47. Luinneag Anna NicEalair

Anna NicEalair

Is ann am bothan bochd a' bhròin
A chuir mi eòlas ort an toiseach;
Is thug mi thu gu taigh mo mhàthar
San d' rinn mi d' àrach car tamaill.

'S e do ghaol-sa, a ghaoil, –
'S e do ghaol-sa rinn mo tharraing;
'S e do ghràdh-sa, a rùin,
Rinn mo dhùsgadh sa mhadainn.   8

Tha thu mar dhubhar carraig mhòir
Am fearann sgìth is mi làn airtneil;
Nuair a thionndaidh riut mo shùil
'S ann bha thu an rùn mo ghlacadh.

'S ann a thug thu dhomh do ghaol
Fo dhubhar craobh an aiteil;
Is co-chomann do rùin
Ann an gàrradh nan abhall.   16

Is milse leam do ghaol na 'm fion,
Seadh am fion, nuair as treis' e,
'S nuair a thug dhomh do ghràdh
'S ann a dh' fhàilnich mo phearsa.

'S ann a thug thu dhomh dod ghràdh
Gus an d' fhàilnich mo phearsa;
'S gus am b' èiginn domh a ràdh,
'Cùm air do làimh, a charaid.'   24

'S ann a dh' èirich thu le buaidh
As an uaigh suas le cabhaig,
Amhlaidh dhùisgeas do shluagh
Suas le buaidh anns a' mhadainn.

Anna MacKellar's Lyric

Anna MacKellar

It was in the poor hut of sorrow
that I first had knowledge of you;
I took you to my mother's house,
where I briefly gave you nurture.

It was your love, my love –
it was your love that drew me;
it was your love, my dear,
that woke me in the morning.

You are like a great rock's shadow
in a weary land and I full of sadness;
when my eye turned towards you,
you had made a plan to catch me.

In fact, you gave me your love
in the juniper tree's shadow,
and the fellowship of your desire
in the garden with trees of apples.

Sweeter to me is your love than wine,
even wine, when it is strongest;
and when you gave me your love,
it overwhelmed my very person.

Indeed, you gave me of your love
till my person could not hold it,
and until I had to say,
'Restrain your hand, my kinsman.'

Truly, you rose in triumph
from the grave with swiftness,
just as your people will awaken
victorious in the morning.

'S chaidh thu suas air ionad àrd
Dh' ullach' àite dom anam;
'S tha thu 'g ràdh gun tig thu rìs
A choilìonadh do gheallaidh.   32

48. Oran mu Leanabh Og

An t-Urr. Pàdraig Grannd

'S leanabh sòlasach mi,
Glè òg chaith e tìm,
Chaidh mo threòrach on chìch don uaigh;
'S ged bu ghoirid mo thìm,
Gabhail fradhairc den tìr,
'S mòr th' agam ri innse don t-sluagh.   6

Nach b' e an teachdair' gun truas,
A thug leis mi cho luath,
On a' bhroilleach san d' fhuair mi blàths,
'S thug mi don bhanaltram fhuair,
Ris an can iad an uaigh,
Is riamh cha b' aithne dhi truas no blàths.   12

Ged bu ghoirid mo chuairt,
Fhuair mi fradharc car uair,
Gu robh am peacadh dhomh dualach òg,
'S dh'aithnich mise gu dearbh,
Gu robh esan na nì searbh,
Toilltinn mallachd is fearg ro-mhòr.   18

Ged nach do pheacaich mi riamh,
Ann an cleachdadh no 'n gnìomh,
Cha deach' mi seachad gun phian is bròn;
Thàinig puinnsean san fhreumh,
Ann an Adhamh, 's an Eubha,
Ruith mar phlàigh anns gach geug is meòir.   24

And you ascended up on high
to prepare for my soul a mansion;
and you say that you will return
in fulfilment of your promise.

Song about a Young Child

Rev. Peter Grant

A happy infant am I
who, very young, spent his time –
I was led from the breast to the grave;
and though short was my span
taking a view of the land,
I have much to pass on to the folk.

What a merciless envoy
took me so swiftly away
from the breast where once I found warmth,
and gave me to that cold nurse
which is known as the grave,
ever lacking in pity or warmth.

Though short was my race,
I had enough time to observe
that sin was in my nature as a child,
and I truly did know
that it was a terrible thing,
deserving a curse and the greatest ire.

Though I never committed a sin
in deed or in form,
I did not pass on without sorrow and pain;
poison came into the root
that Adam and Eve took,
and ran through branches and joints like a plague.

Ach thàinig m' Athair le truas,
'S thug e dhachaigh mi suas,
Mun gann dh'fhairich mi truaigh an t-saoghail,
'S ghlan iad mi am fuil an Uain,
'S bithidh mi sona gu buan,
A' snàmh tuilleadh an cuan a ghaoil.   30

Bha mi 'm chadal gu blàth,
Ann am fasgadh mo mhàthar,
Is ga mo phasgadh 's a làmh fo mo cheann,
Nuair thàinig teachdair' on bhàs,
Thubhairt gun siùbhlainn gun dàil,
'S nach robh fuireach no tàmh dhomh ann.   36

Thug an anshocair buaidh,
'S thàinig piantaibh bha cruaidh,
'S ruith an lot anns gach buaidh dhem fheòil,
'S ann am mionaid na h-uair',
Dh'fhàs mo bhilean cho fuar,
'S neul a' bhàis air mo ghruaidhean òg.   42

Dhùisg mo mhàthair le gaoir,
'S thuirt i, 'M' àilleagan gaoil,
Ciod dh' fhairich thu? Chan fhaod thu falbh.'
'S rinn i mo ghreimeach cho teann,
'S cha bhitheadh an dealachadh ann,
Ged bha mo chridhe cho fann 's mi balbh.   48

Cha robh leigheas fon ghrèin
Air an cluinneadh iad sgeul,
Nach do chleachd iad gu feum dom fheòil;
Ach is ann shàraich iad mi,
'S cha robh stàth ann an nì,
Air chor 's gun d' fhàs mi glè sgìth dhe an seòl.   54

Ach chaidh mo mhàthair an cùil,
'S m' athair dh' ionnsaigh na cùirt,
'S bha iad tagradh gu dlùth 's iad fo leòn;
'S thubhairt iad rin Athair air nèamh,
'Nis do thoil gun robh dèant',
Oir gu cinnteach 's tu fèin 's feàrr còir.'   60

But my Father in mercy came down
and took me up to his home,
before I'd hardly sensed the evil of the world;
they washed me in the Lamb's blood,
and I will be happy henceforth,
swimming ever in his ocean of love.

I was sleeping in warmth
by the shelter of my mother,
being cuddled with her hand under my head,
when a messenger came from death
to say that I would go forthwith,
and that I was not to delay or rest.

The disease overcame my strength,
and harsh pains entered instead,
and the wound spread to every part of my flesh,
and in a mere minute's time
my lips became so cold,
and my young cheeks turned the pallor of death.

My mother wakened with fright,
and said, 'My dear little child,
what ails you? You cannot go yet.'
And she held me so fast
that we were unable to part,
though I had no speech and a very weak heart.

There was no remedy under the sun
of which knowledge would come
that they did not use to assist my flesh;
but they wore me right out,
nothing at all had effect,
and their efforts exhausted my strength.

But my mother went to a corner to pray
and my father sought heaven for grace,
and they earnestly entreated in pain;
to their Heavenly Father they said,
'May your will now be done,
for truly you have the better claim.'

Ach nuair chunnaic iad mi,
Thòisich mulad is strì –
'S e mi dh'fhuireach a-rìs a b' àill;
'Ach leigibh chead dhomh,' thubhairt mi,
'Chum 's gun siubhail mi 'n sìth,
'S e bhith maille ri Crìosd as feàrr.   66

'Tha bhur comann domh faoin,
'S tha mi ullamh san t-saoghal,
Ged thug sibh dhomh gaol gu leòr;
Carson bhitheas sibh cho dian
Ga mo chumail am pian,
'S gum bi mi soillseach mar ghrian an glòir?   72

'Slàn leibh airson tìm,
Gus am faic mi sibh rìs,
Anns an àit' san tèid crìoch air bròn,
Dlùth-leanaibh ri Crìosd,
Is grèim las de gach nì,
Tha sibh faicinn an tìr nam beò.'   78

'S nuair dhùin iad mo shùil,
Thàinig ainglean na cùirt,
'S thug iad mis' leo cho dlùth 's cho luath,
'S ann am priobadh na sùl',
Bha gach nì dhomh cho ùr,
'S ann bha mise san Ierusalem shuas.   84

Sguir na tuiltean len toirm,
'S thug iad mise às gach stoirm,
'S mar sgiath na maidne thug orm bhith luath;
'S chaidh sinn tro na glinn dhorch,
Far nach bu lèir dhuibh bhur lorg,
Ach thàinig sonas nis orm bhitheas buan.   90

Chaidh sinn mar iolair aig luaths
Gu tìr Imanuel shuas, –
Dh'ionnsaigh an àit' sa bheil sluagh ro-naomh,
Is le Hallelùia gu buan,
Toirt cliù is molaidh don Uan,
'S ag òl tuille à cuan a ghaoil.   96

But when they saw me once more,
sorrow and conflict arose,
and again they preferred me to stay;
'But give me permission,' I said,
'that I may travel in peace –
to be with Christ is the better way.

'Your company is of no further avail,
and I am finished in this world,
though you gave me plenty of love;
why do you so earnestly seek
to keep me in pain,
when, in glory, I will shine like the sun?

'Farewell to you for time,
till I see you again
in the place where there is an end to woe;
adhere closely to Christ,
and abandon your grip
of all that you see in the world below.'

And when they closed my eye,
the heavenly angels came down,
and took me with them so fast and close
that in a twinkling of an eye
everything was new to my mind,
and I arrived in Jerusalem above.

The floods ceased with their roar,
and they took me out of the storms,
and, like morn's wing, made me move very fast;
and we went through the dark glens
where no footprints could be seen,
but I have now found a joy that will last.

We went like an eagle at speed
to Emmanuel's land up above,
where the holiest of people abide,
with an eternal Hallelujah
giving praise and honour to the Lamb,
and drinking ever from his love's great tide.

Nam faiceadh m' athair 's mo mhàthair
Meud mo shonais san àit'-s',
Bhitheadh iad toilicht' gun d' fhàg mi an saoghal;
'S bhitheadh gach latha mar bhliadhn'
Gus am faigheadh iad triall
Gu co-chomann tà sìorraidh naomh.   102

'S ann san àit' seo tha ghlòir,
Tha na sràidean den òr,
'S meas a' fàs de gach seòrsa gu buan;
'S bithidh sinn gu sìorraidh ag òl,
As na h-aibhnichean beò,
'S an gaol biothbhuan ga dhòrtadh nuas.   108

Tha cuid an seo às gach àit'
Air an tional le gràs,
As gach treubh agus pàirt den t-sluagh,
Ach 's ann aca tà an gaol
Nach robh leithid measg dhaoin',
Nuair a bha iad san t-saoghal thruagh.   114

Is ann san àit' seo tha 'n ceòl
Nach tèid mheasgadh le bròn –
Tha e fantainn na òran nuadh;
Cliù is onair is glòir,
Don tì bha marbh 's a tha beò,
Shaor e sinne on dòrainn bhuain.   120

'S ann san àit' seo tha 'n sluagh,
Chaidh tro dheuchainnean cruaidh,
'S thug e fèin dhaibh a' bhuaidh le bhàs;
'S tha iad nis ann an sìth,
'S fhuair iad pailme mar rìgh,
'S eudach geal a thèid sìos gun sàil.   126

Ach 's e mòrachd an Uain
Nì as glòrmhor tha shuas,
'S e as òirdheirce air an cualas sgeul;
'S leis a' ghlòir tha na ghnùis,
Tha na nèamhan dha lùb',
'S tha e tarraing gach sùil na dhèidh.   132

If my father and mother could see
the extent of my joy in this place,
they'd be glad that I'd abandoned the world;
and like a year would be each day
until they could make their way
to that fellowship, eternal and pure.

This is where glory resides,
and the streets are of gold,
and fruits of every kind always grow;
and we drink without stop
from the fountains of life,
while eternal love is poured down.

There are some here from each place
gathered together by grace,
from each division and race of men,
but they have love of a kind
never known to human minds
when they lived on the wretched earth.

It is here that music is found,
with no sorrow entwined –
as an ever-new song it remains;
honour, glory and praise
to the one now alive, though once slain –
he saved us from eternal pain.

It is here we find that host
who through hard trials have passed –
they are made victors by him through his death;
they now live in peace,
and, as kings, received palms
and white robes that go down to their feet.

But the majesty of the Lamb
is the finest sight that's above;
he's the fairest of all who are famed;
because of the glory in his face,
the heavens before him bow down,
and he draws every eye his way.

49. An Nuadh Bhreith

no Gleachd an t-Seann Duine agus an Duin' Oig

Iain Moireasdan (Iain Gobha)

Tha duin' òg is seann duin' agam,
Tha duin' òg is seann duin' agam;
Nach robh 'n seann duin' air mo chùlaibh,
'S an duin' òg nas mùirnich agam!   4

Seann duin' mi o leasraidh Adhaimh
On do shìolaich mi thaobh nàdair,
Ach duin' òg tre Lèigh na slàinte
Shaor on bhàs mi tre ghràs naisgte.
Nach robh 'n seana duin' na ghràin domh,
'S an duin' òg na ghràdh nas faisge!   10

Rinn an seana duin' daor-thràill dhiom;
Thug mi 'm braighdeanas do Shàtan;
'S e 'n duin' òg a shaor o mhàig mi
Dh' ionnsaigh slàint' o phlàigh a' pheacaidh.
Leag an seann duin' anns an ùir mi;
'S e 'n duin' òg a dhùisg a-mach mi.   16

Nuair a thàir an t-òg am ionnsaigh,
Fhuair e 'n seana duin' na dhùsal;
Le chiad fhàilte rinn e dhùsgadh –
Siud fo lùirich thugadh braidean!
Chaidh an seana duin' fo lùirich –
'S e 'n duin' òg a rùisg am brat deth.   22

Air a bhonn do chaidh an còmhrag,
Tarraing lann ro-ghleusd' air gheòiread;
Fhuair an seann duin' buille leònaidh,
Nach cuir e ri bheò às altaibh.
Chaidh an seana duin' gheur chiùrradh;
Sheas an t-òg a chùis mar ghaisgeach.   28

The New Birth

or The Struggle of the Old Man and the Young Man

John Morrison (John the Blacksmith)

I have a young man and an old within me;
I have a young man and an old within me;
would that the old man were behind me,
and that I gave the young one more affection!

I am an old man from the loins of Adam
from whom I descended by means of nature,
but a young man, through the health-giving Doctor,
saved me from death by grace that's steadfast.
Would that the old man were what I hated,
and that the young were loved more closely!

The old man bound me in total thraldom
and gave me in bondage unto Satan;
the young man freed me from his talons
unto salvation from the plague of sinning.
The old man knocked me into the earth;
it was the young one who roused me from it.

When the young man came towards me,
he found the old man in a slumber;
with his first salute he made him waken,
but the rascal fast put on his armour;
the old man donned his fighting mantle;
the young man, it was, who tore his cloak off.

Then the duel was set in motion,
and blades were drawn, skilled in sharpness;
the old man was given a blow that wounded,
that from his joints he will never banish.
The old man was sharply tortured;
the young man stood fast like a champion.

Riamh o sin chan fhaod iad còrdadh;
Ann an rèit chan fhan iad còmhla;
Chan àraichear le aona sògh iad
'S iad an còmhnàidh a' co-ghleachdadh.
Ach tha 'n seana duin' cho brùideil,
'S an duin' òg cho cliùiteach tlachdmhor!　　34

Dithis iad nach còrd an càraid,
Ged tha 'n còmhnaidh san aon àros,
Gus a leagar nuas am pàillean
Anns na ghabh iad tàmh mar chairteal;
'N seana duin' gu carach lùbach,
'S an duin' ùr toirt cùis gach gleachd deth.　　40

Cha dèan imeachd iad mar chàirdean,
Ged a shaoilt' gum b' iad na bràithrean;
Bhith co-chòrdte san aon nàdar
Air an taobh-s' don bhàs cha tachair;
'N seann duin' làn do chàil na brèine,
'S an duin' òg na bheus cho maiseach.　　46

Is e 'n seann duin' neach as gòraich',
Ach 's e Aosd' nan Làithean m' òigear;
An seana duin' na rìgh an tòs orm,
'S nì an t-òigear na stòl-chas e;
An seana duin' 's a lùths ga fhàgail,
'S an duin' òg a' fàs nas neartmhoir.　　52

Is e 'n seann duin' leam as annsa,
Ach 's e cuspair m' fhuath is m' anntlachd,
'S mi don òigear am bith-naimhdeis,
Ged 's e m' annsachd e 's mo chaidreabh.
An seana duin' na ghalair bàis domh,
'S an duin' òg air gràs gam altram.　　58

Tha mi bàtht' an cuan an t-seann duin',
Fo gheur fhuar-dhealt 's fuachd a' gheamhraidh;
Thig an t-òg na ghlòir gu theampall
Chuireas mis' a dhanns' lem chasaibh.
Is e 'n seann duin' chuir fo neòil mi;
'S e 'n duin' òg mo lòchran laiste.　　64

From then on they make no agreement;
they cannot remain reconciled together;
they cannot be reared on the one feasting,
since together they are always wrestling.
But the old man is so brutal,
and the young man so reputable and pleasant!

Two they are who cannot agree as a couple,
although they live within one dwelling,
until the domain will be dismantled
in which they dwelt as their apartment;
the old man shifty and furtive,
the young man beating him in every contest.

They will never walk together in friendship,
though it were thought that they were brothers;
agreement in a single nature
on this side of death is not in prospect;
the old man is full of corrupt desire,
and the young man so lovely in his manner.

The old man is the more foolish,
but the Ancient of Days is my young fellow;
the old man initially was king over me,
but the young will make of him his footstool;
the old man's power is ebbing,
while the young man's strength is now increasing.

The old man is the one that I prefer,
but he is the object of my loathing and hatred,
while with the young man I have eternal conflict,
though he is my delight and converse.
The old man is my death-dealing disease,
while the young man nourishes me with grace.

I am drowned in the old man's ocean,
under the sharp, chill dew and cold of winter;
the young man will come in glory to his temple,
which will set my feet to dancing.
It is the old man who covered me with clouds;
the young man is my luminous lantern.

Ged is duilich leam an sgeula
An seana duin' bhith dol ga cheusadh,
Aig an òg bidh buaidh an t-sèisdidh –
'S ann leam fèin gun bhrèig is math siud;
Bidh an seana duin' fo mhùiseig;
Cuiridh 'n t-òg an cùil gu grad e.　　　　70

Bheir an t-òg fo bhuaidh an seann duin',
Nì e òglach dheth fo cheannsail,
Dhìdean leagaidh e 's a dhaingneach –
Le thrèin làimh gum prann e chlaigeann.
An seana duin' ri dealbh dhroch innleachd,
'S an duin' òg a' sìor thoirt chreach air.　　　　76

Is mòr ioghnadh e le reusan
Teagasg dìomhair seo mo sgeula:
Na leth-aona seo bhith 'm chreubhaig
'S gur mi fèin le chèil' mu seach iad;
Is mi seann duin' do thaobh nàdair,
Ach duin' òg tre ghràs an asgaidh.　　　　82

Mar tha 'n seann duin' 's an duin' òg ud
Ann an aon a' gabhail còmhnaidh,
Aon diubh nèamhaidh, aon diubh feòlmhor,
Tòimhseachan ro-mhòr gun ag e.
'N seann duin' miannachail is geòcach,
'S an duin' òg o Ghlòir na f[h]eartaibh.　　　　88

Aon air mana teachd beò dhiubh,
Aon air dusalach an òtraich;
Mis' an cuimrigeadh an còmhnaidh,
'S an aon lòn nach còrd ri neach dhiubh.
'N seana duin' do rèis na feòla,
'S an duin' òg cha chòrd ris srad deth.　　　　94

Ged a rinn an seann duin' m' fhàgail
'N culaidh bhreun mo bheusaibh gràineil,
Spìonar leis an òg mar athainn
Mi a-mach on àmhainn lasraich;
Dh' fhàg an seana duin' gun lùths mi,
'S an duin' òg às ùr gam neartach.　　　　100

Though I find it sad to hear the story
that the old man is going to crucify him,
the young man will win the sieging –
and, in truth, I find that delightful;
the old man will be threatened –
the young man will corner him quickly.

The young man will conquer the old man,
he will make him a servant in subjection,
he will knock down his refuge and his fortress –
with a strong hand he will crush his skull in.
The old man designing evil strategy,
and the young man always taking plunder from him.

It is perplexing to reason,
this mystical teaching in my story –
that this pair are in my essence,
and that I am each one of them in turn;
I am an old man according to nature,
but a young man through grace freely given.

That the old man and that young man
are as one living together,
the one heavenly, the other fleshly,
is undoubtedly a great puzzle.
The old man is covetous and greedy,
but the young man derives his qualities from Glory.

One of them lives on manna,
while the other eats the dust of muck-heaps;
I am always their sustainer,
forming the one food that is liked by neither.
The old man is of the race of flesh,
while the young man hates every bit of it.

Although the old man has abandoned me
in the stinking garb of my hateful habits,
I am plucked by the young like a firebrand
right out of the blazing furnace;
the old man has left me powerless,
while the young man strengthens me anew.

Is mì-shon' an creutair beò e,
'S i thoil-inntinn meud a dhòlais,
Shonas ri a chàil neo-chòrdte,
Miann a shòlais-sa ga chreachadh.
Seann duine gam chràdh le bhuairibh,
'S an duin' òg gam fhuasgladh asda.   106

Nì ach corraich Dhè chan òl e,
Iocshlàinte chan iarr ach dòrainn,
'S a chàil mhiannach, chìocrach, fheòlmhor,
Mhisgeach, gheòcach 'n tòir air mallachd;
'N seana duin' cho salach grùideil,
'S an duin' òg cho cùbhraidh fallain.   112

'S e fèin-mhealltair' th' ann an còmhnaidh,
'S i thoil fèin as iodhal mhòr dha;
A mhiann a riarachadh 's e dheòin e,
Dòrainn bheir e air do-chaisgte;
Seann duin' ga mo chlaoidh le mhiannaibh,
'S an duin' òg le chiall ga chasg dhiom.   118

Bhrù nuair lìonas e gu sàthach
Le chuid fèinealachd ga àrach,
Eiridh suas gu h-ana-dàn e
A shràidimeachd air bharr nam baideal;
'N seana duin' ag iarraidh 'n àird orm,
'S an duin' òg le ghràs ga bhacadh.   124

Cia cho mòr 's a thogt' an àird e,
Chionn nach caochail e na nàdar,
Thuiteadh sìos e mar a b' àbhaist,
E na eabar an sàs sa chlàbar;
Seann duin' aig na poitean feòla,
'S an duin' òg ri glòir dlùth-bheachdaidh.   130

He is a wretched living creature,
his extensive misery is his delight,
his happiness conflicts with his instinct,
his desire for pleasure always robs him.
The old man pains me with his temptations,
and the young man frees me from them.

He will drink nothing but God's wrath,
he will ask seek no remedy but torture,
and his covetous, glutinous, fleshly instinct,
drunken, greedy, seeks out cursing;
the old man is so foul, dreg-dirty,
and the young man so fragrant, healthy.

He is always a self-deceiver,
his own will is his great idol;
to satisfy his wish is his desire,
he will bring unstoppable pain upon himself;
the old man wearies me with his desires,
while the young man sensibly keeps him off me.

When he fills his maw with plenty,
with his selfishness as nourishment,
he will rise up very boldly
to strut himself on top of ramparts;
the old man wants to be on top of me,
while the young man with grace prevents him.

However high his elevation,
because his nature never changes,
he would fall down in his usual manner,
in dirty muck and filth enmired;
the old man is pulled to the flesh pots,
but the young man to glorious meditation.

50. An Eaglais

An t-Athair Ailean Dòmhnallach

Innseam sgeul mun aona bhàrca,
An aon tè 's trèine chaidh air sàile,
Nach fhaca sùil tè riamh a b' àille,
Dalta an t-saoir a rinn a càradh,
Eadar druim is cliathaich is clàraidh
Chuir e h-uile bòrd an tàthadh dhi;
'S cha robh cearb air saothair a làimh'-sa.

Thug e fichead bliadhna 'n sàs innt'　　　　8
Is trì deug mun tug e thàl di;
Is dh'fhàg e i gu daingeann, làidir;
Cha tig i às a chèil' gu bràth air.

A farrdhruim, cha ghiubhas bàn i,
A thollte le giùrain 's a chnàmhadh;
No darach ruighinn, chan e b' fheàrr leis,
Ach am fiodh sa choill' bu tàireil,
Irisleachd a bhios ag ràdh ris.　　　　16

Thòisich e a shaothair an stàball,
Far nach faighte reudan àrdain,
Chuir an gaise anns gach bàta
Thog ri crannaibh na siùil bhàna,
'N dùil gu ruigeadh àit' an Airdrigh,
Gus na chìosnaicheadh an dànachd,
Mar a dh'èirich do na h-ainglean
A chaidh fodha an loch nach tàmh ann.　　　　24

Tonnan dearga, lasraich gharga,
Dìol a chorraich-sa gu feargach,
Fhuair an tàmailt bho a luchd fharmaid
Bha cho lìonmhor dha rin àireamh,
Is cho loinneireach nan àilleachd
Ris na rionnagan tha deàrrsadh
Rè na h-oidhche anns na h-àrdaibh.

The Church

Father Allan MacDonald

I tell a story of the single vessel,
the strongest one that ever floated,
and no eye had ever seen a finer –
it was the joiner's foster-son who built her;
between keel and side and planking,
he joined every board of her together;
and there was no flaw in his hand's labours.

He spent twenty years at her
and thirteen before he took an adze to her;
and he left her firm, well fastened;
she will never fall apart before him.

Her extra keel is not of white pinewood,
which could be holed by worms and rotted,
or tough oak, since he liked it no better,
but the wood that was in the meanest forest,
the kind that is called Humility by us.

He began his work in a stable
where there were none of pride's weevils,
that had caused a flaw in every vessel
that had raised white sails to mastheads,
expecting to reach the High King's palace,
until their boldness was suppressed,
as happened to the angels
who sank in the loch that's restless.

The waves of redness, flames of wildness,
are the angry vengeance of the one
who was humiliated by those who envied him,
who were as plentiful in his counting,
and as radiant in their beauty
as the stars which are shining
during the night in the heavens.

Gun chuimhn' no taing airson na thàrladh   32
Orra a bhuadhannan 's a ghràsan;
'S ann a dh'aontaich iad le Sàtan,
'S air a chomhairle chaidh gu blàr leis,
'S gun ruaigte an Tighearna bho àros.

'S mar a thàrladh dhan a' chàraid
A shuidhicheadh an sòlas Phàrrais,
A chuairticheadh le h-uile tàlann –
Gus na dh'èisd iad ris an nàmhaid   40
Bha gan spreòdadh le smaoin dhàna,
Choisinn dhaibh an ruaig on ghàrradh,
Is am fuadachadh bho chàirdeas
Bhith fo riasladh gach mèinn sgràthail;
Is fad' an saoghal a bhith fo ànradh,
Gu 'n sgaradh om beatha am bàs iad.

Shiubhail e air feadh an fhàsaich,
'S anns an Eiphit fad' o chàirdean   48
Thug e aon seachd bliadhn' gun tàmh ann,
Air tòir gach fiodh a b' fheàrr dhan bhàta;
'S air tilleadh dha gu baile Nàsret
Ghabh e locair, tuagh is tàl rith',
'S chuir e snas is neart 's gach pàirt di.

H-uile bliadhna ach trì ro bhàs dha
Cha robh fois a dh'oidhch' no là dha,
Ach ga togail suas nas àirde   56
Gus na dh'fhàgadh i cho stàtail
Nach seallte Arca Noe làmh rith';
Bu mhaireannaich' na 'n t-òr a tàirnean
Bha fuaigheal 's a càradh cho làidir,
Nach bu bheud dhi, cuan dha ghàbhachd.

Thogadh suas innt' trì chroinn àrda,
Creideamh, dòchas, agus gràdh iad;
Bha i deas gu dol air sàile,   64
'S thriall Mac Dè air feadh gach àite
Thional sgioba ghlic gun dànachd
Ris an earbadh anns gach gàbhadh i.

Forgetful of, and ungrateful for,
all the virtues and graces which were bestowed,
they, in fact, agreed with Satan,
and on his advice began to fight him,
so that the Lord would be banished from his palace.

And as happened to the couple
who were situated in the joy of Paradise,
who were surrounded by every talent –
until they listened to the enemy
who was inciting them with bold ideas,
which earned them expulsion from the garden,
and their banishment from fellowship,
to be tormented by every vile desire;
and to be all their days in trouble,
until death parted them from their lives.

He travelled thoughout the desert,
and in Egypt, far from his kinsfolk,
he spent some seven years dwelling,
seeking every best wood for the vessel;
and when he returned to the town of Nazareth,
he applied plane, axe and adze to her,
and enhanced and strengthened every section.

Every year except three before dying,
by day or night he did not cease from working,
but raised her ever higher
until she was fashioned in a style so stately
that Noah's Ark could not compare with her;
her nails than gold were much more lasting,
and she was so strongly sewn and fastened
that the wildest ocean could not smash her.

Three high masts were raised within her,
faith, hope, and love were their nature;
she was ready to set out on the ocean,
and God's Son travelled through each region
to gather a crew who were wise, not reckless,
to whom she could be trusted in each tempest.

Thug e trì bliadhna le ànradh
Gan ionnsachadh sa h-uile sàr-chleas;
Cha robh fios a sheasadh càs daibh,
Cha robh cleas, no car, no tàbhachd
Dh'fheumte cleachdadh leo ri ànsid', 72
Nach do chuir gu domhain annta;
'S chuireadh air an long mar cheannard
Gaisgeach treun air liathadh a sheann-duin',
B' eòlach riamh o òig bhith 'n gàbhadh,
'S dh'ionnsaich dha an ailm a làimhseach' –
Peadar a ainm, bha mheas cho àraid.

He spent three years with hardship
teaching them every trick that's skilful;
there was no knowledge to aid them in trouble,
no knack, no turn, no profitable action,
that would be required to face wild weather
that he did not instil within them deeply;
and there was set on the ship as captain
a brave hero, turned grey with ageing,
who was, from youth, familiar with tempest,
and he taught him to handle the helm –
Peter was his name – he was so highly regarded.

WAR

Gaelic society in the Middle Ages and beyond had a strong commitment to warfare. After the 'Forty-five rebellion, as part of the strategy for pacifying the Highlands, the military enthusiasm of the Gaelic people was diverted into the service of the British state and the subsequent Empire. Highland regiments were raised by individual clan chiefs, and the region became a natural reservoir of cannon fodder until, by the time of the Crimea in the mid-1850s, the emptying of the glens began to affect recruitment, as Gaelic poets warned (see **Poem 56**). Highlanders developed an intense loyalty to Britain itself, and, seemingly unaware of any underlying paradox, committed themselves vigorously to its defence.

The perspectives on war offered by the Gaelic poets range from those of the participant soldier to those of the observers at home, and ultimately to crass jingoism which exalts the tartan soldier to the level of the nation's principal imperial icon. Alexander MacKinnon, in **Poem 51**, provides a remarkably vivid first-hand account of British troops landing in Aboukir Bay in Egypt, prior to the Battle of Alexandria in 1801. He says little about the storms which had delayed the landing, but gives details of the fight itself and the response of the French Levant army, which was taken by surprise by British boldness. In contrast to MacKinnon's hands-on experience, the contents of **Poems 52** and **53** represent reaction to reports from the Crimean fronts. The Crimea was the first British war which had its own war correspondent, and people at home were thus reasonably well, though not always accurately, informed. In **Poem 52**, Alexander MacDonald presents the Crimean expedition as a holy war, led by Britain and France against the Russians, who are portrayed as idolators, though they were Eastern Orthodox Christians. The song upbraids Highland landlords for avoiding the war and neglecting their subjects. **Poem 53** is Dugald MacPhail's sharply focused celebration of the Highland heroes of Alma, the first, shortest and most effective of the Crimean battles. The prolonged campaign had yet to unfold in all its muddy glory. In **Poem 54**, John Campbell

romantically commemorates the heroic death of the iconic High-
land soldier, lamented by his sweetheart. In **Poem 55**, William
Livingston recreates in epic style the 'Battle of Gruinneard Bay'
in Islay (1598), between the MacLeans and the MacDonalds, in
which Lachlann Mòr of Duart was killed. Perhaps with con-
temporary failings in mind, he highlights the codes of honour
observed by Gaelic warrior chiefs of the late Middle Ages, and
presents the MacDonalds as honourable players in the
circumstances of MacLean's death, brought about by treachery.

WAR

51. Oran air don Bhàrd a dhol air Tìr san Eiphit

Alasdair MacFhionghain

Ge fada an-dràsd' gun dùsgadh mi,
Cha chadal sèimh bu shùgradh dhomh,
Ach ragaid chnàmh gun lùths annta,
Air leabaidh-làir gun chùirteanan,
Gun chaidreamh bho luchd-dùthcha,
'S mi gun charaid-rùin am chòir.   6

Chan eil fear a thàirneas rium,
No thuigeas an deagh Ghàidhlig mi,
Nach innis mi gun d' ràinig mi;
Nuair dh'imich sinn don àite sin,
Gum b' adhbhar giorag nàmhaid sinn,
Ler luingeas àrd fo sheòl.   12

An t-ochdamh grian den Mhàirt againn
A' nochdadh ar cuid bhàtaichean;
Bu choltach, seòlta an cabhlach iad,
Nan trotan mar a b' àbhaist dhaibh,
'S na Breatannaich nam bàrr orra,
Len cliathan ràmh san reòt'.   18

Gun chuir air tìr na saighdearan,
Na fir gun fhiamh, gun fhoill annta,
Len èireadh grian gu boisgeanta,
Ri lainnir an lann foileasach,
'S an ceannard fèin gan soillseachadh,
Mar dhaoimein am measg òir.   24

An darag dhìleas dharaich ud
Nach d'fhàg san linn seo samhail da,
An leòghann rìoghail, amaisgeach,
An cliù 's am firinn cheannasach –
Tha do ghaol mar anam dhuinn
Air teannachadh nar feòil.   30

A Song by the Poet after Going ashore in Egypt

Alexander MacKinnon

Though I am now late in wakening,
a smooth sleep was not what I enjoyed,
but stiffness of bones with no power in them,
on a ground-bed with no curtaining,
no camaraderie with fellow countrymen
and no close friend by my side.

There is no man who comes close to me,
who understands me in good Gaelic,
to whom I will not say that I have arrived;
when we set off to that destination,
we were a target for enemy attack
with our tall ships under sail.

It was on the eighth sun of March
that our ships were revealed;
a comely, cunning fleet they were,
with a steady pace as customary,
and the British high aloft in them,
with their oar-banks in the freezing sea.

They disembarked their soldiers,
fearless men, with no treachery,
on whom the rising sun would shine,
putting glitter on their gleaming blades,
and their own commander illumining them
like a diamond set in gold.

That faithful tree of oaken wood,
who has left no likeness in this generation,
the lion, royal and mischievous,
in name and truth authoritative;
love for you is as life's breath to us,
rooted tightly in our flesh.

A' dol gu tìr led bhrataichean
Air cheann do mhìltean gaisgealadh,
Shaoil Frangaich ghrìmeach, ghlas-neulach,
Len spìd gum pillte dhachaigh sinn;
Gun strìochdadh iad dar lasraichean,
 Bu dhìonmhor, bras ar sròil. 36

Bu nimheil, smearail, dùrachdach,
Gu danarra, làn-mhùiseagach,
An canoin anns a' bhùireinich,
'S dealanach le fùdar dhiubh;
Cha bu lèir an tràigh le smùidreadh
 Dh'fhàg na speuran dùint' le ceò. 42

Mar biodh cruaidh-losgadh iomlan ann,
San uair as luaithe dh' iomraichte,
Air luchd-cuain a b' ullamh tulgaradh
Greasadh ri cluais iorghaile,
'S na nàimhdean dàna tilgeadh oirnn
 Mar ghàrradh timcheall òb. 48

Choinnich iad san uisge sinn
A' tighinn air snàmh gun crioslaichean,
Nuair bheireadh làmhach bristeadh dhuinn
An dùil gum bàite an tiota sinn,
Gu stàilinneach, làn, misneachail,
 Gu sgrios às na bhiodh beò. 54

Choinnich ar fir shomalt iad
Le roinn nam pìosan guineideach;
Man d'fhàg an tonn for bonnaibh sinn,
Chaill sìol na Frainge fuil annta,
'S am bàs bha iad a' cumadh dhuinn,
 Fhuair pàirt diubh dh'fhuiling bròn. 60

Chuir buillean lann le susbaireachd
Bhon tonn mar choilltich thuislidh iad,
Gach dara crann a' tuiteam dhiubh,
A' sìneadh sìos ler cusbaireachd;
Thuig Frangaich nach fann Thurcaich
 Len cuid lann a mhurt an slòigh. 66

Going ashore with your banners waving
at the head of your thousands of heroes,
surly, grey-faced Frenchmen supposed
we'd be sent home by their spitefulness;
so that they would yield to our flame-making,
bold and defensive were our flags.

Poisonous, robust, enthusiastic,
with boldness and much threatening
were their cannon in the noise-making,
emitting flashes caused by powder blasts;
one could not see the shore for smokiness
that closed the skies in mist.

Like an all-out onslaught of hard shooting
at the time when rowing was fastest,
against sailors most capable in tossing seas,
as they hastened to the edge of conflict,
and the bold enemies firing at us
like a wall around a bay.

They met us in the water
coming wading out to their belt-straps,
when a volley would cause us to break rank,
hoping that we would drown in an instant,
deploying steel, full hard, courageously,
to destroy all who remained alive.

Our well-built men met them
with the slashing of the thrusting pieces;
before the wave left us under our feet,
the seed of France lost their blood,
and the death they were designing for us
was received by some of them who suffered pain.

The blows of blades with good plying
drove them from the water like falling timber,
every second tree of them tumbling,
and lying down with our sword-play;
Frenchmen then knew that it was not weak Turks
who had killed their hosts with blades.

Ri iomairt ghoirt na stàilinne
Bha iomain cas bhon tràigh orra,
Gun fhios cò 'm fear bu tàire againn,
A b' ullamh lot le saithidhean;
'N àm dlùthadh ris an àraich,
   'S trom a dhrùidh ar làid nam feòil.   72

Nuair sgaoileadh bhuainn 's gach àite iad,
Mar chaoraich 's gille-màrtainn annt',
'S tric a chìte [falair leibh],
Na ruith a dhìth a mhaighistir;
Bu lìonmhor marcach tàbhachdach,
   Le each air tràigh gun deò.   78

Bha 'm buidheann rìoghail Gàidhealach
Gu h-inntinneach, borb, àrdanach,
Air thoiseach mar a b' àbhaist daibh,
Gu lotach, pìceach, stàilinneach,
Mar nathraichean, gun chàirdeas
   Do dh'aon nàmhaid a bha beò.   84

Tha clann nan eilean aon-sgeulach –
Cò theireadh gun do chaochail iad?
'S iad fhèin an dream nach maol-chluasach
Nuair thàirnte am mire caonnaig iad,
Mar bheithir thana craoslachadh –
   B' fhìor fhaoineis tighinn gan còir.   90

Mar mhìol-choin sheang, luath-leumnach,
Eangach, ìneach, tuasaideach,
Ri leanailt strì gun fhuarachadh,
Le siubhail – 's i a dh'fhuasgail iad;
Bha Frangaich air an ruagadh,
   'S iad nan ruith mar chuain gun treòir.   96

With the painful plying of our steel,
their feet were driven from the shore;
we knew not which of them we most despised
and was ready to be pierced by thrustings;
when we came closer to the battlefield,
our volleys sank deep into their flesh

When they were scattered by us everywhere,
like sheep with a fox among them,
a pony (?) would often be visible,
running without his master;
there was many a high-ranking horse-rider
with his steed lifeless on the shore.

The royal Highland regiment
was spirited, wild, high-minded,
in the van as was their custom,
wound-dealing, pike-plying, steel-bladed,
like serpents, showing no friendship
to any single living foe.

The kin of the islands is unanimous –
Who would say that they had altered?
They are not a group hard of hearing
when they are drawn up in battle ardour,
like a slender lightning-shaft, all-consuming –
it would be utter folly to approach them.

Like slim hounds, fast-leaping,
nimble-footed, sharp-clawed, keen on fighting,
following the fray without cooling
but moving on – that's what saved them;
the French were routed,
running away like whelps devoid of strength.

52. Cogadh a' Chrimea

Alasdair MacDhòmhnaill

Buaidh le Breatann 's an Fhraing!
Sgrios air Ruisia thall!
Gun iadsan don t-soisgeul a' gèilleadh,
Gun tèid an ratreut orr' on champ.

Tha Turcaich is Albannaich 's Eireannaich
Ag èirigh le chèile san àm;
Siud na saighdearan gleusda
Nach gabh an ratreut leis a' ghleann;   8
Nuair ràinig iad mullach na beinne
Cha tug iad an teine gun chall,
'S bha Impire Ruisia duilich
Nuair fhuair e 'n sgeul dhubhach on champ.

Gun deach air a chuideachd ratreut,
Do Sebastapol ghabh iad nan leum;
'S mun d' fhuair iad a-steach air na dorsan,
Bha cuid dhiubh gun phlosg air an fheur.   16

Na Gàidheil a bhuannaich an t-urram
Nuair fhuair iad am mullach ro chàch;
Bha Frangaich mar iolairean guineach;
Cha tilleadh iad buille ro namh;
Nuair rinn iad an culairean rioghail
Ri crannaibh a dhìreadh an àird,
Bha Ruisianaich 's cuid dhiubh nan sìneadh,
Na ciadan 's na miltean air blàr.   24

Na ceatharnaich fhoghainteach, threun,
Chuir air an nàimhdean ratreut;
Na ceannardan innleachdach, calma
Nach till ri cath gailbheach fon ghrèin.

Cha dèan mi fhàgail air dìochuimhn'
An ursann-catha dh'fhàg Ile am dhuan,

The Crimean War

Alexander MacDonald

Victory to Britain and France!
Destruction on Russia yonder!
Since they do not yield to the Gospel,
they will be made to retreat from the camp.

There are Turks and Scots and Irish
rising together at present;
these are the clever soldiers
who will not retreat down the glen;
when they reached the top of the mountain,
they did not fire without causing loss,
and the Russian Emperor was mournful
when he received the sad tale from the camp –

That his company had been sent in retreat,
and had made for Sebastopol at full speed;
and before they'd got in through the doors,
some were lifeless on the grass.

The Gaels were the ones who won honour
when they gained the height before others;
the French were like piercing eagles;
they would not withhold a stroke before a foe;
when they hoisted their royal colours
aloft to the tops of the staffs,
some of the Russians were stretched out,
hundreds and thousands on the field.

The stalwarts, hefty and brave,
who made their enemies retreat;
the leaders, ingenious and fearless,
whom no storm of battle will rout.

I will not leave forgotten
the battle-post that Islay has put in my verse,

An Caimbeulach smearail nach strìochdadh
Air muir no tìr leis an fhuachd;   32
Cha robh e ro-mhilis don Impir'
Nuair chaidh e gu h-innleachdach suas
Dh' ionnsaigh nan dìdeanan brèige
Rinn tuiteam is gèilleadh ro shluagh.

Gun robh e mar sheabhag san speur
Feadh ealtainn gan sgapadh bho chèil',
Gearradh nan ceann dhiubh gu smearail,
Le spionnadh a ghàirdeannan treun.   40

Bhuannaich e onair do Alba,
Nuair chaidh e thar fairge le dhaoin',
Na cheannard nan saighdearan Gàidhealach,
'S e dìleas don Bhàn-righinn maraon:
Ged leanainn a-sìos air an dàn
Gus an tigeadh am bàs am sheann aois,
Chan innsinn a ghaisge sna blàraibh;
'S e gràin e shìol Adhaimh nach claon.   48

Mar thuiltean a' ruith leis a' ghleann,
Gun do theich iad a-mach às a' champ
Nuair dh' aithnich iad èideadh nan Gàidheal,
Is saighead a' bhàis os an cionn.

Mar gum faiceadh tu cù dol ri caoraich
Bho chìobair ri aodann nam beann,
Gun ghabh iad an teicheadh 's an sgaoileadh
Ro theine nan laoch nach robh fann.   56
Cha sòradh iad dol anns a' chaonnaig
Nuair fhuair iad an glaodh bhon chomannd;
'S nuair ràinig iad broilleach na nàmhaid,
Bu roinneach geur-stàilinn an lann.

Dol air an aghaidh a' sàth'
Tron cridhe, gan leagail gu làr;
Is mar shneachd am fianais na grèine,
Gun leagh iad an creuchdan gu bàs.   64

that capable Campbell who was unyielding
on sea or on land despite cold;
it was not good news for the Emperor
when he made a strategic advance
towards the false defences,
which fell and gave in before his host.

He was like a hawk in the sky
causing the bird flock to scatter,
in manly style lopping their heads off
by the strength of his mighty shoulders.

He gained honour for Scotland
when he went overseas with his men,
as the commander of the Highland soldiers,
and loyal to the Queen as well;
though I should continue my poem
until death should take me in old age,
I could not recount his bravery in battles –
he is a faultless grain of Adam's seed.

Like floods pouring down the glen,
they fled out of the camp,
when they recognised the Highland attire,
and the arrow of death overhead.

As if you saw a dog sent for sheep
by a shepherd climbing the face of the hills,
they were routed and scattered
before the powerful champions' fire.
They would not hold back from the tussle
when they heard the commander's cry;
and when they reached the enemies' breast,
the sharp steel of their blades made wounds.

As they advanced, they thrust them
through the heart, felling them;
and, like snow before the sun,
they melted, in wounds, unto death.

An sgeul sin thàinig do Alba,
Gun robh i glè ghailbheach ri luaidh;
Bha màthraichean, peathraichean, 's bràithrean,
Is cuid dhiubh gun chàileachd san uair,
On is lìonmhor ceatharnach treun chaidh
A chàradh gun èideadh san uaigh;
Ach bheir iad a-mach a' bhuaidh-làraich
Mun till iad gun dàil thar a' chuain.   72

Mar bheithirean guineach a' bhàis,
Le gath puinnsein is drùchd air a bhàrr,
Gun deach na fir ghleusda nan uidheam
Mun d' ràinig iad mullach Almà.

Nach cluinn sibh, uaislean na Gàidhealtachd?
Nach èisd sibh an dàn seo le mùirn?
'S ann dhuibhse bu chòir a bhith tàirrngte
Ri broilleach na nàmhaid air tùs;   80
Tha ur cuibhreann sa bheatha seo prìseil
Seach saighdearan dìleas gu tùrn
Tha cathachadh onair na rioghachd
'S a' cumail an rìgh air a' chrùn.

Nach builich sibh cuid de ur treud
A chumail nan laoch ann am freumh?
'S na fanadh an reothadh bhon cnàmhan,
Gu bràth chan fhannaicheadh eud.   88

Ach sibhs', a luchd-teagaisg na fìrinn,
Nach ùrnaigh sibh Crìosd gu luath?
Is esan an ceannard ro-dhìleas
San fhàsach nach dìobair a shluagh.
A mhuinntir tha sàs anns na dìgean,
Nach tog sibh ur n-inntinn a-suas?
Leughaibh gu grad anns a' Bhìoball
Gun deach Phàraoh chur sìos sa Mhuir Ruaidh.   96

Siud mar a thachras gun dàil
Don fhiath-bheathach tha cogadh an-dràsd';
Ge fad' is gun toir e an oidhirp,
Tuitidh e 's aghaidh ri làr.

The story that came to Scotland
was exceedingly difficult to tell;
mothers, sisters and brothers
had no appetite for it at the time,
for there was many a brave warrior
who had been put without garb in the grave,
but they will gain the full victory
before they return soon over sea.

Like vicious firebrands of death
with venom-bedewed barbs on their tips,
these clever men took up their war-gear
before they reached the height of Alma.

Will you not hear, you Highland aristocrats?
Will you not listen gladly to this song?
It is you who ought to have been drawn in order
close to the enemy's chest from the start;
your portion in this life is precious
compared with soldiers loyal in deed,
who fight for the honour of the kingdom
and keep the king on his throne.

Will you not assign part of your flock
to keeping the heroes secure in their roots?
If only frost would avoid their bones,
their zeal would never grow weak.

But you, proclaimers of Scripture,
will you not swiftly call upon Christ?
He is the Head who is utterly faithful,
and, in the desert, forsakes not his folk.
Those of you who are trapped in the trenches,
will you not raise your mind on high?
Read at once in the Bible
that Pharaoh was drowned in the Red Sea.

That is what will happen soon
to the wild animal that is fighting now;
however prolonged his effort,
he will fall face down on the ground.

An naidheachd a leughadh an Albainn
Cha chualas ga seanchas rir linn;
Luchd-adhraidh do iodhalan airgid
Gan leagadh gu talmhainn a-sìos;   104
An tùr sin a thog iad mar ailbhinn,
A shaoil iad bhith calma gan dìon,
Bhon leagadh an stèidh air a' ghainneimh,
Gun thuit a chuid bhallachan sìos.

Bhon chrìochnaich mi buileach an dàn,
Mo ghuidhe is m' ùrnaigh gach là,
Sgiath-dìon sin fon gabh iad am fasgadh
Bhith aca fo bhratach an Aigh.   112

53. Cath Alma

Dùghall MacPhàil

A Cheòlraidh uasal, 's tric a ghluais
Mo bhuadhan an tùs m' òige
Gu dealbh nan rann fo sgàil nam beann,
O! thig san àm gum chòmhnadh,
Gu bhith ri iomradh ann am dhàn
Air cliù nan sàr-laoch cròdha
Nach d'fhàilnich riamh air muir no tìr,
A dhìon na rìoghachd 's na còrach.   8

A shliochd nan sonn, bho thìr nam beann,
Nan raon, nan gleann 's nan rèidhlean;
A chlann nan Gàidheal, 's e ur stàilinn
Dhèanadh àr is reubadh;
Tha eachdraidh làn dur n-euchdan àrd,
De chruas ur làmh 's dur trèine;
Ri uchd gach nàmhaid b' e ur n-àbhaist
Buaidh no bàs, mun gèilleadh.   16

The story that was proclaimed in Scotland,
its like was never told in our time;
the worshippers of silver idols
being knocked straight into the earth;
that tower which they built like flint-rock,
which they thought would protect them well,
since its foundation was resting on sand,
its walls came tumbling down.

Since I have fully finished my poem,
[I add] my daily invocation and prayer –
that the shield under which they take shelter
may be found beneath the banner of God.

The Battle of Alma

Dugald MacPhail

O noble Muse, who often inspired
my powers in youthful moments
to fashion verse beneath the shade of hills,
O, come right now to aid me,
to make mention in my song
of the fame of bravest heroes,
who never failed on sea or land
to protect right and kingdom.

Seed of heroes, from the land of bens,
of plains, glens, and expanses;
Children of Gaels, it was your blades
that would make tears and slaughter;
history is full of your great deeds,
of your strength of hands and bravery;
against every foe, it was your way
to win or die before yielding.

Nuair thug an Ruiseach ionnsaigh fhuilteach
Air an Tuirc le fòirneart
Gu toirt fo chìs, 's a luaisg e sìth
Gach rìoghachd san Roinn Eòrpa,
'N sin dh'èirich Breatann is an Fhraing
Len cumhachd toinnte còmhla,
Am banntaibh dlùth le Omar Pashà,
'S iad mar lànain phòsda.   24

Mun gann a fhuair iad dol gu tìr
Air ìsleach Bhalaclàbha,
Bha feachd nan Ruiseanach fon gleus,
Air àird an t-slèibh aig Alma,
Mar choilich dhùnain a' toirt dùbhlain
Do na diùlnaich àlainn,
Nach faigheadh dlùth dhaibh taobh an siùil,
Ach ann an sùil na làmhaich.   32

Ach beò no marbh, chan fhaodte stad
Ach suas gu grad nan còmhdhail;
Cha robh dol às bhon teine chiùrrail
Ach tighinn dlùth rin sgòrnain;
'S iomadh fiùran ùr neo-chlaon,
Gun ghiamh, gun ghaoid, gun fhòtas
A thuit gu làr an suain a' bhàis,
Mun d' fhuair sibh àird a' chòmhnaird.   40

Tharraing Raglan is Canrobert,
Na fir chogaidh uasal,
Am feachd-shluagh taghta air an adhart –
Dhol ri aghaidh buailidh;
Ach ged bha Sasannaich is Frangaich
Clis neo-mhall san tuasaid,
'S iad na Gàidheil rinn a' bheàrn
A chuir an là gu buadhach.   48

Bha batraidh mhurtail aig na Ruiseanaich
Air uchd an aonaich
A' dòirteadh sìos nan garbh-fhras sìontach
Mar chruaidh-ghlìob san fhaoilteach;

When the Russian made a bloody attack
on the Turk with violence
to subdue him, and disturbed the peace
of each realm in Europe,
Britain and France then arose
with their power joined together,
in close bonds with Omar Pasha,
like a married couple.

Before they scarce had got ashore
on the low ground of Balaklava,
the Russian army was in array
on the high hill at Alma,
like dung-hill cocks offering defiance
to the lovely warriors,
who could not approach them in their track
but by going straight against the volley.

But, alive or dead, they could not stop
but advanced fast to meet them;
there was no escape from the painful firing,
but to come up against their thrapples;
many a fine young, honest man
with no blemish, fault or failing
fell to the ground in the sleep of death
before the plateau's height was taken.

Raglan and Canrobert,
these noble men of battle,
made their chosen host advance,
to engage in front-line fighting;
but though the English and the French
were agile, swift in conflict,
it was the Gaels who made the breach
that gained, that day, the triumph.

The Russians had a lethal battery
on the breast of the upper hillside,
pouring down the stormy deluge
like solid sleet in winter;

Bha 'n teine trom ud ri mòr-dhìobhail,
Sgathadh sìos nan laoch geal –
Is cha b' e 'n sùgradh tarraing dlùth
Ri beul na fùirneis chraosaich.   56

Ach 's i 'n Rèiseamaid dhubh, ghaisgeil
Fo Shir Cailein Caimbeul,
Curaidh treun nan iomadh blàr –
Bha chliù ro-àrd mar cheannard –
A tharraing suas gu dìleas dlùth
Gun gheilt air cùl a shàlach,
'S a chuir na gunnairean san tuimhnich
Le geur rionn na stàilinn.   64

Nuair a chunnacas air a' bhearradh
Na fir gheala lùthmhor,
Buidheann ghlan nam breacan uallach
Dan robh bhuaidh mar dhùthchas,
Mun gann a fhuair iad buille tharraing
Leis na lannan geura,
Ghabh na Ruiseanaich an ruaig
Is bhuail iad an ratreuta.   72

Bha sian an àigh mu chom a' churaidh
Urranta, ghlan, mheamnach
A bh' air ur ceann gun sgàth gun eagal
Ris an teine mharbhtach;
Ach air mo làimh, 's e fèin a dh' fhaodadh
As a dhaoin' bhith earbsach –
B' e 'n iolach-chatha 'Buaidh no bàs' –
'S an àbhaist anns gach aimsir.   80

'S iomad àrach ri uchd fear-ghnìomh,
San do dhearbh sibh cruadal
Na fola prìseil uasal rìoghail
Bu ghlan lìth nur gruaidhean –
Is gus an deachaidh crìoch le onair,
Air a' chogadh bhuan ud,
Dhìon sibh cliù na tìr a dh' fhàg sibh,
Anns gach spàirn is cruaidh-chas.   88

that heavy fire was laying low
the fair heroes with great losses,
and it was no joke to come beside
the mouth of that gaping furnace.

But it was that Regiment, black and gallant,
under Sir Colin Campbell –
the brave champion of many wars,
with high renown as leader –
that, close and loyal, scaled the height,
with no fear behind his footsteps,
and struck the gunners into silence
with the sharp, steel edge of weapons.

When they saw upon the precipice
the vigorous, fair heroes,
the pure brigade of proud plaids
who had victory in their nature,
before they scarce had struck a blow
with the sharpest lances,
the Russians took to flight,
and their retreat was sounded.

A lucky charm was around the body
of that brave, pure, spirited warrior,
who was your bold and fearless leader
in the face of deadly gunfire;
but, by my hand, he could himself
depend fully on his people –
their warrior cry was 'Win or die' –
and their custom always.

In many a field against contenders
you clearly proved the courage
of the precious, noble, royal blood
that filled your cheeks with pureness –
and until there was an end with honour
to that enduring conflict,
you preserved the fame of the land you left,
in every strife and hardship.

54. Saighdear Gàidhealach

Iain Caimbeul

Togaibh a' bhratach, a chlanna mo shluaigh-sa,
Togaibh le caithreim i, togaibh le buaidh i;
B' i dìleab ur sinnsir an fhìor fhuil gun truailleadh,
A chumadh an àird sinn 's gach càs agus cruadal.

Siud an fhuil Ghàidhealach bha ceannsgalach, buadhmhor,
Luchd-caitheimh an fhèilidh is breacan na guaille;
Cha teicheadh ron nàmhaid 's chan fhaicte san ruaig iad,
'S bu làidire dh'fhàsadh mar b'àirde an cruaidh-chàs.   8

Nuair chìte air faiche iad len deiseachan uaine
A' siubhal an rathaid 's a' phìoba toirt fuaim daibh –
Ri aodann a' chatha is rudhadh 'nan gruaidhean –
O cà' bheil an cridhe nach tiomadh san uair ud?

'S ged seasmhach an spiorad nach pilleadh ron fhuathas,
Sùil chorrach nan aodann nach faodte a ghluasad –
Cò shaoileadh san tràth ud an spàirn ghoirt a fhuaireadh
A' dealach' rin leannain an gleannan an uaigneis?   16

Faic iad a-nis, fìor luchd-fine nam fuar-bheann,
Dìreadh le braise gun athadh ron uamhas;
Gach gunna ri làmhach, an nàmh tighinn a-nuas orr',
Ach rinn sinn an cìosnach' ged mhill iad mo luaidh-sa.

Cò 'm fear ud a chì mi na shìneadh gun ghluasad,
'N fhuil chraobhach a' dìobradh 's gun aon a nì fuasgladh?
Fholt camagach bòidheach na dhubh-lùban cuachach
A' snàmh anns a' ghaoith, 's gun aon ghaoil ann bheir dual às.   24

Tha 'n claidheamh 's e sìnte a-nìos rid chrios-guaille,
'S e fhathast ad ghlaic tha air glasadh 's air fuaradh;
'S ma rinn thu daibh strìochdadh, 's ann dìleas a fhuaireadh,
'S triùir nàimhdean nan sìneadh nuair spìon thu à d' thruaill e.

A Highland Soldier

John Campbell

Lift high the banner, my own people's kindreds,
raise it in victory, with the shout of your conquest;
your forebears bequeathed that true blood, unsullied,
which could uphold us in each struggle and hardship.

That's the blood of the Highlands, subduing, triumphant,
the blood of kilt-wearers with the plaid on the shoulder;
they would not flee before foes or be seen being routed,
and their strength would increase as trouble grew greater.

When seen on the field with their green-coloured outfits,
on the road as they marched with the bagpipe resounding –
in the face of the battle with their cheeks flushed ruddy –
O, where is the heart that the sight would not soften?

Though their spirit was steadfast, unretreating from horror,
a piercing eye in their visage which could not be altered –
who then would have thought of how sorely they wrestled
as they parted from sweethearts in the glen of seclusion?

See them right now, the true race of cold mountains,
advancing with boldness with no fear before terror,
each gun firing volleys, their foe on them descending,
but we overcame them, though they spoiled my beloved.

Who is that fellow whom I see without movement,
his branching blood pouring, and no one to save him,
his fine curly hair of the black-coloured ringlets
fluttering in the wind and none to cut a lock from it?

Your sword is now lying by the belt of your shoulder,
though it is still in your fist, locked tight with coldness;
but, if you yielded to them, you were found to be faithful,
felling three foes when you tore it out of your scabbard.

Tha 'm breacan bha deas ort air preasadh le ruaidhe,
Is sruthan na fola toirt dath às an uaine;
Tha d' inntinn a' sìoladh 's an rìbhinn ad smuaintean,
Is mànran a beòil a' toirt ceòl ann ad chluasan.   32

San oidhche mun d' fhàg thu bu chràiteach an smuain ud,
Guth an rabhaidh ag ràdh nach robh dàil anns an uair dhut;
Cha b' ioghnadh, a ghràidh, ged bha thu gad chuaradh,
Is tannasg a' bhàis geurach fhàl gud thoirt bhuamsa.

O 's truagh mi da-rìreadh bhon dh'innseadh an tuairsgeul,
Mo chrìdh tha air lìonadh 's mo bhas gan sìor-bhualadh;
Tha esan glè ìosal mun tric rinn mi bruadar,
'S cha chlaidheamh a mhill e, ach innleachd na luaidhe.   40

Is càch, nuair thig dhachaigh le caithreim is luathghair,
Bithidh mise glè fhalamh gun charaid san uair ud;
Is ghuidhinn am bàs gun mo làithean thoirt buan dhomh,
Nam faighinn gu bràth bhith gam chàradh san uaigh leat.

55. Blàr Thràigh Ghruinneard

Uilleam MacDhunlèibhe

An latha mu dheireadh den t-samhradh,
Là as fad' air am bi iomradh,
Aig sgaranaich nan tràth, san ear,
Thàinig freiceadan a dhùisg na fir,
Ag innse gu robh sìol Chuinn a' gluasad,
Fom bratach shean don ainm a' Bhuadhach,
Làmh dheas fineachan na h-Alba,
Ris an dubhairt an saoghal, Am Feachd Gailbheach,   8
A' toirt dùbhlan le pìob a' Ghruamaich,
Rabhadh nach d'fhuaireadh riamh gun strìochdadh
Do fhine na Làimh Dheirg 's chrann-fhìge.

Your tartan, so becoming, is now creased with redness
as the streamlets of blood have drained its green colour;
your mind is sinking, and you think of the maiden,
as you hear her soft murmurs in your ear making music.

On the night before you left, that thought was so painful,
as the voice gave warning that your hour would come shortly;
no wonder, my sweetheart, that you were so greatly troubled
as death's spectre sharpened its scythe to deprive me.

O, my plight is truly wretched since that tale was related,
my heart is overwhelmed and my palms are constantly wringing;
the one of my dreams is now in lowest condition –
spoilt not by the sword, but by the leaden invention.

When others come home with the shout of their triumph,
I will be so empty, with no friend in that moment;
and I'd implore death not to extend my life's portion
if I could lie down forever in the grave by your shoulder.

The Battle of Gruinneard Bay

William Livingston

On the last day of the summer,
a day which will long be mentioned,
at the parting of the hours, in the east,
a lookout came who woke the men,
telling that the seed of Conn was moving,
beneath their ancient banner called Triumphant,
the right hand of the kindreds of Scotland
which the world called 'The Wild Army',
offering challenge with the Surly One's bagpipe,
a warning that was never received without yielding
to the kindred of the Red Hand and fig-tree.

Lachlann Mòr

'Fhuair iad an-diugh gaoth is grian leo,
Dà chothrom do nàimhdean nach iarrainn;
Tha tuilleadh a' tighinn na shaoil mi,
Fir Arainn na Learga 's na trì Raghnaill,
Lem muinntir ri tuinn na tràgha,   16
A thachairt oirbhse, a laochaibh Arois;
'S dian spoltadh a ghleidheas bhur cliù dhuibh;
Chan fhacas fhathast am blàr bhur cùlaibh.'

Ghluais Leathanaich chatharra Mhuile
Mar a dh' iarrradh aon is uile;
Sgaoileadh bratach Dhubhaird le reultan sìoda,
'S le iolach clèibh nan ceudan dìleas,
A b' urram Rìgh air ceann armailt,   24
Seòid MhicIlleathain fon armaibh.
Sgaoileadh bratach ghorm Thòrr-loisgte,
Ris nach do thachair riamh na choisg i,
Air an làimh dheis len ceann-feadhna,
Nach robh san Eòrpa ri fhaotainn,
Fear a thòimhseadh o chrùn gu bhròig ris;
Thuirteadh seo man tugadh dhòmhs' e.
Bha àirde thar feachd na h-Alba,   32
Mar chiad Mhac Mòrachd nan Eabhrach;
'S os cionn na dh'èirich leis on Dreòlainn,
Chìte guaillean garbh a chòmhlain,
Am measg nan ceudan taght' a bha dhiubh,
'S cha do shèid gaoth air fir a b' àille;
Cha robh an tìr mòr no 'n eilean Mhuile
Fear coimeas do Lachlann Dhubhaird.
O Sgrios, nach taisg thu claidheamh bàsmhor   40
Treubh àrdanach bratach an leòghainn,
Man tig na gallain ud fo fhaobhar,
'S gun cluinnear caointeach nach beò iad,
Man do shèideadh caismeachd a' bhualaidh?

Labhair MacDhòmhnaill mar so ri uaislean:
'A chàirdean 's mo luchd-dùthcha,
'S aithne dhuibh gu lèir stèidh na cùis seo;
A dhìon ar daoine 's ar dùthcha,   48

Lachlann Mòr

'Today, they found wind and sun in their favour,
two advantages that I would not wish for enemies;
more are coming than I expected,
the men of Arran of Largy and the three Ranalds,
with their retinue by the waves of the shoreline,
to confront you, heroes of Aros;
violent cleaving will preserve fame for you;
never has your back been seen in battle.'

The warlike MacLeans of Mull moved
as one and all would have wanted;
Duart's banner with its silken stars was unfurled,
with a shout from the chest of faithful hundreds,
who would have done honour to a King leading an army,
MacLean's warriors under weapons.
The blue banner of Torloisk was unfurled,
which was never conquered by any who met it,
on the right wing with their chieftain,
whose like could not be found in Europe
to be measured from crown to shoe beside him –
this claim was made before I received it.
His height towered above the army of Scotland,
like the first Son of Majesty of the Hebrews;
and above all who rose from Mull with him,
the rugged shoulders of his company could be seen
among the chosen hundreds of those who were there –
the wind never blew on finer men;
there was not on the mainland or Mull's island
one to compare with Lachlann of Duart.
O Destruction, will you not restrain the lethal sword
of the proud kindred of the banner of the lion,
before those young men come under its edge,
and one hears, with keening, that they live no longer,
before the signal to attack was sounded?

MacDonald spoke thus to his nobles:
'My kinsmen and folk of my country,
you all know why this operation is needed;
to protect our land and our people,

Tha 'n claidheamh dìoghaltais a-nis rùisgte,
Còmhlaiche garg nach till mìorun
A thugadh dhuinn a dhìon nam firean;
Tha na nàimhdean treun ud gar tòrachd,
O nach tug sinn troigh do thìr ar còrach;
Mheasadh leinn iad gach àm mar chàirdean,
'S rinn m' athair uasal-sa dhiubh bràithrean;
Bhrist iad gach ceangal dàimh a dh'fhàgadh;   56
Tha 'n stàilinn ud a-nis nan làmhan,
Ag innse nach till iad on àraich,
Gun sinne chur fo mhasladh,
Ar marbhadh 's ar dùthaich a ghlacadh.

'A Chlann Dòmhnaill,
Ma chailleas sinn an làrach
Càit am falaich sinn ar nàire?
Cluinnidh fir Albainn is Eirinn,   64
'S ma bheir iad dhinn e, càit an tèid sinn?
Ma chailleas sinn cliù nan ceudan bhuaidhean
A bhuidhinn sìol Chuinn len cruadal,
Ma dh' fhàgas sinn ar còir air cèiteadh Ghruinneard,
Cluinnear e feadh Bhreatainn uile,
Gun tugadh uainn luach ar seanchais,
'S gu bheil sinn a-nis nar luchd-leanmhainn
Do MhacIlleathain is da chinneadh –   72
Siud na dh'iarras e nuair thig e.
Am fàg sibh an seo is fuil nar cuislean
Urram làmh dheas na h-Alba,
Nuair a thogas a rìghrean a h-armailt,
A thugadh dhuinn le reachd rìoghail,
Aig Allt a' Bhannaich mar a dh' innseas
Iomadh flaith is treubh air fad na h-Eòrpa,
Don cùis fharmaid làmh dhearg Dhòmhnaill,   80
A thilg e air cladach Shùirneig,
Far an do thog sinne Dùn na Naoimheig,
A chì sibh am màireach na lasair,
'S claidheamh gun tròcair a' casgairt
Mnathan, chlainn', 's ar n-aosmhoir chràbhach,
Ma gheibh na Leathanaich nas àill leò?
Tha iad a' gluasad nar còmhdhail;

the sword of vengeance is now sheathless,
a wild fighter which ill-will cannot repulse,
given to us for the defence of the righteous;
those brave enemies now pursue us,
since we never ceded a foot of our rightful land;
we regarded them as friends always,
and my noble father treated them as brothers;
they broke each bond of kin remaining;
that steel is now in their hands,
telling that they will not leave the battlefield
without bringing disgrace upon us,
killing us and seizing our country.

'O Clan Donald,
if we lose control of the battlefield,
where will we conceal our shame?
The men of Scotland and Ireland will hear it,
and if they take it from us, where will we go?
If we lose the fame of the hundred triumphs
that the seed of Conn won with their hardness,
if we forsake our right to Gruinneard's splendour,
it will be heard throughout the whole of Britain
that we have been deprived of the value of our legend,
and that we are now the subjects
of MacLean and his kindred –
that is what he will seek when he comes.
Will you leave here, while blood flows in you,
the honour of being on the right wing of Scotland,
when her kings raise her army,
the honour given to us by royal decree
at Bannockburn as is related
by many nobles and tribes throughout Europe,
who are envious of the red hand of Donald,
which he threw on the shore of Sùirneag,
where we built Dùn Naoimheig
which you will see tomorrow burning
and a merciless sword killing
women, children and our devout old folk,
if the MacLeans get what they desire?
They are moving to meet us;

Tàirrnibh a-suas an òrdugh;   88
A mhaithean 's a luchd-cinnidh, air mo sgàth-sa
Caomhnaibh bràthair mo mhàthar!'

Raghnall Mòr na Lùibe

'"Caomhainn e", 'n dubhairt thu, MhicDhòmhnaill?
Chan eil deichnear an-diugh ad chuideachd,
No ged a their uile ded sheòrsa nan àireamh sin,
De shluagh na Crìosdachd,
As urrainn Ridire Dhubhaird a chòmhrag;
Mura caithear e le luaidhe,   96
Bàs no buaidh dhuinn thig e beò às.'

Dhlùthaich a-nis an dà fheachd am fraoch catha,
Pìobaireachd a' toirt fuaim còmhraig às an talamh,
Gach beul tosdach mar gun trèigeadh cainnt iad,
Gach aon a' feitheamh a nàmhaid a thoirt gun taing dha;
Tonnan gun smal na fairge on chuan fharsaing,
A' taomadh 's a' monmhor aig an casan,
'S mar gum b' ann a' caoidh ri bhith toirt fianais   104
Air gearraidh nan leòn nach lèighseadh,
Nuair a thogadh iolach bàis le feachd Sheumais.
Fhreagair na Muilich le àrd mhisneach;
Cha robh air talamh feachd nach clisgeadh
Ri gàir nan Leathanach a' bualadh,
Ach am bràithrean neartmhor uaibhreach.
O Albainn, caoidh do mhic a' tuiteam le neart nan gàirdean
A bu treise dh' fhàs san t-saoghal,   112
'S nach robh rim faotainn ach an talamh nan Gàidheal!

Caochain fhola gach taobh a' srùladh
Air feur ùrail a' chòmhnaird uaine.
Fuaimneach lannan stioc nach lùbadh,
A' dol am meud 's am meud,
Air fad 's air leud lèan' an uamhais;
Buaidh air meidh chothromach gun aomadh
Ri taobh seach taobh, grèim cruaidh na dòrainn,   120
Gus an do thill na Leathanaich gun taing
Làmh chlì Chlann Dhòmhnaill,

draw up in order;
nobles and kinsmen, for my sake
see that you spare my mother's brother!'

Big Ranald of Loup

'"Spare him", did you say, MacDonald?
There are not ten men in your company today,
or even if the whole number of your own sort should say it,
of the people of Christendom
who can give battle to the Knight of Duart;
unless he is felled by lead,
whether we live or die, he will escape alive.'

The two armies now approached in the rage of battle,
pipe music bringing from the ground the sound of conflict,
and every mouth silent as if speech had left them,
each one waiting for his enemy to attack him regardless;
the spotless waves of the sea from the broad ocean
pouring and murmuring at their feet,
as if lamenting to be bearing witness
to the cutting of the wounds that would not heal,
when a shout of death was raised by James's army.
The Mullmen replied with high courage;
there was no army on earth that would not be startled
by the shout of the MacLeans when striking,
except their proud and mighty brothers.
O Scotland, lament your sons falling by the strength
of the stoutest shoulders that ever grew in the world,
and could be found only in the Gaels' country!

Streams of blood from each side are pouring
on the fresh grass of the green plain.
The noise of unbending pole-lances
grows louder and louder
the length and breadth of the plain of horror;
victory was in a level balance, not inclining
one way or the other, an engagement hard and painful,
until the MacLeans regardless
repulsed the left wing of Clan Donald,

A' gleachd 's am buinn ri tuinn na tràgha,
A bha san àit' ud mar bhalla dìon daibh,
Tonnan sìorraidh cuan an t-sàile
A ghlac laoich neartmhor Mhuile,
'S a dh'aindeoin na b' urrainn a tèarnadh,
Chuir iad bratach an fhraoich bhàrr a chèitidh,   128
A' fannachadh, 's an streup a-nis na h-àirde;
Fras shradan dearg a' dìreadh mar bheul àmhainn,
A' spreadhadh le cuthach lasrach gu h-ìosal thun a bràighe;
Sruth nan caoirean loisgeach ud
Garg choimeas nan arm a' bualadh,
No mar a thuigear a' ghoil theinnteach a dh'èirich uatha.
Nuair a bhrosnaich na h-Ilich ris an nàmhaid,
A bu treise bhuail san linn ud no bha làthair dhiubh,   136
A-nis air fraoch an dùthchais an eu-dòchas,
Cor nach cualas roimhe riamh an sgeul Chlann Dòmhnaill.

Faic an caochan beag ud a' tèarnadh,
A' taomadh a shruthan gu h-ìosal an uchd na tràgha,
Faic sgitheag liath nan iomadh linn na lagan dìomhair,
A bheir a-nis thu gu crìoch cùis nach taitneach innse.
Faic aig a bun a' crùban
Troich a ghuir an Diabhal, san Lag an Diùraidh,   144
Crannas na mìle mallachd le cuimse mortair;
Chuir e dubh nan èibhleag air geug na dosgainn;
Las i, 's bha 'm peilear nimh na shiubhal –
Bhuail e MacIlleathain air bann an triubhais;
Thug e oidhirp labhairt le crith bheulach;
Dh'amhairc a chomhaltan na aodann 's e glas-neulach.

Thuirt e man do thuit e gun deò ann,
'A chàirdean mo ghaoil, tha mi leòinte;   152
Cumaibh a-suas mi fon bhrataich;
Ma mhaireas fèith lùith am chasan,
Cho fada 's a chìthear gur beò mi,
Cha trèig an t-eagal MacDhòmhnaill.'
Ruith sgeul a' bhròin feadh ghaisgich Mhuile;
Thog iad an guth 's cha b' ann gu tuireadh,
Ach iolach a thug co-fhuaim on talamh –
'Dìoladh, dìoladh, ler cruaidh-lannan.'   160

fighting with their soles at the waves of the shoreline,
which acted as a protecting wall for them,
the eternal waves of the brine-filled ocean
which the powerful heroes of Mull captured,
and, despite all who could have saved it,
they deprived the heather banner of its splendour,
weakening as the stuggle now reached its zenith;
a shower of red sparks rising like the mouth of an oven
bursting with flaming madness below, as far as its upper part;
the torrent of those blazing embers
is the violent simile of the weapons striking,
or as one understands the fiery boiling that rose from them.
When the Islaymen went hard against the enemy,
who were the strongest to strike in that generation or any other,
[they were] now in dejection on their native heather –
a plight never heard before in the tale of Clan Donald.

See the little cascade descending yonder,
pouring its streams low in the breast of the shoreline,
see the grey hawthorn bush of many generations in its secluded hollow,
which will now take you to the end of a matter unpleasant to relate.
See at its base crouching
a wretched dwarf that the Devil hatched in Lagg in Jura,
a shrivelled man of a thousand curses with a murderer's aim;
he put tar from embers on the shaft of mischief;
it lit, and the poisoned bolt went winging –
it struck MacLean on the belt of his trousers.
He made an effort to speak with his mouth trembling;
his fosterbrothers looked into his face with its grey pallor.

He said before he fell lifeless,
'My beloved kinsfolk, I am wounded;
keep me standing under the banner;
if a sinew of strength remains in my feet;
as long as it appears that I am alive,
fear will not depart from MacDonald.'
The sad story spread among Mull's heroes;
they raised their voice, and it was not for lament,
but for a shout that drew from the earth an echo –
'Vengeance, vengeance, with your hard blades.'

Siud an cuthach a chuir gu bàs iad;
Chaill iad an riaghailt 's an làrach,
Sgaoil iad nam buidhnean gun aonachd,
'S Clann Dòmhnaill mar charraig Dhùn Naoimheig,
Gun bhristeadh fo iùil an ceann-feadhna,
'S nan uaislean a bu treise san fhine, na trì Raghnaill,
Ursannan catha gaisgeil seòlta,
Chuidich sgrios is eas-òrdugh nam Muileach,   168
A' tuiteam mar raineach sheargt' an dìthreabh,
Fo fhaobhair sgathaidh nan ceann Ileach,
Iolach buaidh is ruaig gan iomain,
A chuala maithean a nàimhdean le tiomachd.
Nuair a fhuair iad Alasdair Arois
Am meadhan buidhne 's gun aon làimh ris,
Na sheasamh mar charragh fon doininn,
Bha 'n Leathanach treun co-ionnan   176
Air lèana lom gun lot gun lùbadh,
A nàimhdean air aodann 's air a chùlaibh,
A chlaidheamh earbsach a' bualadh,
Ghlèidh cearcall fosgailte mun cuairt deth;
Gach fear a thàinig fo fhaobhar,
B' e 'n tiota ma dheireadh e de shaoghal;
Cha d' iarr e bheatha 's cha do strìochd e,
Cùis a bhrosnaich fearg nan Ileach,   184
Fir na Learga 's na h-Oa,
Buidheann cho treun 's a bha 'n Clann Dòmhnaill
A' tuiteam le buillean Fear Arois.
Aig Lag nan Ceann far an d'fhàg e
Na thug e leis gu talamh Ile,
Tha 'n cnàmhan gus an-diugh 'g innse
Dùn air dhùn mar thuit iad.
Na fhuair mi den sgeul thug mi dhuit e –   192
'S fìrinn e nach àicheidh duine,
Nach caillear na thèid an cunnart;
B' e siud crannchur Fear Arois,
Nuair a fhuair e fuasgladh le làmhan
Raghnaill Arannaich a lean an tòrachd,
Gus an àit' an do sheas an còmhlan,
Na aonar 's gun fear ga chòmhnadh,
Ga dhalladh le sruthan fallais,   200

That was the frenzy that sent them to their deaths;
they lost their order and ground of battle,
they scattered in groups without cohesion,
while Clan Donald was like the rock of Dunyveg,
unbroken under the leadership of their chieftain,
and of the kindred's strongest nobles, the three Ranalds,
battle-posts, heroic and cunning,
who aided the crushing and confusion of the Mullmen,
falling like withered bracken in a fastness,
under the lopping sword-edge of the Islay leaders,
a victory shout and rout driving them,
which nobles and enemies heard with pity.
When they found Alasdair of Aros
in the midst of a group and none beside him,
standing like a pillar beneath the storm,
the MacLean man was every bit as mighty
on a bare meadow without wound or bending,
his enemies before him and behind him,
his trusty sword striking,
that kept a circle open round him;
each one who came under its edge,
it would be his life's last moment;
he did not seek his life nor did he yield,
a matter which roused the ire of the Islaymen,
the men of Largie and the Oa,
a troop as brave as was in Clan Donald,
falling by the blows of the Laird of Aros.
At the Hollow of the Heads where he left
those that he had brought to the soil of Islay,
their bones until today bear witness
how they fell, heap upon heap.
What I received of the tale, I have given you –
it is a truth that none would deny
that all who go into danger will not be lost;
that was the lot of the Laird of Aros,
when he received release by the hands
of Ranald of Arran who pursued the rout
to the place where the company made a stand;
he was alone, without a man to help him,
being blinded by streams of sweat,

'S a làmh air leantainn ris a' chlaidheamh,
An uair a chualas guth oscarra Raghnaill,
'A Chlann Dòmhnaill, caomhnaibh an laoch dhomh!'
Curaidh gun teagamh,
Cùis a dh'earbte ri fear de sheòrsa,
Cha d' fhuaireadh aon de nàimhdean leòinte
A dh'èirich tuilleadh às an àraich;
Cha lèighseadh ìocshlaint an cnàmhan,   208
Cinn sgoilt' is cuirp sgathte
Nam fear cho treun 's a sheas air talamh gu bàs lot-te.

Stad an tòir 's thill na h-Ilich,
'S b' fheàrr gu robh aon a b' urrainn innse
Eibhneas is bròn na thàinig às diubh.
Cha robh tràill nam measg no fear fasdaidh –
Laoich mhòr, shaor, ainmeil, na Gàidhlig
A-nis a' tilleadh o stoirm na h-àraich,   216
Ag amharc le sgreamh na lotan creuchdach
A bha air na thogadh beò 's an roinn nach d'èirich.
Thachair MacDhòmhnaill is Fear Arois,
Thairg am flath don uasal fàilte,
Shìn e 'n làmh chlì 's neul guil na ghruaidhean
'S a làmh dheas fo ghlas nach d' fhuasgail,
Gus an do ghearradh saidh a claidhimh,
A thug tiom' air MacDhòmhnaill 's air a mhaithean;   224
Nuair a gheàrr Niall Chaonasgail am bòta stàilinn,
Cha robh sùil thioram san àireamh.

An Ath Latha

Nuair a dh' èirich solas lòchran mòr na cruinne,
An ath mhadainn bha gach tè is duine
A dh'ionndrainn caraid, mac, no bràthair,
A' tional gu tùrsach gus an àraich,
'S gun aon nam measg a b' urrainn innse
Mu Fhear Thòrr-loisgte no ma dhìlsean,   232
No mu Ridire Dhubhaird, am bu bheò e –
Cùis nach b' ait le MacDhòmhnaill –
Nuair a chualas gul, is basraich,
A ràinig iad fada mum fac' iad

and his hand congealed to his sword,
when Ranald's surly voice was heard saying,
'Clan Donald, spare the hero for me!'
A hero indeed,
a matter that would be entrusted to a man of his kind –
not one of his enemies was found wounded
who rose again from the battlefield;
no remedy would heal their bones,
the split heads and severed bodies
of men as brave as any who confronted death by wounding.

The rout ceased, and the Islaymen returned,
and would that there were one who could relate
the joy and sorrow of those who escaped.
There was no wretch among them or a hired person –
the great, free-born, famous heroes of Gaelic
now returning from the storm of the battlefield,
observing with horror the wounds and injuries
on those who were lifted alive and those who did not rise.
MacDonald and the Laird of Aros met,
[and] the chief offered a welcome to the noble,
who stretched out his left hand, tears' colour on his cheeks,
and his right hand in a lock that did not loosen
until the hilt of his sword was cut open,
a matter that softened the heart of MacDonald and his nobles;
when Neil of Caonasgail cut the steel cover,
there was not a dry eye in the company.

The Next Day

When the light of the globe's great torch arose,
the next morning every man and woman
who missed a relative, son, or brother,
was gathering sadly to the field of battle,
and not one among them could give information
about the Laird of Torloisk or his faithful men,
or the Knight of Duart, whether he was alive –
a matter which was no joy to MacDonald –
when was heard crying and hand-wringing
that reached them long before they observed

Bean an earradh mnà uaisle,
A' teàrnadh o Dhail na Buaile,
'S a sùil air a h-ais gu lag na sgitheig;
Cha do thuig aon na bha i sireadh,   240
A' caoidh gu muladach a lèirchreach,
'S ag iarraidh Dhubh Sìth a cheusadh.
Mun do ràinig i na h-uaislean,
Dh' fhiosraich MacDhòmhnaill, le truas di,
Cò shaoilte b' e bhean bhrònach.
Fhreagair Fear Arois, "'S aithne dhomhs' i;
Tha sinn a-nis aig ceann na cùise;
Cha bheò Lachlann, fàth a tùirse;   248
Cha chuala thusa gus a-nis e,
Ach chuala mise, ged nach b' fhios domh
Far an do thuit e, sgeula brònach.
Seachainn a' bhean seo, MhicDhòmhnaill,
Sin Nì Mhic Airtnidh, a mhuime;
Tha i nis gun eagal duine;
Feuchaidh mi 'n toir mi gu cèill i;
'S cho tùirseach an-diugh 's an-dè dhuinn.'   256

Dh'fhalbh MacDhòmhnaill 's na trì Raghnaill,
Fear Arois is Niall a' Chaolais,
Bràthair MhicAoidh na Ranna,
Gu lag na sgitheig far an d' fhuair iad
MacIlleathain na chor duaichnidh,
Na shìneadh air bruachag fhàsail,
Fuar marbh 's a chuislean tràighte,
A dhà chomhalta, clann Fear Bhròlais,   264
Nan laighe leis 's an dithis leònte.
Chuir iad e air breacan flath nan Ileach,
Le bòid chruaidh mar a chaidh innse.
Thuirt Raghnall na Learga, 'A dhaoin'-uaisle, èisdibh;
Mun tog sinn am flath seo le chèile,
Gabhadh gach fear a ghrèim air beann den bhreacan,
'S nì sinn mar Dhòmhnallaich an reachd seo,
Nach stad 's nach leig sinn gu làr e,   272
On àit' an do thuit e san àraich,
Gus an ruig sinn Cille Chomann;
'S ma leigeas aon a ghrèim gu fàillinn,

a woman in a noble lady's garment
descending from Dail na Buaile,
and her eye looking back to the thornbush hollow;
not one understood what she was seeking,
as she wept sorely her utter spoiling,
desiring to crucify Dubh Sith.
Before she reached the nobles,
MacDonald sought knowledge, pitying her,
if anyone knew who was the sad woman.
The Laird of Aros answered, 'I know her;
we are now at the end of the matter;
Lachlann no longer lives, the reason for her sadness;
you have not heard of it till now,
but I heard, although I did not know
where he fell, a tale of sorrow.
Keep clear of this woman, MacDonald –
that is MacArtney's Daughter, his fostermother;
she is now without fear of man;
I will try to bring her to her senses;
today is as sad for us as yesterday.'

MacDonald and the three Ranalds set off,
the Laird of Aros and Neil of Caolas,
the brother of MacKay of the Rhinns,
for the hollow of the thornbush, where they found
MacLean in his grim condition,
stretched out on an overgrown bank,
cold in death, his veins drained empty,
his two foster-brothers, children of the Laird of Brolas,
lying with him and both wounded.
They put him on the plaid of the chief of the Islaymen,
with a firm oath as was related.
Ranald of Largy said, 'Nobles, listen;
before we raise this hero together,
let each one take hold of a corner of the plaid,
and we as MacDonalds will make this obligation
that we will not stop nor put him on the ground
from the place where he fell on the battlefield
until we reach Kilchoman;
and, if anyone lets his grip falter,

Gun cuir an triùir eile,
Gun anail dàil da, na biodagan
Tro far an d' fhàg
Grèim Chlann Dòmhnaill Lachlann Dhubhaird.
A chàirdean, chan àm seo gu tuireadh.'   280

Thog, is rinn iad mar a gheall iad;
Tha uaigh 's a leac an sin on àm ud.
Thogadh a chumha anns na briathran seo:

Cumha MhicIlleathain

Fhir mhòir, an do leagadh thu
Gu h-ìosal,
Gun anail 's tu dìblidh
Fon fhòid, fon fhòid,
Ad shìneadh?   288
Sgal pìob, sgal pìob,
Nach èisd thu, nach èisd thu,
Nas mò, nas mò,
Nuair a thogar fir Alba
Gu feara-ghnìomh, gu feara-ghnìomh,
'S gun thusa led rìgh, led rìgh,
'S gun thusa led rìgh,
'S gun thu beò, 's gun thu beò?   296
Bithidh na Leathanaich threun,
'S ceann catha nan Ileach,
Fo bhròn, fo bhròn,
O nach tig thu, mar b' àbhaist,
Gu àros Rìgh Seumas, Rìgh Seumas,
'S gun do thogadh leis fhèin thu,
'S tu òg, 's tu òg.
Chan fhacas ad latha, air talamh   304
Na h-Eòrpa, na h-Eòrpa,
Air talamh na h-Eòrpa,
Fear eile do shamhail, do shamhail,
Fhir àillidh, fhir àillidh;
Cha d'fhàgadh ad dhèidh dhuinn,
Ad dhèidh dhuinn, ad dhèidh dhuinn,
O na rinneadh dod chreubh

that the other three, without a breath's delay,
will put the dirks
through that very spot where
Clan Donald's grip abandoned Lachlann of Duart.
Friends, this is no time for mourning.'

They raised him, and did as they pledged;
his grave and stone are there from that time.
His lament was raised in these words:

Lament for MacLean

Big man, have you been laid
in a low place,
breathless and abject,
under sod, under sod,
stretched out?
A pipe's cry, a pipe's cry,
will you not listen to it, not listen
any more, any more,
when the men of Scotland are raised
for manly deed, for manly deed,
and you not with your king, your king,
and you not with your king,
and you not alive, not alive?
The brave MacLean men
and the battle leader of the Islaymen
will be sad, will be sad,
since you will not come, as before,
to the court of King James, King James,
since you were reared by himself
in your youth, your youth.
There was not seen in your day, on the earth
of Europe, of Europe,
on the earth of Europe,
another of your likeness, your likeness,
handsome man, handsome man;
we have been left with none to succeed you,
to succeed you, succeed you,
since there was made for your corpse

Caisil-chrò, caisil-chrò,   312
O na rinneadh dod chreubh
Caisil-chrò.
Fhuaireadh do chlaidheamh ad ghlaic
Le grèim bàsmhor, grèim bàsmhor,
'S chan eil fear ann
San àl seo, san àl seo,
Nas urrainn a làmhadh,
Fon t-sròl, fon t-sròl.   320
Togar do chumha le Muile,
'S le Ile, 's le Ile;
Le urram a dh' innsear
Do chòir, do chòir,
Le urram a dh' innsear
Do chòir.

a bloody bier, a bloody bier;
since there was made for your corpse
a bloody bier.
Your sword was found in your grasp,
with deadly grip, deadly grip,
and there is no man
in this brood, in this brood,
who is able to handle it
under the flag, under the flag.
Your lament will be raised by Mull
and by Islay, by Islay;
with honour will be proclaimed
your right, your right,
with honour will be proclaimed
your right.

PROTEST AND POLITICS

The changes taking place in the nineteenth-century Highlands were a cause of distress and perplexity to many Gaelic poets (see **Poems 1-5**), but they produced more than mournful resignation. From the middle of the century it is possible to observe a gradual change of mood. In the first half of the century, landlords and factors were often condemned individually, but by 1850 a sense of wider injustice was beginning to surface, and some poets slowly reached the conclusion that landlords had a collective responsibility for processes of displacement and depopulation in the Highlands and Islands. By the 1870s, protest was becoming articulate, and in the 1880s the Highland Land Agitation reached its height. Highland crofters began to make more effective use of political means, and in 1886 the Crofters Holdings (Scotland) Act was passed.

Despite the generally enthusiastic entry of Highlanders into the British regiments, war and its outcome had a radicalising effect on some who survived or remained at home. This is evident in **Poem 56**, a rather artless social elegy published as early as 1851. Archibald Campbell bewails the current state of the Highlands, and implies that the loyalty of Highlanders in the British army has been poorly rewarded by the landowners. He warns against further displacement of tenantry, because of its likely effect on British defence. He also condemns Highland landlords for their ready use of eviction in the late 1840s, and recognises that a small group of supporters is emerging to aid the Highlanders' cause. In his classically restrained reflection on 'Ireland Weeping' in **Poem 57**, William Livingston looks below the deceptive rural beauty of Ireland after the Great Famine, and, probably with the 'Young Ireland' fiasco of 1848 in mind, he laments the loss of native leaders who would save the country from oppression and self-destruction. A parallel with Gaelic Scotland is implicit. Although other Gaelic poets say little about Ireland, Irish experience influenced key leaders who took up the crofters' cause in Scotland. In **Poem 58**, John Smith of Lewis chides the petty tyrants of the early 1870s, and identifies the banishing of traditional kindliness as the cause of social ills. The irrepressible Mary MacPherson combines many of the themes of this volume in the diffuse structure of **Poem 59**, but proclaims boldly that it is time for imperially loyal Highlanders, and particularly Skye people, to fight to save their own land. That happened during the 1880s. **Poem 60**, by James MacLean, applies the conventional images of warfare to the ballot box, and celebrates the re-election of Donald H. MacFarlane, MP for Argyll, in 1892. MacLean envisages the repopulation of the glens and the reversal of the pernicious social trends of the nineteenth century.

PROTEST AND POLITICS

56. Oran air Cor na Gàidhealtachd

Gilleasbaig Caimbeul

O! 'S mise tha 'n tràth-sa gu dubhach, cràiteach,
Tha m' aigne pràmhail 's cha tog mi fonn;
'S e cor na Gàidhealtachd tha gam chràdh-lot,
'S a mheud 's a tha dh'fhàsalachd ann ar fonn;
Na Gàidheil ghlan' aoidheil bha càirdeil gaolach,
Gu tric a' saothrach' feadh raon is thom,
Tha 'n saothair ga sealbhach aig Gaill ghlas', aognaidh,
Len casan caola 's len aodainn lom.   8

'S beag an t-ioghnadh ged tha sinn tùirseach,
'S iad gar sgiùrsadh le buillean trom;
Ar n-uachdarain shaoghalt' bu chòir ar dìonadh,
Tha iad gar pianadh 's gar cur fom bonn;
'S i cuing na daorsa tha iad a' fòghlam,
O 's beag tha dh'aoidhealachd ann an com;
Cha mhiann leo daoine, oir 's fheàrr leo caoraich,
Is gadhair chaola gan ruith air tom.   16

Nan tigeadh nàimhdean a-steach do dh'Alba,
Chum nan Garbh-chrìoch a thoirt fo chìs,
Cò ghlacadh armachd, 's a sheasadh calma,
Gu duineil, dearbhte air taobh na rìoghachd,
Ach seann mhart Aireach, 's muilt mhaol' bhàna,
A sheasadh dàna ri cùl an cinn,
Is buachaill' Ghallda len cuaille challtainn,
Gan toirt à fang 's gan cur anns an strì?   24

Is iomad tàir a tha na Gàidheil a' faotainn –
'S e bhith ga smaointeach' an t-adhbhar-bròin –
'S a liuthad teaghlach bha càirdeil, gaolach,
A nochdadh aoidheachd do luchd an ròid,
Tha 'n-diugh gan saodach' air feadh an t-saoghail,
Gun lòn, gun aodach, air ghainne stòir,
'S gur tric a riaraich 's a lìon iad maodal
Nan leòghann craosach tha air an tòir.   32

A Song on the Plight of the Highlands

Archibald Campbell

O! how sad and doleful I am at present,
my spirit is downcast, I can raise no tune;
the plight of the Highlands is what hurts me,
and the extent of desolation in our land;
the fine kindly Gaels who were loving and friendly,
frequently labouring among fields and hills,
have their work taken over by grey, frigid Lowlanders,
with featureless faces and legs so thin.

It is little wonder though we are mournful,
when they are scourging us with heavy blows;
our earthly landlords who ought to shield us
cause us our pain and stamp us down;
of the yoke of bondage, they gain their knowledge
since they have no hospitality in their build;
they dislike people, since sheep are their preference,
and thin hounds that chase them upon a hill.

If enemy hosts were to invade Scotland
to tax the Highlands as their prize,
who would take arms and stand up strongly,
manly and proven, on the kingdom's side?
Just an old Ayrshire cow and white, hornless wedders,
standing behind them defiantly in array,
as Lowland shepherds with their clubs of hazel
drive them from a fank to join the fray.

There are many insults that the Gaels suffer –
to think about them is a cause of grief –
when countless families, so warm and loving,
who would show kindness to travelling folk,
are now being scattered throughout the planet,
with no food or clothes and little gain,
and how often they satisfied and filled the bellies
of the voracious lions that are on their tail!

Sgeul tha dearbhte gur lìonmhor ana-cothrom
Nach gabh ainmeachadh dhomh rim bheò,
Tha daoine faotainn air feadh nan Garbh-chrìoch,
On triathaibh talmhaidh air iomadh seòl;
Gan creachadh iomlan à 'n nì 's à 'n airgead,
Is tròcair falaicht' leo anns a' chòir,
Len cridhe cealgach cho cruaidh ri ailbhinn
A' cur à Alba nan daoine còir.   40

Chan e tha mhiann orm dhol a dhearbhadh
Gach uile chealgair tha san àit';
Tha 'n àireamh lìonmhor air feadh na h-Alba
Gu dol gan ainmeachadh ann am dhàn;
On tha iad inbheach tha 'n fhìrinn searbh leo,
Chan iarr mi 'n tearbadh air leth o chàch;
Ach nochdaibh chionta don mhadadh dhalma,
'S gun lùb e earball gu ruig a shàil.   48

Sa bhliadhna thriall uainn cha bheag an tàmailt
A fhuair a' Ghàidhealtachd air iomadh seòl,
Leis na h-uachdarain chruaidh, neo-bhàidheil
A chuir à 'm fàrdaich na daoine còir;
Pàirt dhiubh fhuadachadh thar chuantan gàbhaidh,
'S chaidh roinn dhiubh bhàthadh san fhairge mhòir,
'S a' chuid bu lìonmhoir' a ràinig tràigh dhiubh,
Gun d' rinn iad bàsachadh dh'easbhaidh lòin.   56

Cha bheag an cianalas dhomh bhith smaoineachadh
A liuthad caochladh 's a tha nar tìr;
Na glinn sam b' àbhaist eich 's daoine
Bhith gnìomhach, saothrachail anns gach tìm,
An-diugh chan fhaicear ach coin 's caoraich,
'S ruadh-chrodh maol-bhreaca air feadh na tìr,
Aig daormainn shaoghalta, agus gruaim nan aodainn,
Nach nochdadh aoidheachd do dhuine sgìth.   64

Cò riamh bha dìleas air taobh na rìoghachd,
'S a sheasadh firinneach anns gach càs,
Ach luchd nam breacan 's nan lannan lìomhte,
Len cruadal inntinn nach fuilingeadh tàir?

It is a proven story that many injustices,
that I could not list till the end of my days,
come to people throughout the Highlands
from their earthly masters in many ways;
they plunder them fully of wealth and property,
concealing mercy within the law,
with their deceitful hearts as hard as flint-stone,
driving kindly folk from Scotland's shores.

It is not my wish to present firm evidence
of every single deceiver who is in the place;
they are too numerous throughout Scotland
to be mentioned fully in my verse;
since they are high-ranking, truth to them is bitter,
and to single them out is not my wish,
but show his guilt to the brazen hound,
and he will bend his tail down to his heel.

In the year that is gone no small insult
was given to the Highlands in many forms,
by the harsh landlords who lacked mercy
and evicted warm-hearted people from their homes;
some were sent fleeing over terrible oceans,
and some were drowned in the great sea,
and the bulk of those who reached the shoreline
perished because of their lack of food.

I become very nostalgic when I consider
the many adverse changes within our land;
the glens where once there were men and horses,
diligent and hard-working at all times,
have nothing in them but sheep and dogs now,
and red, speckled, hornless cows throughout the land,
owned by worldly wretches with surly faces,
who would show no kindness to a weary man.

Who ever was faithful on the side of the kingdom,
and would stand loyally in every plight,
but the men of tartan and polished lances,
who, with hardy minds, would endure no sleight?

Am tarraing phìcean bu gharg san strì iad,
Bhiodh cuirp gun chinn leo nan sìneadh air blàr,
'S bha 'n reachd 's am meanmna gu tric ga dhearbhadh
Sna blàraibh mairbhteach air muir 's air tràigh.   72

Chaidh nis am fògradh à tìr an dùthchais
Le reachd nan ùmpaidh nach lèir a' chòir;
'S tha iad air faontradh am measg an fhàsaich,
Mar uain gun mhàthair, a' cur ri bròn;
An-diugh tha pàirt dhiubh mar chimich thràilleil
A' sguabadh shràidean nam bailtean mòr',
De shliochd nan daoine bha tric gar saoradh,
'S len lòn 's lem maoin bha gar cumail beò.   80

Ach cliù don Trianaid gun d'fhuirich iarmad
De dhaoine rianail tha cianail, tlàth;
'S iad cliùiteach, ciallach, 's e 'n rùn 's an iarrtas
Bhith togail fianais air taobh nan Gàidheal;
Bithidh iadsan miadhail 's an gineil lìonmhor,
Mar dhriùchd na h-iarmailt a thig gu blàr,
Nuair bhitheas na Iùdais len cogais phianail,
'S i togail fianais gun d' rinn iad ceàrr.   88

Ach tha mi 'g earbsa air bheagan aimsir
Gun tèid a' chealgaireachd seo air chùl,
'S nach faic sibh bhàirlinn cho tric 's a bha i
Mar chrois-tàra air feadh na dùthch';
Gun seas a' Bhàn-righinn air taobh nan Gàidheal
Mar rinn Esther chàirdeil air taobh nan Iùdhach,
'S gum bi gach Hàman a bha gar sàrach'
Le cridhe chràiteach a' fulang diùmb.   96

When pikes were drawn, they were fierce in combat,
and headless corpses would lie on the field,
and their control and mettle were often tested
in deadly encounters on land and sea.

They have now been banished from their native country
by the law of fools who are blind to right,
and they are wandering throughout the desert
like lambs without mother, in ever greater plight;
some are like hostages today in thraldom,
sweeping the streets of the great towns,
of the seed of people who once protected us
and who sustained us, with their food and store.

Yet, praise to the Trinity, there survived a remnant
of orderly folk, though weak and pained,
sensible and noble, who are desirous
of raising their voices on the side of Gaels;
they will be popular and their seed plentiful,
like the dew of the sky that falls to ground,
when the Judases will have a painful conscience,
bearing witness that they have done wrong.

But I am confident that in a short period
this treacherous dealing will be cast behind,
and you will see less often the eviction notice
which went like a fiery cross throughout the land;
that the Queen will stand on the side of Highlanders,
as kindly Esther did to support the Jews,
and that every Haman who once oppressed us
will, with sad heart, be much despised.

57. Eirinn a' Gul

Uilleam MacDhunlèibhe

Eilein iomallaich na h-Eòrp',
A thìr as bòidhch' fo cheann-bhrat speur,
Bu tric a chunnaic mi do chòrs'
A-nunn thar linne mhòr nam beuc.

Nuair a shèideadh gaoth chiùin on iar-dheas,
'S an iarmailt gun cheathach, gun neul,
Bhiodh na Gàidheil san Roinn Ilich
Ag innse da chèile do sgèimh:　　　　　　　8

Do chòmhnardan feurach, maiseach,
Lag an Rotha rèidh 's Magh Aoidh,
'S do dhoireachan geugach a' toirt fialtais
Do cheòlairean sgiathach nan craobh;

D' fhuarain ghlan' a' boillsgeadh fìor-uisg',
Do threudan lìonmhor feadh do ghleann,
Do choilltean, do thulaichean 's do chluaintean,
'S tu uaine bho cheann gu ceann.　　　　　　　16

Am madainn neochiontachd na h-òige
Fhuair mi sgeòil nan linn a dh'fhalbh,
Aig cagailtean Ile Chlann Dòmhnaill
Mun d'fhògradh na Gàidheil on sealbh –

A' chòisridh fhuranach lem b' èibhinn
Aithris sgeulachd Innis Fàil,
Uirsgeulan nan aoidhean còir
An sèisdean ceòlmhor nam bàrd.　　　　　　　24

Shaoileadh na macain gum b' fhìor,
Na dh'innseadh dhaibh o bheul nan sean,
'S gu robh thus' a-ghnàth mar chualas,
Luathghaireach, sona mar sin.

Ireland Weeping

William Livingston

Distant island on Europe's edge,
loveliest country under canopy of skies,
often did I see your coast
across the great channel of the cries.

When a gentle, south-west wind would blow
and the sky was cloudless and clean,
the Gaels in the Rhinns of Islay
would tell each other of your sheen:

Your level plains, grassy and splendid,
smooth Lag an Rotha and Aodh's Field,
and your branching thickets giving protection
to the winged musicians of the trees;

Your clear springs shining with pure water,
your plentiful herds throughout your glens,
your woods, your hillocks and your fields,
and you green-clad from end to end.

In the morning of youth's innocence,
I heard the tales of ages gone,
at the hearths of Islay of Clan Donald
before the Gaels were exiled from their lot –

The welcoming company who delighted
to recount the legends of the Isle of Fàl,
the stories narrated by the kind hosts
in the melodious tunes of bards.

The young lads would regard as true
what was told to them in old men's chat,
and think you were always as was heard –
triumphant and happy, like that.

Tha mi 'n-diugh mar a b' àbhaist
A' faicinn d' fhàire thar an lear,
O chladach tonnach deas-thìr Ile,
'S is dubhach ri innse do chor.   32

Sgeula mulaid, cuing is fògraidh,
Gort is bròn is ana-cheart,
'S gun dòigh air d' fhurtachd od phèin,
On a bhrist thu fhèin do neart.

Do thallachan nan caoirean dearg
'S gun tèarmann dhut o fhearg do nàmh;
Do chloinn gu iomall gach tìr,
Sgarte gun dìon, gun tàmh.   40

Càit a bheil gaisge nan trì Aodh,
Ò Dòmhnaill laochail 's Ò Nèill,
'S Mac Guidhir gun athadh ri nàmh,
A sheas gu bàs mun do ghèill?

Aig beul Ath Buidhe na cruaidh spàirn,
Sgath sibh feòil is cnàmhan Ghall;
Le deannal nam faobhar nochd
Thug sibh buaidh air lochd mar gheall.   48

Càit a bheil sliochd nan treun,
Aig Dùn a' Bhèire nach d' eur gleachd,
Nuair a dh'aom iad mar thuil nan sliabh
Fo bhilibh nan sgiath breac?

Na creagan a' freagairt le co-fhuaim
Dan iolach bhuadhach air a' bhlàr –
Na bolgairean sìnte gun deò,
'S am fuil a' crònanaich air làr.   56

Today, as was once my custom,
I see your horizon across the strait
from the wave-tossed shore of southern Islay,
but your condition is gloomy to state.

Tidings of sadness, yoke and exile,
famine, grief and injustice,
with no means of relieving your pain
since you yourself have breached your strength.

Your halls reduced to red embers,
with no sanctuary from your enemy's wrath;
your children thrust to each land's edge,
separated, without protection or rest.

Where now is the valour of the three Aodhs,
heroic Ò Dòmhnaill and Ò Neill,
and Maguire, unflinching before a foe,
who stood to the death before he'd yield?

At the mouth of the Yellow Ford of hard strife,
you chopped the Foreigners' flesh and bones;
through an onslaught with naked blades
you triumphed, as you pledged, over wrong.

Where are the sons of the brave men
who at the Fort of Moyry refused not to fight,
when they descended like the flood of slopes,
under the rims of the speckled shields?

The rocks replying with an echo
to their victorious shout upon the plain –
their fat-bellied foes lying without breath,
and their blood purring on the ground.

58. Spiorad a' Charthannais

Iain Mac a' Ghobhainn

O Spioraid shoilleir shàr-mhaisich,
A Spioraid ghràsmhoir chaoin,
Tha riaghladh anns an àros sin
Tha uile làn de ghaol,
Nan gabhamaid gu càirdeil riut
Gad fhàilteachadh gu caomh,
'S e siud a bheireadh àrdachadh
Do nàdar clann nan daoin'.   8

Nam b' eòl dhuinn thu nad mhaisealachd,
'S nam b' aithne dhuinn do luach,
'S e siud a bheireadh inntinn dhuinn
Os cionn an t-saoghail thruaigh;
Gur sona iad fhuair eòlas ort,
'S len còmhnaich thu gu buan;
'S ann tromhad tha na sòlasan
Tha 'n Tìr na Glòire shuas.   16

'S tu phàirticheadh gu h-èifeachdach
Rinn gnè nam flaitheas àrd,
An àite greann na h-eucorach
Bhiodh maise 's sgèimh nan gràs;
'S tu sheargadh gnè na truaillidheachd
'S a nuadhaicheadh ar càil;
'S tu thogadh chum nan nèamhan sinn
Le tarraing threun do ghràidh.   24

O Spioraid chaoimh nan gràsalachd,
Nam biodh tu tàmh nar còir,
'S tu dh'fhuasgladh oirnn 's a shlànaicheadh
An dream tha cnàmh fo leòn;
'S tu thogadh cridh' nam bantraichean
Gu seinn le aiteas mòr,
'S nach fàgadh gu neo-choibhneil iad
An gainntir dorch a' bhròin.   32

The Spirit of Kindliness

John Smith

O Spirit clear, most beautiful,
so gracious and so kind,
who rules in that palatial place
completely filled with love,
if we accepted you with friendliness,
and welcomed you with grace,
surely that would elevate
the nature of our race.

If we knew you in your beauty,
and could appreciate your worth,
that would surely raise our mind
above this piteous earth;
how happy those who know you,
with whom you ever dwell;
through you come all the joys
of Glory's Land above.

You would effectively impart to us
the nature of heaven's realm;
you would replace the frown of injustice
with the beauteous sheen of grace;
you would destroy corruption's nature,
and renew our true desire;
you would lift us to the heavens
with the strong pull of your love.

O gentle Spirit of graciousness,
if you lived in our midst,
you would give healing and release
to people withering with wounds;
you would inspire the hearts of widows
to sing with joyful strain,
and you would not leave them heartlessly
in the dark prison of their pain.

'S tu mhùchadh teine 'n naimhdeis
San t-sùil as gràinde colg;
'S tu rèiticheadh 's a chiùinicheadh
A' mhala bhrùideil dhorch;
'S tu thogadh neul na h-aingidheachd
Bharr gnùis nan aintighearn' borb,
'S a bheireadh gionach saoibhreis uap'
'S gach aimhleas tha nan lorg.   40

'S tu bheireadh beachdan fìrinneach
Don t-sluagh mu rìoghachd nèimh;
'S tu bheireadh Soisgeul fìorghlan dhuinn,
Mar dh'innseadh e bho chèin,
'S nach fàgadh tu air luasgadh sinn
Le foirmean truagh nam breug,
A dhealbhadh gu h-eas-innleachdach
Tre mhìorun luchd nan creud.   48

Nan tigeadh saoghal dòibheartach
Gu eòlas glan ort fhèin,
'S e siud a dhèanadh sòlasach
Na slòigh tha ann gu lèir;
An sin sguireadh foill is fòirneart ann,
Is sguireadh còmhstri gheur;
Bhiodh mealltaireachd air fògradh às,
Is theicheadh neòil nam breug.   56

Ach 's eagal leam gu d' thrèig thu sinn,
'S do nèamh gun d' theich thu suas;
Tha daoin' air fàs cho eucorach,
'S do ghnè-sa fada uap';
Tha seiche ghreannach fèinealachd
Gan eudachadh mun cuairt;
Chan eòl dhomh aon nì reubas e
Ach saighead Dhè nan sluagh.   64

A Shaoghail, 's fada tuathail thu
On uair sin anns na thrèig
Do charthannas is d' uaisleachd thu,
'S a ghabh thu Fuath is Breug;

You would extinguish the fire of enmity
in the eye of wildest gaze;
you would pacify and quieten
the dark and brutal brow;
you would remove the look of wickedness
from the barbaric tyrants' face,
take their greed for wealth from them
and each mischief in their wake.

You would provide for people
true views of heaven's realm;
you would give us a pure gospel,
as told in pristine state;
you would not leave us tossing
on the wretched frames of lies,
fashioned through the deviousness
of creed-makers' spiteful minds.

If only this world of evil deeds
would come to know you well,
that would give to all its peoples
a joy that would excel;
deceit and oppression then would stop
and sharp contentious strife;
cunning tricks would be removed
and lies' dark clouds dispelled.

But I fear you have forsaken us
and fled to heaven above;
our people have grown in wickedness
without the presence of your love;
the skin of surly selfishness
encloaks them all around;
nothing I know can pierce it
but the arrow of the Lord.

O World, you have gone far off course
from that hour when you lost
your kindliness and honour,
and took to Lies and Hate;

Mar inneal-ciùil neo-cheòlmhor dhut
Gun teud an òrdugh rèidh,
Cha seinn thu pong le òrdalachd,
'S cha deòin leat dol air ghleus.   72

Gun claoidhear am fear suairce leat
Tràth bhuadhaicheas fear olc;
Gun slìobar am fear suaimhneach leat,
'S gum buailear am fear gort';
Gur fial ri fear an stòrais thu,
'S gur dòit' thu ris a' bhochd;
Gur blàth ri fear a' chòmhdaich thu,
'S gur reòt' thu ris an nochdt'.   80

Chan eil aon nì dhut nàdarrach
Rin canar àgh air nèamh;
Chan fhaighear gnìomh gu bràth agad
Rin can an t-Ard Rìgh feum;
Ach 's leat na h-uile dìomhanas,
'S a' phian tha teachd nan dèidh;
Do dhòrainnean 's do ghàbhaidhean
Cha tàrr mi chur an cèill.   88

Gur leatsa neart nan aintighearnan
Is gèimhlichean nan tràill;
Gur leat guth treun nan ain-neartach,
'S guth fann an fhir tha 'n sàs;
Gur leatsa spìd is uamharrachd
An t-sluaigh tha 'n ionad àrd,
'S a mheasas cho mì-fhiùghail sinn
Ri sgùilleach air an tràigh.   96

Gur leat am batal dèistinneach
Le toirm a reubas cluas;
Tha glaodh a' bhàis 's na pèine ann
Gu nèamh ag èirigh suas;
Nuair thèid na prionnsan fòirneartach
Dhan spòrs an cogadh cruaidh
A chosnadh saoibhreis eucoraich
An èirig fuil an t-sluaigh.   104

like a discordant instrument,
without a string in proper tone,
you will not play an ordered note,
and you refuse to go in tune.

The kindly man is oppressed by you,
while the wicked wins the day;
the well-to-do is stroked in ease,
while the starving man is flayed;
you are generous to the wealthy,
and stingey to the poor;
you make the well-clad warmer,
and you freeze the naked's bones.

You have nothing that is natural
that heaven would call grace;
you will never produce an action
that will win the High King's praise;
but you own every form of idleness
and pain that's in its wake,
of distresses and of horrors –
too many to relate.

To you belong oppressors' strength
and the shackles of the slaves;
you own the shout of tyrants
and the whimper of the chained;
you claim the spite and terror
of the people who rank grand,
who regard us as no better
than flotsam on the sand.

The loathsome battle is your lot,
with its roar that splits the ear;
the cries of death and pain therein
rise up to heaven's door,
when the oppressive princes
whose sport is brutal war,
set off to win unjust reward
in exchange for people's blood.

Gur leat an togradh aimhleasach
'S na miannan teinteach caothaich
A bheir bhàrr slighe na còrach sinn,
Air seachran gòrach claon;
A dhùisgeas gaol na truaillidheachd
Is fuath do nithean naomh';
A neartaicheas 's a luathaicheas
An truaighean air clann dhaoin'.   112

Gur leat an creideamh buaireasach
A dhùisgeas gruaim is greann;
An creideamh nach dèan suairce sinn,
'S nach dèan ar n-uabhair fann;
An creideamh th' aig na diadhairean,
Lem miann a' chòmhstri theann:
Nan làimh-san dh'fhàs a' Chrìosdalachd
Mar bhiasd nan iomadh ceann.   120

An searmonaiche prèisgeil ud,
'S ann dh'èigheas e le sgairt
Gur malaicht' sinn mur èisdear leinn
Ra chreud-san, an tè cheart;
An àite bhith sìor-èigheach rinn
Mur dleasdanas 's gach beart,
A dhèanamh daoine cèillidh dhinn
An làthair Dhè nam feart.   128

An Crìosdaidh dubhach, gruamach ud
A chnuasaicheas gu dian,
A chuireas aghaidh chràbhach air
Mar fhàidh ann an nial,
'S e dèanamh casgairt uamhasaich
Air uamharrachd na chliabh,
Chan aithnichear air na dhèiliginn
Gun do ghèill Apolleon riamh.   136

An duine caomh a dh'èireas suas
Gu nèamh air sgiath a' ghràidh,
Cha deasbair dian mu chreudan e,
'S cha bhi e beumadh chàich;

To you belong the treacherous lust
and the fiery, mad desires
which deflect us from the proper path
to devious, foolish ways;
which make us love corruption
and loathe all holy things,
and hasten with more certainty
damnation for man's sins.

Yours too is that contentious creed
that rouses scowls and frowns,
the creed that will not make us kind,
nor make our pride go down;
the creed that's owned by those divines
who love the sharpest strife;
through them, the Christian faith became
like a many-headed beast.

That preachy sermoniser claims –
who shouts aloud with might –
that we are cursed if we heed not
his creed – the one that's right;
instead of ever reminding us
of our duty in all things,
which would make us sensitive
before the King of Kings.

That surly, gloomy Christian
who meditates so hard,
who assumes a holy countenance
like a prophet in a trance,
who makes a terrible slaughter
of all horror in his breast –
by his dealings you would never know
that Apollyon now was dead.

The gentle man who will ascend
to heaven on love's wing
is no contender about creeds,
nor will others feel his sting;

Chan Easbaigeach 's cha Chlèireach e,
Cha Ghreugach e 's cha Phàp,
Ach fear a' chridhe dhaondachail
Sam faighear gaol a' tàmh.   144

A Charthannais, gur h-àlainn thu,
A ghràis as àirde luach!
Ach 's lìonmhor nach toir àite dhut
Gu bràth nan cridhe cruaidh.
Nan deònaicheadh a' cheòlraidh dhomh
Mo chomas beòil car uair,
Gun innsinn pàirt de ghnìomharan
Nam biasd thug dhutsa fuath.   152

Cha robh do ghnè-sa 'n Dòmhnall bochd,
Am fear bu rògaich goill,
Bha 'n dùil gum biodh gach Lèodhasach
Air fhògaradh don choill';
Ach phàigh e pàirt de dhòibheairtean,
Is gheibh e 'n còrr a thoill;
Gun aithnich e gu dòrainneach
Gur feàrr a' chòir na 'n fhoill.   160

Cha robh do ghnè-sa riaghladh
Ann am broilleach iarainn cruaidh
Nam bàillidhean 's nan tighearnan
Chuir sìos an tìr mu thuath;
Bu charthannach na fàrdaichean
Bha seasgair, blàth innt' uair;
'S tha tìr nan daoine còire 'n-diugh
Na fàsach dòbhaidh, truagh.   168

Gun chuir iad fo na naosgaichean
An tìr a b' aoidheil sluagh;
Gun bhuin iad cho neo-dhaondachail
Ri daoine bha cho suairc;
A chionn nach faoidte 'm bàthadh,
Chaidh an sgànradh thar a' chuain;
Bu mhiosa na bruid Bhàbiloin
An càradh sin a fhuair.   176

he is not Episcopal,
Presbyterian, Greek, or Pape,
but the man of humane heart
where love has found its place.

O Kindliness, you are beautiful –
the grace of highest worth!
Yet many will never give you
a place in their hard heart.
If the Muses now would grant me
my verbal powers awhile,
I would relate some actions
of those beasts who thought you vile.

Poor Donald knew nothing of your way,
that man of grimmest look,
who expected that each Lewisman
would be exiled to the wood;
although he's paid for some misdeeds,
his full sheet is yet to come;
painfully he will realise
that just dealing excels wrong.

Your nature was not regulating
that hard, iron-breasted band,
the factors and the landlords
who oppressed the northern land;
the houses that were warm and snug
were once filled with kindly ways,
but now that land of genial folk
is a poor, empty, desert waste.

They let the snipe range freely
in that land of happy folk;
they dealt in harshest manner
with the very kindest souls;
because they could not drown them,
they sent them fleeing overseas;
worse than Babylon's captivity
was the plight that came to these.

Gun mheas iad mar gum b' shnàthainn iad
Na còrdan gràidh bha teann
A' ceangal cridh' nan àrmann ud
Ri dùthaich àrd nam beann;
Gun tug am bròn am bàs orra
'N dèidh cràbhaidh nach bu ghann,
'S an saoghal fuar gan sàrachadh,
Gun ionad blàth dhaibh ann.   184

A bheil neach beò san linn seo
Leis an cuimhn' an latha garbh
'S na chuireadh an cath uamhann –
Waterloo nan cluaintean dearg?
Bu tapaidh buaidh nan Gàidheal ann,
Nuair dh'èirich iad fon airm;
Ri aghaidh colg nan treun-fheara,
Gun ghèill ar naimhdean garg.   192

Dè 'n sòlas a fhuair athraichean
Nan gaisgeach thug a' bhuaidh?
Chaidh taighean blàth a' charthannais
Nam baidealaich mun cluais;
Bha 'm macaibh anns an àraich
'S iad a' teàrnadh tìr gun truas;
Bu chianail staid am màthraichean,
'S am fàrdaichean nan gual.   200

Bha Breatann dèanamh gàirdeachais,
Bha iadsan dèanamh caoidh;
Cha robh an tìr an àraich ac'
Na dhèanadh sgàth bhon ghaoith;
Gach fuiltean liath is luaisgean air
Le osag fhuar a' ghlinn;
Na deuraibh air an gruaidhean,
'S an fhuar-dhealt air an cinn.   208

A Bhreatainn, tha e nàireach dhut,
Ma dh'àirmhear ann do sgeul
Gun bhuin thu cho mì-nàdarrach
Rid fhìor-shliochd àlainn fhèin;

They reckoned as the merest threads
love's cords that tightly held
the hearts of those fine heroes
to the high country of the bens;
their grief resulted in their death,
despite no lack of godly fear;
the cold world exhausted them,
with no warm shelter near.

Is anyone presently alive
who recollects that awful day,
on which was fought the fearful fight –
Waterloo of blood-red plains?
A fine victory was won by Gaels
when they rose in battle arms;
faced with the blade of these brave men,
our fierce foes did not stand.

What joy came to the fathers
of those victors in the fray?
The warm homes of kindliness
towered round their ears in flames;
their sons were on the battlefield
to save a heartless land;
their mothers were in the saddest plight –
their homes to coal were charred.

As Britain was rejoicing,
they were lamenting loss;
in the very land that reared them,
they had no shelter from the storm;
each grey hair was being tossed
by the cold breeze of the glen;
there were tears upon their cheeks,
and dew's chill upon their heads.

O Britain, it is a disgrace to you,
should we recount your tale
of how you dealt so inhumanly
with your own splendid, truest race –

An tìr bha aig na gaisgich ud
A theasairg thu nad fheum,
A thionndadh gu blàr-spòrsa
Do na stròdhailich gun bheus. 216

Nach dìblidh cliù ar mòr-uaislean,
Na fir as neònaich mèinn!
Carson a tha iad mòr-chuiseach,
'S iad beò air spòrs gun chèill?
Nan còmhdaicheadh na ruadh-chearcan
Lem buachar uachdar slèibh,
'S e siud a b'fheàrr a chòrdadh riu
Na sràidean òir air nèamh. 224

O criothnaich measg do shòlasan,
Fhir fhòirneirt làidir chruaidh!
Dè 'm bàs no 'm pian a dhòirtear ort
Airson do leòn air sluagh?
'S e osnaich bhròin nam bantraichean
Tha sèid do shaoibhreis suas;
Gach cupan fìon a dh'òlas tu,
'S e deòir nan ainnis thruagh. 232

Ged thachradh oighreachd mhòr agad,
'S ged ghèill na slòigh fod smachd,
Tha 'm bàs is laghan geur aige,
'S gum feum thu gèill da reachd.
Siud uachdaran a dh'òrdaicheas
Co-ionnan còir gach neach,
'S mar oighreachd bheir e lèine dhut,
'S dà cheum de thalamh glas. 240

'S e siud as deireadh suarach dhut,
Thus', fhir an uabhair mhòir,
Led shumanan 's led bhàirlinnean,
A' cumail chàich fo bhròn;
Nuair gheibh thu 'n oighreachd shàmhach ud,
Bidh d' àrdan beag gu leòr;
Cha chluinnear trod a' bhàillidh ann,
'S cha chuir maor grànd' air ròig. 248

the land that those heroes had,
who saved you in your straits,
you turned into a playground
for these amoral men of waste.

How base the fame of our big shots,
these men of strangest sort!
Why do they act so pompously,
when they live on senseless sport?
If the red grouse with their excrement
covered the surface of the moor,
that is what they'd much prefer
to heaven's streets of gold.

O tremble midst your pleasures,
you oppressor, hard and strong!
What pain or death can justly be
your reward for people's wrongs?
The sorrowful sighs of widows
are what inflates your wealth;
every cup of wine you drink
is the tears of each poor wretch.

Though your estate should be so vast,
and hosts should yield to you,
death has the very strictest laws,
and you must obey its rule.
That's the lord who will ordain
an equal share for all;
he'll grant a shroud as your estate,
and two paces of green sward.

That will be your lowly end,
you man of haughtiest way,
with your notices and summonses,
keeping others in their pain;
when you receive that quiet estate,
your pride will be cut down;
no factor there will make a row,
nor will a vile officer frown.

'N sin molaidh a' chnuimh shnàigeach thu,
Cho tàirceach 's a bhios d'fheòil,
Nuair gheibh i air do chàradh thu
Gu sàmhach air a bòrd.
Their i, ''S e fear miath tha 'n seo,
Tha math do bhiasd nan còs,
Bhon rinn e caol na ceudan
Gus e fhèin a bhiathadh dhòmhs'.'   256

59. Eilean a' Cheò

Màiri Nic a' Phearsain

Ged tha mo cheann air liathadh
Le deuchainnean is bròn,
Is grian mo lethcheud bliadhna
A' dol sìos fo na neòil,
Tha m' aigne air a lìonadh
Le iarratas ro-mhòr
Gum faicinn Eilean Sgiathach
Nan siantannan 's a' Cheò.   8

Tha còrr 's dà fhichead bliadhna
Bhon thriall mi as dham dheòin,
'S a chuir mi sìos mo lìon
Am meadhan baile mòir;
Is ged a fhuair mi iasgair
A lìon mo thaigh le stòr,
Cha do dhìochuimhnich mi riamh
Eilean Sgiathanach a' Cheò.   16

Nuair chuimhnicheam an Cuilithionn
'S a thulchann ris na neòil,
Glàmaig is Beinn Bhuirbh,
Eilean Thuilm is Leac-an-Stòrr;
Gun ruiginn Rudha Hùinis,
Gach cnoc is cùil is fròg,
'S an taobh eile sealladh aoibhneach
De Mhaighdeannan MhicLeòid.   24

Then the crawling worm will praise you,
for the tastiness of your flesh,
when it finds you stretched straight out
on its board without a breath.
It will say, 'This one is plump,
just right for crevice beast,
since he made many hundreds thin
to make for me a feast.'

The Island of the Mist

Mary MacPherson

Although my head has greyed
with hardships and with woe,
and the sun of all my fifty years
is setting under clouds,
my spirit is now filled
with a very great desire
to see the Winged Island
of storms and misty sky.

More than forty years have passed
since I left it of my will,
and I let down my net
within a large town's midst,
and though I found a fisher
who filled my house with store,
never once did I forget
Skye's isle, which mist enfolds.

When I recollect the Cuillinn
with its rampart to the clouds,
Glamaig and Beann Bhuirbh,
Holm's Isle and Rock of Storr –
I'd reach as far as Huinis Point,
view each cranny, hill and nook,
and, on the far side, gladly
I'd see the Maidens of MacLeod.

An tìr san robh na fiùrain,
'S gach cùis a sheas an còir,
Bha smior is neart nan dùirn,
'S cha b' e 'n sùgradh tighinn nan còir;
'S on rinneadh dhuinn an cunntas,
Gu onair, cliù, is glòir,
Na dh'èirich fon a' Chrùn diubh
A Eilean cùbhr' a' Cheò: 32

Ma thèid mi dhuibh ga innse,
Cha mhearachd brìgh mo sgeòil,
Oir tha e air a sgrìobhadh
Dhan linn sa bheil sinn beò;
Bha còrr agus deich mìle
Fon Rìgh a ghabh an t-òr,
Gu onair 's dìon ar rìoghachd,
A Eilean grinn a' Cheò.   40

Chan eil mi dol a dhìteadh
Aon tìr tha fo na neòil,
Ach 's nàdarrach gun innsinn
Mun tìr san robh mi òg;
Measg nam pìobairean a b' fheàrr,
A chuir gaoth am màl gu ceòl –
Chaidh ceud is fichead àrach dhiubh
An Eilean àrd a' Cheò.   48

Cò nach tugadh gnùis
Agus cliù sna h-uile dòigh
Do luchd nam breacan dùbhghorm,
Nan lùirichean 's nan sròl?
Oir cha robh leud a ghrunnd
Air a chunntas san Roinn Eòrp',
Thog uiread riamh a dhiùlnaich
Ri Eilean cùbhr' a' Cheò.   56

Cuir mo shoraidh bhàrr nan cuantan
Gu Eilean uain' a' Cheò,
Far am bi na fleasgaich uasal
A' ruagadh damh nan cròc;

That land was home to heroes
who stood up for their rights;
their fists were strong and pithy –
to approach them was no joke;
and as we were given a tally
of those who did enlist,
for honour, praise and glory
from the fragrant Isle of Mist:

If I proceed to tell you,
there is no error in my tale,
because it is in writing
for those of our own day;
there were more than ten thousand
who took the King's gold coin
to defend our kingdom's honour,
from the lovely Misty Isle.

I am not going to condemn
any land beneath the clouds,
but it is natural for me to tell
of that land where I was young,
among the most tuneful pipers
who put wind within a bag –
six score of them were reared
in the lofty Isle of Mist.

Who would not give countenance
and praise in every way
to those of dark blue tartans,
of flags and armour plate?
For there was never a quarter
in Europe, of like size,
which reared as many stalwarts
as the fragrant Misty Isle.

Take my greeting over the oceans
to the green Island of the Mist,
where the noble youngsters
pursue the antlered stag,

'S na mnathan-taighe guanach
A' dèanamh uaill nan clò,
'S gur tric a ghabh mi duanag
Ga luadh anns a' Ghleann Mhòr.   64

Nuair thigeadh tùs an t-samhraidh,
Cha ghanntar a bhiodh oirnn;
Bhiodh pailteas bìdh is annlain
Anns a' ghleann san robh na seòid;
Bhiodh gruagaichean air àirigh,
'S an crodh len àl mun chrò,
'S a' dèanamh ime 's càise,
An Eilean àrd a' Cheò.   72

Nuair thigeadh tùs a' Mhàigh,
Bhiodh gach iasgair 's ràmh na dhòrn,
'S na bàtaichean nam mìltean
Ann an Loch Phort Rìgh fon seòl;
Dol suas gu bun Loch Aoidhneart,
'S gach sonn a' seinn a' cheòil
A rinn na bàird bu shaoibhir
A bha 'm beanntannan a' cheò.   80

Nuair thigeadh an Fhèill Màrtainn,
'S an sprèidh 's am bàrr air dòigh,
Na fir a' dèanamh cainnteig,
'S na plataichean nan tòrr;
Ri taobh na brìg bhuntàta,
Bhiodh baraill' làn de dh'fheòil –
Siud mar chaidh ar n-àrach
Ann an Eilean àrd a' Cheò.   88

. . . .

Ach cò aig a bheil cluasan
No cridh' tha gluasad beò,
Nach seinneadh leam an duan seo,
Mun truaigh' a thàinig oirnn?
Na mìltean a chaidh fhuadach,
A' toirt uath' an cuid 's an còir,
A' smaointinn thar nan cuantan,
Gu Eilean uain' a' Cheò.   96

and the light-hearted housewives
make tweed of which they're proud –
how often I sang a ditty
waulking it in Glen More.

At the outset of the summer,
no famine would we know;
there was food and meat in plenty
in the glen where heroes throve;
maids would be on the sheiling,
and cows with calves at fold,
producing cheese and butter
in the lofty Misty Isle.

At the arrival of Maytime,
each fisher gripped an oar,
and boats in their thousands
in Loch Portree set sail,
bound for the head of Loch Eynort,
while each hero sang the song
made by the poets of richest talent
in those mountains of the mist.

When Martinmas arrived,
and herds and crops were fine,
the men would make straw pallets
and weave blankets in a pile;
beside the heap of potatoes
was a barrel, filled with meat –
that's how we were reared
in the lofty Isle of Mist.

. . . .

But who has ears to listen
or a heart that throbs with life
who would not sing this song with me
about our most piteous plight?
The thousands who have been banished,
having lost their lot and right,
whose thoughts now cross the oceans
to the green Island of the Mist.

Ach cuimhnichibh gur sluagh sibh,
Is cumaibh suas ur còir;
Tha beairteas fo na cruachan
Fon d'fhuair sibh àrach òg;
Tha iarann agus gual ann,
Is luaidhe ghlas is òr,
'S tha mèinnean gu ur buannachd
An Eilean uain' a' Cheò.   104

Cuimhnichibh ur cruadal,
Is cumaibh suas ur sròl;
Gun tèid an roth mun cuairt duibh
Le neart is cruas nan dòrn;
Gum bi ur crodh air bhuailtean,
'S gach tuathanach air dòigh,
'S na Sasannaich air fuadach
A Eilean uain' a' Cheò.   112

. . . .

Canaibh leam an duan seo,
'S le suaimhneas seinnibh ceòl,
Mun naidheachd nuadh a fhuair sinn
A Eilean uain' a' Cheò –
Gu Armadail nan stuagh
Gun tug Raghnall gruagach òg,
Nighean còirnealair cho ainmeil
'S a tha 'n-diugh a' falbh an fheòir.   120

Ach cuimhnich do chuid tuatha,
Is cùm do chluas rim feum,
'S bi thusa mar bu dual dut
Dhan t-sluagh a tha fod sgèith;
'S on thug thu 'n fhìor bhean-uasal
A Crombagh ruadh an rèisg,
Biodh beannachd Dhè 's do shluaigh leat
Nad eilean buadhmhor fèin.   128

. . . .

Beannachd leibh, a chàirdean,
Anns gach ceàrn tha fo na neòil,

Remember that you are a people
and stand up for your rights;
wealth lies beneath those mountains
where you spent your early life;
iron and coal are stored there,
and grey lead, and gold,
and mines to bring you profit
in the green Island of the Mist.

Remember now your toughness
and hold your banner high;
the wheel will surely turn for you
by the strength and power of fists;
your cattle will yet have pasture,
and each farmer live in style,
and the English will be banished
from the green-clad Misty Isle.

. . . .

Join with me in my singing
and joyfully take up the tune,
about the news come recently
from the green Island of the Mist;
to Armadale of the gables
Ranald has brought a young maid,
daughter of as famous a colonel
as walks the grass today.

But be mindful of your tenants;
to their need incline your ear,
and act in accord with custom
towards those beneath your wing;
and since you took a most noble lady
from red Cromarty of the sedge,
may God and people bless you
in your own triumphant isle.

. . . .

Farewell to you now, my friends,
in each land beneath the clouds,

Gach mac is nighean màthar
An Eilean àrd a' Cheò;
Is cuimhnichidh sibh Màiri
Nuair bhios i cnàmh fon fhòid –
'S e na dh'fhuiling mi de thàmailt
A thug mo bhàrdachd beò.   136

60. Oran air Taobh MhicPhàrlain

a sheas airson Taghadh Pàrlamaid ann an Siorramachd
Earra-Ghàidheal [1892]

Seumas MacIlleathain

Anns a' bhliadhna ochd-ceud-deug
Is ceithir-fichead, 's gun do dheugaich e dhà,
An treas mìosa den t-samhradh
Nuair bha duilleach nan crann 's e fo bhlàth,
Chaidh an t-arm ann an òrdan
Dhol a thagairt an còir am measg chàich,
'S gun deach cuideachd a' Chòirneil
Chur don chùil sam bu chòir dhaibh bhith tàmh.   8

Nuair chaidh cogadh a ghlaodhach,
Chìte tighinn na laoich bha gun sgàth,
Làidir, ealanta, lùthmhor,
'S iad ri tarraing a dh'ionnsaigh chroinn-tàr,
Len cuid chlaidheamhan rùisgte
'S iad air bhioradh a-chum a bhith 'n sàs;
Thug iad mionnan mun d' ghluais iad
Gum biodh acasan buaidh air no bàs.   16

Leum na h-eileanaich uile –
Collaich, Muilich is Tirisdich fhìor,
Ilich 's Diùraich gu duineil
'S na bha 'n Colbhasa chuideachd MhicNìll –

to every son and daughter
from the lofty Isle of Mist;
you will remember Mary
when she is decaying under turf;
the humiliation that I endured
was what gave my poetry life.

A Song on the Side of MacFarlane

who stood for Argyll at a General Election [1892]

James MacLean

In the year eighteen hundred
and eighty, with twelve added on,
in the third month of summer
when the blossom of trees was in bloom,
the army drew up in order
to fight with the rest for its rights,
and the Colonel's company was driven
into the corner where it ought to reside.

When war was declared
the fearless heroes could be seen,
strong, nimble, energetic,
assembling to the fiery cross,
with their swords unsheathed,
eager to be engaged in the fight;
they swore before they moved
that they would win over him or die.

All the islanders leapt –
from Mull, from Coll and Tiree,
men from Islay and Jura so virile
and all in Colonsay belonging to MacNeill –

A-staigh fo bhrataich MhicPhàrlain
Dhol a sheasamh na làraich gu dìon,
'S thug iad sgrios air an nàmhaid
Bha gar gleidheadh nar tràillean fo chìs.   24

Nis bhon choisinn thu 'n t-urram
Thèid thu mhòr-bhaile Lunnainn a-suas;
Bidh an lùchairt na bànrighinn
Aite-suidhe aig MacPhàrlain bhios buan,
Thagairt cùis Earra Ghàidheal,
'S bidh tu misneachail, stàilinneach, cruaidh,
'S bheir thu dhachaigh a' chòir dhuinn
Rinn na nàimhdean le fòirneart thoirt uainn.   32

Bidh na fèidh air an sgapadh,
Cha bhi aon dhiubh an taice na frìth;
Thèid na coin ris na caoraich
Chuir na gaisgich air faondradh bhon tìr;
Bidh am fearann air àiteach
'S thèid na tulaichean àrda fo shìol,
'S à taigh croiteir is coiteir
Chithear smùid air neo toit anns na glinn.   40

in under MacFarlane's banner
to stand their ground and their claim,
and they wrought havoc on the ememy
who has kept us in tribute as slaves.

Now that you have won the honour,
you will go up to London's great town;
there will be in the Queen's palace
a seat for MacFarlane which will last,
to promote the cause of Argyll;
you will be hard, steel-like and brave,
and you will bring home our rights
which our enemies have stolen harshly away.

The deer will be scattered,
with none close to the deer-forest's side;
dogs will be set to the sheep
that drove the heroes in exile out of the land;
the earth will be cultivated,
the high hills will be placed under grain,
and from the house of crofter and cottar,
steam or smoke will be seen in the glens.

POPULAR SENTIMENT

The Land Agitation of the 1870s and 1880s found much support among Gaels who had settled in the Lowland cities, most notably in Glasgow. Romanticism flourished alongside radicalism after 1870, and encouraged the composition and publication of popular, sentimental Gaelic songs. The themes of earlier verse were maintained, but the creative emphasis shifted to ditties seldom consisting of more than six verses, sung to sweetly romantic tunes. They were frequently translated into English or Lowland Scots, or mixtures of both languages. Translations were often imitations, sometimes adjusting the originals fairly drastically for the sake of singability. In their new guises, these songs became the currency of Lowlanders who attended regular Highland gatherings in the cities. A bicultural community was emerging, with Lowland and Highland tastes.

It is clear that the composition, selection and translation of these songs became something of an industry for particular poets who were strongly influenced by the deepening Celtic Twilight. Chief among them were Henry Whyte and Malcolm MacFarlane, both stalwarts of the Glasgow cèilidh scene, and supporters of Highland land reform. Whyte's *Celtic Lyre* (1898) contains 68 such songs, translated mainly by himself, MacFarlane and Lachlan MacBean. It is telling that only two of the preceding 60 poems in the present anthology are found in Whyte's book, namely **Poems 43** and **59**. Short, sweet lyrics are indeed found in pre-1880 Gaelic composition, but they are not at its centre. The post-1880 collections, however, give pride of place to the lighter lyrics of Dr John MacLachlan, Neil MacLeod, Evan MacColl and Dugald MacPhail.

Romantic recollection is the keynote of these ditties. Songs like **Poem 61**, recalling an economic exile's happy childhood in Mull, became territorial anthems, marking local Gaelic identity in the anomie of the cities. **Poem 62**, a generalised lament for displaced Highlanders, helped to preserve a sanitised sense of outrage against the Clearances. Perhaps commonest were songs of unrequited love, such as **Poem 63**. National solidarity and jingoism had no less appeal, and **Poem 64**, in its hybrid English and Scots form, became an unofficial national anthem within 'couthy Scotland', remaining in the charts until it was displaced by the Corries' 'Flower of Scotland' at the end of the twentieth century. Gaelic song and music ultimately became a theme in itself, exemplified by **Poem 65**. As MacKechnie's song unwittingly indicates, sentimentality finally triumphed over sense in the Lowland concert-halls by the end of the century.

POPULAR SENTIMENT

61. An t-Eilean Muileach

Dùghall MacPhàil

An t-Eilean Muileach, an t-eilean àghmhor,
An t-eilean grianach mun iath an sàile;
Eilean buadhmhor nam fuar-bheann àrda,
Nan coilltean uaine, 's nan cluaintean fàsail.

Ged tha mi 'm fhògarrach cian air m' aineol
Sa Chaisteal Nuadh, san taobh tuath de Shasainn,
Bidh tìr mo dhùthchais a' tighinn fa-near dhomh,
An t-Eilean Muileach bu lurach beannaibh.   8

B' fhallain, cùbhraidh, 's bu rèidh an t-àilean,
Le bhlàthan maoth-bhog bu chaoine fàileadh;
Bu ghlan na bruachan mun d'fhuair mi m' àrach
An Doire Chuilinn aig bun Beinn Bhàirneach.

Air Lusa chaisleach nan stac 's nan cuartag,
Bhiodh bradain thàrr-gheal nam meanbh-bhall ruadh-bhreac,
Gu beò-bhrisg, siùbhlach, le sùrd ri lùth-chleas
Na cuislibh dùbhghorm gun ghrùid, gun ruadhan.   16

Bu chulaidh-shùgraidh do dh' òg-fhir uallach,
Le gathan trì-mheurach, rinneach, cruaidh-ghlan,
Air caol-chroinn dhìreach, gun ghiamh, gun chnuac-mheòir,
Bhith toirt nan làn-bhreac gu tràigh mu bruachan.

B' e 'n sòlas-inntinn leam a bhith 'g èisdeachd
Ri còisir bhinn-ghuthach, ghrinn a' Chèitein,
A' seinn gu sunndach an dlùths nan geugan –
A' choill' fo liath-dhealt, 's a' ghrian ag èirigh!   24

Chlaon gach sòlas dhiubh siud mar bhruadar,
'S mar bhristeadh builgein air bhàrr nan stuagh-thonn:
Ach soraidh slàn leis gach loinn is buaidh,
A bh' air eilean àghmhor nan àrd-bheann fuara.

The Isle of Mull

Dugald MacPhail: transl. by Malcolm MacFarlane

The Isle of Mull is of isles the fairest,
Of ocean's gems 'tis the first and rarest;
Green grassy island of sparkling fountains,
Of waving woods and high towering mountains.

Though far from home I am now a ranger,
In grim Newcastle a doleful stranger,
The thought of thee stirs my heart's emotion,
And deeper fixes its fond devotion.

O! fresh and fair are thy meadows blooming,
With fragrant blossoms the air perfuming,
Where boyhood's days I've oft spent in fooling,
Around Ben-Varnick and Durry-Cooling.

Where Lussa's stream through the pools comes whirling,
Or o'er the clear, pebbly shallows swirling,
The silvery salmon is there seen playing,
And in the sunbeams his hues displaying.

There might young manhood find fit enjoyment,
In healthy, vigorous, rare employment;
With three-pronged spear on the margin standing,
And with quick dart the bright salmon landing.

How pleasant 'twas in the sweet May morning,
The rising sun thy gay fields adorning;
The feathered songsters their lays were singing,
While rocks and woods were with echoes ringing.

But gone are now all those joys for ever,
Like bubbles bursting on yonder river:
Farewell, farewell, to thy sparkling fountains,
Thy waving woods and high towering mountains!

62. Fuadach nan Gàidheal

Eanraig MacIlleBhàin ('Fionn')

Gura mise tha tùrsach,
A' caoidh cor na dùthcha,
'S na seann daoine cùiseil
Bha cliùiteach is treun;
Rinn uachdrain am fuadach
Gu fada null thar chuantan,
Am fearann chaidh thoirt uapa
'S thoirt suas do na fèidh.   8

'S e siud a' chulaidh nàire
Bhi faicinn dhaoine làidir
Gam fuadach thar sàile
Mar bhàrrlach gun fheum;
'S am fonn a bha àlainn
Chaidh chur fo chaoraich bhàna,
Tha feanntagach sa ghàrradh
'S an làrach fo fheur.   16

Far an robh mòran dhaoine
Lem mnathan is len teaghlaich,
Chan eil ach caoraich-mhaola
Ri fhaotainn nan àit':
Chan fhaicear air a' bhuaile
A' bhanarach le buaraich,
No idir an crodh guaill-fhionn
'S am buachaille bàn.   24

The 'n uiseag anns na speuran,
A' seinn a luinneig gleusda,
'S gun neach ann ga h-èisdeachd
Nuair dh'èireas i àrd;
Cha till, cha till na daoine
Bha cridheil agus aoibheil –
Mar mholl air latha gaoithe
Chaidh 'n sgaoileadh gu bràth.   32

The Dispersal of the Gaels

Henry Whyte: transl. by Henry Whyte

I mourn for the Highlands,
Now drear and forsaken,
The land of my fathers,
The gallant and brave;
To make room for the sportsman
Their lands were all taken,
And they had to seek out
New homes o'er the waves.

Oh! shame on the tyrants
Who brought desolation,
Who banished the brave,
And put sheep in their place;
Where once smiled the garden,
Rank weeds have their station,
And deer are preferred
To a leal-hearted race.

Oh! where are the parents
And bairns yonder roaming?
The scene of their gladness
Is far o'er the main;
No blithe-hearted milkmaid
Now cheers us at gloaming;
The herd-boy no longer
Is seen on the plain.

The lark still is soaring,
And sings in her glory,
With no one to listen
Her sweet morning lay;
The clansmen are gone –
But their deeds live in story –
Like chaff in the wind,
They were borne far away.

63. Mo Rùn Geal Dìleas

Gun ùghdar cinnteach

Mo rùn geal, dìleas, dìleas, dìleas,
Mo rùn geal, dìleas, nach till thu nall?
Cha till mi fèin riut, a ghaoil, chan fhaod mi;
Ochòin, a ghaoil, 's ann tha mise tinn.

Is truagh nach robh mi an riochd na faoilinn
A shnàmhadh aotrom air bhàrr nan tonn;
Is bheirinn sgrìobag don eilean Ileach,
Far bheil an rìbhinn dh'fhàg m' inntinn trom.   8

Is truagh nach robh mi 's mo rogha cèile,
Air mullach shlèibhte nam beanntan mòr,
'S gun bhith gar n-èisdeachd ach eòin nan speura,
'S gun tugainn fhèin di na ceudan pòg!

Thug mi còrr agus naoi mìosan,
Anns na h-Innsean a b' fhaide thall;
'S bean bòidhchead d' aodainn cha robh ri fhaotainn
'S ged gheobhainn saoghal chan fhanainn ann.   16

Thug mi mìos ann am fiabhras claoidhte,
Gun dùil rium oidhche gum bithinn beò;
B' e fàth mo smaointean a là 's a dh'oidhche,
Gum faighinn faochadh is tu bhith 'm chòir.

Cha bhi mi strì ris a' chraoibh nach lùb leam,
Ged chinneadh ùbhlan air bhàrr gach gèig;
Mo shoraidh slàn leat ma rinn thu m' fhàgail,
Cha tàinig tràigh gun mhuir-làn na dèidh.   24

My Faithful Fair One

Author uncertain: transl. by Henry Whyte

My faithful fair one, my own, my rare one,
Return my fair one, O, hear my cry!
For thee, my maiden, I'm sorrow-laden:
Without my fair one I'll pine and die!

O! could I be, love, in form of seagull,
That sails so freely upon the sea,
I'd visit Islay, for there abiding
Is that sweet kind one I pine to see.

O! could we wander where streams meander,
I'd ask no grandeur from foreign clime;
Where birds would cheer us and none would hear us,
I'd kiss my dear one and call her mine.

In foreign regions I lived a season,
And none could see there with thee to vie;
Thy form so slender, thy words so tender,
I will remember until I die.

In fevered anguish, when left to languish,
No human language my thoughts could tell,
I thought, my dearie, if thou wert near me
To soothe and cheer me, I'd soon be well.

I won't contend with a tree that bends not,
Though on its tendrils rich fruit should grow:
If thou forsake me I won't upbraid thee, –
The greatest ebb tide brings fullest flow.

64. Fòghnan na h-Alba

Eòghann MacColla

'S e fòghnan na h-Alba lus ainmeil nam buadh,
Lus grinn nan dos calgach thug dearbh air bhith cruaidh;
Seann suaicheantas mòrail tìr bhòidheach mo luaidh –
'S tric dh'fhadaich a dheagh chliù tein'-èibhinn nam ghruaidh.

Lus deas nam meur cròcach nach leònar le stoirm;
Ged 's ionnan teachd ceàrr air 's laoch dàna fo arm,
'S leis clòimh tha cho maoth geal ri faoileag na tràigh,
'S bàrr-ghucan cho ciùin-ghorm ri sùilean mo ghràidh.   8

Mo dhùthaich chan ioghnadh mòr-chliù air thighinn bhuait,
'S a liuthad buaidh-làraich 's deagh ghnàth tha ris fuaight';
An cian is le Albainn luchd-seanchais no bàrd
Bidh meas air a dhealbh anns gach gorm-bhonaid àrd.

Sluagh borb, le droch rùn dha, 's tric bhrùchd air a-nuas;
'S tric bhrùchd, ach, gun taing dhaibh, a cheann chùm e suas;
Nuair shaoil iad bhith buadhach, 's ann fhuair iad fàth bròin;
Feuch! a' cinn thar an uaighean an cluaran gun leòn!   16

Mo bheannachd gu bràth air! Cia 'n Gàidheal no 'n Gall
Nach seasadh gu bàs e, ga theàrnadh bho chall?
Cò, ìosal no uasal, bheir cluas do mo dhàn
Nach òladh leam 'Buaidh leis' bho chuachannan làn!

The Thistle of Scotland

Evan MacColl: transl. by Malcolm MacFarlane

O, the thistle o' Scotland was famous of auld,
Wi' its toorie sae snod and its bristles sae bauld;
'Tis the badge o' my country, it's aye dear tae me;
And the thocht o' them baith brings the licht tae my ee.

Its strength and its beauty the storm never harms;
It stan's on its guard like a warrior in arms;
Yet its down is as saft as the gull's on the sea,
And its tassle as bricht as my Jeanie's blue e'e.

O, my country, what wonder yer fame's gane afar;
For yer sons ha'e been great baith in peace and in war;
While the sang and the tale live they'll win respect,
The lads neath the bonnets wi' thistles dedeckt.

Langsyne the invaders cam owre to our shore,
And fiercely our thistle they scutched and they tore;
When they maist thocht it deid, 'twas then it up bore,
And it bloomed on their graves quite as strong as before.

My blessings be yours! Is there Scotsman ava
Wad stan' by and see ony harm on ye fa'?
Is there gentle or semple wha lives in our land
Wad refuse to drink a health to the thistle so grand?

65. Na Seann Orain

Dòmhnall MacEacharna

O, seinn a-rìs iad, mo chailinn dìleas,
'S iad thogadh m' inntinn os cionn gach dòrainn;
Tha 'n cridhe fuaraidh nach dèanadh gluasad
Ri èisdeachd dhuanag air fuaim cho ceòlmhor:

Cho binn 's a dh'èireas am bàrr na gèige,
Air madainn Cheitein à beul na smeòraich;
Air fuinn a dh' fhàsas 's na glinn gu nàdarr',
'S nach tig gu blàth ach an sgàth nam mòr-bheann.   8

Tha greis on dh'fhàg mi an gleannan fàsail,
San d'fhuair mi m' àrach an làithean m' òige;
San cual' mi chànain tha 'm chluais gun fhàgail,
Am fuaim nan dàn air an robh mi eòlach.

O, creid gur firinn a tha mi 'g innse,
Is ionmhas prìseil do thìr a h-òrain;
Cha dìleab shuarach on bhàrd a dhuanag,
Ged 's beag, mo thruaighe, chuir i na phòca.   16

O, ceòl ar dùthcha, is spiorad iùil e
A tha 'g ar stiùireadh air cùrsa mòrachd;
An cumail ùrail nam beusan fiùghail,
A choisinn cliù dhuinn an cùis na còrach.

Na fhann-ghuth gràsmhor, biodh ceòl nan àrd-bheann,
Am chluais san là bhios gun mhàireach dhòmhsa;
'S mo bheannachd dh'fhàgainn, an cainnt mo mhàthar,
Don tìr rinn m' àrach an làithean m' òige.   24

The Old Songs

Donald MacKechnie

O, sing them again, my loyal lassie,
for they'd raise my spirits above each sorrow;
that heart is cold that would show no emotion
when hearing songs to a sound so melodious:

To as sweet an air as fills the tips of branches,
on a May morning, from the mouth of skylark;
to tunes that grow in the glens by nature,
and blossom only in the shade of mountains.

It is some time since I left that lonely glen,
where I was raised in the days of boyhood,
where I heard the language that my ear still carries
in the sound of songs which were once familiar.

O, do believe me when I declare it,
that a country's songs are a precious treasure;
a poet leaves no small legacy in his ditty,
though, alas, it put little into his pocket.

O, our country's melodies are a guiding spirit
that directs us forward on a course that's noble;
we should keep them fresh with their worthy values
which earned us renown in the cause of justice.

With its merciful whisper, may the mountains' music
be in my ear on that day which will have no morning;
and I'd leave my blessing in my maternal language
on the land that reared me in days of boyhood.

Notes

NOTES ON THE POEMS

1. *Cead Deireannach nam Beann*

Source: MacLeod 1952: 386–91. For the tune, see *Còisir a' Mhòid* 2 (1913–1925): 4.

Duncan MacIntyre paid his last visit to Beinn Dòbhrain on 19 September 1802. This song appears to have been composed the following day. According to Calder 1912: 511, 'there is a tradition . . . that he made it sitting on a stone opposite Annat, less than a mile upstream from the Railway Viaduct in Auch Glen; and further, that the bard could not finish the song owing to the extreme agitation he experienced on beholding the scenes of his youth and early manhood, and that he was assisted to complete it by his brother Malcolm.' Whether or not the poet's skill forsook him to such an extent that his brother's help was needed, it is quite possible that he may not have completed the song at one 'sitting'.

64   *nighean Deòrs' / George's daughter*: the gun used by Duncan when he was employed by Edinburgh City Guard. The reference is to George III. Duncan's gun on the hill in former days was *Nic Còiseam* ('Còiseam's Daughter').

2. *Moladh Abhainn Ruaile*

Source: MacColla 1886: 27–30.

The poem cannot be dated. Its direct references to recent personal experience of the delights of the River Ruel may suggest that it predates the poet's emigration to Canada c. 1842, but it is not found in MacColla 1836. It may well be a cleverly constructed piece of retrospection. The River Ruel flows through Glendaruel, Argyllshire.

15   *plath-fathar*: I am not familiar with this word, and it is not listed in the main dictionaries. In the context it appears to mean 'enticement, spell, amazement'.

37–42 The River Ruel is fed by many tributaries, as a glance at the relevant Ordnance Survey map will reveal.

3. *Fàilte don Eilean Sgitheanach*

Source: MacLeòid 1975: 22–24. For the tune, see *Còisir a' Mhòid* 1 (1896–1912): 42.

9   *an Cuilithionn*: The original version of the song gave the name of this range of mountains as *Cuchuilinn*, a false etymology which implied that it was derived from that of the Ulster warrior, Cù Chulainn. Misty speculation of this kind was typical of the period of composition. The poem evidently first appeared in print in 1874 in *An Gàidheal* 3: 83–84.

11   *Le fhiasaig*: literally 'with his beard, whisker'. I have assumed that a 'mane' is more appropriate to the lion and to the sense of the next line.

4. *Nuair bha mi òg*

Source: Nic-a-Phearsoin 1891: 28–29. See also Meek 1998: 119–21. For the tune, see *Orain a' Mhòid*, XIV (1937): 2. This song was evidently composed while Mary MacPherson was resident in the Lowlands, that is, sometime before 1882, and probably in the late 1870s.

2   *ann an Os*: When Mary was on holiday in Skye, she stayed regularly at Glen Ose House with her close friend, *Bean Ois* ('The Wife of Ose'), namely Mrs Margaret MacRae (née MacLennan) (1833–1904), wife of Duncan MacRae (1806–77). Duncan, descended from the 'Black MacRaes' of Kintail, belonged to Fadoch, near Inverinate, and Margaret was a native of Strathconnon. The couple met and married in Australia in 1857. Duncan emigrated to Tasmania in 1826, but moved to the Portland Bay area of western Victoria to take advantage of newly discovered pasture lands. He settled at Pleasant Hills, near Digby. Margaret emigrated to Victoria in the early 1850s. In 1860 the couple returned to Scotland, and Duncan farmed first at Knock in Sleat, and then took the sheep-farm of Ose in the early 1870s. In 1882 Margaret disposed of Ose farm, and returned to Australia with two of her three remaining children. She died at Cowe's Creek, near Geelong. (I am very grateful to Mr Roderick Balfour, Croy, for this information.)

31   *'n tobht' aig Anndra*: The location of this ruin is not certain. One tradition (for which I am indebted to Mr Calum Lamont, Inverness) identifies it as the house of a certain Andrew Stoddart at Dig, near Flodigarry in the north end of Skye. As the reference to the Old Man of Storr (l. 4) indicates, Mary's mind evidently roves far from Ose in the course of the song.

5. *Eilean na h-Oige*

Sources: Watson 1959: 1–8. Campbell 1965: 80–88; 122–30 (transl.). The metre is that of 'Ruidhle Coileach a' Chinn Mhòir', and the tune is written out by Dr Campbell (80). The text was first printed as a broadsheet, and then in *Am Bolg Solair* (1907): 21. Dr Campbell gives the title of the song as 'Ceathramhnan a rinneadh do dh'Eirisgeidh' ('Verses that were made to Eriskay'), which was given to it by Fr Allan. He provides a main text of 27 verses, matching Watson's, but with an additional two verses which were originally verses 3 and 4 of the song. These were omitted by Fr Allan himself from the fair copy prepared for publication.

Both verses are of some interest, though it is not entirely clear why Fr Allan omitted them from the full published text. It is possible that he may not have regarded them as adding much to the description of Eriskay, though he may also have considered that they did not accord fully with the idealised, if not idyllic, picture of Eriskay which the rest of the song presents, perhaps as a deliberate contrast to the prevailing mood of nostalgia emanating from poets like Neil MacLeod. It is noteworthy that the vices and hardships of the islanders are the theme of both verses. The first verse (Campbell 1965: 88, 130) refers to the faults of the Eriskay people, which they have in common with the rest of humanity, but also to the problems which they were able to banish from their midst:

> *'S ann tha chuideachd a tha duineil*
> *Thigeadh rium an dòigh ac'*
> *Dhe na ciontan tha 's na h-uile*
> *Gu bheil unnainn còir dhiu*
> *Coimhearsp ceanraig agus carachd*
> *Bleid an fhia[bh]rais mhòir ud*
> *Shadadh buileach as ar cuideachd*
> *Bharr na tuinne 'm pòr ud.*

('Many people are there, whose ways appeal to me. We have our fair share of the faults that are found in everyone, but hanging back, contention, and trickery, the self-pitying importunity of the "great fever", that sort of thing has been utterly banished from our company over across the water.')

As Campbell (130) indicates, the 'great fever' is probably an allusion to the typhus epidemic of 1897, which did not affect Eriskay but affected South Uist. The epidemic may be mentioned again in the concluding line of the song, though Campbell suggests that what the poet had in mind was 'contemporary political and sectarian strife in South Uist, rather than the unpleasantness of the world in general'. The reference to the epidemic would date the song to the closing years of the nineteenth century. The second verse makes pointed reference to the evictions carried out by Colonel Gordon in South Uist in the mid-nineteenth century. Evicted crofters were forced to huddle initially in Bàgh Hartabhagh in South Uist, and then came across to 'the bare rocks of Eriskay'. The verse is given by Campbell (88, 130) as follows:

> *Bho chionn fhada chuir gach madadh*
> *Chluinneadh fead a' Ghòrdoin*
> *Mach ri cladach fearaibh gasda*
> *Mar bhiodh baidean ògan*
> *Cha robh taic ud 'n lagh sin againn*
> *Dhianadh tagradh còir dhuinn,*
> *Ach 's e theasraig sinn am Freasdal*
> *'S chuir gu'r leas an fhòirneart.*

('Long ago every cur that would harken to Colonel Gordon's whistle drove fine men, like a bunch of lambs, down to the seashore; we didn't then have [the support of] that law [i.e. the Crofters' Holdings (Scotland) Act of 1886] under which we could claim our just rights; but it was Providence that saved us from oppression.')

The present edition omits ll. 73–144, 161–68, and 177–200 in Watson 1959, which correspond to verses 11–18, 21 and 23–25 as numbered in Campbell 1965. A couple of variant readings from Campbell are noted.

11   *an sàr dhuine*: This was *Dòmhnall mac Iain 'ic Sheumais*, 'Donald son of John son of James', of Caisteal a' Chamais (Castle Camus) in Sleat, Skye. He was noted as a poet, warrior and drover, and held Eriskay from Clanranald. He lived there as a young man. He was engaged in much strife with the MacLeods, whom he defeated at the battle of Carinish in North Uist in 1601. Watson 1959: 263 states that he was an old man by 1648.

13   *Iain Mùideartach*: John of Moidart, chief of Clanranald (1619–70). He fought with Montrose at Inverlochy in 1645. He died in Eriskay, and was buried in Howmore, South Uist.

19–20   Campbell 1965 reads *Fonn air luinneig aig gach cruinneig, / Cha n-eil cion de cheòl oirnn* ('every girl is at the chorus of a song, we have no lack of music').

37   *na Sgrìne*: *An Sgritheann* is Eriskay's highest hill.

51   Campbell 1965 reads *'s luath a lamhan* ('fast his hands are').

53   *Taigh a' Bhealaich*: This was not identified in Campbell 1965, but it is clearly the local cèilidh-house. MacInnes 1997: 17–18 identifies it as Taigh Aonghais Iain Bhig, and says of its occupants: 'This remarkable family, whom I knew well in my childhood days, were the "have a go" type both on the entertainment and surviving sides of life. Their house was never without musical instruments and visitors.'

56   *rann na Fèinne*: Gaelic ballads about the Fèinn, the legendary Fionn mac Cumhaill's group of warrior-hunters, were collected by John Francis Campbell of Islay and published by him in *Leabhar na Fèinne* in 1872. See **Poem 8**, l. 14 n, and **Poem 33**.

79   *cuilidh Mhuire*: 'Mary's storehouse' is a Catholic kenning for the sea, which provided a livelihood for the men of Eriskay.

95–96   Campbell comments (1965: 128) that 'Fr Allan may have had his fellow-clergyman Fr John Mackintosh of Bornish in mind here. He disapproved of Fr Mackintosh shooting seals.'

6. Còmhradh eadar Dùn Bhrusgraig agus Fear-turais

Source: Mac-na-Ceàrdadh 1879: 321–4; *An Gàidheal*, I: 25–26, with a sequel, 51–53, composed in Oakville, Ontario, in 1870. The piece was first published independently in 1861 by Neil Campbell, 17 Malta Street, Glasgow: see MacLean 1915: 185. The tune is given by Mac-na-Ceàrdadh (321) as 'Gur h-i 'n Galuit [Galghad] a bh'aig Rumair'.

The introductory note in *An Gàidheal* states that the piece was composed two years after the bankruptcy of Walter Frederick Campbell of Shawfield in 1848 (l. 100; see also **Poem 33**), i.e. in 1850. The Islay estate was then undergoing considerable change, as attempts were made to achieve some degree of financial viability. This led to clearances on a larger scale than had been effected in the days of the old Campbell laird, who was viewed generally as a sympathetic landlord. Eventually the estate was sold. It was purchased by James Morrison of Basildon Park, Berkshire, in 1853, and, in keeping with a prior arrangement, the Kildalton and Oa portions were bought in 1855–58 by John Ramsay, a Lowland distiller who had been an advisor and trustee to the Campbells. Ramsay's estate policy actively promoted 'voluntary emigration' to Ontario (see **Poem 7**).

The theme of the poem is emigration from 'The Glen' (l. 65). This is identified in *An Gàidheal* as Glen Cattadale, below Dun Nosebridge, 'far an robh air an àm seo dà bhaile dheug fearainn 's mòran tuath agus gillean treun a bha ghnàth ullamh gu còir na dùthcha agus na Ban-righ a sheasamh' ('where there were at this time twelve farms and many tenants and strong lads who were always ready to stand up for country and Queen'). Campbell of Islay's overseer, William Webster, is mentioned disapprovingly (ll. 70, 77), as is James Brown (l. 77), an Edinburgh accountant who adminstered the estate from January 1848 until August 1853, and who was 'responsible for several further clearances, for instance in Nosebridge and other townships in "The Glen"' (Storrie 1997: 153–4).

1–9   *Dùn Bhrusgraig* is clearly Dun Nosebridge, the most conspicuous and best known of several Iron Age hill forts of

Islay. It overlooks 'The Glen'. No other fort would fit the context. However, the Gaelic and English nomenclatures do not tie up neatly. The relationship of the Gaelic form *Dùn Bhrusgraig* to the present Anglicised name *Dun Nosebridge* presents something of a puzzle. In twentieth-century Islay, it is claimed that the fort was known in Gaelic as *Dùn Nòsbrig* (MacEacharna 1976: 38, 117). MacEacharna derives the name *Nòsbrig* from Norse *knaus* ('rocky hill') and *borg* ('fort'). Professor William Gillies, however, suggests to me that the name may, in fact, derive from Old Norse *gnúps* (< *gnúpr*, 'peak, summit') + *borg* ('fort'), possibly giving both *(G)Nùsbraig* (whence present-day Nosebridge) and the metathesised form *Brùsgraig*, yielding *Brusgraig*, as in the present poem. Cf. *Noustapal* (South Uist), as explained in Cox 1994: 53. The latter version of the name may have been lost as a result of the population displacement which the poem commemorates.

37   *Gall*: Disparaging references to aggrandising 'Lowlanders'– *Gall* applying in the first instance to 'non-native, stranger' – are attested in other songs from Islay: see **Poem 7**, ll. 69–70. The underlying sense of grievance was doubtless caused by the arrival of non-native tenant farmers, such as the two brothers, Duncan and James Campbell, who came to Kilchiaran in c. 1826 and displaced local people from a traditional holding which had no less than seventeen direct tenants in 1825 (Storrie 1997: 128–9). Campbell of Islay's later trustees and their officers appear to have maintained this policy after 1848. Cf ll. 86–87.

68   *do chàirdean*: One of MacCorkindale's relatives who emigrated around this time may well be the composer of **Poem 13**.

72   *don Ros*: the Ross of Mull, from which intending emigrants would usually have travelled overland to Tobermory, one of the main ports of embarkation for islanders emigrating from the Inner Hebrides in the nineteenth century. See MacArthur 1989.

96   *Boc agus Càrach*: nicknames of the actual *maoir*, i.e. the ground officers who did the bidding of Brown and Webster. In *An Gàidheal*, I: 25–26, the line is given as *Gach Boc 's gach Caora* ('Every Buck and Sheep'), and explained in the introductory note.

7. *Fios chun a' Bhàird*

Source: Livingston 1882: 151–5, where an alternative title, 'Oran Bean Dhonnachaidh', is provided, and the tune is given as 'When the kye come hame'. The text is also found in Mac-na-Ceàrdadh 1879: 307–11, where the origin of the song is explained as follows: 'The Bard expressed a great desire to have a piece of home-made "Islay Cloth" to make a kilt or jacket; Mr. R. Blair, now minister of St. Columba Church, Glasgow, sent the Bard a web of grey home-made cloth, got from his mother for this purpose, with the following address upon it, "Fios thun a' Bhàird Ilich, o Bhean Dhonnachaidh". In return for this Wm. Livingstone sent the following song, hence the name and chorus.' Robert Blair, who edited Livingston 1882, confirmed the accuracy of this story. The song was first published in 1863 as a broadsheet in double columns by Wm Gilchrist, Printer, Howard Street, Glasgow (MacLean 1915: 166). As is evident from the note on l. 14, the song was composed in that year.

'Fios chun a' Bhàird' provides a picture of the effects of the process of clearing and emigration depicted in **Poem 6**. It is constructed in two precisely measured sections, and the transition occurs at exactly the mid-point of the poem (l. 57). The first section (ll. 1–56) describes the deceptive beauty of an island which is increasingly becoming a pastureland. The landscape appears to flourish, and teems with wildlife. Such vitality is, however, an illusion. The second section (ll. 57–112) presents a grimly realistic picture of the displacement of the local population to make way for sheep. It portrays the consequent decay of community life, the decline of friendship and fun, and ultimately the ruination of the land itself, which is no longer cultivated as it used to be, but is 'set aside' for grazing. In what must be a deliberately sharp contrast to the verbal fecundity and expansive sketching of the opening verses, the last verse (ll. 105–12) offers an angry and tersely worded vignette of an island devastated by heartless clearing. It is highly likely that Livingston was thinking in particular of the effects of the estate policies of John Ramsay, who became landlord of Kildalton and Oa after 1855 (Ramsay 1969).

It is worth noting that Livingston's themes share some common ground with those of the land reformer, John Murdoch (see **Poem 57**). Murdoch was brought up in Islay, and in 1859 he wrote an account of a visit to the island, entitled 'The Queen of the Hebrides' (NLS MS 14986). There he describes the change in Islay caused by the removal of the population, especially in the west of the island. His comments on the consequences mesh closely with the main themes of Livingston's poem:

'In some places we found the ruins of a humble husbandman's cottage; in others there remained nothing to tell where a human habitation had been but nettle; whilst ridges, and even fences, could in many places be discerned far away in the interior of wild regions now left to the undisputed dominion of heather and wildfowl. The now prevalent notion that it is only by a system of high and large farming that the most can be made of the soil, and another notion in pursuance of which men are banished to make a solitude for game, have in too many instances in Scotland interfered with the obvious designs of nature. And, as a great and melancholy result, we find the land in a state of wild unproductiveness while the people who ought to be cultivating it are wanderers in strange lands' (Hunter 1986: 109).

The concept of 'wild unproductiveness' is at the heart of Livingston's poem. There are closer correspondences. Murdoch goes on to describe a visit to the former tenant farm at Kilchiaran (see **Poem 6**, l. 37 n). He refers to the fate of those who were expelled to make way for the new owner, and the consequences for the older settlements in the area: 'And not one stone remains upon another to tell where their cosy hearths once blazed – excepting what we saw in one old sooty house . . .' (ibid.: 113). Cf. ll. 81–88.

In view of the evidence of **Poem 57**, it is highly likely that Murdoch and Livingston were in contact with one another in the late 1850s and early 1860s. They may have exchanged ideas as well as manuscripts. Indeed, one wonders if Livingston actually saw a draft of 'The Queen of the Hebrides', and was influenced by it to some degree.

14   The Blairs originally held the tenancy of the farm of Lòn Bàn, near Bowmore, in Islay. This line refers to their relinquishing of that tenancy at Martinmas 1863 (Mac-na-Ceàrdadh 1879: 308).

41   *bogha mòr an t-sàile*: a reference to the village of Bowmore, known in Gaelic as *am Bogha Mòr*, apparently interpreted by Livingston as 'the great bow'.

69   *gamhlas Ghall*: See **Poem 6**, l. 37 n.

89–90 This refers to the process of waulking newly-woven tweed, in order to tighten and toughen it. It was generally carried out by the women of the community, who sang traditional songs to ease and expedite the hard effort of pounding the cloth on the waulking-board (*cliath*). In his account of Islay noted above, Murdoch describes a traditional waulking, done with the feet: 'For this work it was the women who assembled. They were seated in two rows facing each other so as to form opposing pairs. The cloth, properly moistened, was laid along a board on which two rows of feet met. To a lively description of song, these feet, to the number of a score or more, pounded away at the *clo*' (Hunter 1986: 112). See also the description in **Poem 5**, ll. 41–48, of a waulking done with the forearms.

99   The first half of the nineteenth century witnessed much activity by travelling evangelists, often of Baptist and Independent persuasion, who visited the Inner Hebrides regularly. They gathered the people in fields and cottages in order to hear sermons. In several of the Inner Hebrides, notably Islay, Mull, Colonsay and Tiree, small churches were formed, which survive, though in greatly attenuated forms, to the present time. See Meek 1987.

101   Adders are relatively common in Islay and Jura, and are often

encountered in ruined or desolate houses.

105   *an Oa*: the promontory to the south-west of Port Ellen.

106   *an Lanndaidh*: This is now commonly used as a poetic name for Islay as a whole, but originally it appears to have denoted only a part of the island, perhaps the northern sector of the Rhinns, from Kilchoman to Gruinneard.

107   *an Learga*: apparently the area between the Oa and 'The Glen'.

109   *an Gleann*: See **Poem 6**.

8. *Och! Och! Mar tha mi*

Source: Gillies 1880: 33–34. For the tune, see *A' Chòisir-chiùil*: 10.

This is one of a cycle of anti-shepherd songs which emerge from the late 1790s and continue throughout the nineteenth century, though decreasing somewhat in length and venom as the century progresses. The trend-setter seems to be Ailean Dall MacDougall's lengthy satire, 'Oran do na Ciobairibh Gallda' ('Song on the Lowland Shepherds'), which was composed c. 1798 with the Glengarry estates in mind, and fires a searing verbal volley against the shepherds (Meek 1995a: 47–53). MacDougall's song attacks the shepherds for displacing the traditional customs of the Gaels, using English instead of Gaelic, breaking the Sabbath with their zeal for buying and selling lambs, and polluting the environment with their filthy habits of smearing sheep with tar and castrating lambs with their teeth. Their vile ways are contrasted with the wholesome pursuits and practices of the Gaelic people themselves, including their music and language. The deer too have vanished, scared off by the shepherds' whistling. MacLachlan's song would pass for a summary of Ailean Dall's larger piece, but its chief concerns are more subtly and deftly expressed. Thus, the underlying message that the shepherds are bringing death to the region is communicated by comparing the shepherds' fingers with the crow's pinion (l. 20), and MacLachlan understands (as MacDougall does not, or does not want to) that the presence of the shepherds is related to wider social and economic changes, including the decay of the old-style chiefs and the arrival of a new class of landlords in the Highlands (ll. 23–24).

6   *Mòr-bheinn*: This is almost certainly a patina from James Macpherson's 'Morven', superimposed on the real Morvern.

14   *Fionn*: a roving warrior-hunter whose exploits, and those of his troop, *an Fhèinn*, were known and commemorated in both Ireland and Gaelic Scotland, in tale and ballad (see **Poem 5**, l. 56 n). Although domiciled primarily in Leinster in Ireland, Fionn was a pan-Gaelic warrior, with no special connection with Scotland. MacLachlan's claim that he lived in his own locality probably reflects the influence of Macpherson's

'Ossian', which located Fionn (Fingal to Macpherson) in
Morven (see previous note).

28   *Tòmas*: Thomas the Rhymer, the thirteenth-century poet and
prophet associated with Erceldoune, and the subject of a well-
known Scottish ballad of that name (see Lyle 1994: 132–4,
275–6). His alleged prophecies were preserved in Scottish
tradition across the centuries. One of these concerned the
Highlands, and was to the effect that 'the jaw-bone of the sheep
would put the plough on the hen-roost'. This saying was
frequently recollected by Gaelic poets in the context of the
clearances (as it was in Ailean Dall's 'Oran do na Cìobairibh
Gallda'). It was sometimes ascribed to a native Highland seer,
Coinneach Odhar.

9. *Trom tiamhaidh mo chridhe*

Source: Gillies 1880: 36–37, where the tune is given as 'Thoir a-nall
dhuinn am botall'.

Compared with **Poem 8**, which has enjoyed considerable popularity
across the years, this song is one of MacLachlan's lesser known items.
Its strength lies in its restrained and heartfelt appreciation of the vigor-
ous pastimes of a vanished community. It contains echoes of **Poem 8** in
ll. 5–8, and it is to a certain extent a continuation of the same theme,
but it is more concerned to show the actual consequences of population
displacement. Empty villages, where once he had known human
companionship, pained MacLachlan deeply, and he was unable to
forget their former inhabitants.

10. *An Gleann san robh mi Og*

Source: MacLeòid 1975: 1–4, where the tune is given as 'When the kye
come hame'. The song first appeared in MacKenzie 1881: 64–6, and a
little later in the *Oban Times*, 12 March 1881.

This song is a good example of the non-specific and retrospective
portrayal of the homeland in the context of displacement, clearance and
unsympathetic estate management. The glen to which it refers, Glendale
in Skye, is not named, and the piece is little more than a list of the main
motifs which are likely to appear in sentimental verse of this kind. In
later Gaelic popular verse, probably under the influence of MacLeod's
piece, Highland glens became emotive symbols of lost happiness.

41–44   These are the only lines in the poem which as much as hint at
the poet's awareness of contemporary events in his native
Glendale. The factor of the Glendale estate, Donald

MacDonald of Tormore, imposed severe restrictions which aimed to prevent crofters from trespassing on his farms. This was the cause of considerable disquiet among the Glendale crofters, and their resistance to these and other actions by Tormore resulted in the arrival of a gunboat in Glendale in February 1883. See Meek 1995a: 122–3.

11. *Oran do dh'Ameireaga*

Sources: Public Archives of Nova Scotia, MG15G/2/2: 132–7: Sinclair 1928: 90–94; Watson 1959: 14–19. MacLean's original title in MG15G2/2 (a copy of which was kindly given to me by Mr Rob Dunbar, University of Glasgow) is 'Oran Do dh Ameriga'. The song was always known in Tiree, the poet's native island, by the title given by MacLean Sinclair, namely 'A' Choille Ghruamach'. Watson entitles the song 'Am Bàrd an Canada' ('The Bard in Canada'). The tune is 'Coire Cheathaich', for which see *Còisir a' Mhòid* 4 (1932–1937): 55.

The song, which was probably composed no later than 1820, is in effect an anti-emigration tract in verse. MacLean Sinclair (Sinclair 1928: xvii) comments: 'When the poet sent to Tiree his poem on America, his friends were greatly distressed about him. They offered to send money to bring him back. MacLean of Coll, his old friend, wrote him a kind letter asking him to return, and offering to give him a piece of land free of rent. A more truthful poem than his description of America was never penned; yet it is almost a pity that he sent it home. It was no doubt the means of keeping many persons from emigrating. Though the poet was disappointed the first few years he was in this country, he afterwards saw reasons for thankfulness that he had come.'

12   MacLean's nearest neighbour in his new setting, namely Kenneth Cameron from Lochbroom, was more than two miles away (ibid.: xvii).

27–28   The agent who enticed MacLean to emigrate was Colonel Simon Fraser of Pictou, Nova Scotia, with whom he reached an agreement at Tobermory on 29 July 1819. MacLean, his wife and three children sailed with Fraser from Tobermory early in August of that year, on board the ship *Economy*, and arrived in Pictou early in October (ibid.: xvi). MacLean's contention with Fraser found expression in another poem, 'Seann Albainn agus Albainn Ur' ('New Scotland and Old Scotland'), in which the two men debate the merits and demerits of both countries (ibid.: 94–100).

53–56   MacLean was a shoemaker to trade, and this may be reflected in his comments on the use of unconventional footwear to keep out snow and cold.

71   *a' chuileag ineach*: possibly the mosquito.

80   *an camp*: lit. 'the camp', with reference to Pharaoh's soldiers, who pursued the Israelites across the Red Sea and were drowned when the ocean, which had been miraculously parted to allow the Israelites safe passage, closed over them.

121   *ann am Ghàidhlig*: thus MG15G2/2: 136. The printed texts read *anns an dàn seo*, evidently an editorial emendation made by MacLean Sinclair.

128   *dèidh bhur n-òir*: lit. 'desire of [=for] your gold'.

143–4   MacLean's departure for Canada was remembered in Coll and Tiree tradition until the editor's time. The *Economy* apparently sailed close to the north shores of these islands to allow the emigrants one last sighting of their native areas. She would have been sufficiently near the Sound of Gunna, which separates the two islands, for MacLean to see Caolas. The wind was evidently blowing from a southerly or south-westerly direction. The Thursday in question appears to have been 5 August 1819 (ibid.: 287).

12. *Craobhsgaoileadh an t-Soisgeil san Tìr seo*

Source: Mac-Gilleain 1880: 106–10.

This poem appears to have been composed after 1827 and most probably c. 1830. It strikes an optimistic note, in contrast to the pessimism of **Poem 11**. The view that emigration and a home for emigrants came within the purposes of God for his own people is found in other Gaelic religious verse, most notably in 'Tha mi faicinn iongantas' ('I see a wonder'), by Donald Matheson (1719–82) of Kildonan, a song composed with reference to North Carolina: see MacDonell 1982: 19–27. It is highly likely that MacLean was influenced by Matheson's song; not only are the two pieces on similar themes, but the metre of MacLean's song is evidently the same as that of Matheson's.

It is noteworthy, however, that MacLean's theme of 'improvement through the Gospel' is not without earlier parallels in the religious literature of North America. In the seventeenth century, New England Puritans were inclined to see similar stages, from the unmanageable and barbaric to the civilised and Christian, in the development of their own colony. Such perspectives were often enunciated in the context of a Jeremiad. Thus, in his poem *God's Controversy with New England* (1662), Michael Wigglesworth (1631–1705) reminded New Englanders of the way in which their formerly wild land had been redeemed by the Lord's presence, though they had now succumbed to vices (Gunn 1994: 208–15).

9–10   According to MacLean Sinclair in Mac-Gilleain 1880: 110,

'the first settlers in Pictou County were six families who came
from Maryland in 1767.'

11   *Innseanaich*: MacLean's reference to the Red Indians may
appear to be derogatory to us today, but it is of a piece with the
thinking of the time, in which aboriginal peoples were con-
sidered to be uncivilised compared with the new inhabitants.

17–24   This verse summarises the poet's own initial experience as set
out in **Poem 11**.

25   *Maighstir Seumas*: Rev. Dr James MacGregor (1759–1830),
minister of the General Associate Synod (Antiburgher) in
Pictou. A native of Portmore, Comrie, Perthshire, he studied at
Edinburgh University. He emigrated to Pictou in 1786. He was
known for his rigid adherence to Antiburgher principles, and
also, from the 1790s, for his zealous missionary journeys
throughout Nova Scotia, Cape Breton Island and Prince
Edward Island (see ll. 37–40). He became the first Moderator
of the Presbyterian Church of Nova Scotia, formed in 1817.
He was the composer of numerous Gaelic hymns, and a
volume of his verse was published in Glasgow in 1819. See
Cameron 1993: 515.

57   *taigh-foghlaim*: Pictou Academy was established in 1815, and
had a Theological Hall for the training of native Presbyterian
ministers (see l. 73 n). James MacGregor (see l. 25 n) played a
part in its foundation.

71   *'N oid-fhoghlaim*: Rev. Dr Thomas McCulloch (1776–1843). A
native of Neilston, Renfrewshire, McCulloch was a General
Associate Synod (Antiburgher) minister. He arrived in Pictou
in 1803, and became a minister there, although originally
intending to serve in Prince Edward Island. Entering the
Presbyterian Church of Nova Scotia in 1817, he was appointed
Principal of Pictou Academy in 1818, and in 1820 he became
the Presbyterian Church of Nova Scotia's Professor of Divinity.
In 1838 he became President of Dalhousie College, Halifax,
where he remained until his death. See ibid.: 507.

73   *triùir*: The 'three' were the first Gaelic-speaking ministers to be
educated at Pictou Academy: Angus McGillivray, Hugh Ross
and Hugh Dunbar (MacGilleain 1880: 110). They graduated
in 1824. Angus McGillivray (d. 1869) was ordained in 1824,
and was settled at East River of Pictou. Hugh Ross (1797–1858)
was a native of Inverness-shire, and went to Nova Scotia with
his parents in 1813. They settled at Hopewell, Pictou Co. After
his ordination, Ross spent three years as a missionary in Cape
Breton, where he laboured with Hugh Dunbar, but did not
establish a congregation. He was settled at Tatamagouche and
New Annan, Nova Scotia (1827-40). East River and
Tatamagouche were Gaelic parishes at that time. Ross moved
to the Church of Scotland, and served for some years as

minister of Georgetown and Murray Harbour, P.E.I. He transferred to the Free Church of Scotland in 1844, but returned finally to the Presbyterian Church of Nova Scotia. Hugh Dunbar (1792–1857), whose father was from Contraybruich (near Culloden battlefield), Inverness-shire, belonged to Lorne, Pictou Co. He was settled at Cavendish and New London, P.E.I. (1827–40). His second and last congregation was at Summerfield, P.E.I., where he served until his death (Ross n.d.: 26; 48–50; Murray 1921: 38–40). (I am very grateful to Mr Rob Dunbar, University of Glasgow, who is a relative of Hugh Dunbar, for providing information.)

89–96   The poet here acknowledges the strong interest in 'home' and 'foreign' missions which was evident in Britain and the colonies in the early nineteenth century.

13. *Oran le Seann Ileach*

Source: *An Gàidheal*, VI (1877): 42–43.

The song is dated 2 January 1877, and the poet gives his place of residence as Sullivan, Ontario. Sullivan Township is in Grey Co., and lies directly south of Owen Sound. The poet evidently left Islay in the mid-1850s when the tide of emigration was flowing strongly, following the bankruptcy of Walter Frederick Campbell: see **Poem 6**. His positive picture of the conditions of Highland emigrants, and particularly of those from Islay, in Upper Canada accords closely with the impressions of John Ramsay of Kildalton, who visited the area in 1870, and wrote a diary chronicling his meetings with some of his former tenants (Ramsay 1969: 59–140). Ramsay's account may be regarded by some as propaganda to justify the vigorous promotion of emigration from his estate, and particularly from the Oa, in the early 1860s, but it is much harder to dismiss MacCòrcadail's views on the same grounds. It is beyond question that many Highland emigrants did prosper in the so-called New World, despite initial challenges (see **Poem 12**). However, it must be noted that such prosperity was the result of their own initiative and hard work and not their landlords' kindness. Even if landlords like Ramsay attempted to justify their policies on the back of the emigrants' success, they could not be given much credit for the outcome. Nor did the emigrants forget why they had to move. Despite his personal prosperity, MacCòrcadail remembered the unhappy social circumstances at home in Islay, and tempered his thoughts accordingly (ll. 81–88). This song provides a very vivid insight into the positive and negative perspectives in the mind of a well-settled emigrant.

25–32   Ramsay comments (ibid.: 115–7) of some of his former tenants: 'The appearance of their farms, and the buildings, and fine crops, with their stock of cattle and horses, gave good evidence of the comfort and independence which they have attained, even if I had not been informed of their wealth from others, as well as from their own lips. The garden around the house was filled with a great variety of vegetables, and some vines were trained near the paling on a part best exposed to the sun . . . I was pleased to see that the settlers generally are planting extensive orchards.'

71   *mòrlanachd*: forced labour, often in the form of dyking or draining on the farms of the landlord or factor; from English, *boardland*.

73–80   Cf. the religious perspective of **Poem 12**.

81–88   See **Poem 6**.

89–96   The loss of military capability as a consequence of emigration through clearance is a recurrent theme in Gaelic verse of social change from the second half of the eighteenth century; see also **Poem 56**.

14. *Guma slàn do na fearaibh*

Source: Sinton 1906: 36–38. The words and music were popularised in the twentieth century through the singing of Kenneth MacRae. For the tune, see *Còisir a' Mhòid* 4 (1932–1937): 7.

As Sinton relates (ibid.: 34–36), the song was composed when a large number of people left Badenoch to emigrate to Australia in the summer of 1838. The group left Badenoch on the day of St Columba's Fair, when many friends gathered to bid them farewell. They travelled to Fort William, and proceeded by steamship to Oban, where they embarked on the *St George*. The vessel took some five months to reach Sydney, after an eventful voyage which included allegations of serious neglect of the passengers, leading to insurrection on board. The poet himself intended to emigrate, but was prevented by circumstances from doing so. His wistful anticipation of the benefits of Australia, in contrast to the hardships of the Highlands, is simply and movingly expressed, with some touches of quiet humour, as in ll. 37–40.

2   *thèid thairis*: Later versions of the song have altered this line to *chaidh thairis* ('who went over').

19   *an Fhèill Mhàrtainn*: one of the quarter days for the collection of rent.

38   *clag Chinn a' Ghiùthsaich*: the bell of Kingussie parish church. Sinton (ibid.: 38) notes that, many years earlier, it was intended that the church should have an even louder bell, but that the ship in which it was being conveyed from its casters on the Continent sank in the River Tay at Perth.

15. *Eas Niagara*

Source: Watson 1959: 9–14.

This poem employs the older Classical, syllabic metre known as *Snéadhbhairdne*, in which 'the couplet consists of eight syllables ending on a dissyllable *plus* a line of four syllables ending on a dissyllable' (ibid.: xlii). Watson notes further (ibid.: 265) that it 'is used [here] as a stressed metre, and the poet, going by stress, does not observe the rules as to the number of syllables in each line. He does, however, observe the rule as to rhyme between the couplets, and usually, but not always, the rule as to the dissyllabic ending.' The poem was evidently composed c. 1848, when the poet visited the Niagara Falls.

In terms of the theme of the poem, the choice of metre is remarkably effective. It allows the poet to provide a sense of the dramatic spouting and cascading of the Niagara Falls, as the water tumbles downwards from a higher ledge (represented by the longer line) to the bottom of the Falls (represented by the shorter line). The metre also keeps the poem taut and prevents overuse of descriptive phrases and adjectives, as was common in eighteenth-century Gaelic verse. The poet is aware of the danger of over-description, and the need to control the poem. He therefore brings it to a rather abrupt conclusion which may seem rather artless to us today, but was not uncommon in traditional verse (ll. 149–52). Here it is surely more than a conventional ending; it is arguably a very effective 'shutter', blocking out the noise and splendour of the Falls in such a way that the mind wants to revisit the phenomenon itself, as described in the preceding verses.

Rather than giving an exhaustive description of the Niagara Falls, the poet presents a series of concise aural and visual pictures of this wonder of the world: close-ups and distant panoramic shots interweave, and there is a remarkably effective picture of the environmental impact of the Falls, which provides its own weather-system for the surrounding area (ll. 53–76). The juxtaposing of this awesome natural phenomenon and its delicate, spray-induced rainbows (ll. 49–52) with nineteenth-century man-made 'wonders', such as the steamship (l. 43) and the blast-furnace (ll. 97–98), is highly effective in providing a context for both comparison and contrast. The poet appropriately describes the sensations which the Falls induce in the observer: wonder, fright, admiration, and, above all, due reverence for God's creation. Massive power and aesthetic beauty, storm and sunshine – some of the key ingredients of the Sublime – have seldom been more effectively portrayed in such short compass.

16. *Oran do Ghlaschu*

Source: Mac-na-Ceàrdadh 1879: 393–4, where the tune is given as

'Mort Ghlinne Comhainn'. The song was probably composed in the 1860s.

This is, to some extent, the urban equivalent of **Poem 11**, since it describes a first encounter with a different way of life. The poet is evidently aware that Highlanders have a bad name in the Lowlands (ll. 47–48), and he returns the compliment by sketching the dangers and 'horrors' of Glasgow.

17. *Oran na Mulachaig*

Source: MacFadyen 1890: 36–39. The tune is given there as 'Corn Riggs and Barley Riggs'.

This song is an excellent example of the traditional genre of humorous Gaelic verse being adapted for the urban context.

5   *Lipton*: Sir Thomas Lipton (1850–1931) was born in Glasgow, where his parents were shop-keepers. He emigrated to the U.S.A., but in 1871 he returned to Glasgow, where he opened his first grocery shop. Thereafter he established a chain of high-quality grocery shops throughout Britain. He sold the business in 1898. 'Lipton's Tea' is still a household name (Gardiner 2000: 508).

46   *Sellar*: Patrick Sellar (1780–1851), the notorious factor of the Sutherland estate who was tried in Inverness in 1816 for allegedly setting fire to houses in Strathnaver during the 1814 clearances. Sellar moved to Morvern as a laird and sheep-farmer in 1838. Beginning with the purchase of the Achran estate, he expanded his landholding interests, buying several further estates, including that of Ardtornish in 1844 (Richards 1999: 338–42). As in Sutherland, he was allegedly engaged in clearing, and he drew the opprobrium of local poets. He also figured in Gaelic humorous verse as a man of 'big ideas' – symbolised here by the claim that he owned a huge cheese.

50   *doubt*: The poet introduces an English word which is distinctive of each of the three Gaelic dialect areas which he satirises gently in the song: *doubt* for the dialect of Mull, *clipper* (l. 59) for that of Islay, and *slack* (l. 65) for that of Tiree.

53   *Clansman*: For further details of this MacBrayne ship, see **Poem 25**, l. 37 n.

66   *Loch Làthaich*: the sea-loch at Bunessan in the Ross of Mull. See also **Poem 26**, l. 8 n.

76   *Ileach*: a reference to Islay whisky.

18. *Oran Margadh an t-Salainn*

Source: MacFadyen 1890: 93–94. The tune given there is 'Johnnie stays long at the fair'.

The picture of the Irish given in this poem reflects the influence of the city music-hall on Scottish Gaelic perceptions. The Irish are presented in jocular stereotype, and Scottish Gaels by implication see themselves as quite different. This attitude can be contrasted readily with the perspective in **Poem 57**, in which Ireland and the Irish are perceived to share the same culture as the Gaels of Scotland.

19. *Taigh a' Mhisgeir*

Source: MacLeòid 1975: 59–62.

The temperance movement, which was strong in the Lowland cities in the second half of the nineteenth century and was closely associated with certain churches, developed a literature of its own, in prose and verse, which had a clear moralistic and didactic purpose. The standard features of temperance verse are represented in the present poem, which is part of a wider Gaelic response to the campaign. We can assume that 'demon drink' was as much of a problem for Highlanders as it was for Lowlanders in the cities. This piece is doubtless intended to be a warning to the Gaels. See Cameron 1993: 815–6.

27–28   *an duine glic*: Solomon, in Ecclesiastes 7, v. 2: 'It is better to go
          to a house of mourning than to go to a house of feasting . . .'
          (NIV).

20. *Camanachd Ghlaschu*

Source: Nic-a-Phearsoin 1891: 184–6. The tune there given is ''S i seo a' Bhliadhn' Ur thug sòlas duinn'.

Shinty-playing had a powerful symbolic significance for the Gaelic people, and this is reflected in nineteenth-century verse. It was, to a very large degree, the sign of a settled and happy people, who were able to maintain their innate strength and traditional customs. Its absence was an omen of adverse social change. In Gaelic poetry, the dispersal of the people from the land, or the separation of the poet from the community, is often marked by a reference to the loss of shinty-playing. In **Poem 7** (ll. 91–92), William Livingston comments on the disappearance of the game from Islay, in the context of clearing and emigration, and in **Poem 9** (ll. 15–20), Dr MacLachlan of Rahoy remembers, with deep poignancy, the vigorous game of shinty which was held on New Year's Day in a village now devoid of human life. The custom of playing shinty on New Year's day was found throughout the Highlands and Islands (MacLennan 1997: 203–8). When Highlanders moved to other areas, whether in the Scottish Lowlands or further afield, the re-establishment of shinty-playing marked, at the very least, a strong will to maintain traditional customs in an alien environment. There was a close link between Gaelic sport and Gaelic identity. The assertion of this link is at the heart of the present song.

Mary MacPherson attached great importance to shinty-playing, and, in this piece, composed on New Year's Day 1876, she celebrates a game of shinty held by exiled Highlanders in Glasgow. In a Gaelic letter to her friend, John MacLean, Bernisdale, Skye, she describes the preparations for the great event (Nic-a-Phearsoin 1891: 183–4):

'Dear Iain – I am writing this to you to show you that I am in good health, and in hope that you are not ill yourself. If I were as wealthy as I am poor, I would give a pound sterling that you would be where I am tonight, in the Great Hall of the Gaels in Glasgow, my two sleeves rolled up to my elbows, and perspiration blinding me, kneading and baking bannocks for the Hogmany lads; the president of the lodge sitting in the middle of sixty shinty-sticks, preparing them for tomorrow. I will tell you about the shinty when it is over. It will remind you of the days of our youth, when the people of Sgeabost and Carabost used to gather on the large green spot by the stream, with a barrel at each end of the field, and plenty of bannocks and cheese. We are going tomorrow to Queen's Park – sixty strapping Highland lads; thirty clad in the kilt, and thirty in knickerbockers, with their shinty-sticks on their shoulders, pipers before and behind them, and I myself with a horse and cart full of creels of bannocks, a kebbuck of cheese as big as the moon, and a little drop of Ferintosh to put energy in the lads. Farewell for now. I am your faithful friend – Mary daughter of Fair-haired John.'

This was the first match held by the newly formed Glasgow Shinty Association. The 'Great Hall of the Gaels' mentioned by Mary MacPherson was the Rooms of the Glasgow Highland Association. Mary's song was first published in the *Highlander* newspaper on 29 January 1876, which also gave an account of this friendly match (Meek 1998: 134–5). She composed a similar song a year later, when two teams of Highlanders, the one from Glasgow and the other from Greenock played against each other in the latter town (Nic-a-Phearsoin 1891: 187–90).

15   *pìob*: The piper was a certain Mr MacArthur (Meek 1998: 135).

51   *Sràid an Dòchais*: The Rooms of the Glasgow Highland Association were at 30 Hope Street (ibid.).

21. *Slàn gun till na Gàidheil ghasda*

Source: Mac-na-Ceàrdadh 1879: 338–40.

Originally named *Duke of Wellington* and built for Dumbarton owners in 1817, the wooden paddle-steamer *Highland Chieftain* was acquired in 1820 by a group of share-holders interested in West Highlands routes. She sailed from Glasgow to Isle Ornsay, in Skye, in November of that year. Henry Bell's famous *Comet* was placed on the Glasgow to Fort William service in 1819, but was wrecked in December 1820. *Highland Chieftain* replaced *Comet* on that service, which she maintained until the second *Comet* was built and took over the Fort William sailing on 6 July 1821. Thereafter *Highland Chieftain* had a varied career, and several changes of owner. She reappeared in West Highland waters from time to time, and was in Robert Napier's ownership in 1828. She was sold again in 1832, and finally in 1834, when her engine was removed, and she became a schooner. She was scrapped in Glasgow in 1838 (Duckworth and Langmuir 1987: 2–4: Osborne 2001: 158, 180–1).

33–34   Captain MacNab evidently liked shooting and fishing, and he had close links with the Glen Orchy area. The reference to both *Urchaidh* and *Eas Chaitileig* within the same couplet may indicate that the latter is connected to the River Orchy. It is not, however, clear whether this is MacNab's native heath, or whether it is merely one of his hunting grounds. The poet appears to have known him well, which could suggest that he belonged to the Lochaber district.

22. *Deoch-slàinte nan Gillean*

Source: Cameron 1932: 132–3. The song, which has remained popular in Tiree tradition to the present time, is sometimes known as 'Oran na *Taeping*' and even 'Oran na h-*Ariel*', as the poet gives a very honourable place to the *Taeping*'s rival, the *Ariel* – 'the beautiful *Ariel*' as both the poet and Basil Lubbock called her. The race had a dead heat finish, with only twenty minutes separating the two ships in the final mooring at London dock.

Lubbock 1914: 217–35 gives the classic account of the 1866 China tea race, commenting: 'It is probable that no race ever sailed on blue water created so much excitement as the great tea race of 1866.' About a dozen ships participated. The race was, however, soon reduced to a struggle between *Ariel*, *Fiery Cross* and *Taeping*, and finally between *Ariel* and *Taeping*. Reaching Gravesend, MacKinnon was fortunate to pick up a better tug, and according to Lubbock (whose sympathies are very much with the *Ariel* and her master, Captain John Keay), *Taeping*'s shallower draft allowed her to dock ahead of *Ariel*. In gentlemanly recognition of the dead heat, Captain MacKinnon shared half of his award with Captain Keay.

1–2   The following variant is sometimes heard in oral versions:

> *Deoch-slàinte nan gillean tha seòladh na linne,*
> *'S e dùrachd mo chridhe-s' gun tilleadh iad slàn*
> ('Here's a health to the lads who are sailing the ocean,
> it's my heart's desire that they should safely return').

5   *Dòmhnall*: Donald MacKinnon (*Dòmhnall mac Nèill 'ic Dhòmhnaill Ruaidh*) was born in Hianish, Tiree, in 1826. According to local tradition, he intended to be a doctor, but left college to go to sea. His superior education and special competence in English are mentioned by the poet (ll. 11, 24), who thought that they contributed to his seafaring excellence. MacKinnon was undoubtedly a remarkable seaman, who was ably suited to the new and fast-sailing *Taeping*. On her maiden voyage in 1864, despite dismasting at Amoy and the need for repairs at Hong Kong, MacKinnon set a record of 88 days between Fuzhou and London, and was first home in 1865. He was evidently something of a hard driver. It is said that he did not leave the deck for most of the race, enduring endless nights without sleep, lest sail be shortened in his absence by a sailor whose sympathies lay with the *Ariel*. He is said to have injured himself when the ferry on which he was travelling from Tiree to the mainland, via Mull, was hit by bad weather, and he took charge of the successful effort to save the boat. Although he rejoined the *Taeping*, he became ill on the voyage out to China in the following year, and was put ashore at Algoa Bay. He died when on board another ship going to China, and was buried either at sea or near Cape Town.

9   *'n Ariel bhòidheach*: The *Ariel* and the *Taeping* were the products of the Greenock yard of Robert Steele, whose brother William designed both ships. The *Ariel* (for Shaw, Maxton and Co.) was launched in 1865, and the *Taeping* (for Rodger and Co.) in 1863. The *Ariel* was regarded as the most beautiful of all the Steeles' creations (Lubbock 1914: 206, 211–4).

12   The two ships which the *Taeping* beat in 'crossing the Line' (i.e. the Equator) were the *Fiery Cross* and the *Ariel*, in that order (ibid.: 229).

13–16   Despite the warm tribute to the *Ariel* in l. 9, this verse describes the *Taeping*. The figurehead of the Chinaman (l. 14) identifies the ship, which had a very prominent figure on her prow. No comparable figure is visible in pictures of the *Ariel*, which was surely named after the sprite in Shakespeare's *Tempest* (see

MacGregor 1979: 115, 120). It seems likely that the *Taeping*
took her name from the Taiping Rebellion, which began in
1850, and affected many of China's provinces. The name
'Taiping' meant 'Kingdom of Heavenly Peace', and the
rebellion was driven by 'a potent mixture of Evangelical
Christianity and primitive communism' (Belchem and Price
1994: 600). The ship's figurehead may have represented either
the leader of the rebellion, Hung Hsiu-Chu'an, or the typical
Taiping warrior. The foreign powers remained neutral until
1860, and then opposed the rebellion. It was suppressed by
General Charles Gordon (see **Poem 38**) in 1864, the year of
the *Taeping*'s maiden voyage.

25–28   This verse does not necessarily imply that the song was
composed in China, on the poet's next voyage out. It is likely to
be no more than a retrospective look at the hardships of China,
in the light of the poet's happy homecoming to Mull after the
Taeping's success.

23. *An t-Each Odhar*

Source: Mac-na-Ceàrdadh 1879: 158–60. The poem is unascribed in
the source, but internal evidence (l. 31) suggests that the composer
(perhaps Duncan MacPherson?) was from the Morvern area.

This is one of a number of Gaelic 'iron horse' songs which marvel at,
and make fun of, the power of the railway engine; for another
representative of the genre, see MacFadyen 1890: 23–25.

31   *Sellar*: See **Poem 17**, l. 46 n.

24. *Oidhche na Dunàra*

Sources: Sinclair 1900: 133–35; Cameron 1932: 315–17. The song
appears to have been composed at the end of the nineteenth century,
probably in the late 1890s.

The *Dunara Castle*, named after a castle in north-east Mull, is one of
the best known and most warmly remembered of the old steamships
which plied West Highland waters in the period from 1870 to 1950. She
was built in 1875 for Martin Orme, and survived storm and tempest for
more than seventy years. Initially she had two funnels, but was reduced
to a single funnel in 1894. She passed into the ownership of the
combined company of John MacCallum and Martin Orme in 1929,
and partnered the *Hebrides* for almost twenty years. Departing from
Glasgow and Greenock, the two vessels called at many of the Inner

Hebrides, including Skye, and then sailed northwards to the Outer Hebrides, reaching Harris. In the summer the *Dunara Castle* took tourists as far as Loch Roag on the west coast of Lewis. Both vessels served St Kilda in the summer season, and their ubiquitous tours were legendary. In January 1948 the MacCallum Orme steamers became part of the fleet of David MacBrayne Ltd. Later that year the *Dunara*, as she was affectionately known, was broken up at Port Glasgow, where she had been built by Blackwood and Gordon (Duckworth and Langmuir 1987: 129).

The *Dunara* was notorious for her heavy rolling in bad weather, and latterly had her masts shortened. The poet has immortalised her capacity to induce sea-sickness – a quality of which she had no monopoly. Indeed, it is possible that the song owes something to an earlier description of a steamship in bad weather. This was composed in the 1830s by the Rev. Dr Norman MacLeod ('Caraid nan Gaidheal'), and the ship in question is the *Maid of Morven* (Clerk 1910: 388):

'Ma bha ceòl am measg nan uaislean, bha ceòl agus dannsa an ceann eile na luinge. Ach mar bha sinn a' dol sìos gu Eisdeal, chaidh an ceòl air feadh na fidhle. Bha 'n fhairge na mill agus na gleanntaibh; thòisich soitheach na smùide fhèin ri dannsa. Cha robh ràn a bheireadh am feadan mòr às nach saoileadh tu gun robh muc-mhara ra cliathaich. Cha chluinneadh tu nis ach osnaichean o gach àite. Bha 'n Sasannach mòr a bha fochaid air a' phìob, 's a cheann thar beul-mòr na luinge, an impis sgàineadh. An tuilleadh teannaidh ort, a deir mise; neò-ar-thaing mur eil pluic pìobair' a-nis ort fhèin. Ràinig sinn an Crìonan. Is prìseil, arsa Para Mòr, a' chas air tìr; a' chiad fhacal a thàinig às a' cheann on a chaidh sinn seachad air beul Loch Faochain.'

('If there was music among the toffs, there was music and dancing in the other end of the ship. But as we were going down past Easdale, matters went awry. The sea turned into hills and glens; the steamship herself began to dance. Every time the great whistle emitted a roar, you would think that a whale had come alongside. You could hear nothing now but groans from every quarter. The big Englishman who had been mocking the bagpipe now had his head over the ship's gunwale, and it was about to split. More pressure be upon you, said I; you certainly have a piper's cheek on you now. We reached the Crinan. Precious, said Big Peter, is a foot on dry land; the first word that came out of his head from the time we passed the mouth of Loch Faochan.')

As will readily be apparent, the song and the prose passage share the theme of pomposity being challenged by the storm (that of the disparaging Englishman in the prose text, and of the fashion-conscious girls in the song). Dancing turns to disaster in both pieces. The pieces also share Gaelic idioms and phrases: *chaidh an ceòl air feadh na fidhle* (l. 38); *tha mo cheann an impis sgàineadh* (l. 32). It is highly likely that MacLeod's description of the steamship was very well known to, and frequently recalled by, nineteenth-century Gaels who sailed regularly to and from Glasgow. See also **Poem 42**, ll. 9–12 n.

28   i.e. since 1846, the year of the Potato Famine. Years in which particular disasters occurred were long remembered in Gaelic tradition, and helped to provide a rough chronology for significant events. See **Poem 27**.

34   *a' Mhòintich*: the township of Moss, Tiree.

45   *na Torrainn*: the treacherous Torrin Rocks, to the south-west of the Ross of Mull.

61   *don Tìr Iosail*: Tiree, well known for its flatness.

25. *Oran do Dhail na Cluaidh*

Source: Nic-a-Phearsoin 1891: 59–61. The tune is likely to have been 'Gur tu mo rùn nam faighinn thu' (Meek 1998: 225).

The steamship *Clydesdale* was built in 1862 for David Hutcheson and Co., and became part of the fleet of David MacBrayne in 1879. She sailed between Glasgow and Stornoway until 1886, when she was shifted to the Strome Ferry to Portree service. About 1888 she appears to have been transferred to the Inner Isles service, and was based at Oban (Duckworth and Langmuir 1987: 34–35). Mary MacPherson probably composed this song c. 1888, when the *Clydesdale* was moved to Oban. She laments not her withdrawal from service, but her removal from the route which included Skye.

37   *Ceann-cinnidh*: The Gaelic name literally means 'Chieftain', but it seems more likely that it is a loose match for 'Clansman'. MacBrayne had no ship called *Chieftain* until 1907. The *Clansman* (1870–1909) partnered the *Clydesdale* on the Glasgow to Stornoway run (ibid.: 43).

26. *Calum Beag*

Source: Cameron 1932: 143–49. Cameron's text omits a number of verses once current in oral transmission in Tiree, but now unfortunately lost.

The song is still very popular, and its metre and tune have been borrowed on many occasions for humorous songs with a kick against the fashions (e.g. the mini-skirt of the 1960s) or the establishment (e.g. rockets and rocket-ranges in Uist, as in Innes 1998: 232).

This song is ostensibly an account of an alleged voyage by the poet's neighbour, Malcolm MacArthur, otherwise known as 'Calum Beag'. The poet lived at *Gàrradh Shòiribidh*, on the boundary between the townships of Balemartin and Balinoe, Tiree. In keeping with the traditional voyaging of Tiree crofters to the peat-banks of the Ross of Mull,

Calum takes a trip to the Ross, and reaches Bunessan safely. However, after a drunken spree, he sets off again the following morning; turning south at Iona, he heads for the Crinan Canal and Glasgow, with disastrous consequences. Having had adventures in these ensnaring places, he gets back on course, and succeeds in bringing home a cargo of peat.

. The song is a very clever parody of the time-honoured narrative of sea-going known in Latin as the *navigatio*, which often included discoveries of unusual people and places, but it has much deeper resonances with Gaelic seafaring songs. It makes fun of maritime adventures such as that described by the eighteenth-century poet, Alexander MacDonald, in his 'Birlinn Chlann Raghnaill' ('Clanranald's Galley'), in which he reconstructs a journey by a *birlinn* from South Uist to Carrickfergus in the north of Ireland. The galley encounters a great storm, which is described in detail and with much hyperbole by MacDonald (Thomson 1996: 132–65). The storm-scenes in the present song are replete with exaggeration (ll. 17–24), and at times there are echoes of **Poem 22** (ll. 65–68), as if the standard Gaelic clichés or 'maritime panegyric code' for successful seafarers are under playful attack. Leave-takings and farewells and gun-salutes are also satirised in the clever description of the unheroic send-off given to Calum when he left Glasgow (ll. 57–64). Unlike the sea-going warriors who conquer the tempest in MacDonald's epic and in other traditional songs, Calum Beag is a coward who prefers to avoid storms, but steers into many other troubles on his erratic course, particularly those created by the hostelries on the banks of the Crinan Canal. He has none of the hardy virtues of the old heroes, and is 'drunk and disorderly' most of the time.

4   *dubh-lunndaich*: lit. 'the black, lethargic one'. The adjective *dubh* was sometimes prefixed to poetic names for fine ships, e.g. *An Dubh-ghleannach* ('The Black One of the Glens').

6   *Port an Tobair*: See l. 101 n.

7   *liadhan*: the long strands of thread-like seaweed which become entangled in boats and gear, and nowadays in propellers.

8   *'n Liathanaich*: rocky islands (*Na Liathanaich* on O.S. maps) at the mouth of *Loch Làthaich* (*Loch na Làthaich* on O.S. maps) in the Ross of Mull. *Bun Easain* (Bunessan) (l. 9) stands at the head of *Loch Làthaich*.

11   *Nic Mhùsaich*: lit. 'Daughter of the son of Mùsach, the MacMhùsach woman'. According to Tiree tradition, the surname was once that of the family now known as *Munnaich*, Munns, but the poet seems to imply that the bearer of the name in his song is a pig.

13   *Sòthaidh Chinn I*: the island of Soay, to the south-west of Iona.

24   *taobh Mhic Iain Bhàin*: Calum's vessel was evidently built by two different craftsmen, who did not replicate the same form for both of her sides. She was thus something of a laughing-

stock. Boats with different sides, sporting different paints for disguise (as in the case of pirate ships, like that of Mac Iain Ghiùrr), are known in Gaelic proverbial lore.

32   The poet implies that going by the Crinan Canal, instead of rounding the Mull of Kintyre, is a soft option for sailors. The Crinan Canal was opened in 1801, but it had to be improved very considerably over the next sixteen years because of leakages and collapses. It continues to offer a convenient and attractive route for yachts and small craft (Hutton 1994). At its southern end it enters the sea at Ardrishaig (l. 33). Traffic along the canal encouraged the establisment of hostelries, among them Cairnbaan Inn (now Cairnbaan Hotel) (l. 36) which stands close to Cairnbaan locks. The heavy labour of manhandling the lock gates and pumps was liable to lead to excessive indulgence on the part of weary sailors.

48   *stòiridh fo làr*. The poet may intend a pun on *stòiridh*, which can mean either 'story' or 'storey'. If so, the line might also be translated 'there was a story to be kept hidden'.

73–76 I assume that these lines are part of Calum's response to Duncan. Calum has had enough of the Ardrishaig women (ll. 33–34), and he cannot face a return voyage by the same route. He blames Duncan – his 'minder' – for not keeping him out of trouble.

74   *as lugha nì den t-saorsainn*: lit. 'who make the least of freedom'. The reference is probably to the need to curb self-indulgence.

83   *Beinn Haoidhnis*: Ben Hynish is the highest hill in Tiree, and takes its name from the township of Hynish, close to Balemartin.

84   *Goinneag*: a bay in Hynish, Tiree.
      dol don tràigh: i.e., to gather shellfish, and thus to have a hand-to-mouth existence.

91   *Iain MacLùcais*: possibly John MacLucas, or MacDougall, who was a son of the first Baptist minister in Tiree, Duncan MacDougall, and thus the nephew of Mary MacDonald, composer of **Poem 46**. He was born about 1827, as his age is given as 14 in the 1841 Census. By 1851 he had left the family home, as he is no longer recorded with the MacDougall household in Upper Balephuil. He may have obtained his own croft elsewhere in the township by that stage. According to Cameron 1932: 217, he died 'in the prime of life' about 1875. He was the composer of many songs, including the well-known piece about his dog, Pilot, when it lost an eye: 'Chuir iad an t-sùil à Pilot bàn' ('They put out the eye of fair-haired Pilot') (ibid.: 221–2). The MacDougalls had close connections with the Ross of Mull.

92   *Eilein Bhàin*: *Eilean Bàn* is an island in Loch Làthaich, almost directly opposite Bunessan.

98   *Puirt a' Ghreumaich*: *Port a' Ghreumaich* is evidently a harbour
        in the Ross of Mull, probably near Bunessan. Grahams were
        not known in Tiree, but families of that name are attested in
        the Bunessan area. Calum has finally managed to reach the
        Mull peat-banks after an enormous detour from the usual
        course.

99   *Rèilinn*: possibly to be identified as the island now marked
        Rèidh Eilean on O.S. maps, to the west of Iona.

101   Both *Port an Tobair* ('The Port of the Well') and *Sgeir nan
        Gruagan* (normally *Sgeir a' Ghruaigein*, 'The Rock of Matted
        Seaweed') are in Balemartin, Tiree.

108   *Bail' a' Phuill*: the township on the south-west shore of Tiree,
        where Calum had his croft.

27. Oran a' Bhuntàta

Source: Henderson 1898: 57–62.

The Potato Famine of 1846, known as *a' bhliadhna a dh'fhalbh am
buntàta* ('the year the potato departed'), is one of the great social
watersheds of the nineteenth-century Highlands and Islands. By
creating a subsistence crisis, the famine made an immense impact on
the population, and precipitated migration and emigration on a
considerable scale (Devine 1988). Yet, although the catastrophe itself
was long remembered, hardly any traditional tales or songs about the
famine have been preserved in Gaelic. This may be partly the
consequence of the dislocation of the people and subsequent
emigration (with anger directed at landlords' agents who levered the
people out, as in **Poem 28**), or it may reflect a corporate desire not to
dwell too much on such a terrible experience. The present song is the
only known piece of verse on this theme.

The poet tries to account for the disappearance of the potato. With
all the humour he can muster, he puts the disaster down to what might
be termed 'consumer abuse'. The potato was too plentiful, too easily
come by, to be respected as an essential sustainer of life. It was treated
with contempt, and took its revenge by going away. In offering this
explanation, Morrison may have been joking to a degree and trying to
provide some solace in the midst of a grim subsistence crisis (see ll.
159–60 n), but the perspectives in his song were not unknown in other
areas which had been affected by the blight. In Ireland the 'most widely
found folk explanation' corresponds broadly to the argument in
Morrison's poem. Póirtéir 1995: 221 gives an account obtained in the
1940s from farmers around Moate, Co. Westmeath:

'So plentiful were they [potatoes] in pre-Famine years that it often
happened that farmers filled them into sacks, took them into the
markets at Moate, Athlone or Ballymahon, offered them for sale but

nobody could be found to buy, so that on the return journey the farmers often emptied them into the ditch on the roadside for "they weren't worth the sacks they were in". Afterwards it was said that the Famine was a just retribution from God for the great waste of food. A local saying which may refer to this is "A wilful waste makes a woeful want".'

The selling of potatoes is mentioned in ll. 81–84, 93–96 of the present poem, and throwing them away, or into an outhouse, is alluded to in ll. 41–44, 57–60. It is thus likely that some, at least, of the ordinary folk of Ireland and Gaelic Scotland consoled themselves with similar explanations for the departure of their staple food. The scientific reasons would not have been known to them immediately.

115   *collection*: probably a reference to the provision of meal, which would normally have been 'collected' from the local destitution committee as a reward for labouring on public works, and dragged home at the end of the week (Devine 1988: 128–9).

159–60 The poet appears to have been aware that, in reality, the potato blight was caused by a disease of some kind, which he ascribes to the soil (cf. ll. 3–4). In fact, the blight was caused by a wind-borne virus.

28. *Cumha a' Bhàillidh Mhòir*

Source: *Tocher* 24: 310–11 (SA 1976/54A). The song was recorded in 1976 by the late Eric Cregeen from Donald Morrison, Ardtun, in the Ross of Mull. It was evidently composed in 1872.

John Campbell, *Am Factor Mòr* (as he was known in Mull and Iona), was born in Islay in 1801. The eldest son of Archibald Campbell, tacksman of Ardmore, and Helen Campbell of Ormsary, he farmed the Ardmore tack prior to his appointment as a factor to Argyll. There is no evidence that he was in the army, as some recent writers have claimed (Brownlie 1995: 18). He became Chamberlain of Argyll and factor of the Argyll estates in Iona, the Ross of Mull and Tiree in 1846, and was given the tack of Ardfenaig in the Ross (see **Poem 32**). He was regarded by his admirers as an exemplary farmer concerned with the improvement of his holdings and those of his tenants. Initially he held 380 acres, and his wife 280, but his holdings at the time of his death amounted to 1300 acres. He was perceived very differently by his detractors. His allegedly harsh dealings in removing ducal tenants after the 1846 Potato Famine aroused immense resentment in both Mull and Tiree, and he became a 'hate figure' in popular tradition, attracting to himself most of the tales, images and metaphors reserved for the 'bad factor'. His death in 1872 acted as a focus for the venom and sense of injustice that had gathered round his name in the preceding thirty years. According to one tale, he was believed to have been eaten alive by maggots – a form of death alleged to have occurred to particularly oppressive Highland landlords and factors, including Partick Sellar.

In this song, he is given a scorching send-off which breaks all the normal Gaelic conventions of great respect for the dead. The poet, who had lost his croft, may have been responding to an account of the arrangements for the Factor Mòr's funeral, perhaps shortly before the event. It is noteworthy that the Factor's brother wrote a letter in which he described the event as follows (MacArthur 1990: 138): '. . . the Bier, with the longest coffin I ever saw, being carried shoulder high by twelve of the tenants who were relieved by others at short intervals . . . these rough looking men on shouldering the Bier sobbed and cried like children and all who understood Gaelic – which embraced all present – could hear them muttering regrets for the loss of their best friend; and all agreeing that they should never see his like again. At nine we reached the new pier at Bunessan . . . The whole throng pressed us to take them to Islay which we could not but we did take about sixty and, at ten in the most brilliant sunshine and on a smooth sea, we started on our mournful errand.'

4   *cùl-taice nan Ileach*: Campbell gave preferential treatment to Islay men in the matter of employment and the allocation of farms. Jo Currie (2000: 349) notes that 'Their [the Campbells'] farm servants and in-servants came in the main from Islay. For the first few years, Factor Mór's ploughman was a Torosay man, Alexander Maclean, but he emigrated in 1852, with his wife Cirsty, and four children, to Australia, and was replaced by an Islay man, Donald McPhee . . . Large farms, which were tenanted by his Islay friends, seemed to become larger, and the cottars, who out-numbered the crofters were crowded into smaller areas.' See **Poem 32**.

5   *don bhàta*: The funeral party sailed from Bunessan to Ardmore on the steamer *Dunvegan Castle*, and the Factor was buried at Kildalton.

10   *Aonghas Mòr*: Angus MacNiven (c. 1805–93), from the Kilchoman district of Islay, was the Factor Mòr's ground officer from c. 1851. Beginning with 30 acres, he became a major farmer in Ardalanish, and crofters were displaced from various communities in order to augment his holdings. His power and his favoured position were bitterly resented by the crofting people, and he was lampooned in songs which smouldered angrily in the popular memory in the Ross of Mull until the end of the twentieth century (ibid.: 353; Meek 1995a: 78–79).

11   The line refers to the alleged deaths of women and children on the emigrant ships going to Canada.

29. *Oran nam Fasan*

Source: Mac-na-Ceàrdadh 1879: 114–17. The tune is given there as
'Cumha Chailein Ghlinn Iubhair'.

The appearance of 'Lowland' fashions, in dress as in other practices
such as tea-drinking, in the Highlands in the course of the nineteenth
century drew the scathing comments of numerous Gaelic poets and
prose-writers. The general view was that the Gaelic 'race' was being
weakened by making such concessions to external conventions. These
conventions offered a challenge to 'standard' Highland dress, and
particularly the use of heavy home-made tweeds and drugget as worn
by the women. A glimpse at photographs from the second half of the
nineteenth century is sufficient to show that older Highland women
tended to follow the formal dress styles of Queen Victoria, and even to
resemble her in appearance. The younger women, who were more likely
to go to the Lowlands and interact with the fashion-conscious females
of the cities, evidently took their models from the wider world, for
which see Laver 1969: 155–211. The vanities of the younger 'set' are the
subject of the present poem.

7   *adaichean connlaich*: For some illustrations of the elaborate
        straw bonnets fashionable in the nineteenth century, and very
        common in the 1830s, see ibid.: 162–3.

9   *luchd-teagaisg an àite*: See, for example, the strictures of the
        Rev. Dr Norman MacLeod in a dialogue in which Fionnlagh
        Pìobaire discusses with his wife Màiri whether he should go to
        the Lowland harvest. He is encouraged by Màiri to do so, so
        that she can have sufficient money to keep up with the attire of
        other women whose husbands go to the Lowlands. Para Mòr's
        time at the harvest is to be imitated, since his wife is seen 'air
        gach còmhdhail le cleòca sgàrlaid, agus le boineid chonnlaich'
        ('at every meeting with her scarlet cloak, and with her straw
        bonnet') (Clerk 1910: 29).

17–24   The poet apparently had difficulties with the predominantly
        French vocabulary of nineteenth-century fashion; see the next
        note.

25   *parinn*: evidently a reduced form of *pelerine*, 'a wide, flat collar
        [which] covered the shoulders. This was sometimes provided
        with hanging ends and was then known as a "fichu-pelerine"'
        (Laver 1969: 166).

26   *pelisse*: a dress or robe, often with wide sleeves and flairing skirt.
        'Out of doors in the daytime women wore a pelisse with
        enormous sleeves and many capes' (ibid.).

27   *frills*: 'The effect of tight-lacing can be increased by widening
        the skirt and puffing out the sleeves. Both of these were done in
        the 1820s. Early in the decade the skirts were still fairly narrow,

but they were weighted at the bottom by a flounce, frills, and other decorations, sometimes even by a band of fur.' By the 1860s the frills and flounces could be very elaborate, and were often found on dresses below knee height (ibid.: 163, 176, 179–80).

31   *sgàileanan*: umbrellas or, more correctly, parasols were common: see ibid.: 176 for an example from 1853.

36   *cnota*: possibly a reference to the attachment of artificial hair by means of the 'Apollo knot, fixed on the top of the head and decorated with feathers or combs' (ibid.: 165).

41–48   The high brim of a straw hat, together with tight lacing on pelisses, narrow waist-lines and flowing sleeves, apparently created the impression of a sailing ship. The brim of the hat resembled the 'peak' (the upper part of a fore-and-aft square sail, held up by a gaff) stowed against the mast (thus causing the gaff to protrude above the mast), and the pelisse the lower part of the square sail roped in with 'reef and tack', with its alternate winding and billowing; for an illustration of such attire, see ibid.: 164, plate 184.

51–52   These lines refer to the mass of hair on a pad at the back of the head, known as a 'chignon'.

66   See also **Poem 30.**

77–80   This refers to the precursor of the rubber teat on a baby's bottle, which was evidently a nineteenth-century invention, perhaps to be dated to the middle of the century, when the range of rubber products increased. The poet subscribed to the view that 'breast fed was best fed', and believed that the new practice could create weaklings who would be unable to fight in battle (ll. 81–88).

95–6   See **Poem 25.**

30. *An t-Ollamh Mòr, Mòr*

Source: Cameron 1932: 136–9. According to a note in the MS used by Cameron, the song was composed in November 1879.

Cameron (ibid.) notes that the poet's 'neighbour, Macleod of the Free Church, not only undertook the spiritual care of his flock, but also pretended to much skill in attending to their physical ailments, with disastrous results to a good few, and eventually to his own reputation. At the time of composing this song he advised his people to sell all the eggs they had and give the proceeds to the church. They were also enjoined to give up tea, tobacco, &c., for the same laudable cause.' Cameron fails to note that MacLeod's medical 'pretensions' had some substance, since he had trained in medicine (see l. 12 n).

The Free Church congregation formed in Tiree in 1843 was

comparatively small. It is highly likely that this put considerable responsibility, and probably no small financial strain, on its individual members. It was linked with Coll between 1853 and 1862, when the difficulties of working the two congregations led to separation, and it was sanctioned a separate charge in 1876. The congregation joined the United Free Church in 1900. See Ewing 1914, I: 122.

12   *MacLeòid*: Rev. John MacLeod, M.D., appears to have been of Lewis extraction (l. 10), but studied initially in Australia, where he attended the University of Melbourne and the Theological Hall of the Presbyterian Church of Victoria. He was ordained by the Synod of East Australia at Grafton in 1869, but moved to Canada in 1872. While there he studied medicine for four years at Montreal. Coming to Scotland in 1876, he joined the Free Church in 1878, and was settled as minister in Tiree. He returned to Canada in 1880 (Ewing 1914, II: 248).

15   *ladar*: the 'ladle' which formed the equivalent of the collection plate in today's churches. It consisted of a box at the end of a long wooden pole, and was thrust along each pew in front of the people.

39–45   The poet uses a combination of traditional proverbs and scriptural sayings to ridicule the 'narrowness' of the Free Church minister, which must have contrasted rather sharply with his own Moderate perspectives.

77   *Ruthaig*: one of the townships at the east end of Tiree.

31. *Fàilte air Mac Ceann-feadhna Earra-Ghàidheal ...*

Source: MacPhàil 1947: 28–30.

This song commemorates the marriage, in 1871, of John Campbell (1845–1914), Marquis of Lorne, to Princess Louise (1848–1939), fourth daughter of Queen Victoria. The Marquis became Duke of Argyll in 1900.

26   *Dhùn Cuaich*: Duniquoich Hill, immediately to the east of Inveraray.

45–48   *MacEalair* and *Mac a' Bhiocair* were presumably gamekeepers on the Argyll estate.

56   *Dhiùc Ruadh Earra-Ghàidheal*: The 'Red Duke of Argyll' was John Campbell (1678–1743), second Duke of Argyll, who was also known as 'Red John of the Battles'. He was a very powerful figure in Scottish politics after the Union of 1707. He conquered the island of Minorca for the British. See Fry 2001: 36, 119–20 and Plate 12.

61–64   The espousal of Protestantism by the Earls of Argyll goes back beyond the time of John Carswell, who produced the first

Gaelic book to reach print, namely his translation of the *Book of Common Order*, which was published in 1567. Carswell's patron was Archibald, the fifth Earl of Argyll, whose father, the fourth earl, had been on the side of the reformers. These lines probably refer to Archibald Campbell (1607–61), eighth Earl and first Marquis of Argyll. He was one of the leaders of the Covenanters, and was executed after the restoration of Charles II in 1660 (Cameron 1993: 126).

32. *Oran do Bhàillidh Iain Caimbeul*

Source: Mac-na-Ceàrdadh 1879: 9–11. The tune there given is 'Dainty Davie'.

The song was probably composed before 1864, when John Campbell relinquished the factorship of Tiree. At this point his wife, Flora, who composed the song, wrote to their son, Donald, in a letter of 17 March 1864: 'I am very glad of it, the constant boating was so dangerous it kept my mind in constant anxiety.' This song arises from that anxiety, as it was inspired by his being storm-stayed, perhaps in Tiree, and by his temporary absence from his circle of close friends (ll. 33–36). (I am deeply indebted to Mr Robin Campbell, Newark, Notts, great-great-grandson of John Campbell, for his generous provision of information and copies of family papers relevant to the detail of this song and that of **Poem 28**.)

This song stands in the sharpest possible contrast to **Poem 28** (q.v.). As might be expected in a song composed by his wife, John Campbell, the 'Big Factor', is shown here as a cultured gentleman in the context of his family and class, *na daoine uaisle* ('noble men', i.e. gentry) of the Clan Campbell, represented by the small network of Campbell tenant-farmers in Mull and Tiree, who sometimes acted as estate officers. The 'Big Factor's' more immediate family circle had its centre in Islay, and included John Francis Campbell of Islay, eulogised in **Poem 33**. John Francis was sometimes invited to the home of 'Long John', as he familiarly called his host and relative (Mackay 1998: 120) because of his very long legs – 'your long shanks by the fire at the cottage, looming through a baccy reek', as he wrote in a letter (17 February 1859) to 'Long John' himself. (Campbell's Mull nickname, *Am Factor Mòr*, thus operated at two levels at least, referring to both his physical size and his office as Chamberlain, and perhaps even to his social class.) According to John Murdoch, who was no enthusiast for contemporary estate policies, the Campbells of Ardmore and their kinsfolk in Ballimartin (l. 18 n) were part of 'a stock of gentry of which any chief might have been proud' (Hunter 1986: 46–47).

Flora Campbell, who belonged to the MacNeills of Ellister likewise listed in Murdoch's 'stock of gentry', would have agreed with Murdoch on that point, though on few others. Her husband, John Campbell, has all the chiefly virtues, and her description uses key elements of the traditional panegyric code: he engages in hunting (l. 10), and he is an eloquent conversationalist (l. 20) and a generous host (ll. 29–32). Hardly surprisingly, his wife appears to counter the allegation of his bad dealings with ducal tenants, and points instead to his high standing and even-handedness (ll. 25–28).

Politics aside, the Gaelic ambience of the piece is a potent and necessary reminder that, although the Ardmore Campbells and their Islay servants were 'incomers' to Mull and often maligned by those lower-ranking tenants who were at the receiving end of 'improving' policies which they implemented on behalf of the Argyll estates, they and their family circle were thoroughly Gaelic, and participated to the full in those aspects of Gaelic culture appropriate to their station, including the composition of Gaelic verse. We may also note that John and Flora Campbell were strong supporters of the Free Church in the Ross of Mull, and were thus identified with an evangelical movement which is sometimes (rather simplistically) portrayed as part of the crofters' rebellion against landlords and factors. The difference was one of class and status, not of culture or religious affiliation. Likewise, tenurial restructuring affected all ranks in society. 'Improvement' meant that the Gaelic gentry, as well as their tenants, were often relocated, with the creation of complex native v. incomer scenarios of various kinds. These scenarios cut across categories, and produced ambivalent attitudes which are epitomised in the conflicting depictions of the 'Big Factor'. The arrival of Campbell tacksmen from Islay in the Ross of Mull is a very neat counterbalance to William Livingston's complaints about Lowland *Goill* taking over Islay in **Poem 7**. From a Mull perspective, the Campbells from Islay would have been a form of *Goill* (lit. 'strangers'), as they were not natives of the Ross.

6   *an Airde*: Ardmore is a very prominent headland in the southeast corner of Islay, close to Kildalton.

16   *mar cheanna-bheairt*: A married woman's headgear, known as a *brèid* ('kerchief'), was donned on the morning after her wedding, as an indication of her marital status. In this context there is also an echo of the headgear often referred to in the traditional picture of the Gaelic chief (Black 2001: 526). Flora Campbell accepted her husband as her 'lord and master'.

18   *Uilleam . . . Bhaile Mhàrtainn*: William Campbell (d. 1879) was the tenant of Ballimartin farm in Islay, and first cousin of John Campbell.

20   *tàbh*: Normally this means a fishing-net, but here it seems to be used idiomatically and metaphorically to signify 'a good catch, a netful', presumably of wisdom and eloquence. The chiefly figure is often associated with fishing in the panegyric code. The connection with water is maintained in the use of the verb,

sruth, 'stream, flow'. It seems improbable that we should read *tàmh*, 'rest, peace, quietness'.

28   Lit. 'with your ingenuity, a quality without treachery'.

37   *Sìne Chill an Ailein*: Jane Campbell (later Young) of Killinalen (or Killinallan). When travelling to Tiree in September 1871, John Francis Campbell called in at Bunessan in the Ross of Mull, and informed his sister in a letter: 'We ran to Banessun [sic] where Alick Campbell Killinalen came on board and got a dram for me. The Steward offered him water but he said there was plenty of that outside. His sister Jane is to marry a Liverpool Merchant Young by name. They are to be wedded there next week I believe and I was bidden to the feast' (Mackay 1998: 120). In the 1881 census, Jane is recorded as a native of Islay, aged 58, resident in Rusholme, Lancashire. She was then a widow with four stepsons and two stepdaughters.

    Cill an Ailein in Islay is an old ecclesiastical site close to Killinallan Point (on the eastern shore of Loch Gruinneard), and gives its name to the farm which Jane's family evidently held. 'Campbell Killinalen' and his family probably arrived in the Ross of Mull with the 'Factor Mòr' (see **Poem 28**, l. 4 n), and would have continued to be identified by the name of their earlier holding. Similarly Campbell of Ardmore retained the name of his Islay holding, which had been in the family for a century, and continued to farm it until his death in 1872.

38   *MacIlleathain*: The MacLeans of Pennycross, in what appears to have been a private arrangement c. 1801, gained an interest in Pennyghael, originally held by the MacGilvrays (Currie 2000: 416). They were evidently close friends of the Ardmore Campbells.

33. *Rùn nan Ileach*

Source: Mac-na-Ceàrdadh 1879: 512–3. The tune there given is 'O ho-rò mo nighean donn'.

The subject of this eulogy, John Francis Campbell of Islay (1821–1885), is one of the best known names in Gaelic scholarship. The son of Walter Frederick Campbell of Islay (see **Poem 6**) and Lady Eleanor Campbell, he was brought up on the family estate. As a boy he learned Gaelic from John Campbell, a piper to whom he had been entrusted by his father, and he became interested in Gaelic culture. He qualified in law, and was called to the Bar of the Inner Temple in London. He did not practise law, however. He became a civil servant, occupying several secretarial jobs successively, first as Private Secretary to the Duke of Argyll in 1854, and then as Secretary to a number of Royal Commissions – the Heating and Ventilating Commission, the Lighthouse

Commission and the Coal Commission. From 1874 to 1880 he was Groom-in-Waiting to Queen Victoria. In 1859 he began to collect Gaelic tales and ballads, and organised teams of collectors to work for him. His publications included *Popular Tales of the West Highlands* (1860–62) and *Leabhar na Féinne* (1872), which represented only a fraction of his work. His fine collections, his immense respect for Gaelic tradition and his precise methodology give him his place as the pioneer of modern Gaelic folklore gathering. He had a sharply analytical mind, and was a skilful controversialist, debating (among other things) the Ossianic question with unparalleled knowledge of the real tradition and a justly sceptical view of Macpherson, which stood in contrast to that of most other Gaelic scholars of his time, including Professor Donald MacKinnon (see **Poem 34**). His practical skills extended from sketching and painting to the invention of a sunshine recorder which is still used today. See Campbell Exhibition 1985.

This song was composed in Campbell's honour in October 1878 when he was chairman of the Annual Soirée of the Islay Association of Glasgow. He was fêted by his fellow islanders, and given a Gaelic address of welcome on vellum. He was deeply moved by the testimonial, and preserved Gaelic and English versions of the address in his scrapbook (Campbell Exhibition 1985: 24, item 23). According to the Association's published *Proceedings* (1878), 'Mr. John F. Campbell, of Islay, was accorded that night such an affectionate reception as few chiefs or nobles in the most heroic days could boast of.' This song reflects the pleasure which his presence gave to the assembled Islay folk.

1	*Beinn Bhàn*: a hill (474 m) in Islay, lying south-east of Mulindry.
11	*Beinn Mhòr*: another hill (202 m) in Islay, situated on the southern edge of the Oa.
13–14	*sgeòil ar tìr*: a reference to *Popular Tales of the West Highlands*.
15–16	Campbell gave strong support to Gaelic in the campaign for a Chair of Celtic in the 1870s (Campbell Exhibition 1985: 35, items 93–94). See also **Poem 34**.
17–20	Walter Frederick Campbell of Islay (1798–1855) was the last of the Shawfield Campbell lairds of Islay (see **Poem 6**). Succeeding his father in 1816, he became bankrupt in 1847 through accumulated debt and the loss of rentals as a consequence of the potato blight of 1846. Despite ll. 19–20, there is evidence of clearance on a small scale in the 1820s and 1830s, and emigration was occurring. On the whole, however, Campbell was a benevolent landlord of the old style, and his policy was 'to retain tenants on the estate without outright clearance or large-scale emigration'. This was his undoing in the longer term. His methods of improvement included the making of the planned villages of Port Wemyss, Port Ellen and Port Charlotte (Campbell Exhibition 1985: 23; Storrie 1997: 127–39).

23–28 The wives of the Shawfield Campbells were noted for their beauty, and none more so than Walter Frederick Campbell's mother, Lady Charlotte Campbell, who is commemorated in the name of Port Charlotte. 'Lady Charlotte Campbell had inherited her beauty from her mother, one of the two renowned Gunning sisters of eighteenth-century society' (Storrie 1997: 135). John Francis Campbell's mother was Lady Eleanor Charteris (d. 1832), first wife of Walter Frederick Campbell, after whom Port Ellen is named (ibid.: 133; Campbell Exhibition 1985: 23, item 8). The lines imply that the beauty of the earlier Campbell ladies has continued in John Francis Campbell's step-mother, Catherine Coles, and his half-sister, Castalia (Mackay 1998: 119, 121).

31–32 Following his bankruptcy, Walter Frederick Campbell retired to Avranches in Normandy, where he lived for the rest of his life.

33 For the division of Islay among 'new men', see **Poem 6**. The chief representative of the 'new' landlords was John Ramsay of Kildalton, who was also at the Glasgow event (*Proceedings* 1878).

34. *Brosnachadh na Gàidhlig*

Source: MacLeòid 1975: 44–46.

This song of exhortation promotes the campaign for the Celtic Chair at the University of Edinburgh, for which subscriptions were being sought in the 1870s. At the heart of the campaign for the Chair was Professor John Stuart Blackie (1809–95), who became the first Professor of Humanity at Marischal College, Aberdeen (1841–52), and then moved to Edinburgh, where he was appointed Professor of Greek (1852–82). An incurable romantic who espoused the cause of Gaelic with great passion and wrote extensively about the language and its literature, Blackie was equally active in championing the crofters' cause during the Land Agitation of the later 1870s and 1880s. His campaign for the Celtic Chair, which began officially in 1872 when he became Convener of the Celtic Chair Committee, was driven by 'his abundant energies and tireless eloquence' (Gillies 1989: 12), and it had raised sufficient capital by the mid-1870s. In order to let the fund mature, the Chair was not filled until 1882, when, out of a range of potential candidates who included John Francis Campbell of Islay (see **Poem 33**), Donald MacKinnon was appointed Scotland's first Professor of Celtic.

Professor William Gillies, the current holder of the Chair, comments that 'Once it was mooted, the Celtic Chair at Edinburgh came to be seen as an integral part of [the] desire for cultural regeneration' (ibid.: 8). This regenerative role is precisely what is envisaged in the present poem, as is particularly evident in ll. 43–48.

15   See **Poem 8**, l. 14 n.

35. *Oran don 'Chuairtear'*

Sources: Sinclair 1928: 142–45. Sinclair notes that the song was composed about 1842. The present edition follows the abbreviated text in Cameron 1932: 91–92.

The *Cuairtear* is the Gaelic journal *Cuairtear nan Gleann* ('The Traveller of the Glens'), which was established by the Rev. Dr Norman MacLeod (1783–1862) in 1840 and survived until 1843. It followed an earlier periodical also founded by MacLeod, namely *An Teachdaire Gaelach* ('The Highland Messenger') (1829–31). MacLeod was known to Highlanders as *Caraid nan Gàidheal* ('The Highlanders' Friend') because of his efforts to relieve poverty at the time of the Potato Famine, and his commitment to education, through schools and Gaelic literacy, in the Highlands. Son of the Rev. Norman MacLeod, minister of Morvern, Argyll, he too became a minister, serving at Campbeltown and Campsie, and latterly at St Columba's, Glasgow. MacLeod made an immense contribution to Gaelic literature through his periodicals, for which he himself wrote assiduously, while providing, as this song suggests, a place for the contributions of others. While his main interest lay in educating 'ordinary' Gaels, he enjoyed a close relationship with the upper echelons of Gaelic society, and encouraged John Francis Campbell of Islay (see **Poem 33**) to gather Gaelic folklore (Campbell Exhibition 1985: 22, item 6).

   Cuairtear nan Gleann showed a strong interest in emigration and in overseas communities of Gaels, as is demonstrated by its range of articles actually promoting emigration. At the same time, as MacLean's song shows, it provided a significant link between exiled Gaels and their homeland.

36. *Marbhrann do Mhr Seumas Beattie*

Source: MacDonald 1937: 245–8; Watson 1959: 20–24.

James Beattie, who died on 4 October 1810, was (nominally at least) Professor of Civil and Natural History at Marischal College, Aberdeen. Born in 1767, he was the son of David Beattie (1724–1803), estate factor of Laurencekirk. He graduated M.A. at Marischal in 1783, and was a Regent there, with special responsibility for the Semis (second-year) class, from October 1788 until his death. (Aberdeen University of the present day is an amalgamation, achieved in 1860, of the city's two former universities, namely King's College and Marischal.) Beattie was the nephew of an earlier Professor James Beattie (1735–1803) (ibid.:

265), with whom he is sometimes confused (see, surprisingly, MacDonald 1937: xiv) because of his name and also the loose application of the designation, 'Professor of Philosophy', to Regents generally. In fact, there were no less than three James Beatties in Marischal at this time, as the older Beattie succeeded in appointing his own son, James Hay Beattie (1768–1790), as his 'Assistant and Successor', though his plans were thwarted by his son's untimely death. The older James Beattie was a poet and philosopher, and held the Chair of Moral Philosophy and Logic at Marischal. As a figure of considerable importance in the Scottish Enlightenment, he was well known for his authorship of *The Minstrel* and also for his defence of Christianity against the scepticism of David Hume. He was painted by Sir Joshua Reynolds in a portrait which depicts 'The Triumph of Truth' over the sceptics, Hume and Voltaire (Daiches and Jones 1996: 16, 22, 64).

The younger James Beattie appears to have been a profound scholar and apologist in a very similar mould to his uncle. The elegy delineates the scope of his learning, in Greek and Roman wisdom (ll. 27–28), history and poetry (ll. 37–40), zoology, botany and mineralogy (ll. 41–48), and theology (ll. 49–56). MacLachlan also composed a long English *Elegy on the death of Mr. James Beattie, Professor of Humanity & Natural History* (D. Chalmers and Co.. Aberdeen, 1810), in which he alludes (in q. 25) to Beattie's 'Scottish' and 'Celtic' interests:

> 'From theme to theme we roam'd, thro' heav'n and earth,
> 　　Thro' Scottish, Celtic, Greek and Roman lore;
> 　While the keen flashes of electric mirth
> 　　Set all the crowded table in a roar!'

'Scottish' and 'Celtic' matters may have been the intellectual common factor in their friendship. MacLachlan in his Gaelic poem depicts Beattie as a chieftain of learning, as befits a man with 'Celtic' interests. In the greater part of the poem he employs several of the main motifs applied to clan chiefs in the Gaelic panegyric code. These include Beattie's generosity (ll. 65–72), his fatherly qualities (ll. 73–80), his hall now bereft of hospitality (ll. 81–88), the raiding of his nest (ll. 89–96), the apple-tree representing his role as patriarch and chiefly patron, and its sudden destruction by a bolt from the sky (ll. 113–20), and the shipwreck caused by death (ll. 125–8). For the use of these motifs in eighteenth-century verse, see Black 2001: 525–7. (I am deeply indebted to Dr Patrick Edwards, formerly of the Department of Classics, King's College, Aberdeen, for his help in tracing details of the younger James Beattie and his relatives.)

75–76　James Beattie married Jane Innes in 1794, and they had six children: James (at Marischal 1810–11), David (at Marischal, M.A. 1814), Anne, Alexander (at Marischal 1820–24), Jean and John (at Marischal, 1821–26).

37. *John Stuart Blackie*

Source: MacLeòid 1975: 187–88.

For an account of John Stuart Blackie, see the notes on **Poem 34**.

17–24   Blackie's impetuous affection for the Highland mountains was
legendary, and many stories were told of his mountaineering
exploits. Stoddart 1899: 249–50 supplies the following wry
account of one of his expeditions in 1867:
    'But when the heats of August gave place to the mellow
September weather, the impulse to movement stirred him, and
he started by steamer for Ballachulish. He had unwisely chosen
a pair of boots on grounds of comfort, without due inspection
of their soles. They lasted while he walked up Glencoe to
King's House. Here he stayed over Sunday, and Monday being
bright and clear, he determined to climb the Buachaillmore.
Local opinion was against the adventure, and the landlord
refused to supply him with a guide. The Ben was in the hands
of Sassenach [sic] deer-stalkers, and an interdict was upon it.
But the Professor, if he feared God, certainly regarded not
man, so, with the wonted stick in his hand and a parting
intimation to the gamekeeper that his name was John Stuart
Blackie, and that he would answer in the Court of Session for
his doings, he started for the top and won a cloudless view.
Next day he climbed the Devil's Staircase to Kinloch-Leven,
calling by the way on Campbell of Monzie, who entertained
him with true Highland hospitality, and upon whose green
home amongst the moors he was delivered of a sonnet.
    'Arrived at Fort William, he called upon the Fiscal, who,
along with a hearty welcome and some glasses of excellent
port, gave him the information that he had received in-
structions to have him prosecuted for climbing Buachaillmore.
Professor Tyndall was at Fort William, on his way to Oban, and
joined him in a hearty laugh at the baffled deer-stalkers, whose
attack expired in this letter.'

38. *Oran do Sheanailear Gordon*

Source: MacFadyen 1890: 43–44. The tune there given is 'Cumha Mhic
an Tòisich'.

General Charles Gordon (1833–1885) is one of the best known
military figures of the later nineteenth-century British Empire, largely
because of his death at Khartoum (Pollock 1993). Born in Woolwich
and claiming Scottish ancestry, he trained as a sapper with the Royal

Engineers, and had a distinguished career as a soldier and adminis-
trator. Seeing action initially in the Crimea in 1855, he suppressed the
Taiping Rebellion in China in 1864 (see **Poem 22**, ll. 13–16 n), and
gained renown as 'Chinese Gordon'. He went on to have a leading role
in the administration of the Sudan between 1872 and 1880. He also
commanded the British forces in Cape Colony. His fame reached its
zenith in the context of Britain's interventionism in Egypt and the
continuing challenge of the Sudan. Arriving in Khartoum in 1884 to
take charge of the city during the rebellion of the Sudanese leader
known as the Mahdi, he met his end in a protracted siege, and died
heroically when the city was captured. He was a devoutly evangelical
Christian, although he was noted for some peculiar interpretations of
the Bible. His robust faith and devotion to imperial duty ensured that
he gained legendary status, becoming in effect 'The Martyr of Empire'
in the popular mind (Morris 1998: 490–513). He was widely thought to
have been betrayed in his last stand by the tardiness of the British
government in sending a relieving force, and Gladstone was severely
criticised as a result. Modern historians, however, have viewed him less
kindly, drawing attention to his eccentricities and suggesting that he
sealed his own fate by failing to leave Khartoum in time, as his aim was
to put pressure on Gladstone to intervene decisively in the Sudan.

39. *Bàs Màiri*

Source: MacColla 1886: 22.

MacColl (ibid.) notes that Mary was his brother's daughter, and that
she died at the age of two.

40. *Marbhrann air Doctair Alasdair Stiùbhard*

Source: Dòmhnullach 1890: 67–76.

The Rev. Dr Alexander Stewart (1764–1821) was a native of Blair
Atholl, Perthshire. Following training at Edinburgh University, he
became minister of the parish of Moulin, Perthshire (1786–1805). He
moved to Dingwall (1805–20), but, because of poor health, went to
Edinburgh as minister of the Canongate in 1820. He began his career
as a moderate, but was deeply influenced by the example of a neigh-
bouring minister and also by a visit to his manse in 1796 by the English
cleric, Rev. Charles Simeon, who was accompanied by the itinerant
evangelist, James Haldane. After an evening exhortation by Simeon,
Stewart experienced new spiritual life, which manifested itself in
effective preaching and in an awakening in the parish, between March
and August 1799. Some seventy parishioners were brought to faith. For

the emerging evangelical wing of the Established Church and the wider evangelical movement in the nineteenth-century Highlands, of which MacDonald of Ferintosh was part, Stewart's conversion was a great encouragement and was frequently referred to as a 'before and after' demonstration of the difference between the moderate and the evangelical minister in the matter of saving faith. The contrast between the minister 'with grace' and the minister 'without grace' is at the heart of this elegy (ll. 81–144). The change in the minister's spiritual life was then blessed with, and affirmed by, the Moulin awakening (ll. 145–60). MacDonald is careful not to find fault with Stewart because a similar awakening had not occurred in Dingwall (ll. 201–208).

In addition to his gifts as pastor and preacher, Stewart was a Gaelic scholar of note. He revised the original Gaelic translation of the Prophets for inclusion in the 1807 Gaelic Bible (ll. 77–80), and produced a Gaelic grammar in 1801 (Cameron 1993: 792–3; Dòmhnullach 1890: 60–63).

41. *Oganaich an Or-fhuilt Bhuidhe*

Source: Cameron 1932: 236.

It is not possible to date this song precisely, or to identify the *òganach* with whom the composer has fallen in love. Clearly, however, the young man is of considerable social standing, as the picture of his hunting prowess (ll. 5–12) and his apparent connection with the estates of the Duke of Argyll (ll. 21–24) would suggest. The reference to the hills and to deer might indicate that he is not a native of Tiree, where there are neither deer nor high hills. Most estate officers were, of course, incomers to the island, and this young man was only a temporary resident. Even so, it is important to note that poetic images of this kind operate within their own conventional landscapes, which may not always correspond to the geographical reality. We may compare the imagery of Poem 32.

Officers of the Argyll Estates who were dispatched to Tiree incuded the amorous as well as the officious and overbearing, and they broke hearts in very different ways. Malcolm McLaurin, who preceded John Campbell (see **Poem 32**) as factor from 1801 (Cregeen 1964: 52), 'carried on amours with various local women' and 'fathered two illegitimate children on two different women in the district' (Cregeen 1998: 23).

28   The young man was evidently transferred from Tiree to another part of the estates, and it is this that has occasioned the composer's grief.

42. Seinn an duan seo

Source: Gillies 1880: 43–45. For the tune, see *Orain a' Mhòid*, XIV (1937): 14.

The song was probably composed before 1841 (see ll. 9–12 n.).

9–12   It seems likely that the paddle-steamer to which the poet refers is the *Maid of Morven*, very well known in Gaelic as *A' Mhaighdeann Mhorairneach*. She was acquired by the Maid of Morven Steamboat Co. in 1827, and sailed from Glasgow to Tobermory, Fort William and Inverness until 1841. She was owned by Robert Napier from 1835, and also sailed for Thomson and MacConnell in 1838 (Duckworth and Langmuir 1987: 4, 5, 6, 213). If this is indeed the vessel to which reference is made, her name gives added symbolic depth to the poet's predicament.

13–14   See **Poems 16** and **29**.

17   *Eirinn*: Ireland here seems to be regarded as an Arcadia, free from the unhappy partings found in Scotland. For other, very different perspectives on Ireland, see **Poems 18** and **57**.

43. Muile nam Mòr-bheann

Source: Mac-na-Ceàrdadh 1879: 184–6.

25–26   See **Poems 16** and **29**.

44. Seo nam shìneadh air an t-sliabh

Source: Gillies 1880: 30–31. For the tune, see *Orain-Càraid* 1938: 21.

According to Tiree tradition, as retailed in Brownlie 1995: 32–33, the girl who inspired this song was the daughter of Duncan Campbell, *Donnchadh na Ruighe*, Duncan of the Reef. However, there are difficulties with this identification. The Reef was a common and never a tenancy or tack, though part of it was annexed to the farm of Balephetrish. 'Mr. Campbell Baliphetrish' is named in the Instructions to the Tiree factor in 1786 (Cregeen 1964: 8). Duncan Campbell could have been his son and successor. It is also possible that the family in question was that of Donald Campbell, *Am Bàillidh Dòmhnall*, who was factor from 1769 to 1800, and held the farm of Crossapol, close to the Reef (Cregeen 1964: 3). He may well have had a son called Duncan. MacLachlan, the poet, evidently conducted his courtship by sailing to Tiree in a small boat (ll. 21–22, 27–28).

45. *Màiri Bhaile Chrò*

Source: MacLeòid 1975: 16–18.

Poems of this kind, in which the lady, even if she is originally a real person, becomes a symbol of innocence, are attested within the English Romantic tradition; see, for example, Lord Byron's well-known, 'She Walks in Beauty', with its night-time images and its concluding lines 'A mind at peace with all below, / A heart whose love is innocent' (Wu 2000: 668–9).

8　　　*àirigh Bhaile Chrò*: It seems likely that this place-name is taken from a location with which MacLeod was familiar in Glendale, Skye. The setting of the shieling reflects its summer role as a centre of joy and happiness for the young people who herded the cows. In nineteenth- and twentieth-century Gaelic verse it often symbolises a lost Arcadia.

46. *Leanabh an Aigh*

Source: Shuttleworth [c. 1996]. I have been unable to trace a nineteenth-century source which provides the full text of this hymn. The present source is a small booklet of eight pages which was published privately by Doreen Shuttleworth, Airidhghlas, Fionnphort, Isle of Mull, using material contributed by Hilda Leslie, Creich, and William Campbell, Pottie. William Campbell, who was well known to the present editor, was particularly well informed about the history of the Baptists of the Ross of Mull, and he may have been the source of the text as found in the booklet.

The hymn is sung to the traditional air called 'Bunessan'. According to a typescript entitled 'Mrs Mary MacDonald: The Poetess of the Ross of Mull', by the Rev. Edward Campbell, an Islay man who was a Baptist minister successively in Bunessan, Broadford, Taynuilt and Bellshill, the tune was first written down in Paisley: 'It was in this latter town . . . that a musician, whose name is believed to have been Fraser, on hearing "Leanabh an Aigh" sung by a daughter of Mrs MacDonald, committed the melody to writing.'

The hymn has become well known throughout the Gaelic areas, but has usually circulated in an abridged form, and one seldom hears the full text being sung. It became popular in the English-speaking world through a translation of a mere four verses (ll. 1–4, 25–28, 33–36, 53–56) made by Lachlan MacBean (1853–1931), a native of Kiltarlity and editor of the *Fifeshire Advertiser*, around 1900 (MacBean 1900: 60). It is now regarded as a Christmas carol. Despite its emphasis on the humble birth of Christ, however, it is very doubtful if the piece was originally intended to be a Christmas carol; its real theme is the manner in which Christ as hero surpasses all human heroes. MacBean, it would seem, has been largely responsible for encouraging the Christmas connection by translating the opening line, *Leanabh an àigh*, as 'Child in the manger', which nowadays carries automatic associations with Christmas. His English adaptation (omitting his version of ll. 25–28) has taken on a life of its own, and (surprisingly) continues to be used as a 'translation', even in recent anthologies. These give no explanation of the relationship between the original Gaelic verses and the English reworking (cf. Bateman, Crawford and McGonigal 2000: 184–5).

MacBean's adaptation, which follows an allusive style commonly found in late nineteenth-century 'translations' (see **Poems 61–65**), is as follows:

Child in the manger,
Infant of Mary,
Outcast and stranger,
Lord of all!
Child who inherits
All our transgressions,
All our demerits
On Him fall!

Monarchs have tender
Delicate children,
Nourished in splendour,
Proud and gay;
Death soon will banish
Honour and beauty,
Pleasure will vanish,
Forms decay.

But the most holy
Child of Salvation
Gently and lowly
Lived below;
Now as our glorious
Mighty Redeemer,
See Him victorious
O'er each foe.

Prophets foretold Him –
Infant of wonder;
Angels behold Him
On His throne;
Worthy our Saviour
Of all our praises,
Happy for ever
Are His own.

1   *Leanabh an àigh*: The word *àgh* can have a range of meanings,
        including 'wonder, splendour, glory, valour'. All of these
        meanings are layered into its use in this context.
2   *Rìgh nan dùl*: lit. 'King of the elements', i.e. the elements of the
        created order. The implication is one of omnipotence.

47. *Luinneag Anna NicEalair*

Source: Mac-na-Ceàrdadh 1879: 425–6; *An Gàidheal* 5: 116.

It is not clear when this song was composed. The precise use of phrases
and verses from the 1807 revised translation of the Gaelic Old
Testament (First Book of Kings, Song of Solomon, Isaiah and the
Metrical Psalms) indicates that the poetess was familiar with that text,
and we may perhaps presume a date in the first quarter, or at least the
first half, of the nineteenth century. The deeply subjective nature of the
song is certainly consistent with the ethos of nineteenth-century verse.
Its personal passion is probably linked to the evangelical revivals of the
early nineteenth century. The name of the poetess may connect her with
Cowal, and it is possible that she belonged to the same family as David
MacKellar, composer of *Laoidh Dhaibhidh MhicEalair* ('David
MacKellar's Hymn'), who lived in Glendaruel in the first half of the
eighteenth century (Black 2001: 134–43; 427–9). This, however, is
speculation, but an Argyllshire or Inner Hebridean provenance may be
suggested by the inclusion of the song in Mac-na-Ceàrdadh 1879.

The theme of the song demonstrates the interaction of traditional
Gaelic love songs and biblical imagery of evangelical experience. Gaelic
waulking songs, which were sung pre-eminently by women, were often
candid in their allusions to erotic encounters, and this element is
present here. The song's primary imagery, however, is drawn not from
secular song but from the Song of Solomon, which likewise contains a
strongly erotic element. Rediscovery of the Song of Solomon across the
centuries and the appropriation of its imagery for the expression of
intensely personal religious experience have inspired the portrayal of
Christ as lover at different periods. This portrayal is represented in the
works of medieval English mystics such as Richard Rolle in the four-
teenth century. It is also found in the context of post-1700 evangelical
revivals in the Highlands and Lowlands, usually in the testimony of
female converts. Thus Catherine Cameron, a convert of the 1742
revival at Cambuslang, expressed her experience 'in terms of the
ravishing love in which she was willing to "give up my whole body and
soul to him . . . and my heart was in a flame of love to him . . . I came
home from that Sacrament with Christ in my arms"' – a sentiment very
close to that expressed in the first verse of Anna MacKellar's hymn. At a
time when converts' descriptions of revivals were monitored carefully
by ministers, such language escaped the censor's pen because of its

links with the Song of Solomon and other scriptural texts (Roxburgh 2001: 211).

1 *bothan bochd a' bhròin*: Anna MacKellar may have experienced conversion at the time of a sudden death in her township. Death, particularly if unexpected, was often a catalyst in evangelical conversions and revivals.

3 *taigh mo mhàthar*: This echoes Song of Solomon 8: 2, 'Threòraichinn thu, bheirinn leam thu do thaigh mo mhàthar' ('I would lead you, I would bring you to my mother's house').

9–10 These lines combine Song of Solomon 2: 3, '. . . fo a sgàile mhiannaich mi, agus shuidh mi sìos' ('I longed to be under his shade, and I sat down'), and Isaiah 32: 2, '. . . mar sgàile creige mòire ann an tìr airtnealaich' ('. . . like the shadow of a mighty rock in a weary land').

14 Cf. 1 Kings 19: 4, '. . . agus thàinig e agus shuidh e fo chraoibh aiteil' ('. . . and he came and sat under a juniper tree').

15–16 *Aicill* (internal rhyme) is broken in this couplet, suggesting some degree of modification in transmission.

16 *gàrradh nan abhall*: *ubhall* ('apple') Mac-na-Ceàrdadh 1879, but *abhall* ('apple-tree'), *An Gàidheal*. The latter satisfies the rhyme. There are numerous references to apples and gardens in the Song of Solomon, e.g. 2: 3, 'Mar chrann-ubhall am measg chrann na coille, is amhail mo rùn-sa am measg nan òganach' ('Like an apple tree among the trees of the forest is my beloved among the young men').

17 This line is based on Song of Solomon 4: 10, 'Cia mòr as fheàrr na fìon do ghràdh . . .' ('How much sweeter is your love than wine . . .').

18 *nuair as treis' e*: Thus Mac-na-Ceàrdadh 1879, but *às a channa*, *An Gàidheal*. In *An Gàidheal*, *channa* is italicised, suggesting that it has been understood as an English loan-word, perhaps from 'can' in the sense of 'jug'. However, it seems more likely that the original reading may have been *ann an Cana*, 'in Cana', i.e. Cana of Galilee, where Jesus performed the miracle of turning water into wine at a wedding, and where the best wine was served last (John 2: 1–10).

29 This line is found in precisely this form in Metrical Psalm 68: 18.

48. *Oran mu Leanabh Og*

Source: MacDougall 1926: 29–33. The tune, together with a free translation of some verses, is given in MacBean 1900: 48.

This hymn was evidently composed as a means of comforting those parents who had lost a child through illness, as frequently happened in the Highlands and Islands in the nineteenth century. It has retained its popularity to the present day, and is sung by Calum Kennedy, among others.

Peter Grant's pastoral concern in providing such consolation was not, however, appreciated by all within his district. According to the Rev. Donald MacLean (1910: 22), 'The poet's unhesitating belief in the child's salvation, and his allusion to her blameless life, were viewed by the "men" as tainted with error. This led to the weakening of the preacher's influence. But it was his enthusiasm for his [Baptist] denomination in the midst of a community rigidly Presbyterian that proved to be his fatal error.' MacLean's own 'enthusiasm' for Presbyterian principles is all too clear in this passage, but it seems entirely likely that Grant's hymn would have been a challenge to the theology of those believers who held rigidly to the doctrine of original sin.

The song provides a good example of the fusion of popular evangelicalism and romanticism typical of nineteenth-century hymnology, both in the Highlands and beyond. Grant's themes and images conform generally to patterns in the wider English-speaking world (Meek 2002: 123–58). The portrayal of the heavenly city (ll. 103–20) as a place of happiness, especially for departed infants, is found commonly in English verse, as in the hymn which begins 'There's a home for little children / Above the bright blue sky' (see Bradley 1997: 117–8).

49. *An Nuadh Bhreith*

Source: Henderson n.d.: 84–105. The original text consists of 84 verses, with an opening *luinneag* and a concluding quatrain. The present text comprises the opening *luinneag* of the poem and verses I–XXI as numbered in Henderson.

The theme of the poem is based on Ephesians 4: 22–24, with its exhortation: 'that you put off, concerning your former conduct, the old man which grows corrupt according to the deceitful lusts, and be renewed in the spirit of your mind, and that you put on the new man which was created according to God, in righteousness and true holiness' (New King James Bible). It is evident that Romans 7: 23–25 is also a key passage in determining the basic metaphor of the poem: 'For I delight in the law of God according to the inward man. But I see another law in my members, warring against the law of my mind, and bringing me into captivity to the law of sin which is in my members. O wretched man that I am! Who will deliver me from this body of death? I thank God – through Jesus Christ my Lord! So then, with the mind I serve the law of God, but with the flesh the law of sin' (New King James Bible).

The poet develops the theme of spiritual warfare found in Romans 7: 23. He portrays the relationship between the 'old man' of the flesh and the 'new man' of regeneration as a wrestling contest, in which the protagonists are very well matched. The 'new man' is able to defeat the 'old man', despite the latter's many tricks. The two are opponents in every sense, the 'old man' representing the grubby, sinful side of life, and the 'new man' the cleansing power of the Spirit of the indwelling Christ. Contrasting images are found throughout the piece, setting corruption against purity, temptation against deliverance, and darkness against light.

The poem is remarkable for its sharp and well articulated description of a hand-to-hand fight. The hearer/reader is given a ring-side seat at a boxing match, as the heavyweight 'old man' is given a knock-out blow by the lightweight 'young man', only to rise from the canvas to inflict further injury, before going down again. Unquestionably, the poem draws its vivid realism from the warrior ethos of the Highlands and also from the sports and pastimes of young men, who enjoyed wrestling with one another. For a poem concerned with a spiritual theme, it is extraordinarily physical in its presentation. It stands in the sharpest contrast to the sentimental hymnology of the Victorian era (see **Poem 48**) and the soft wish-wash of contemporary 'Celtic Christianity'. It offers instead a robust spirituality which, following Reformed doctrine, perceives sanctification as an ongoing battle against the world, the flesh and the Devil, and as a contest which is won only through the enabling power of the Holy Spirit.

20   *fo lùirich*: The original meaning of *lùireach* was 'breastplate' (from Latin *lorica*). Later, as mail displaced plate, it came to mean 'coat of chain mail'. In the present context it means 'fighting gear, armour'. Nowadays the word is most commonly used of a ragged item or wreck of any kind, and there may be more than a hint of that here.

37–38 See 2 Corinthians 5: 1–4: 'Oir tha fhios againn, nan sgaoilte o chèile ar taigh talmhaidh a' phàillein seo, gu bheil againn aitreabh o Dhia . . .' ('For we know that, if the earthly tent we live in were to be dismantled, we have a house from God . . .')

48   *Aosd' nan Làithean*: The Ancient of Days, commonly taken as a name for God, appears in Daniel 7: 13, 22.

61   The line combines the Old Testament concepts of the Lord coming to his temple and his glory filling his house: see Isaiah 6 and Malachi 3: 1.

63–64 The contrast contains a distant echo of the description of the *meall neòil* ('pillar of cloud') and the *meall teine* ('pillar of fire'), by which God led the Israelites out of the wilderness: see Exodus 13: 21–22.

97–98 These lines employ a well-known Old Testament phrase: see Amos 5: 11, '. . . agus bha sibh mar aithinne air a spìonadh as an losgadh . . .' ('and you were like a brand plucked from the burning').

50. *An Eaglais*

Source: Campbell 1965: 21–24. This poem is composed in the style of a waulking song, used when women were waulking tweed (see **Poem 7**, ll. 89–90 n). Campbell (ibid.: 115) notes that 'Fr Allan McDonald was interested in using the traditional forms of oral Gaelic literature as a means of imparting religious instruction.' He marries this to the equally traditional picture of the church as a ship, fashioned by Christ.

The theme of the church as a ship is one of considerable antiquity. It was popular in Catholic devotion across the centuries, and came to particular prominence at the time of the Reformation, when reforming artists sometimes portrayed the pre-Reformation Catholic church as a vessel buffeted by the waves and in danger of sinking. Here the image is moulded to fit the life of the islands, with the use of Gaelic terms for parts of the boat (ll. 12, 60) and the shipwright's tools (l. 52). There is a certain rugged beauty in the picture of Christ as a Hebridean shipwright.

51. *Oran air don Bhàrd a dhol air Tìr san Eiphit*

Source: MacKenzie 1907: 371–2. The tune there given is 'Deoch-slàinte an Iarla Thuathaich'.

The song describes, with the precision of the participant observer, the celebrated landing of British troops under the command of Sir Ralph Abercromby at Aboukir Bay, near Alexandria, in Egypt on 8 March 1801. The aim of the expedition was to expel the rump of the French Levant army from Egypt, where it had remained since the Battle of the Nile, which had been fought (also at Aboukir Bay) with great skill and success by Nelson against Napoleon on 1 September 1798. Abercromby's landing proved to be one of the greatest tactical victories in British military history, and became a model for future warfare. The French were taken by surprise by punctilious planning. 'As [the British] approached the beach "grape shot and musketry came down upon them like hail, and many casualties were sustained; yet the confusion proved so trifling as scarcely to deserve notice"' (Reese 1999: 182; see also Brander 1996: 150–1). This is precisely the impression given in this vigorous song. The Battle of Alexandria followed directly, and although there was some confusion in battle tactics, the British force, numbering some 15,330 men compared with an estimated 24,000 French soldiers, was able to defeat the latter.

10–12   The British fleet sailed from Malta to Mamorice Bay in Turkey, north of Rhodes, as Abercromby considered this to be the best place from which to launch his surprise attack on the French in Egypt (Reese 1999: 181).

27 *An leòghann*: Beyond the appropriateness of this image as a metaphor for a fierce warrior, Abercromby's facial features appear to have resembled those of a lion. Reese (ibid.: 172–3) comments: 'Sir Ralph's head was large and his eyes wide-spaced and as he looked out myopically from under his thick, shaggy eyebrows, he gave the idea of a good-natured lion but one that could roar when needed.'

Sir Ralph Abercromby (1734–1801) was a native of Menstrie, Clackmannanshire. Educated at Rugby, Edinburgh University (where he studied law) and Leipzig, he had a remarkably varied career as a soldier, first joining the 3rd Dragoon Guards in 1756. Retiring on half-pay in 1783 when his regiment was disbanded, he went to Flanders with an auxiliary force in 1793, and began his military career afresh with immense vigour, serving with distinction in Ireland, Scotland and Holland, and finally in Egypt. He was wounded fatally at Alexandria, and died six days later. A skilful tactician at every level, Abercromby was the most significant military leader of his day, and rebuilt the British army as a powerful force at a time when it was suffering seriously from lack of professionalism. He is surprisingly little known now, perhaps because his achievement has been eclipsed in the popular mind by the fame of such men as Sir John Moore and Lord Nelson. Abercromby Place in Edinburgh is named after him (Keay and Keay 2000: 2–3; Reese 1999: 170–87).

65 *fann Thurcaich*: Abercromby expected that Turkish reinforcements would join him at Momorice Bay, but these did not arrive (ibid.: 181). It is also possible that the French may have mistaken the British fleet for a Turkish one, and that this added to the surprise of the occasion.

75 *[falair leibh]*: The source reads *fàll oirbh*, which does not seem to make any sense in the context. I read *falair*, 'pony' in the light of l. 76, and in the knowledge that the French had strong forces of cavalry at Aboukir (Brander 1996: 150).

79–84 The 42nd Royal Highland Regiment, otherwise known as the Black Watch, had a strategic role at Aboukir:

'The Royal Highlanders on the right centre leaped ashore, formed on the beach and rushing up the steep ascent, rendered difficult by the loose sand, in the face of the fire of a battalion of infantry and two guns, speedily gained the summit and instantly closing on their numerous opponents with the bayonet drove them from their position before they had time to fire a second volley' (ibid.: 151).

The other Highland regiments who acquitted themselves with distinction at Aboukir were the 79th (Cameron Highlanders) and the 92nd (Gordon Highlanders).

52. *Cogadh a' Chrimea*

Source: Cameron 1932: 126–30.

The Crimean War (1853–56) – something of a misnomer, as the Crimean peninsula was only one of its theatres – was fought primarily between the Russians on the one side, and the French and British on the other, acting to protect Turkish interests, which had been seriously threatened by Russia. Turkey was also supported by Chechens who – then as now – resented Russian occupation of their country. Although Russia was seen as the main threat, the war was caused by the convergence of different factors, some of which foreshadow the ideological issues affecting the Balkans, the Bosphorus and the Middle East in the present day. The decay of the old Ottoman Empire created a growing power vacuum which Russia attempted to fill. This alarmed Britain, which was trying to protect and extend its own imperial domains. The protection of Christians in Jerusalem was another bone of contention. The Holy Places of Jerusalem, which formed a distant part of the Ottoman (Turkish) Empire, were at the centre of a dispute between France, which was Roman Catholic, and Russia, where Eastern Orthodoxy was practised. Turkey, a Muslim country, was caught in the middle of the dispute. Although it was not prepared to offer protection to Christians, it was aggrieved when Russia exercised its right to protect Orthodox Christians, and moved into territories north of the Danube which were still nominally part of the Ottoman Empire. Consequently Turkey declared war on Russia on 5 October 1853. The British and French entered the war on 28 March 1854, after the destruction of the Turkish fleet by the Russians.

In due course, the Crimean War became synonymous with poor military strategy and remarkable acts of regimental and individual bravery, some of which were the result of, and compensated for, inadequate strategy or misunderstood orders. The main points of encounter – Alma, Balaklava, Inkerman, and Sebastopol – became household names. The campaign dragged on for much longer than was expected. The British and French forces landed at Kalamita Bay, near Eupatoria, and advanced on Sebastopol from the north. They were confronted by the Russians on the high ground above the River Alma. With great daring they scaled the cliffs above the river, and secured a quick victory (20 September 1854), but they failed to take advantage of their position and did not press on to capture Sebastopol, the key Russian fortress. Instead, they marched round to the south of the city – a tactic which allowed the Russians to build strong defences – and initiated a siege which lasted for twelve months. The siege of Sebastopol became the focal point of the war, and two famous battles were fought before it ended – Balaklava (25 October 1854), when the Russians attacked the British military base at Balaklava and 'the charge of the Light Brigade' took place, and Inkerman (5 November 1854), when the

Russians attempted to break through British lines and were repulsed with very heavy losses (Kerr 2000).

The present poem provides an insight into how the initial stages of the Crimean campaign, from the Battle of Alma to the beginning of the siege of Sebastopol, were viewed in one particular location in the Highlands and Islands, namely Tiree. Its main value thus lies in its local perspectives on military events in a foreign theatre. It contains comparatively little detail, which is scarcely surprising given the poet's distance from the conflict, but it does show a reasonable knowledge of events at the Battle of Alma, although it is not as precise as **Poem 53**. For news of the war effort, people in the Highlands would have been dependent mainly on reports reaching them from the regiments, through the recycling of military dispatches of one kind or another. On this occasion, however, the London newspaper, *The Times*, sent a war correspondent, William Howard Russell, to the front, and he was able to provide accounts which were widely read in Britain and probably percolated through to the Highlands. Russell's reports helped to create some of the most lasting verbal pictures of the Crimean War, including the gallantry of the Highland Brigade (Lambert and Badsey 1994).

The Highland Brigade performed with distinction in all of the main battles, and, as a result, the image of the Highland imperial soldier was indelibly embedded in Gaelic and Scottish self-perception (see **Poem 54**). The Brigade consisted of the 42nd Regiment (the Black Watch), the 79th Regiment (Cameron Highlanders) and the 93rd Regiment (Sutherland Highlanders), under the overall command of Sir Colin Campbell (see l. 31 n).

3   The poet seems to imply that the Russians are not Christians, as they do not 'yield to the Gospel'. Elsewhere he sees them as idol-worshippers (l. 103), and appears to confuse the icons of Eastern Orthodoxy with non-Christian idols.

11   *Impire Ruisia*: Tsar Nicholas I.

17–18   The Highland Brigade played a key part in storming the heights of the Alma, and captured a devastatingly powerful enemy battery (ibid.: 62–64).

31   *an Caimbeulach smearail*: Sir Colin Campbell (1792–1863). Campbell was born in Glasgow, and was originally a MacIver. Apparently believing that the name of the Campbells better befitted a soldier, he changed his surname to that of his mother, who was the daughter of Campbell of Ardnave in Islay (and thus the reference to Islay in l. 30). He saw military service in the West Indies (1820s), China (1841), India (1846), the Crimea, and finally India (for a second time, during the Indian Mutiny of the late 1850s, in which he relieved the sieges of both Cawnpore and Lucknow). He was undoubtedly the most distinguished Scottish soldier of his day, and his gallantry stands in considerable contrast to the muddled tactics of the

English commanders in the Crimea (Keay and Keay 2000: 136).

35   *dìdeanan brèige*: possibly a reference to the enemy's various batteries, which proved to be 'false' in the sense that they fell before the Highlanders' attack.

77–84 These lines are important in demonstrating the radicalising effect of the Crimean War on Highlanders at home. The poet upbraids the Highland landholding class – *uaislean na Gàidhealtachd* – for being so willing to recruit and send ordinary Highlanders to the war, while avoiding it themselves.

85–88 The criticism implicit in these lines refers to Highland landlords' neglect of the living conditions of their tenantry. In making the criticism here and in ll. 77–84, the poet may have been aware of the eviction of Highlanders from the township of Greenyards, in Strathcarron, Ross-shire, in 1854. It was claimed by Donald Ross that some of the men from Greenyards were serving with the 93rd Highlanders at the siege of Sebastopol when the eviction took place (Richards 2000: 269).

53. Cath Alma

Source: Mac-na-Ceàrdadh 1879: 288–391. The tune there given is 'An àm dol sìos bhith deònach'.

The background to this poem is set out in the introduction to **Poem 52**. It shows a more detailed knowledge of the names of the military leaders, and is better informed about the precise circumstances of the Battle of Alma. This may be because the poet, who was then living in England, was likely to be literate in English and following newspaper reports more closely.

23   *Omar Pashà*: the commander-in-chief of the Ottoman (Turkish) army. He was a Croat, whose real name was Michael Lotis. He was a renegade from the Austrian army, who had become a Muslim and taken a Turkish name (Kerr 200: 17–18).

25–26 The poet appears to be under a misconception. The main landings of British and French forces were in Kalamita Bay, to the north of Sebastopol. Balaklava is a harbour which lies to the south of Sebastopol.

41   *Raglan*: Lord Fitzroy Somerset (1788–1855), the first Baron Raglan. He was the son of the fifth Duke of Beaufort, and served in the Peninsular campaign and at Waterloo. He became commander of the Crimean campaign in 1854. He was blamed for the reverses and privations endured during the winter of 1854–55. He died ten days after the failure of the attack on Makhoff and Redan on 18 June 1855 (Gardiner 2000: 737).

> *Canrobert*: General Canrobert was second in command of the
> French forces.

49   *batraidh mhurtail*: See **Poem 52**, ll. 17–18 n.

58   See **Poem 52**, l. 31 n.

54. *Saighdear Gàidhealach*

Source: Campbell 1884: 28–30.

This song is an early Gaelic forerunner of the couthy 'Scottish soldier'
genre which was maintained into the later twentieth century by singers
such as Andy Stewart. The poet, who imagines the scene, provides the
following explanatory note:

'The subjoined verses are composed on a young Highland officer
who served in the Peninsular War. He was, one night, seized with a
presentiment that he was to be killed in the battle that was pending on
the morrow. His brother officers tried to laugh him out of it, but in vain.
He wrote home to his friends bidding them farewell, left his affairs in
order, and "foremost fighting fell". The verses are written as if by his
sweetheart. The first verse may be used as chorus.'

The Peninsular War (1809–14), in which Sir John Moore was killed
at the Battle of Corunna (January 1809), was fought when the Britain
sent an army to the Iberian Peninsula to encourage Portuguese and
Spanish resistance to Napoleon (Palmer 1986: 225).

55. *Blàr Thràigh Ghruinneard* .

Source: Livingston 1882: 101–12.

The Battle of Tràigh Ghruinneard was fought on 5 August 1598,
between Sir Lachlann Mòr MacLean of Duart and his nephew, Sir
James MacDonald of Islay. According to Maclean-Bristol 1999: 238,
'On 5 August Sir Lachlan Mor landed on the beach at the head of Loch
Gruinart in Islay. He came to have a meeting with his nephew Sir James
Macdonald of Knockrinsay, Angus's son. A fight took place. Maclean
was killed. These are the bare facts of an incident of which every Gael
knows something, even today. Nothing else about it is certain. Within a
week of the battle contradictory reports of what happened were
circulating throughout Scotland.'

The lack of information about the original encounter, and its
significance as an event in which the leader of a major Highland
kindred was killed at the very end of the sixteenth century, may have
been factors in firing the imagination of writers and tradition-bearers
since the early seventeenth century. The Battle of Tràigh Ghruinneard
gradually assumed epic proportions in the Gaelic tradition of Islay and

Mull. William Livingston's poem reflects the creative high point of the epic legend, which was reached by the middle of the nineteenth century. His interest in the theme was such that he also wrote a prose account of the battle in his sprawling volume, *Vindication of the Celtic Character* (1850: 442–5). It is worth reproducing this for comparison with his poem, and also to illumine his understanding of the historical dynamics of the real event:

'[Hector] was succeeded by his son Lachlan, who was equally unfortunate; he was left a minor at the death of his father, for whose bravery and loyalty he was educated at the Scottish Court, and finally installed in his domains of Duairt. The sister of the said Sir Lachlan was married to Angus MacDonald of Islay, who died before his wife, and left his son Sir James a minor, which served MacLean for a pretence to demand the half of the island for the support of the Lady MacDonald; but there is every reason to suppose that his own private avarice was his chief aim. Several attempts were made by influential persons to divert Duairt from his imperious procedure; but all of no avail. At last he invaded Islay with some forces and a numerous fleet of gallies. He landed at Loch Gruinart, in the north west extremity of the country; from thence he proceeded to Mullindrai. His nephew, Sir James MacDonald, mustered his retainers; the two clans met on the *Bloody Field*, so called from that circumstance. After an obstinate resistance, the MacDonalds were overpowered; they retreated towards the Bein Mor, thinking that that mountain might screen them from the vengeance of their pursuers; but it proved otherwise, the enemy followed them hard over that barrier; nor was the conflict ended till night separated them, at Ardbeg, on the south coast of the Island, after both parties maintained a running fight for about eight miles.

'MacLean returned to his camp at the bay of Gruinart, fully confirmed that his object was secure. In the interim, MacDonald made vigorous preparations to expel him. The friends of the latter in Kintyre mustered their retainers ere Duairt had time to follow up his advantage. Sir James, thus reinforced, sent a challenge to his uncle either to quit all pretences to his property or abide the consequences of a battle. The unfortunate chief, doomed to destruction, would accept of no conditions but a total surrender of the half of the Island, or the decision of the sword.

'A few of the particulars which proved his ruin must not be omitted. There was a dwarfish man of the name of Shaw, a native of Jura, who came to MacLean, and solicited leave to fight. Sir Lachlan, astounded at the presumption of the little man, bade him fly, for that the cook would drown him in the cauldron, little dreaming that the homely jest would, in reality, cost him his life, took no farther notice of the *manikin*. The creature, highly provoked, went to Sir James, and offered his service. What! replied MacDonald, in a jocular manner, you will certainly challenge MacLean to single combat – a highly waggish stroke. Sir Lachlan was of gigantic stature. On Lammas day A.D. 1598, the two clans met on Gruinart Bay. There were three gentlemen of the Clan Donald, natives of Arran, who were detained by the inclemency of the weather; the night before the battle, they arrived at Ardmore, after escaping imminent danger from the perils of the deep; eager to assist their kinsmen of Islay, they immediately ascended the adjacent mountain, without taking any rest. The morning was calm, and the sun shining bright, when the bold strangers reached the summit. They had a view of the country north west, including the field of battle, where they saw the hostile ranks formed on the shore of Lochgruinart. The three Ronalds cast off their upper garments, and directed their course towards the scene of action; but ere they reached it, the MacLeans forced their antagonists a considerable distance from the shore. One of the Ronalds was in the act of drawing on his hose when the voice of despair from the ranks of the overpowered MacDonalds taught him that there was not a moment to be lost.

"*Toisich! tha bratach 'n fhraoich an airc,*" i.e. Engage! the heather banner is in danger.

'And so he did engage, barefooted as he was.

'There was another individual that contributed much to the defeat of the doomed MacLeans. Colin Campbell, a young gentleman who was a special favourite of Sir James, insisted that he might accompany the chief, and try his fate in the battle, which request MacDonald obstinately refused to grant. He left the bold aspirant under the charge of some trusty individuals near the field, where he might see the combatants, while his keepers were prohibited, upon pain of death, to part with him; all which proved vain. When the young mighty saw the MacDonalds losing ground, and heard that Sir James was wounded, he drew his blade, defied his guards, and in a few minutes joined his benefactor. As the work of death was performed by the sword, the strongest man had the advantage. Our young hero attacked with herculean prowess; it is said that he cut his way several times through the ranks of the hostile clan – marking his track with the slain, and that chiefly by his feats and that of the three Ronalds already noticed. The MacDonalds gained the victory. As the scale was now turned, the MacLeans, though not as yet defeated, began to give ground. Nor had the *manikin* Shaw lost sight of his intended victim; having full view of Sir Lachlan, the devilish creature climbed an adjacent tree. In a short time Duairt was within a few yards of him; he set his bow on one of the branches, took a deliberate aim, and the deadly shaft penetrated the breast of the chief. Those who were nearest his person stood petrified. For a few moments longer he wielded his sword as if there was nothing the matter; but when he felt the pangs of death he said to his attendants – "Hold me up, for so long as *yon brat* will see me on my feet he will be afraid" – meaning Sir James, who was also wounded, consequently no spectator. After the chief fell the MacLeans were driven off the field with heavy loss. To complete their destruction, MacDonald stationed a select body of his men in a hollow between them and their gallies. This spot is still called *Lag-nan-ceann, i.e.* The Hollow of the Heads, where the defeated were assailed by those in ambush, which fatal misfortune prevented them from gaining their boats till their pursuers overtook them. An indiscriminate slaughter was their fate. Few of them escaped. Sir Lachlan was buried in the church-yard of Kilchoman, where his grave is still to be seen.'

A prose account was also written by Dr Norman MacLeod, *Caraid nan Gàidheal*, before 1850: see Henderson 1901: 111–7. MacLeod's account is much more favourable to Lachlann of Duart. It ascribes treachery to Sir James MacDonald, and relates the defeat of the MacLeans largely to the stranding of the greater part of Lachlann's army on an island (Nave Island) at the mouth of Loch Ghruinneard, which prevented the arrival of any reinforcements. MacLean's galleys were stuck in the soft sand round the island, and could not be launched at low tide. According to MacLeod, the dispute between MacLean and MacDonald centred on a claim to Port Askaig: MacLean had received part of Islay from the Crown, but had fallen out with MacDonald over the precise boundaries of their possessions, and he went to Islay to confer with MacDonald. Port Askaig was a fine harbour, and MacDonald did not want to part with it. In its understanding of the motivation and the circumstances of the battle, MacLeod's version appears to be closest to Dr Hector MacLean's MS account (Maclean-Bristol 1999: 243–4). Notwithstanding its bias towards Duart, MacLeod's version has parts in common with the traditional account of the battle which survived in Islay until the late twentieth century, and was known to the late Gilbert Clark, Port Charlotte (ibid.: 238–43). It is, nevertheless, fairly clear that distinctive Mull and Islay renderings of the story have emerged in the course of the years, although the various versions within each rendering do not agree precisely in their detail.

Livingston's poem evidently owes little, if anything, to MacLeod's text, and follows broadly the Islay understanding of events, as one might expect. In the poem, however, Livingston elaborates the story considerably beyond his 1850 prose version, and his concern appears to be to demonstrate that the battle was fought nobly on both sides according to the rules of honour and engagement of the late Middle Ages. Treachery is shown solely by the 'dwarf' from Jura who fired his poisoned arrow at Lachlann of Duart. In that way, the fatal act of killing this major leader is ascribed to an individual from Islay's neighbouring island. Livingston adds much detail to the description of both armies, and reconstructs the speeches of the leaders and the conversations between some of the warriors. There is a strong emotional pulse in the poem, particularly in its portrayal of the MacDonalds' respect for the dead Lachlann. The encounter itself is particularly well delineated, and is portrayed as an almost evenly matched struggle. The poem is, in effect, a set piece, showing a deep interest in the pageantry and protocol of medieval warfare. Some of the descriptive elements appear to be derived from Ossianic tradition, while the speech-making is reminiscent of the battle scenes in Homer's *Iliad*. There are also some important echoes of Old Testament narrative.

5   *sìol Chuinn*: 'the seed of Conn', i.e. Conn of the Hundred Battles, from whom the Clan Donald claimed descent. According to the Irish Annals, Conn was high king of Ireland from c. 123 to 157 A.D. Clan Donald also claimed descent from Colla Uais (Watson 1959: 276).

6   *a' Bhuadhach*: The describing and naming of banners is a convention which is found most frequently in Gaelic ballads about Fionn and the Fianna. In medieval ballad texts, the banners were considered to be more than devices for identification; they were believed to have special powers to overcome an enemy in battle (Meek 1986).

11   *Làimh Dheirg 's chrann-fhige*: the heraldic arms of the Clan Donald; cf. Watson 1959: 191, ll. 5142–4, and 315, l. 5139 n.

15   *Arainn na Learga*: lit. 'of Arran of the Green Slope'. The reference would appear to be to Largy, a district on the southeast coast of Arran between Whiting Bay and Dippen Head, which seems to have been divided into three farming units, each with the element *learga(idh)* and an adjective of size – Largymore, Largybeg and Largymeanoch (Fraser 1999: 86–87).

It is possible that *na trì Raghnaill* ('the three Ranalds') from Arran may be a triplication based on this territorial division. There is a hint of tension in the poem between one Ranald and three, since it is a singular *Raghnall na Learga* (l. 268) who takes command of the conveyance of MacLean's body, although all three Ranalds are mentioned at the outset of the passage (l. 257). Livingston's prose account (above) claims that the 'three Ronalds' were 'three gentlemen of Clan Donald, natives of Arran'. The triadic grouping may raise suspicions that they are all fictitious; I am unable to find historical evidence for the existence of even one Ranald. Despite the consistency of the Islay tradition about critically important reinforcements from Arran, Maclean-Bristol 1999: 249 casts doubt on the whole story, since 'Sir James's grandfather had exchanged all his land in Arran for land in Kintyre'. It is possible that Livingston has taken his cue from the existence of MacDonalds in lands at Largie in Islay, mentioned in l. 185 (see also l. 91 n).

22   See l. 6 n.

26–27   See l. 6 n. Torloisk, an estate in north-west Mull overlooking Ulva, was 'granted by [the] Macleans of Duart to a kinsman, and protected from Argyll claims by [a] separate charter and [the] role of [the] family of T[orloisk] as tutors of Duart' (Currie 2001: 443). The family appears to go back to John MacLean of Tarbert, father of Donald MacLean of Torloisk

(c. 1680–1748) (ibid.: 422, Table 4A). It seems that Livingston's reference is anachronistic, as the MacLeans of Torloisk would not have been a distinct branch of the MacLeans of Duart at the time of Gruinneard.

33   The reference is to King Saul, the first king of Israel: '[when] he stood among the people he was a head taller than any of the others' (1 Samuel 10: 23).

34   *on Dreòlainn*: Originally *An Dreòlainn* may have been the name of a mythical land, which later came to be identified with Mull: see Ó Baoill 1979: 233, l. 803 n.

75–76   Traditionally the MacDonalds fought on the right wing of the Scottish and any Highland army, and guarded the privilege jealously.

81   *cladach Shùirneig*: possibly an earlier (now lost) name for the southern part of Lagavulin Bay, as it is known nowadays.

82   *Dùn na Naoimheig*: Dunyveg, the castle of the MacDonalds of Islay, now almost completely ruinous. It stands on a promontory at the south-east end of Lagavulin Bay, near the distillery village of Ardbeg.

91   The speaker, *Raghnall Mòr na Lùibe*, is to be identified with the MacAlisters of Loup in Kintyre. Steer and Bannerman 1977: 212 note that in 1517 Angus MacAlister of Loup was part of 'a group of people among the former vassals of the Lords of the Isles who could be described as members of the Argyll faction'. The group also included Donald MacDonald of Largie (Islay).

95   *Ridire Dhubhaird*: Lachlann Mòr was knighted by James VI and I in June 1595–6, 'possibly at the request of Queen Elizabeth to whom he had appealed for "advancement" when he proposed to lead his expedition to Ulster' (Maclean-Bristol 1999: 198). However, the first baronet of the MacLeans of Duart (whence the heritable title) was another Lachlann, 16th of Duart, who was created a Baronet of Scotland, otherwise known as a Baronet of Nova Scotia, by Charles I in 1631 or 1632 (Ó Baoill 1979: 153–4).

116   *lannan stioc*: *stioc* probably means 'stick, pole'.

128   *bratach an fhraoich*: Heather was another of the emblems of Clan Donald; cf. **Poem** 7: ll. 75–76.

144   See l. 242 n.

151–6   These lines, uttered as Lachlann Mòr breathes his last, occur at the mid-point of this 326-line poem. Livingston has a fine sense of balance in constructing his plots and structures; see **Poems** 7 and 57.

166   *na trì Raghnaill*: see l. 15 n.

173   *Alasdair Arois*: presumably the tacksman of Aros, referred to as *Leathanach* (l. 176) and *Fear Arois* (l. 187), but otherwise unknown. The tack of Aros was evidently held by the Duart and Argyll estates (Currie 2001: 436). Alasdair of Aros is not mentioned in Livingston's prose account (above), but his role

bears a very striking similarity to that attributed in the prose account to 'Colin Campbell, a young gentleman who was a special favourite of Sir James', and who complemented 'the three Ronalds'. It is possible that, in order to give further honour to the MacLeans and to avoid too much partiality to the MacDonalds, Livingston recast 'Colin Campbell' as 'Alasdair of Aros' when he composed the poem. This change would have allowed Livingston to portray the MacDonalds as admiring the MacLeans' bravery, and the bravery of Alasdair of Aros in particular. In terms of his overall plot, Livingston achieves something of a melodramatic reconciliation between the two warring factions when he describes Alasdair of Aros meeting James MacDonald (ll. 219–26).

185   Lands in 'Oa and Largie of Islay' were granted to John MacIan of Ardnamurchan on 29 March 1499 (Munro and Munro 1986: 230–1).

188   *Lag nan Ceann*: See Livingston's prose account (above).

225   *Niall Chaonasgail*: apparently one of MacDonald's tacksmen, but I have been unable to identify his farm, *Caonasgail*, which is presumably in Islay.

236–56 The episode involving Lachlann Mòr's foster-mother is not mentioned in Livingston's prose version, but it is well attested in other traditional accounts. Dr Norman MacLeod's version (Henderson 1901: 115) states:

> 'Thàinig boireannach bochd a Chloinn Leathain, agus thug i leatha corp Lachainn Mhòir air slaod gu eaglais Chille-chomain, far na thiodhlaic i e. Le gluasad a' charbaid air an robh an corp, thàinig atharrachadh mòr air aogas; agus thòisich mac na mnatha seo ri fochaid air, agus ri gàiricich. Bu Dòmhnallach an gille, ach chuir so uiread chorraich air a mhàthair 's gun tug i ionnsaigh air a mac fèin le biodaig; agus leòn i e, airson a bhith magadh air a ceann cinnidh.'

> ('A poor woman of the Clan MacLean came, and she took Lachlann Mòr's body on a sledge to Kilchoman church, where she buried it. With the movement of the wagon bearing the body, its appearance changed greatly; and this woman's son began to make fun of it, and to laugh. The boy was a MacDonald, but this made his mother so angry that she attacked her own son with a dirk; and she wounded him, for making fun of her chieftain.')

A similar story is related by Gilbert Clark, with the difference that the woman is said to have killed her son (Maclean-Bristol 1999: 242). In the poem, Livingston implies that this is a deranged and dangerous woman, but he does not record the story of her attack on her son. He also makes her a MacArtney (l. 253), a detail not found in the other versions.

242   *Dubh Sìth*: The name of the dwarf who allegedly killed Lachlann Mòr is also found in the surname *Mac Duibh Shìth*,

which became 'MacDuffie' in English. The MacDuffies were linked closely with Colonsay and Oronsay before 1600, and in some cases the surname became MacFee or MacPhee, but the forename was also found occasionally in Kintyre (Steer and Bannerman 1977: 119).

In traditional accounts of Gruinneard, however, Dubh Sìth is invariably said to be a Shaw, as in Livingston's prose version (above), and to come from Jura. It is possible that the second element of the name has been assimilated to Shaw, a well known Jura surname. Even more interestingly, Youngson 2001: 114 notes that 'a man called Duffy Shaw lived in Lagg [in Jura], and died there in 1858. His proper name was Dubh Seatha . . . He seems to have claimed kinship with the ancient archer, and in a dispute with a neighbour from Gatehouse, called Lachunn Mor Maclean, brought up the story of the battle, which he himself had missed by about 200 years.' It is fascinating that Duffy Shaw was alive about the time when Livingston (and probably other tradition bearers) were constructing their accounts of the Gruinneard battle. We must wonder to what extent the real Duffy Shaw of Jura has been read backwards (or forwards!) into history, while also noting that there seems to have been a tradition of Jura dwarves called Dubh Sith; another of the name features in a folktale involving Colkitto (ibid.: 115).

259   *MhicAoidh na Ranna*: The MacKays of the Rhinns were traditionally armour-bearers to the Lord of the Isles, but some of the earliest probable members of the family to appear on written record, including Brian, vicar MacKay (*Brian Bhiocaire Mhagaodh*), who received lands in the Oa in the Gaelic charter of 1408, were clergymen. The family had a representative on the Council of the Isles (Munro and Munro 1986: 260).

264   *Fear Bhròlais*: Donald MacLean, 1st of Brolas, died c. 1654 (Currie 2001: 420, Table 2). It therefore seems possible that Livingston's reference to a Laird of Brolas c. 1598 may be anachronistic. Cf. ll. 25–26 n.

284–326 These lines imitate the sound of a lament being played on the bagpipes, and are intended to represent what is known in Gaelic and Scottish English as the *corranach*, the elegy for the slain.

56. *Oran air Cor na Gàidhealtachd*

Source: Caimbeul 1851: 39–43.

This song belongs to an elegiac genre of verse which reflects on, and laments, the plight of the Highlands and Islands in the nineteenth century (Meek 1995: 26–27). Its significance lies in its evidence of reaction to landlord policies by c. 1850, in the immediate aftermath of the Potato Famine, when enforced emigration was continuing. It also predates the radicalism generated by the Crimean War (see **Poem 52**). The poet's Perthshire perspective is noteworthy, as reaction is often associated mainly with the northern and western Highlands. It is clear from l. 2 that he has been influenced by John MacLean's 'Oran do dh'Ameireaga' (**Poem 11**), an interesting indication of the appeal of MacLean's song far beyond his native Tiree. The two pieces share the same metre, and presumably the same tune.

18   *Garbh-chrìoch*: Nowadays the *Garbh-chrìochan* ('Rough Bounds') are equated with Moidart and Knoydart, but it is clear from this reference and from that in l. 35 that the poet means the mountainous Highland area as a whole. He also uses *a' Ghàidhealtachd* (l. 50), which has now become the standard Gaelic name for the Highlands (McLeod 1999).

19–24   The argument that the defence of Britain was in danger because clearances and evictions in the Highlands reduced the extent of available military manpower was common in nineteenth-century Gaelic verse; see Meek 1995a: 36.

49   *Sa bhliadhna thriall uainn*: Perhaps the poet is referring to 1849–50. The following lines (ll. 51–56) clearly allude to the policy of enforced emigration being pursued by landlords after the Potato Famine.

58   *caochladh*: See the introduction to **Poems 6–10**.

65–72   These lines indicate clearly that Highlanders were taking great pride in their military role on behalf of the Empire before they were valourised still further by events in the Crimean War.

81–88   This verse suggests that a lobby, or at least a sympathetic support-base, was being formed as early as 1850 in response to maltreatment of the Highland people through clearing and eviction. It is, however, difficult to know where this lobby might have been located. The most likely context would be the Lowland cities (l. 78), through the establishment of benevolent and territorially defined societies which helped migrant Highlanders to find their feet. The Glasgow Perthshire Charitable Society was formed as early as 1834, and it is clear that the number of such societies increased markedly after 1850 (Withers 1998: 186).

93–96   Biblical parallels to the plight of Highlanders were common throughout the nineteenth century, and embraced many themes associated with social change and reaction in the Highlands and Islands: see Meek 1988. For the story of Esther, see the Book of Esther in the Old Testament. The reference to Queen Victoria (l. 93) recognises her love of the Highlands, symbolised by her annual autumn visits to Balmoral Castle on Deeside after 1848.

57. *Eirinn a' Gul*

Sources: Livingston 1882: 205–6; NLS MS 14986, f. 81 d. The NLS MS contains the text of John Murdoch's account of Islay, 'The Queen of the Hebrides', written in 1859. The text of the poem was inscribed by Livingston in a form of Gaelic script, and was probably inserted into the MS by Murdoch in or shortly after 1861, the date given in Livingston's hand at the end of the poem.

The MS contains two verses which were omitted from Livingston 1882, but which have been included in the present edition, namely ll. 37–40 and 45–48. It is not at all clear why these quatrains were omitted from the printed text. One possible explanation is that they were deemed by the clerical editor, the Rev. Robert Blair, to be too violent, although ll. 55–56 were retained despite their no less violent and vengeful tone. It is certainly highly likely that the two quatrains belonged to the original text of the poem. The second quatrain contains an important reference to *Ath Buidhe* (l. 45 n) which complements and helps to contextualise the reference to *Dùn a' Bhèire* (l. 50 n) in the 1882 printed version. When the quatrains are inserted, the poem follows a structural pattern characteristic of the poet, and divides into two distinct but closely related sections precisely at the mid-point, l. 28. The first half contains an evocative description of the natural beauty of Ireland and the shared Gaelic culture of Islay and Ireland. Essentially, the poet's message is that, taken on its own, this can produce an innocently romantic perception which stands in sharp contrast to the grim, contemporary reality depicted in the second half of the poem.

In a preceding note in the MS, Murdoch dates the composition of the poem to 1847, when the *Exmouth*, a vessel containing 240 Irish emigrants, was wrecked on Islay with the loss of all passengers on 28 April of that year. According to Moir and Crawford 1994: 78, 'the ship [called the *Exmouth Castle* in this source] was owned by Mr John Eden of South Shields and had departed from Londonderry bound for Quebec on Sunday 25th April with two hundred and forty emigrants plus an additional three women passengers and eleven crew on board'. It was caught in a storm, and, mistaking the Rhinns of Islay light for that of Tory Island, it was driven ashore near Coul Point. Murdoch's note claims that the poem reflects 'a chord of deep and intelligent sympathy [which] was struck by the general distress which prevailed in Ireland during that year . . .'

Murdoch is right about the 'chord of sympathy' struck by the tragic wrecking of the *Exmouth*, and he may even be right about the date and context of composition, but the poem itself makes no reference to the event. It seems more likely, on the basis of ll. 33–40, that it was composed at some point during, or soon after, the Young Ireland uprising which came to an abrupt and farcical end in Widow McCormack's cabbage patch near Ballingarry (Co. Tipperary) in 1848.

Livingston's comments on native Gaelic leadership before Kinsale (ll. 41–44) and on the lost political opportunity after the 1846 Potato Famine (ll. 33–36) suggest that he had been deeply disappointed by the Young Ireland fiasco. Yet the principles of Young Ireland remained alive in Irish nationalist aspirations, and a sense of Gaelic nationalism is also evident in Livingston.

In offering a sympathetic Scottish view of Irish troubles, the poem is unique within the surviving corpus of nineteenth-century Gaelic verse. Yet Livingston was not alone in his sympathy for Ireland. The poem also chimes closely with the background and perspectives of the recipient of the NLS presentation copy, namely John Murdoch (1818–1903). Murdoch, who became one of the most influential figures in the Highland land agitation of the 1870s and 1880s, was brought up in Islay, and served in Dublin as an exciseman from 1855 to 1864. While there he was said to have 'imbibed' the teachings of one of Young Ireland's leaders, James Fintan Lalor (1807–49), before returning to postings in Scotland (Hunter 1986: 23–24). It is reasonable to suppose that these considerations, as well as the common ground shared by the two men – their links with Islay and Ireland, and their sympathy for the post-Famine plight of both Ireland and the Highlands of Scotland – provided the context for Livingston's bestowal of this poetic gift on Murdoch. (See also **Poem 7**.)

There is thus a deep poignancy in the bestowal of the poem. Indeed, the poet may have been among the first to recognise the special qualities of his fellow Islayman, John Murdoch, whose major contribution to the cause of the Gaelic people lay in the future, and was to emerge after Livingston's death in 1870. Leadership, of the old and true Gaelic kind, was one of the great losses that Livingston recognised (ll. 41–44) as part of Ireland's plight. This was true of Scotland also. Livingston knew his man, and Murdoch's leadership was to be of vital importance during the campaign for crofters' rights from the early 1870s.

It is evident that, in fashioning the poem, Livingston was showing, not only his perception of the problems common to Ireland and Scotland, but also his awareness of the older cultural continuum linking both countries. This is expressed in the structure and style of the piece. The metre occasionally gives the impression that Livingston was trying to preserve something of the syllabification of Classical Gaelic verse, and perhaps attempting to imitate a form of *rannaigheacht*, though it is obvious that his syllabification is far from consistent, and that it cannot be matched easily to a particular metre. Nevertheless, the remarkably restrained style of the poem, particularly in its first half, exudes a Classcial dignity, with its economical deployment of evocative adjectives (in complete contrast to the style of **Poem 55**). The use of the name *Innis Fàil* (l. 22 n) further reflects Livingston's awareness of the conventional kennings of the Classical poets. His references to native Gaelic leaders (ll. 42–43 n) and to *Ath Buidhe* (l. 45 n) and *Dùn a' Bhèire* (l. 50 n) demonstrate his detailed knowledge of the rebellion of the native Gaelic aristocracy in the prelude to Kinsale (1601). The fact that the presentation copy given to Murdoch is written in an imitation of Gaelic script, together with the poem's emphasis on Scottish Gaels' (and especially Islay Gaels') interest in Ireland, captures the essential spirit of the Classical period, when the bonds between Ireland and Gaelic Scotland were particularly strong.

3–4   The north coast of Ireland is clearly visible from the south of Islay (l. 31). From Portrush in Northern Ireland, the promontories of the Rhinns and the Oa are likewise easily visible in good weather. So close are the two islands that Islay people used to cross to Antrim to attend the Ballycastle fair, and it is quite possible that Livingston may have visited it as a young man. His fine description of the fecundity of Ireland (ll. 9–16) strongly suggests that he had seen it for himself, although he claims to have received his knowledge from the accounts of others. In 'The Queen of the Hebrides', John Murdoch (Hunter 1986: 107) writes:

'In the time which we call "olden", when the clans of Albyn and Innisfail spoke a dialect of the Celtic language which was perfectly and easily intelligible on either coast, the Irish Channel was a ready means of communication where it is now a water of separation. Even down to a couple of generations back, for instance, from Londonderry, from Moville, from Cushendall, from Ballycastle and so forth, on the coast of Ireland, there was constant communication with Islay and Kintyre.'

10   *Lag an Rotha*: the valley of the Roe, a river which enters Lough Foyle 6.5 km north-west of Limavady (McKay 1999: 125).

       Magh Aoidh: a plain in Co. Roscommon, between the towns of Elphin and Roscommon.

11   *'S*: Omitted in MS.

22   *Innis Fàil*: a bardic name, or kenning, for Ireland. *Fàl* is represented in *Lia Fàil*, the name of a stone located at Tara until the medieval period. It was as narrow and tall as a full-grown man, and was of particular significance in the identification of a legitimate ruler, under whose feet it would cry out (MacKillop 1998: 204–5).

29–30   In his *Vindication* (1850: 184), Livingston reproduces a letter written from 'Gartmain, Islay, 29th May 1850'. However, in another letter in the same source (1850: 553), his address and the date are given as '303 Argyll Street, Glasgow, 12th September, 1851'. If we can believe such literary evidence, it would seem that Livingston was still in Islay in 1850 and did not move to Glasgow until the following year (though it is very evident that the *Vindication* was not published in the year stated on the title page, and much else in this curious volume may be misleading). He may, of course, have visited Islay, and seen Ireland *mar a b' àbhaist*.

It is perhaps worth noting that Livingston's 1851 letter seethes with indignation against Highland landlords ('Let the work of extirpation in Mull and Tiree, for the last three years, speak for itself' (ibid.: 562)) and the English occupation of Ireland ('It was that infernal brood . . . that polluted Ireland after the great and enlightened primitive Christian inhabitants were murdered by English perjury' (ibid.: 564–5)). He plans to expose 'the abominations of the aristocracy . . . in the *History of the Scottish Clearances*, now preparing for the press' (ibid.: 568). In the light of such colourful language, his restraint in the present poem seems all the more remarkable.

41   *gaisge nan trì Aodh*: MS reads *subhailc* ('virtue, quality') for *gaisge*. Although I have kept the 1882 reading, a good case could be made for *subhailc* as being closer to Livingston's message, namely that the leaders of contemporary Ireland have none of the *qualities* of the old Gaelic chieftains who fought in the Nine Years' War (1593–1603) against the English, notably the three Hughs whom he names in the next two lines.

42   *Ò Dòmhnaill*: Aodh Ruadh ('Red Hugh') (1572–1602), 24th chief of Tirconnell from 1592. He joined Maguire's resistance against the English (l. 43 n), and allied himself with Hugh O'Neill (see next note) from 1595. After Kinsale, he went to Spain to enlist further support, but died at Simancas (Connolly 1998: 404).

        Ò Nèill: Hugh, 2nd earl of Tyrone (c. 1550–1616), and the last of the inaugurated O'Neill chiefs. His greatest victory over the English was at the Yellow Ford (l. 45 n). He left Ireland at the time of the Flight of the Earls (1607), and died in Rome (ibid.: 412).

43   *Mac Guidhir*: Aodh (Hugh) became chief of the Maguires of Fermanagh in 1589. Reacting strongly against English harrassment, he attacked the English at Sligo and Roscommon, and initiated the Nine Years' War in 1593 (Hill 1986: 23). As Livingston's lines suggest, he was killed in battle. His last stand was near Cork, in a small skirmish which occurred in 1600 when he and Hugh O'Neill (l. 42 n) invaded Munster and Leinster (Gardiner 2000: 538).

45   *Ath Buidhe*: The Battle of the Yellow Ford was fought on 14 August 1598, and was 'the greatest single defeat suffered by English forces in 16th-century Ireland. The queen's army . . . was ambushed in difficult terrain north of Armagh by Hugh O'Neill' (Connolly 1998: 601; Hill 1986: 27–30). See l. 42 n. (I am very grateful to Professor Colm Ó Baoill for his help in identifying this reference and others in the poem.)

50   *Dùn a' Bhèire*: *Dùn-a-bheire*, 1882. This hitherto unexplained

name is evidently a Scottish Gaelic form of Irish *Dún an Mhoighre* ('the Fort of the Moyry'). The development of *Bheire* (with probable long *-è-*) from *Mhoighre* is likely to have proceeded in three stages: (1) *Mhoighre* became *Mhaighre* (reflecting a common interchange of *– oi –* and *– ai –* in Irish and Gaelic); (2) as happens regularly in Islay Gaelic, /ai/ became /e/ or /e:/ before a nasal consonant; (3) *mh-* was replaced in writing by *bh-* as either digraph could represent /v/.

Moyry Pass, *Bealach an Mhoighre*, between Newry and Faughart, was the scene of another spectacular defeat (1600) for the English by O'Neill's soldiers. After attempting to force their way northwards through the pass, which had been well barricaded by O'Neill, Mountjoy's English army tried to outflank the Irish by climbing the heights on the left flank, 'but were met by a wave of 300 Irish attackers who succeeded in breaking the impetus of the English advance and ending Mountjoy's hopes of forcing the gap of the north' (Hill 1986: 34). This 'wave' is the *tuil* described with such relish by Livingston in ll. 51–56, and is the key to identifying the place-name. Mountjoy built a castle, in Carrickbroad, to secure the Moyry Pass, in 1601 (Killanin and Duignan 1989: 260). It is almost certainly the *dùn* to which Livingston's place-name refers. (I am very grateful to Professor William Gillies for his advice on the options for solving this long-standing mystery, and for confirming the phonological validity of my identification.)

54   *bhlàr*: MS reads *mhágh* ('field, plain'), but *magh* does not furnish the long – *à* – required by the rhyme.

58. *Spiorad a' Charthannais*

Source: MacLeòid 1955: 76–84. The source provides the tune for the song.

This important song was composed shortly after the Bernera Riot of 1874, when the crofters of Bernera, Lewis, took a stand against the high-handed actions of their landlord, Sir James Matheson, and in particular the tyranny of his factor, Donald Munro. The Bernera dispute centred on summer grazings which were initially in Uig, on the Lewis mainland. Having lost their original grazings, and having been given new pastures, the Bernera people refused to comply with a third change, this time to Hacleit in Bernera itself. This brought them into conflict with Munro, who allegedly threatened to evict them from their homes if they did not agree to move again. A sheriff officer, who came to serve summonses of removal, was attacked, and the matter ended in a celebrated court case in Stornoway. To the delight of many throughout the Highlands and Islands, the case was won by the crofters. For a more detailed account, see Meek 1995a: 88–89 and the sources there cited.

Smith's poem is remarkable for the manner in which it contextualises what was, at one level, no more than a localised dispute about grazings. Setting his argument within a Christian framework (ll. 1–48) based on 1 Corinthians 13, Smith regards the dispute as the consequence of a breakdown of social cohesion. This manifests itself in the replacement of an older social structure with a much less sympathetic, commercial approach to the management of estates. This new approach has little time for the feelings and needs of ordinary folk; the people have become no more than disposable chattels (ll. 161–84). In place of the 'Spirit of Kindliness', a spirit of selfishness is evident. It reveals itself in the aggrandising actions of men like Donald Munro (l. 153 n), and in the imperial adventures of the British army (ll. 97–104), which has been well served by Highland soldiers (ll. 185–216), whose relatives have been ill rewarded. It also appears in contemporary disputes and credal contentions in the churches (ll. 113–36). Some of these perceptions are evident in the work of other Gaelic poets of the nineteenth century, but Smith's presentation is the most satisfying in terms of presentation, and the most skilfully argued (ibid.: 26–27). The last section of the poem (ll. 225–56) reminds Donald Munro that, when death takes him, he will have no more than a grave as his estate.

136   *Apolleon*: the Prince of the Abyss, in Revelation 9: 11. Apollyon is also the name of the fiend who attacks Christian in John Bunyan's *Pilgrim's Progress*. Christian eventually manages to slay him.

153   *Dòmhnall bochd*: Donald Munro was appointed Chamberlain of Lewis in 1853, and remained in office until 1875, when he was formally discharged from office. Born in Tain, Munro came to Stornoway as a solicitor in 1842, but, like others of his kind, he accumulated a large number of powerful positions in the town and on Matheson's estate. For an account of Munro, see Grant 1992.

188   *Waterloo*: the battle that marked the defeat of the French emperor Napoleon by Wellington, fought on 18 June 1815 (Palmer 1986: 902).

193–200 The preceding reference to Waterloo suggests that the poet is alluding to the relatives of men who served in the 93rd Regiment (Sutherland Highlanders). In particular, he appears to have in mind the notorious Strathnaver Clearances conducted by Patrick Sellar in 1814. Sellar's methods of enforcement allegedly included the burning of houses (Richards 1999: 182–212). It should be noted that the poet's concern is not with the conditions on which the men were recruited; he is pointing to what was (retrospectively) a deep irony in his eyes, namely that clearing took place in the very areas where such valuable soldiers were raised for the regiments, and that the hand of the evictor was not stayed out of gratitude for their service. Professor Eric Richards summarises the matter splendidly (ibid.: 123):

'Strathnaver had an extraordinary record for its delivery of soldiery to the regiments, especially from the 1770s to the French Wars, during which time five companies were raised, causing some serious labour shortage in the local economy. In 1810, even as the land itself was becoming commercially more valuable, and when the landlord was richer than ever before, the people found that they were to be extruded from these lands. They had no stomach for this. They had lived with recurrent deprivation since time immemorial. They were prepared to pay more rent, but they did not seek or want change.'

Evictions occurred in other parts of the Highlands and Islands at the same time as men from these parts were serving as front-line soldiers in the British army. The most strongly publicised of such clearances was that at Greenyards in Ross-shire: see **Poem 52**, ll. 85–88 n.

With hindsight, it is now possible to see military service and clearance as two sides of the same coin (the King's coin in this case). The new economic order need not, and evidently did not, have much place for eulogy of brave deeds or bestowals of land based on military achievement. Men, like land, were a disposable commodity. Raising of regiments, in and of itself, might be seen by chiefs and landlords as a generous act, aimed at retaining men in the Highlands, with no need for further recompense. Nevertheless, there was a growing sense of injustice in the Highlands, particularly in the second half of the nineteenth century, because the area had been poorly rewarded not only for its military service, but also for the quality of that service.

59. *Eilean a' Cheò*

Sources: Nic-a-Phearsoin 1891: 3–9; Meek 1998: 106–10. For the tune, see Whyte 1898: 58 (No. 54), which also provides a translation of ll. 1–16, 89–96, and 129–36. The present edition omits five verses, namely ll. 89–96, 121–36, and ll. 153–68, as numbered in Meek 1998.

The core of this rather diffuse song was probably composed in the mid-1870s, perhaps in the autumn of 1875, as is suggested by ll. 113–20 n. However, as Mary MacPherson left Skye in the early 1840s, the reference in l. 9, if taken at face value, would suggest that it was composed in the early or mid-1880s. It is likely that the song was adjusted and updated in the course of the years, and we should not suppose that it had a fixed text before it was put in print.

The song blends many themes and emotions in a curiously naive but powerful manner. Mary MacPherson's deep attachment to Skye is very evident (ll. 1–24), as is her pride in its people and their military contribution (ll. 25–56), her awareness of its self-sufficiency in the face of hardship (ll. 57–88), her pain at its suffering during the Clearances and her optimistic view of the emerging crofters' struggle (ll. 89–112). Her respect for Ranald MacDonald (ll. 113–18) reflects the paradoxical values of a traditional society which still gave an honourable place to the chief, even though he had by now become a landlord with little interest in his people. Such contradictions, which are by no means peculiar to Mary MacPherson, were not wholly resolved in the Highlands even after the crofters' struggle of the 1870s and the 1880s.

12   *baile mòir*: Inverness.

13   *iasgair*: a metaphorical description of Mary's husband, Isaac MacPherson, who was a shoemaker and chimney-sweep. She and Isaac were married in 1847. Her comment on the supply (*stòr*) which Isaac brought into their home (l. 14), and which might have caused her to forget her native Skye, is an interesting sidelight on contemporary standards of living within town and island. If Mary was comparatively well off then, she was affected by real hardship after her husband's death and her humiliation in Inverness in 1872.

25–48   Nicolson 1994: 274–5 notes: 'According to a statement made by the Rev. Dr Norman Macleod [c. 1860], the island of Skye made a contribution to the fighting forces of the Crown during a period of forty years from 1797 of 21 lieutenant-generals, 45 colonels, 600 commissioned officers, 10, 000 common soldiers and 120 pipers.'

105–8   These lines probably reflect the positive impact of the Bernera Riot, and the successful outcome of the trial in Stornoway: see **Poem 58**.

111   *Sasannaich*: probably Lowland farmers, rather than English people. Mary tended to regard non-Gaels and 'incomers' generally as *Sasannaich*.

113–120 These lines allude to the marriage, on 1 October 1875, of Sir Ranald Archibald Bosville, 6th Lord MacDonald, to Louisa Jane Hamilton, second daughter of Colonel George William Ross, from Cromarty (l. 126) (Meek 1998: 112).

135–36   Mary's imprisonment in Inverness on a charge of theft in 1872 provided the main stimulus for her verse.

60. *Oran air Taobh MhicPhàrlain*

Source: Sinclair 1900: 155–6.

Sir Donald Horne MacFarlane (1830–1904) was born in Caithness. His family emigrated to Australia when he was a boy, but in 1850 he went to India, where became a merchant in Calcutta. He had returned to Britain by 1880, when he was elected M.P. for Co. Carlow in Ireland. He was a Liberal Home Ruler, rather than a Parnellite, and gradually became unhappy with C. S. Parnell's tactics. MacFarlane developed a strong interest in the campaign for Highland crofters' rights, and gave much support to political action on their behalf. As a Crofters' Candidate in 1885, he won the seat of Argyll, but lost it in 1886 to a Tory landlord, Colonel John Wingfield Malcolm of Poltalloch (l. 7), mainly because of his commitment to Irish Home Rule. He defeated Malcolm, and regained the Argyll seat, in 1892. He attracted a remarkable degree of support from Gaelic poets. For a detailed discussion, see Meek 1995b: 70–122.

61. *An t-Eilean Muileach*

Source: Whyte 1898: 37 (No. 33). The source provides the tune and also the translation which is reproduced in this anthology.

As MacFarlane's translation is very free in places, a more literal translation by the present editor may be useful:

> The Isle of Mull is the isle that's glorious,
> the isle of sunshine with wave-washed shoreline;
> splendid island of cold, high mountains,
> of green-clad woods and secluded pastures.
>
> Though now an exile, displaced and distant,
> in Newcastle in the north of England,
> I envisage often my native homeland,
> the isle of Mull, of the lovely mountains.　　　　8
>
> How smooth the meadow, how sweet and healthy,
> with its soft blossoms of gentlest perfume;
> how pure the banks where I grew to manhood,
> in Derrychullen and below Ben Bhairneach.
>
> On fast-flowing Lussa with its rocks and eddies,
> white-bellied salmon with fins red-speckled,
> nimble and swift, with sporting vigour,
> swam in the streamlets, without scum or sediment.　　　　16
>
> It was a joyful pastime for happy youngsters
> with spears, three-pronged, sharp and hardened,

on straight, thin rods, with no knot or blemish,
to land full-grown trout upon its edges.

It was a real delight for me to listen
to the pretty, sweet-voiced choir in Maytime,
singing gladly on close-set branches –
the wood grey with dew as dawn was breaking.   24

All these joys, like a dream, have vanished,
like a bubble bursting on the tops of billows;
but a fond farewell to each fine view and virtue
on the glorious island of cold, high mountains.

The popular version of the text given here omits a verse which is sometimes found after l. 20 (MacLeod 1908: 139–40):

Gheibhte 'n ruadh-chearc sna coilltean ìosal,
'S a coileach tùchanach dlùth ga brìodal;
'S ged bha na beanntaibh gun fhaing, gun frìthean,
Bha daimh na cròice nan còrsaibh lìonmhor.

(The hen-grouse was found in the lower woodlands,
with her hoarse-voiced mate caressing closely;
and, though the mountains lacked fanks and deer-parks,
antlered stags in these parts were plentiful.)

MacFarlane's translation modifies the original text in ways which increase the sentimental appeal of the song. Although nostalgic, the original song is a fairly realistic piece, with some closely detailed pictures of the island itself, the river and the trout (ll. 13–16), the fishing practices of young men (ll. 17–20), and the tuneful birds in the wood (ll. 21–24, and the additional verse). The specific details of these scenes are generally softened or removed in MacFarlane's rendering, most evidently in the description of the fishing-spears (ll. 18–19). This tendency towards impressionistic translation with its own conventions is evident elsewhere. The aural tends to displace the visual and the physical. 'Fond devotion' (l. 8) displaces the recurrent stress on the mountains, while 'echoes ringing' (l. 24) substitutes an audible experience for a visual picture of the woodlands and rising sun. Just as original detail is omitted, so new details are introduced. The reference to the sea surrounding the island (l. 2) is modified to produce a line extolling the island as an 'ocean gem', a metaphor not present in the Gaelic original. MacFarlane introduces 'sparkling fountains' (l. 3), which are likewise not found in the Gaelic text. He does so partly, one suspects, to make the island more picturesque and garden-like, and also to provide a rhyme with 'mountains' (l. 4). Overall, the effect of these modifications is to lose the rugged grandeur and sharp-edged beauty which the poet perceives in the island. Sublimity has been tempered by sweetness.

2   Lit. 'the sunny island which the salt water encompasses'.
12   *Doire Chuilinn*: the farm held by the poet's father. The
       translation anglicises and romanticises the names in this line.
            Beinn Bhàirneach: immediately north-east of the Lussa
       River (see next note), and now rendered *Beinn Bhearnach* on
       O.S. maps.
13   *Lusa*: The Lussa River flows into Loch Spelve close to
       Strathcaoil, the poet's birthplace, on the south-east shoreline of
       Mull.

62. Fuadach nan Gàidheal

Source: Whyte 1898: 50 (No. 46). The source provides both the tune
and the translation which is reproduced in this anthology. The tune
given is 'Lord Lovat's Lament'. The metre is that of Neil MacLeod's
'Na Croitearan Sgiathanach' ('The Skye Crofters') (Meek 1995a:
102–5).
     The song, largely a pastiche of the clichés of Clearance verse, may
be a conscious or unconscious reflex of MacLeod's 'Skye Crofters'. A
closer translation is as follows:

> I lament with great sadness
> the plight of my country,
> and the thrifty old people
> who were famous and brave;
> landlords expelled them
> far over the oceans,
> their lands were taken from them,
> and given over to deer.   8
>
> It is truly shameful
> to see these strong people
> being banished overseas
> like useless old trash;
> while the land that was lovely
> has white sheep as its cover,
> nettles grow in the garden,
> and grass covers the stance.   16
>
> Where there were many menfolk
> with their wives and their children,
> only sheep without horns
> are now found in their stead;
> you will not see at the fold
> the maid with her halter,
> or cows with white shoulders
> and the lad with fair head.   24

The lark in the heavens
sings her skilled ditty,
but with no one to listen
as she climbs high aloft;
the hearty, cheery people
will never more return there –
like chaff on a day of tempest,
they've been forever dispersed.   32

Whyte's translation retains something of the spirit of his original Gaelic version, but it dispenses with some of its detail (as in ll. 9–16), and operates within a quite different conceptual frame. Most obviously, it fits the Clearances into the wider Scottish cult of 'Highlandism' by supplying references to the Highlands (l. 1), 'the land of my fathers' (l. 3), and 'clansmen' (l. 29), whose 'deeds live in story' (l. 30). Anger is less bluntly expressed, and the sense of insult (particularly in l. 12) is played down. There is greater emphasis on loyalty ('a leal-hearted race', l. 16), in contrast to the actions of 'tyrants' (l. 9). The clichés of Gaelic Clearance verse are thus transplanted, softened, and placed within the growing myth of 'Scotland the brave' (see **Poem 64**).

63. *Mo Rùn Geal Dìleas*

Source: Whyte 1898: 7 (No. 5). This supplies the tune and Whyte's translation, which is given here.

Whyte 1882: 221 has the following note: 'This song, which is very popular, is said to have been composed by young MacLean of Torloisk, Mull, who as a tacksman visited Islay, where he was captivated with the charms of Isabel of Balinaby. He sought her hand, and she declining to give him a definite answer at the time, he gave way to melancholy and was advised by his friends to go abroad, which he did. He refers to his circumstance in the fourth verse of the song. Returning after the absence of nine months he again sought the hand of the fair Isabel, but her parents prevented her accepting him. The refusal preyed so much upon him that his mind gave way, and he had to be confined as a lunatic. While confined he composed "*Mo run geal, dìleas*" and several other songs, one of which begins –

> "Rinn mi mo m[h]och éiridh maduinn
> A dhol a ghabhail an àilidh," etc.

Young MacLean died a raving lunatic.'

The song may have been composed before 1800, but given its underlying melodrama and its superfluity of unrequited love, it is hardly surprising that it became only too popular in the late nineteenth century. Such was its popularity that it inspired Donald MacKechnie, that self-confessed enthusiast for old songs (see **Poem 65**), to act out of character and compose a scathing parody which mocks its affectations (MacKechnie 1910: 72–73). Nevertheless, it remained at the top of the Gaelic cèilidh charts well into the twentieth century, and may still have some life among dedicated Gaelic romantics.

Henry Whyte's translation is, to some extent, an exercise in reproducing as closely as possible the internal rhymes which are characteristic of the Gaelic version. However, apart from the opening verse, which also functions as a chorus, it is reasonably close to the original. The most obvious departure from the original occurs in ll. 9–12, where the reference to the mountains is lost in favour of 'foreign clime'. A more literal translation is as follows:

My fair, faithful sweetheart, so faithful, faithful,
my faithful fair one, will you not return?
I will not return, my love, I cannot;
Alas, my love, I am lying ill.

How sad that I were not in the guise of seagull
that would sail lightly on the crest of waves;
and I would make a visit to the isle of Islay,
where lives the maiden who made my spirit low.   8

Would that I and my choice of partner
were upon the moors of the highest bens,
with no one listening but the birds of the heavens,
and hundreds of kisses I would give her then!

I spent more than a nine-month period
in the Indies furthest across the sea;
and a girl of face as lovely could not be found there
and though I'd get the world, I would not stay.   16

I spent a month in an exhausting fever,
with no hope one night that I would survive;
what I thought about in day- and night-time
was that I would get relief with you by my side.

I will not strive with a tree unbending,
though, upon each branch, its apples grow;
a fond farewell to you, if you have left me;
the ebb is always followed by the flood-tide's flow.   24

64. *Fòghnan na h-Alba*

Source: Moffatt n.d.: 40–41. This source gives the tune and also Malcolm MacFarlane's translation.

MacFarlane uses a mixture of English and Scots in his translation, as other translators also did from time to time. This gives the song a more 'homely' feel in terms of Lowland Scottish culture. Indeed, the blend was so successful that, during the twentieth century, the song has been sung regularly in his translation without any awareness that it originated in Gaelic. A more literal translation is as follows:

> The thistle of Scotland is the famed, conquering plant,
> fine flower of spiked plumes that proved it was hard;
> ancient symbol, majestic, of my dear, lovely land –
> its good name often kindled joy's flame in my cheek.

> Shapely plant of horned fingers unwounded by storm;
> though, when challenged, it stands like a bold soldier in arms,
> it has down as soft-white as the gull of the shore,
> and crests as light blue as the eyes of my love.   8

> My country, no wonder you've gained such wide fame,
> when so many victories and virtues adhere to its name;
> as long as Scotland retains its shenachies and bards,
> its image will be loved in each blue bonnet, high.

> A wild host, planning evil, on it often surged down –
> often surged, but despite them, it held up its head proud;
> thinking they'd conquered, they had cause to be pained;
> behold! over their graves grows the thistle unscathed.   16

> My blessing ever on it! What Lowlander or Gael
> would not stand to the death, to save it from harm?
> Who, of high rank or low, giving ear to my song,
> wouldn't toast 'Its success' from goblets well filled?

65. Na Seann Orain

Source: MacKechnie 1910: 69.

The translation has been provided by the present editor. The rather thin texture of the song is obvious, since sentiment is a difficult concept to sustain in verse. The fact that MacKechnie's song continued to be sung during the twentieth century says much about the acceptability of sentiment and romantic 'pop' among Gaelic people, particularly the Lowland urban community, at the end of the nineteenth century. A critical mass of romantic songs had been created by 1900, and they were regularly sung and recycled through Mods, cèilidhs and concerts long after that date. Their force, though now diminished, is not yet spent.

BIOGRAPHIES

Blàrach, An t-Urr. Donnchadh / Blair, Rev. Duncan (1815–93) (**Poem 15**): Duncan Black Blair was born in Strachur, Argyllshire, but evidently moved to the Ardgour area in early childhood, going to school at Inverscadle. His father was latterly resident in Lublia, Badenoch, and Duncan received further instruction in Shiramore. During a period of indisposition, he began studying and composing Gaelic poetry. He entered Divinity Hall in Edinburgh in 1840, and was licensed to preach in May 1844. He was in Mull during 1845, but had reached Pictou, Nova Scotia, by 1846. Between May 1847 and October 1848, he was in Ontario, and must have taken the opportunity to visit the Niagara Falls, since he composed his poem in 1848. He returned to Scotland to marry Mary MacLean in 1851. Thereafter he was given charge of the congregation of Barney's River and Blue Mountain, Pictou Co. He lived at Barney's River, and composed a poem extolling the beauty and fecundity of the area that **John MacLean, Bard to the Laird of Coll**, had initially found so inhospitable a generation earlier (see MacDonell 1982: 100–3). According to MacLean Sinclair (1905: 154), Blair 'was an excellent linguist, a good poet, and a devout man. As an accurate writer of Gaelic he had no superior.' He composed, in Gaelic, 'sacred poems, laments, and secular poems and songs', totalling some 16,650 lines, and translated a substantial amount of English and biblical verse into Gaelic (ibid.: 156–7).

Caimbeul, Dòmhnall / Campbell, Donald (Dòmhnall Phàil) (1798–1875) (**Poem 14**): Son of Paul Campbell, Donald Campbell was born at Dalnaspidal, in Rannoch. He settled in Badenoch, having arrived there as a shepherd about 1822, and lived at Glengoynack. He intended to emigrate to Australia with the group whose impending departure in 1838 inspired his song, but circumstances intervened, and he remained in Badenoch. According to Sinton, 'In the evening, after a busy day at clipping, it was no small pleasure to hear the genial old man singing some song in a company of shepherds assembled on the green slope beside the fank.' He is well known for another Gaelic song, 'Duanag a' Chìobair' ('The Shepherd's Little Poem'), composed soon after his arrival in Badenoch, in which he laments his separation from his sweetheart in Rannoch. Campbell died in Kingussie. See further Sinton 1906: 34–36, 69.

Caimbeul, Gilleasbaig / Campbell, Archibald (Poem 56):
According to MacLean 1915: 55, Campbell was born in the parish of
Fortingall, Perthshire, in March 1804, and died at Lochearnhead on 4
January 1883. His output (Caimbeul 1851) includes some songs in the
style of the township bard, but he also composed more ornately
eulogistic pieces, especially love songs, which echo the work of
eighteenth-century poets such as William Ross.

Caimbeul, Iain / Campbell, John (1823–97) **(Poem 54):** Popularly
known as the Ledaig Bard, Campbell was born in Oban, but as a child
he moved to Ledaig, Benderloch, where his father became parish
schoolmaster. After a period in Glasgow, where he worked with
commercial firms, he returned to Ledaig, and engaged in vegetable
gardening before becoming the district postmaster. He was a devout
Christian, and helped to evangelise his neighbourhood by holding
influential meetings in a cave in the hillside. His evangelical
commitment did not hinder his enthusiasm for the composition of
secular Gaelic verse. His circle of close acquaintances included the
romantic Gaelic activist, Professor John Stuart Blackie. He produced
highly sentimental songs, among them 'Is toigh leam a'
Ghàidhealtachd' ('I like the Highlands'), and several have remained
popular. His work was published in 1884. See MacLeod 1908: 153–74.

**Caimbeul, An t-Urr. Iain MacGriogair / Campbell, Rev. John
Gregorson** (1836–91) **(Poem 30):** Born in Kingairloch, Argyll,
Campbell studied law at Glasgow University. He became parish
minister of Tiree in 1861, and remained there until his death. Known
locally as 'Am Ministear Mòr' ('The Big Minister'), he was influenced
by the labours of John Francis Campbell, and became a very active
collector of Gaelic folklore of all kinds. He gained significant
recognition in his day. Some of his papers were published by learned
bodies such as the Gaelic Society of Inverness.

Several books by him were published posthumously: *The Fians*
(1891), *Superstitions of the Highlands and Islands* (1900), and *Witchcraft
and Second Sight in the Scottish Highlands* (1902).

Chaimbeul, Flòraidh / Campbell, Flora (1805–83) **(Poem 32):**
Born in Bowmore, Islay, Flora was the daughter of Captain Neil
MacNeill, tacksman of Ellister (Rhinns) and 4th of Ardnacross
(Kintyre), and Annabella Gillies of Duchra. She married John
Campbell of Ardmore in 1845. After his death she moved to
Edinburgh. In her Will she left money to be distributed to 'the most
helpless paupers on the estate of the Ross of Mull belonging to His
Grace the Duke of Argyll.' One of her brothers, Hector MacNeill, 7th

Laird of Achnacross, was minister of Hope Street Gaelic Chapel, Glasgow, and later minister of the Lowland Free Church in Campbeltown (1843–79). (I owe this information to Mr Robin Campbell.)

Dòmhnallach, An t-Athair Ailean / MacDonald, Father Allan (1859–1905) (**Poems 5, 50**): Born in Fort William, Father Allan (as he was popularly known) was educated for the priesthood at Blairs College, Aberdeen, and the Scots College, Valladolid. He was ordained to the priesthood in 1882, and served in Oban (1882), Daliburgh (including Eriskay) (1884) and finally the mission station of Eriskay (1893). He built a church for the Eriskay people, and was much loved there for his 'dispensing of the mysteries', his devoted pastoral care and his social concern. An enthusiastic and able collector of traditional Gaelic lore of all kinds, he contributed much to the work of other collectors, some of whom (notably Goodrich Freer) used his material unscrupulously and with little acknowledgement. In addition to his own compositions, his published verse includes translations of Latin hymns and also traditional material common among Uist Catholics. See further Campbell 1954 and 1965; Black 2002.

Dòmhnallach, An t-Urr. Eòin / MacDonald, Rev. John (1779–1849) (**Poem 40**): Born in Reay (Caithness), MacDonald served first as an Established Church missionary in Achrenie and Halladale (Sutherland) and Berriedale (Caithness). He became minister of the Gaelic chapel in Edinburgh in 1807, moving to Urquhart (Ferintosh) in the Black Isle in 1813, and remaining there until his death. He joined the Free Church in 1843. MacDonald was probably the most influential Gaelic preacher of the entire nineteenth century. Popularly known as the 'Apostle of the North', he was a fervent evangelist, itinerating throughout the Highlands and Islands from Perthshire to St Kilda. He was a particularly effective preacher at open-air communion services. His name is inseparably linked to the deeply personal, revival-based form of evangelicalism which entered the Highlands after 1800. See Kennedy 1978.

Dùghallach, Ailean / MacDougall, Allan (c.1750–1828) (**Poem 21**): Born in Glencoe, Ailean Dall ('Blind Allan') became poet to Alasdair Ranaldson MacDonell of Glengarry c. 1798. He composed panegyric verse, as well as a bitingly satirical *tour de force* attacking the intrusion of the Lowland shepherds into the Glengarry estates, and also a couple of poems commemorating the arrival of steamships and eulogising their innovative features. He is buried in Eilean Munda. See Dùghalach 1829.

Grannd, An t-Urr. Pàdraig / Grant, Rev. Peter (1783–1867) (**Poem 48**): A native of Balintua, Strathspey, Grant was the pastor of the Baptist church at Grantown from 1826 until his death. He was a tireless itinerant preacher and an enthusiast for evangelical mission in the Highlands and Islands. Inspired originally by the hymns of Dugald Buchanan and encouraged by the first pastor of the Grantown church, Lachlan Mackintosh, he produced many Gaelic hymns which became extremely popular throughout the Gaelic-speaking areas and are still sung. Their melodious tunes and their emphasis on personal experience were crucial to their popularity. See MacDougall 1926; Meek 2002.

Mac a' Ghobhainn, Iain / Smith, John (1848–81) (**Poem 58**): A native of Iarsiadar, Uig, Lewis, Smith studied medicine at Edinburgh University, but his studies were terminated by illness around 1874. Some of his verse, of which a fair amount survives, is within the genre of the township bard, but his finest poems reflect wider perspectives. See MacLeòid 1916: 67–131.

Mac an t-Saoir, Donnchadh Bàn / MacIntyre, Duncan Bàn (1724–1812) (**Poem 1**): MacIntyre was born at Druim Liaghairt in Glenorchy, Argyll. He spent a substantial part of his life as a forester and gamekeeper in the Glen Etive and Glen Lochay areas, but pre-eminently in the environs of Beinn Dòbhrain, which he celebrated in verse. During the 'Forty-five he served in the Argyll Regiment of Militia, though hardly with enthusiasm. In 1766 he moved to Edinburgh, where he was employed in the City Guard until 1793, and then, from about 1793 to 1799, in the Breadalbane Fencibles. He was known as a cheery, carefree man of song who liked his dram, and had a shebeen in the High Street. His verse, first published in 1768, covers a range of themes and styles, from formal panegyric to Campbell patrons to fairly dull set-pieces, cranked out for competitions. His most lively work derives its power from his empathy with the natural environment, the ecology of the hills and especially the ways of the deer. See MacLeod 1952.

Mac a' Phearsain, Donnchadh / MacPherson, Duncan (**Poem 16**): Born at Rahoy, Morvern, in the early 1830s, MacPherson was the son of John and Sarah MacPherson, who originally hailed from Ardnamurchan. He moved to Glasgow before 1871. He disliked the city, and emigrated to South Island, New Zealand, about 1880, settling in Otago, where he ran a sheep and cattle station. As a very old man, he was killed in a train accident in January 1931. He composed a fine elegy on **Dr John MacLachlan** (Gillies 1880: 45–48), and many Gaelic songs, some of which were published in the *Oban Times*. See Thornber 1985.

MacColla, Eòghann / MacColl, Evan (1808–98) (**Poems 2, 39, 64**):
Born at Kenmore, Lochfyneside, MacColl was initially a farmer and
fisherman. In 1839 he went to Liverpool, where he was employed as a
customs clerk. His family emigrated to Canada in 1831, and he joined
them in 1850, settling in Kingston, Ontario. After his retirement in
1880, he lived in Toronto. His mother, Mary Cameron, was from
Cowal, and it was there that he found his most productive and
convincing source of inspiration, seen to good effect in his robust songs
on Loch Eck and the River Ruel, which flows through Glendaruel. He
composed verse in both Gaelic and English, but his Gaelic
compositions, held on course by the power of traditional registers, are
much more impressive. A high proportion of his Gaelic output consists
of love songs. Though often trite, at his best he could be refreshing and
strikingly original. See MacColla 1886; Murray 1998.

MacCòrcadail, Eòghann / MacCorkindale, Hugh (**Poem 13**):
MacCorkindale was obviously from Islay, and may have hailed from the
same area as **Iain Og MacCòrcadail** (below). He was probably born
around 1800–10, as he refers to himself as *seann Ileach* ('an old
Islayman') in his poem composed in Sullivan, Ontario, on 2 January
1877. He spent some time in the Lowlands before emigrating to
Canada, evidently in the 1850s. He composed another song in praise of
Canada (*An Gàidheal*, I: 57).

MacCòrcadail, Iain Og / MacCorkindale, John, Junior (**Poem 6**):
'John MacCorkindale, at one time of Cluanach near Mulindry in Islay',
was living at Oakville, near Hamilton, Ontario, when John Murdoch
visited him in 1879–80 (Hunter 1986: 175). He migrated from Islay to
Edinburgh, and later emigrated to Canada via Quebec (*An Gàidheal*, I:
51). Cluanach is immediately south of Dun Nosebridge. See also
Eòghann MacCòrcadail.

MacDhòmhnall, Alasdair / MacDonald Alexander (**Poem 52**):
Known locally as 'Alasdair Mòr', MacDonald belonged to the township
of Balephuil at the west end of the island of Tiree. He flourished in the
middle of the nineteenth century. Like many of his fellow *Tirisdich*, he
was a fisherman, and narrowly escaped being drowned in a disaster that
befell the Balephuil fishing fleet in July 1856. Most of the fleet was
overwhelmed by a sudden storm, but Alasdair's boat was driven to Islay.
He composed a song on the event. See Cameron 1932: 125–6.

MacDhunlèibhe, Donnchadh / Livingston, Duncan (**Poem 43**):
Livingston was a native of Crogan, Mull, but I have been unable to
trace any further information about him.

MacDhunlèibhe, Uilleam / Livingston, William (1808–70) (**Poems 7, 55, 57**): Livingston was born on the farm of Gartmain, near Bowmore, Islay. He became a tailor, and worked mainly in Glasgow, though he spent time in other towns, including Greenock. Largely self-taught, he had a deep antiquarian interest in Scottish history and, beyond his native Gaelic, acquired a smattering of classical and modern languages. An ardent propagandist for the Gaelic/Celtic cause as he saw it, he published an untidy and little known compendium of historical narratives and political rants, *Vindication of the Celtic Character* (Greenock, 1850). His artistic control is much more evident in his verse. In addition to long 'epic' poems, he composed shorter pieces in which he hammered out his (often bitter) response to what he regarded as a war of attrition against the Gaels, particularly through clearing. He also produced a fascinating range of celebratory poems, commemorating friends, worthies of the Glasgow Gaelic circuit, and scholars such as Eugene O'Curry. See Livingston 1882.

MacEacharna, Dòmhnall / MacKechnie, Donald (1836–1908) (**Poem 65**): A native of Glengarisdale in Jura, MacKechnie moved to Glasgow where he found employment in commerce. Later he moved to Edinburgh, where he spent most of his life, and where he was employed as the agent for a large firm of distillers and commission agents. Latterly he was self-employed. Largely self-educated, MacKechnie was one of a circle which met regularly in Professor MacKinnon's home. He wrote fine Gaelic essays which showed a mind remarkably well equipped to wrestle with difficult issues in religious faith, philosophy, psychology and literature. His essays unquestionaby break the nineteenth-century mould of Gaelic writing, and anticipate twentieth-cenury concerns. His poetry, published in journals from 1875 under the pen-name of *Am Bàrd Luideagach* ('The Ragged Poet'), is a complete contrast to his prose, as it runs in the grooves of contemporary romanticism, and is surprisingly weak and sentimental (MacKechnie 1910). See MacLeod 1908: 175–6.

MacFhionghain, Alasdair / MacKinnon, Alexander (1770–1814) (**Poem 51**): A native of Morar, Inverness-shire, MacKinnon was the son of a tacksman. He joined the 92nd Regiment at the age of twenty-four, and achieved the rank of Corporal, serving with Sir Ralph Abercromby in Holland and at Alexandria. He was wounded at the Battle of Alexandria in 1801, and left for dead. Saved by the diligence of a friend who found him still alive among the corpses, he was discharged with a pension on his return to Britain, but he joined the 6th Veteran Battalion soon afterwards. He remained in its service until he died in Fort William. See MacKenzie 1907: 369–71.

MacFhionghain, Iain / MacKinnon, John (Poem 22): MacKinnon was a native of Tobermory, Mull, and was the carpenter on the tea-clipper, *Taeping*, at the time of her triumphant participation in the Great Tea Race of 1866. He was known locally as 'Keeks' (said to be a corruption of Keats). See MacKenzie 2002: 214–5.

MacIlleathain, Iain (Bàrd Thighearna Cholla) / MacLean, John (Poet to the Laird of Coll) (1787–1848) **(Poems 11, 12, 35)**: A native of Caolas, Tiree, MacLean was a shoemaker to trade. He became honorary poet to the Laird of the neighbouring island of Coll. Much of his verse from that period consists of traditional eulogy in praise of the Laird, but there is much too in the township genre. His perspectives straddle the old world of chiefs and tacksmen, and the emerging 'new order' of crofting. MacLean was also a collector of verse, and published an anthology of his own and others' songs in 1818. Emigrating in 1819 to Nova Scotia, he settled first at Baile Chnoic, Barney's River, to the west of Antigonish. In 1830 he moved six miles east, to a place subsequently known as Glenbard. He reacted badly to the initial rigours of emigrant life, but within a decade he found himself in congenial circumstances, and his outlook became much more positive. His new context forced some reordering of his priorities as a poet, and extended his range; he devoted his attention to events and people in his new locations, and became more noticeably religious, producing a considerable number of hymns. See Sinclair 1928.

MacIlleathain, Iain / MacLean, John (1827–95) **(Poem 26)**: Born in Tiree, he lived in Balemartin in the south-west of the island, and was known as Bàrd Bhaile Mhàrtainn ('The Balemartin Bard'). As a township bard, he composed mainly eulogistic, humorous and satirical verse on local themes. As the *de facto* poet laureate of the Tiree branch of the Highland Land Law Reform Association, he also composed several songs on events associated with the local land agitation of the 1880s. In addition to 'Calum Beag', his love songs are still well known. His verse is often cleverly constructed, and, as its focus is the crofting community of Tiree and especially Balemartin, it is free from the class-conscious and deferential perspectives of his earlier namesake. See Cameron 1932: 142–87; Cregeen and MacKenzie 1978: 19–22.

MacIlleathain, Niall / MacLaine, Neil (1851–1919) **(Poem 24)**: A native of Caolas, Tiree, where he was known as *Niall an Tàilleir* ('Neil son of the Tailor'), MacLaine was a joiner to trade. He went to South Africa, where he worked in the Kimberley diamond fields between 1880 and 1884. Returning to Glasgow, he spent the rest of his life in that city, where he was a strong supporter of the Tiree Association, and a loyal friend of ex-patriate *Tirisdich*. He composed many light-hearted songs of the 'urban township' variety, sometimes eulogising the Tiree Association and its office-bearers. His output contains some more sombre pieces, including pieces on the Boer Wars and an elegy on the death of General Sir Hector MacDonald. He was married to a sister of **Iain MacPhàidein**. See Cameron 1932: 313–51.

MacIlleathain, Seumas / MacLean, James (Poem 60): James MacLean, who flourished as a poet in the 1880s and 1890s, was the son of Lachlan MacLean, *Lachainn Nèill*, a popular poet of the earlier nineteenth century who was born in Rum. He appears to have spent much of his working life in Glasgow, where he composed a number of songs in honour of events and dignitaries associated with the Clan MacLean Society. Much of his verse was fairly light-weight, consisting of love songs and sailors' songs. He was latterly (c. 1900) resident in Wittington, near Chesterfield, England. See MacLean Sinclair 1900: 142.

MacIlleBhàin, Eanraig / Whyte, Henry ('Fionn') (1852–1913) (Poems 62, 62 transl., 63 transl.): Son of John Whyte, manager of the slate quarry in Easdale, Argyll, Henry Whyte moved to Glasgow as a young man. Under the pen-name 'Fionn', he was a prolific Gaelic writer, and the author of many books of Gaelic prose and verse, among them *The Celtic Lyre* (1898), considered (in 1908) to be 'without doubt, the most popular collection of Gaelic song and music ever published'. His earlier work, *The Celtic Garland* (1881), was no less popular among exiled Highlanders, furnishing sentimental songs and humorous readings for the Lowland ceilidh circuit, and determining much of the predominantly romantic taste and enthusiasm of city Gaels after 1880. He was given a Civil List pension in 1906 in recognition of his contributions to Gaelic writing. 'Fionn' was for many years the writer of the Glasgow Letter in the *Oban Times*. He was strongly committed to the campaign for crofters' rights in the 1870s and 1880s, and is said in obituaries to have translated the Crofters' Holdings (Scotland) Act (1886) into Gaelic. His brother John, a scholar and journalist, transcribed much of the verse of Mary MacPherson from her own recitation for inclusion in Nic-a-Phearsoin 1891. See MacLeod 1908: 224–6.

MacLachlainn, Eòghann / MacLachlan, Ewen (1773–1822) (Poem 36): The son of a weaver in Coruanan, Lochaber, MacLachlan was educated at King's College, Aberdeen. He became Librarian of King's College, and also the *de facto* headmaster of the Grammar School of Old Aberdeen. He lost his librarianship when he was appointed *de iure* schoolmaster of the Grammar School in 1818. MacLachlan was a skilful classicist, and had a deep knowledge of Gaelic. He was highly esteemed in King's College, but failed to obtain a Professorship. Despite chronic ill health, he worked on the Gaelic dictionary of the Highland Society of Scotland, and in 1811 there was some talk of appointing him to a Professorship of Gaelic at Edinburgh University, as would have befitted his scholarly mind. His transcriptions of Gaelic manuscripts in the Advocates' Library, notably his work on the Book of the Dean of Lismore, are still well regarded and very useful. As a poet, he composed verse in Latin and Greek, as well as Gaelic and English. His volume of poetry, *Metrical Effusions*, was published in 1807 (enlarged edn 1816), but his translation of part of the *Iliad* did not appear until 1937, together with original Gaelic verse on the four seasons. See MacDonald 1937.

MacLachlainn, Iain / MacLachlan, John (1804–74) (**Poems 8, 9, 42, 44**): MacLachlan was born on the farm of Rahoy, Morvern, although his kindred, the MacLachlans of Dunadd, originally belonged to Mid Argyll. His father sold the Dunadd farm to fishing and shooting interests. MacLachlan trained as a doctor at Glasgow University, and, resisting the opportunity to go abroad, returned to practise in his native area. Despite his well-to-do connections, he had great sympathy for the plight of the ordinary people of his district, and his self-sacrificing spirit became legendary. Traditions about his physical strength, his prowess in overcoming the barriers of sea and land in the interests of his patients, and his personal kindness to the poor survived in Mull and Ardnamurchan into the twentieth century, although he was also maligned by those who thought that he could heal against the odds. He composed a number of love songs with a strongly elegiac element, and also several poems commenting sharply and sorrowfully on the effect of clearing in his locality. The loss of the earlier Gaelic community in Morvern had a devastating effect on him, and, although he was a fine figure of a man in his earlier days, he appears to have aged prematurely. Rev. Archibald Clerk, Kilmallie, recalled his coming to the manse in 1864, and noted in his diary: 'Had a visit from Dr MacLachlan, Rahoy. – Quite an old, broken-down man.' (Gallon 1987: 66). Worn out by his exertions and experiences, he died in Tobermory, apparently in the poor-house. See Camshron 1963.

MacLeòid, Niall / MacLeod, Neil (1843–1913) (**Poems 3, 10, 19, 37, 45**): A native of Pollosgain, Glendale, Skye, MacLeod was born into a family with some conspicuous bardic talent, his father, *Dòmhnall nan Oran* ('Donald of the Songs'), having published a booklet of songs in 1811. MacLeod went south to Edinburgh, where he became a traveller in the tea business owned by his cousin, Roderick MacLeod. Deeply influenced by pseudo-Ossianic romanticism, his immensely popular poetry established a genre which blended melancholy retrospection with a sentimental loyalty to the homeland and to traditional values. See MacLeòid 1975.

MacNèill, Niall / MacNeill, Neil (Poem 33): Probably to be identified with the Rev. Dr Nigel MacNeill (1853–1910). A native of Islay, MacNeill studied at Glasgow University, and spent three years at the Free Church College in the city. He was editor of the short-lived Gaelic religious periodical, *Bratach na Fìrinn* (1873–74). Thereafter he became a Congregational minister in London. He was the London correspondent of the *Oban Times*, and wrote a number of books, including *The Literature of the Highlanders* (1892). He was a forthright supporter of crofter activism. He composed poems in Gaelic and English in his early days. His brother, John George MacNeill, was U.F. minister in Cawdor. See Thomson 1983: 188, and Newton 1988: 188.

MacPhàidein, Iain / MacFadyen, John (1850–1935) **(Poems 17, 38)**: A native of Balevullin in Mull, MacFadyen migrated to Glasgow, where he worked for the Glasgow and South-western Railway. He became a stalwart of the Gaelic community there, for which he provided a steady output of poems and songs, and short stories. A quiet humour ripples through much of his work, which remained popular well into the twentieth century and can still raise a smile. As Thomson notes (1990: 230–1), he was essentially a township bard 'who found his village and his public in Glasgow'. His songs and sketches were published in *An t-Eileanach* (1890) and *Sgeulaiche nan Caol* (1902). He won the Bardic Crown in 1924. See MacFhionghuin 1953: 99.

MacPhàil, Calum Caimbeul / MacPhail, Calum Campbell (1847–1913) **(Poem 31)**: Born in Ardeny in the parish of Muckairn, Argyll, MacPhail was apprenticed as a shoemaker in Inveraray, where he lived for some years. As a poet, he won initial acclaim for his song on the marriage of the Marquis of Lorne and Princess Louise, but his later verse displays a much more radical turn of mind, particularly that supporting the crofters' cause (see Meek 1995a). He worked as a shoemaker in Dalmally for most of his life. See MacLeod 1913: 94–5; MacPhàil 1947.

MacPhàil, Dùghall / MacPhail, Dugald (1818–87) **(Poems 53, 61)**: MacPhail was born at Strathcaoil, beside Beinn Bhàirneach, in the parish of Torosay, Mull. His people had been farmers at Glenforsa, and his father farmed at Derrychullen. He was a joiner to trade, but later trained as a draughtsman. He migrated to Glasgow, and then to Newcastle, where he has employed as a clerk and draughtsman. He went to Shaftesbury in Dorset, where he was architect and clerk of works to the Duke of Westminster. Later MacPhail removed to Edinburgh, but he was living in Partick, Glasgow, by the time of his death. He was a prolific writer of Gaelic. As a poet he is best known for his very popular homeland song, 'An t-Eilean Muileach' ('The Isle of Mull'), composed before 1859 when he was in Newcastle. See MacLeod 1908: 136–52: Currie 2000: 399–400.

MacPhàrlain, Calum / MacFarlane, Malcolm (1853–1931) (**Poem 61** transl., **64** transl.): Born at Kilmun Farm, Dalavich, Lochaweside, MacFarlane moved with his parents to Paisley when he was a young boy. He became a measurer and land surveyor in that city, where he remained until his death. MacFarlane was an active promoter and encourager of Gaelic, and he was on the Executive of An Comunn Gàidhealach. He is, however, best known as a Gaelic writer and editor. He had a strong academic interest, represented in his still useful edition of the Fernaig Manuscript, *Làmh-sgrìobhainn Mhic Rath* (1923). He composed a number of popular Gaelic songs, and was an active translator of this genre, represented in his volume, *The Songs of the Highlands* (c. 1900). See MacLeod 1908: 202–4.

MacRuairidh, Dòmhnall / MacRury, Donald (**Poem 29**): Three songs are attributed to this poet by Archibald Sinclair in Mac-na-Ceàrdadh 1879. Two are on the new fashions entering the Highlands. The third (ibid.: 254–8) is a lament on the departure of his daughter from the family home to *Ceann Uachdrach*. It is dated precisely to 14 March 1871. The reference to *Ceann Uachdrach* suggests that MacRury belonged to Jura, which would explain Sinclair's interest. MacRurys were also prominent in North Uist; see Matheson 1983: 331.

Moireasdan, Iain (Gobha na Hearadh) / Morrison, John (The Harris Blacksmith) (c. 1796–1852) (**Poem 49**): A native of Rodel, Harris, Morrison appears to have been deeply touched by the preaching of **John MacDonald** of Ferintosh whom he first heard in 1822, and for whom he composed a lengthy elegy. After his conversion he became an important spiritual leader in his own locality. He was a catechist with the SSPCK from 1822, and with the Free Church after 1843. His presence at prayer-meetings and his powerful, emotional preaching at cottage meetings contributed to local revival movments in the late 1820s and early 1830s. Morrison's spiritual verse covers a wide range of themes, but he has a pre-eminent concern with the 'holy war' of the believer against the 'old' life, and his feelings of depression and

inadequacy without Christ's help. His output included items remin-
iscent of township verse, such as satire on churchmen with whom he
disagreed, and the celebration of sea-going prowess, notably that of the
Free Church yacht, 'Breadalbane', which was used to transport
ministers to and from the islands after the Disruption, and on which he
himself travelled in 1851. See Henderson n.d.

Moireasdan, Niall / Morrison, Neil (1816–82) (**Poem 27**): Neil
Morrison was a native of Scarista, Harris, but is best known as the
'Pabbay Bard' because of his association with the neighbouring island
of Pabbay, where he spent most of his life as a shepherd for William
Stewart of Ensay. His verse is basically that of a township bard, with
examples of homeland verse (contrasting bleak Pabbay with his native
part of Harris), eulogies of local landowners and lairds, incuding Lord
Dunmore and Stewart of Ensay, and humorous satires on braxy, a
common cause of sheep death. He composed an elegy on his fellow
Harrisman, **Iain Moireasdan, Gobha na Hearadh**. See Henderson
1898: 43–48.

Nic a' Phearsain, Màiri / MacPherson, Mary (1821–98) (**Poems
4, 20, 59**): Popularly known as *Màiri Mhòr nan Oran* ('Big Mary of the
Songs'), Mary MacPherson was a native of Skye, but moved to
Inverness c. 1845. She left Inverness after the death of her husband and
her 'humiliation' in 1872, when she was imprisoned for stealing clothes
from her mistress's chest. This was almost certainly unjust. She worked
in Glasgow in later life, retiring to Skye in 1882. Her verse combined
her personal sorrow with the suffering of her fellow Gaels, set against a
realistic and hauntingly attractive portrayal of Skye. See Nic-a-
Phearsoin 1891 and Meek 1998.

NicDhòmhnaill, Màiri / MacDonald, Mary (1789–1872) (**Poem
46**): A native of Mull, Mary was the daughter of Duncan MacDougall
(or MacLucas), farmer, and Anne Morrison. She was born in Brolas,
immediately to the east of the Ross of Mull. She was living in
Torranuachdrach, Brolas, in 1813, when she married Neil MacDonald,
then resident in Shiaba in the Ross. Her maiden name was recorded in
the marriage register as *McLucais*, but she is formally recorded in the
baptismal registers as a MacDougall from 1831. Neil and Mary made
their home in Shiaba, and had ten children. Later they moved to
Ardtun, where Mary died. Known to many as *Bean Nèill 'ic Lachainn*,
she was closely associated with the Baptist movement. Her brother,
Duncan (d. 1850), was the first pastor of Tiree Baptist Church, which
he founded in 1838. He too was a poet, and published a volume of his
Gaelic hymns in 1841. Mary composed both sacred and secular verse.

(I am grateful to Mrs Jo Currie, Edinburgh, for providing me with details from the OPRs of Kilfinichen and Kilvickeon.)

NicEacharna, Flòraidh / MacEachern, Flora (Poem 41): Flora, known locally as 'Fionnghal a' Ghobhainn' ('Flora [daughter] of the Smith') belonged to Cornaig Bheag in the island of Tiree. As well as being smiths, the MacEacherns were fine tradition-bearers with particular skills in music, and especially piping. The song ascribed to Flora is attributed to other women also, including a girl from Salen, Mull. See Cameron 1932: 236.

NicEalair, Anna / MacKellar, Anna (Poem 47): Apart from her authorship of the *Luinneag* in this anthology, nothing is currently known of Anna MacKellar. It seems possible that she came from the Cowal area of Argyll. The lyric attributed to her suggests that she had been deeply influenced by the religious revivals which came to that district at the end of the eighteenth century and the beginning of the nineteenth.

Ròs, Uisdean / Rose (or Ross), Eugene (b. c. 1805) (Poem 28): Rose (or Ross), a native of Kilfinichen, Mull, was living at Braemanvoir, Ardtun, in the Ross of Mull at the time of the 1881 Census, and was aged 76. His occupation is given as a boat-builder (unemployed).

BIBLIOGRAPHY

SOURCES

Caimbeul, Gilleaspuig (1851): *Orain le Gilleaspuig Caimbeul aig Ceann-Loch-Earn*. Mac-Iain agus Hunter. Dùn Eideann.

Calder, George (ed.) (1912): *The Gaelic Songs of Duncan MacIntyre*. John Grant. Edinburgh.

Cameron, Hector (ed.) (1932): *Na Bàird Thirisdeach*. The Tiree Association. Glasgow.

Campbell, John (1884): *Poems*. MacLachlan and Stewart. Edinburgh.

Campbell, John Lorne (1954): *Fr Allan McDonald of Eriskay, 1859–1905*. Oliver and Boyd. Edinburgh.

Campbell, John Lorne (ed.) (1965): *Bàrdachd Mhgr Ailein*. Constable. Edinburgh.

A' Chòisir-chiùil (n.d.): *The St. Columba Collection of Gaelic Songs*. J. and R. Parlane. Paisley.

Còisir a' Mhòid (n.d.): *The Mod Collection of Gaelic Part Songs*. 5 vols. J. and R. Parlane. Paisley.

Dòmhnallach, Iain (1890): *Marbhrainn, a rinneadh air Diadhairibh Urramach nach maireann agus Dàna Spioradail eile*. John Grant. Edinburgh.

Dùghalach, Ailein (1829): *Orain, Marbhrannan agus Duanagan Gaidhealach*. Inverness.

An Gàidheal, 1871–77. 6 vols. Toronto and Glasgow.

Gillies, H. C. (ed.) (1880): *The Gaelic Songs of the Late Dr MacLachlan, Rahoy*. Archibald Sinclair. Glasgow.

Henderson, George (ed.) (1898): *Leabhar nan Gleann*. Norman MacLeod. Edinburgh.

Henderson, George (ed.) (n.d.): *Dàin Iain Ghobha: The Poems of John Morison*. Knox Press. Edinburgh. (First published in two vols, 1893–96.)

Livingston, William (1882): *Duain agus Orain le Uilleam Mac Dhunlèibhe*, ed. Robert Blair. Archibald Sinclair. Glasgow

MacBean, Lachlan (ed.) (1900): *Hymns and Songs of the Gael*. Eneas MacKay. Stirling.

MacColla, Eobhan (1886): *Clàrsach nam Beann*. Archibald Sinclair. Glasgow.

MacDonald, John (1937): *Ewen MacLachlan's Gaelic Verse*. University of Aberdeen. Aberdeen.

MacDonell, Margaret (ed.) (1982): *The Emigrant Experience: Songs of Highland Emigrants in North America*. University of Toronto Press. Toronto.

MacDougall, Hector (ed.) (1926): *Spiritual Songs by Rev. Peter Grant, Strathspey*. Alexander MacLaren and Sons. Glasgow.

MacFadyen, John (1890): *An t-Eileanach*. Archibald Sinclair. Glasgow.

MacFhionghuin, Lachlann (deas.) (1953): *Bàird a' Chomuinn*. An Comunn Gàidhealach. Glaschu.

Mac-Gilleain, Iain (1880): *Dàin Spioradail*, ed. A. MacLean Sinclair. MacLachlan and Stewart. Edinburgh.

MacKechnie, Donald (1910): *Am Fear-Ciùil*. John Grant. Edinburgh.

MacKenzie, John (ed.) (1907): *Sàr Obair nam Bàrd Gaelach: The Beauties of Gaelic Poetry and Lives of the Highland Bards*. John Grant. Edinburgh. (First published 1841.)

MacLeod, Angus (ed.) (1952): *The Songs of Duncan Bàn MacIntyre*. Scottish Gaelic Texts Society. Edinburgh.

MacLeod, Malcolm C. (ed.) (1908): *Modern Gaelic Bards*. Eneas MacKay. Stirling.

MacLeod, Malcolm C. (ed.) (1913): *Modern Gaelic Bards*. Second series: part I. John Leng and Co. Dundee.

MacLeòid, Iain N. (deas.) (1915): *Bàrdachd Leódhais*. Alasdair Mac Labhruinn agus a Mhic. Glaschu.

MacLeòid, Niall (1975): *Clàrsach an Doire*. Gairm. Glasgow. (First published 1883.)

Mac-na-Ceàrdadh, Gilleasbuig (deas.) (1879): *An t-Oranaiche*. Archibald Sinclair. Glasgow.

MacPhàil, Calum Caimbeul (1947): *Am Filidh Latharnach*. Aonghas MacAoidh. Sruighlea. (First pubished 1878.)

Meek, Donald E. (ed.) (1995a): *Tuath is Tighearna: Tenants and Landlords*. Scottish Gaelic Texts Society. Edinburgh.

Meek, Dòmhnall Eachann (deas.) (1998): *Màiri Mhòr nan Oran*. Comann Litreachas Gàidhlig na h-Alba. Dùn Eideann.

Moffatt, Alfred (ed.) (n.d.): *The Minstrelsy of the Scottish Highlands*. Bayley and Ferguson. London.

Nic-a-Phearsoin, Màiri (1891): *Dàin agus Orain Ghaidhlig*. A. agus U. MacCoinnich. Inbhir Nis.

Orain a' Mhòid (1937): 17 vols (1924–40). Alasdair MacLabhruinn agus a Mhic. Glasgow.

Orain-càraid (1938): An Comunn Gàidhealach. Glasgow.

Shuttleworth, Doreen (ed.) [c. 1996]: *Mary MacDonald, Poetess of Mull*. Privately published. Mull.

Sinclair, A. MacLean (ed.) (1900): *The MacLean Bards*. Volume II. Haszard and Moore. Charlottetown, P.E.I.

Sinclair, A. MacLean (ed.) (1928): *Clàrsach na Coille*, ed. Hector MacDougall. Alexander MacLaren and Sons. Glasgow.

Sinton, Thomas (ed.) (1906): *The Poetry of Badenoch*. The Northern Counties Publishing Company Ltd. Inverness.

Thornber, Iain (1985): 'Some Morvern Songwriters of the Nineteenth Century', reprinted from *Transactions of the Gaelic Society of Inverness*, LIII (1982–84): 1–90. Inverness.

Watson, William J. (ed.) (1959): *Bàrdachd Ghàidhlig: Specimens of Gaelic Poetry 1550–1900*. Third edition. An Comunn Gàidhealach. Glasgow. First edition 1918.

Whyte, Henry (1881): *The Celtic Garland*. Archibald Sinclair. Glasgow.

Whyte, Henry (ed.) (1898): *The Celtic Lyre*. John Grant. Edinburgh.

REFERENCE WORKS

Belchem, John, and Price, Richard (eds) (1994): *The Penguin Dictionary of Nineteenth-century History*. Penguin. Harmondsworth.

Cameron, Nigel M. de S. (ed.) (1993): *The Dictionary of Scottish Church History and Theology*. T. & T. Clark. Edinburgh.

Connolly, S.J. (ed.) (1998): *The Oxford Companion to Irish History*. Oxford University Press. Oxford.

Ewing, William (ed.) (1914): *Annals of the Free Church of Scotland*. 2 vols. T. & T. Clark. Edinburgh.

Gardiner, Juliet (ed) (2000): *The History Today Who's Who in British History*. Collins and Brown, and Cima Books. London.

Keay, John, and Keay, Julia (eds) (2000): *Collins Encyclopaedia of Scotland*. HarperCollins. London.

Killanin, Lord, and Duignan, Michael V. (1989): *The Shell Guide to Ireland*, revised by Peter Harbison. Gill and Macmillan. Dublin.

Laver, James (1969): *A Concise History of Costume*. Thames and Hudson. London.

Lynch, Michael (ed.) (2001): *The Oxford Companion to Scottish History*. Oxford University Press. Oxford.

MacKillop, James (1998): *Dictionary of Celtic Mythology*. Oxford University Press. Oxford.

MacLean, Donald (1915): *Typographia Scoto-Gadelica*. John Grant. Edinburgh.

Palmer, Alan (1986): *The Penguin Dictionary of Modern History 1789–1945*. Penguin Books. Harmondsworth.

Stephens, Meic (ed.) (1998), *The New Companion to the Literature of Wales*. University of Wales Press. Cardiff.

Thomson, Derick S. (1983): *The Companion to Gaelic Scotland*. Blackwell. Oxford.

Wu, Duncan (ed.) (2000): *Romanticism: An Anthology with CD-ROM*. Blackwell. Oxford.

CRITICAL WORKS AND APPRECIATIONS

Cregeen, Eric, and MacKenzie, Donald (1978): *Tiree Bards and their Bardachd*. The Society for West Highland and Island Historical Research. Coll.

MacGill-eain, Somhairle (1985): *Ris a' Bhruthaich: The Criticism and Prose Writings of Sorley MacLean*, ed. William Gillies. Acair. Stornoway.

MacInnes, John (1988), 'Gaelic Poetry in the Nineteenth Century', in Douglas Gifford (ed.), *The History of Scottish Literature*, III, 377–95. Aberdeen University Press. Aberdeen.

Murray, John Y. (ed.) (1998): *Evan MacColl: The Lochfyneside Bard.* Crùisgean. An Fhùirneis (Furnace), Argyll.

Thomson, Derick S. (1990): *An Introduction to Gaelic Poetry.* Edinburgh University Press. Edinburgh.

GENERAL

Bateman, Meg, Crawford, Robert, and McGonigal, James (eds) (2000), *Scottish Religious Poetry: An Anthology.* St Andrew Press. Edinburgh.

Black, Ronald I. (ed.) (2001), *An Lasair: Anthology of 18th Century Scottish Gaelic Verse.* Birlinn. Edinburgh.

Black, Ronald (ed.) (2002): *Eilein na h-Òige: The Poems of Fr Allan McDonald.* Mungo Books. Glasgow.

Bradley, Ian (1997): *Abide with Me: The World of Victorian Hymns.* SCM Press. London.

Brander, Michael (1996): *The Scottish Highlanders and their Regiments.* The Gleneil Press. Haddington.

Brownlie, Niall M. (1995): *Bailtean is Ath-ghairmean à Tiriodh: Townships and Echoes from Tiree.* Argyll Publishing. Glendaruel.

Campbell Exhibition 1985: *Lamplighter and Storyteller: John Francis Campbell of Islay 1821–1885.* National Library of Scotland. Edinburgh.

Camshron, Alasdair (1963): 'Bàrd Rathuaidhe', *Transactions of the Gaelic Society of Inverness*, XXXIX–XL (1942–1950): 20–35. Inverness.

Clancy, Thomas Owen, and Márkus, Gilbert (eds) (1995): *Iona: The Earliest Poetry of a Celtic Monastery.* Edinburgh University Press. Edinburgh.

Clerk, Archibald (ed.) (1910): *Caraid nan Gaidheal: The Friend of the Gael.* John Grant. Edinburgh.

Cox, Richard (1994): 'Descendants of Norse *Bólstadr*: A Re-examination of the Lineage of *Bost* & Co.', in John R. Baldwin (ed.), *Peoples and Settlement in North-west Ross*, 43–67. The Scottish Society for Northern Studies. Edinburgh.

Cregeen, Eric R. (ed.) (1964): *Argyll Estate Instructions: Mull, Morvern, Tiree 1771–1805.* Scottish History Society. Edinburgh.

Cregeen, Eric R. (1998): 'Oral Tradition and History in a Hebridean Island', *Scottish Studies*, 32: 12–37.

Currie, Jo (2000): *Mull: The Island and its People.* Birlinn. Edinburgh.

Daiches, David, Jones, Peter and Jones, Jean (eds) (1996): *The Scottish Enlightenment 1730–1790: A Hotbed of Genius.* The Saltire Society. Edinburgh.

Devine, T.M. (1988): *The Great Highland Famine: Hunger, Emigration and the Scottish Highlands in the Nineteenth Century.* John Donald. Edinburgh.

Devine, T. M. (1994): *Clanship to Crofters' War: The Social Transformation of the Highlands*. Manchester University Press. Manchester.

Duckworth, Christian L.D., and Langmuir, Graham E. (1987): *West Highland Steamers*. Brown, Son and Ferguson, Ltd. Glasgow.

Dunn, Charles W. (1953): *Highland Settler: A Portrait of the Scottish Gael in Nova Scotia*. University of Toronto Press. Toronto.

Fraser, Ian A. (1999): *The Place-Names of Arran*. The Arran Society of Glasgow. Glasgow.

Fry, Michael (2001): *The Scottish Empire*. Tuckwell Press and Birlinn. Phantassie and Edinburgh.

Gallon, Jane (ed.) (1987): *The Rev. Dr Archibald Clerk's 'Notes of Everything': Kilmallie Minister's Diary of c. 1864*. Kilmallie Parish Church. Kilmallie.

Gaskill, Howard (ed.) (1996): *The Poems of Ossian and Related Works*. Edinburgh University Press. Edinburgh.

Gillies, William (ed.) (1989): *Alba agus a' Ghàidhlig: Gaelic and Scotland*. Edinburgh University Press. Edinburgh.

Gunn, Giles (ed.) (1994): *Early American Writing*. Penguin. Harmondsworth.

Henderson, George (ed.) (1901): *The Highlanders' Friend: Second Series: A Further Selection from the Writings of the Late Very Reverend Norman MacLeod, D.D.* Norman MacLeod. Edinburgh.

Hill, James Michael (1986): *Celtic Warfare 1595–1763*. John Donald. Edinburgh.

Hunter, James (1976): *The Making of the Crofting Community*. John Donald. Edinburgh.

Hunter, James (ed.) (1986): *For the People's Cause: From the Writings of John Murdoch, Highland and Irish Land Reformer*. Her Majesty's Stationery Office. Edinburgh.

Hutton, Guthrie (1994): *The Crinan Canal: Puffers and Paddle Steamers*. Richard Stenlake Publishing. Ochiltree.

Innes, Bill (ed.) (1998): *Chì Mi: Bàrdachd Dhòmhnaill Iain Dhonnchaidh*. Birlinn. Edinburgh.

Kennedy, John (1978): *The Apostle of the North: The Life and Labours of the Rev. John MacDonald, D.D.* Free Presbyterian Publications. Glasgow.

Kerr, Paul, et al. (2000): *The Crimean War*. Channel 4 Books. London.

Lambert, Andrew, and Badsey, Stephen (1994): *The Crimean War: The War Correspondents*. Alan Sutton. London.

Lyle, Emily (ed.) (1994): *Scottish Ballads*. Canongate. Edinburgh.

MacArthur, Dugald (1989): 'Some Emigrant Ships from the West Highlands', *Transactions of the Gaelic Society of Inverness*, LV (1986–88): 324–45.

MacArthur, E. Mairi (1990): *Iona: The Living Memory of a Crofting Community 1750–1914*. Edinburgh University Press. Edinburgh.

MacEacharna, Domhnall (1976): *The Lands of the Lordship: The Romance of Islay's Names*. Argyll Reproductions Ltd. Port Charlotte.

MacGregor, David R. (1979): *Clipper Ships*. Argus Books. Watford.

MacInnes, Angus Edward (1997): *Eriskay Where I Was Born*. Mercat Press. Edinburgh.

Mackay, Margaret A. (1998): '"Here I am in another world": John Francis Campbell and Tiree', *Scottish Studies*, 32: 119–24.

MacKenzie, Ann (ed.) (2002): *Island Voices: Traditions of North Mull*. Birlinn. Edinburgh.

MacLean, Donald (1910): *Duthil: Past and Present*. Inverness and Edinburgh.

MacLean, Donald (ed.) (1913): *The Spiritual Songs of Dugald Buchanan*. John Grant. Edinburgh.

Maclean-Bristol, Nicholas (1999): *Murder under Trust: The Crimes and Death of Sir Lachlan Mor Maclean of Duart, 1558–98*. Tuckwell Press. Phantassie.

MacLennan, Hugh D. (1997): 'Shinty: Some Fact and Fiction in the Nineteenth Century', *Transactions of the Gaelic Society of Inverness*, LIX (1994–96): 148–274.

MacLeod, Angus (ed.) (1933): *Sàr Orain: Three Gaelic Poems*. An Comunn Gaidhealach. Glasgow.

Matheson, William (1983): 'Notes on North Uist Families', *Transactions of the Gaelic Society of Inverness*, LII (1980–82): 318–72.

Mckay, Patrick (1999): *A Dictionary of Ulster Place-Names*. Institute of Irish Studies, Queen's University. Belfast.

McLeod, Wilson (1999): 'Galldachd, Gàidhealtachd, Garbhchriochan', *Scottish Gaelic Studies*, 19: 1–20.

Meek, Donald E. (1987): 'Evangelical Missionaries in the Early Nineteenth-century Highlands', *Scottish Studies*, 28: 1–34.

Meek, Donald E. (1988): 'The Bible and Social Change in the Nineteenth-century Highlands', in D. F. Wright (ed.), *The Bible in Scottish Life and Literature*, 179–91. St Andrew Press. Edinburgh.

Meek, Donald E. (1995b): 'The Catholic Knight of Crofting: Donald Horne MacFarlane, MP for Argyll 1885–86, 1892–95', *Transactions of the Gaelic Society of Inverness*, LVIII (1993–94), 70–122.

Meek, Donald E. (1998): 'Gaelic Bible, Revival and Mission: The Spiritual Rebirth of the Nineteenth-century Highlands', in James Kirk (ed.), *The Church in the Highlands*, 114–45. Scottish Church History Society. Edinburgh.

Meek, Donald E. (2002): '"The Glory of the Lamb": The Gaelic Hymns of Peter Grant', in David Bebbington (ed.), *The Gospel in the World*, 123–58. Paternoster. Carlisle.

Moir, Peter, and Crawford, Ian (1994): *Argyll Shipwrecks*. Moir Crawford. Wemyss Bay.

Morris, Jan (1998): *Heaven's Command: An Imperial Progress*. Faber and Faber. London.

Munro, Jean, and Munro, R.W. (eds) (1986): *Acts of the Lords of the Isles 1336–1493*. The Scottish History Society. Edinburgh.

Murray, John (1921): *The History of the Presbyterian Church in Cape Breton*. News Publishing Co., Truro, Nova Scotia.

Newton, Norman S. (1988): *Islay*. David and Charles. Newton Abbot.

Ó Baoill, Colm (ed.) (1979): *Eachann Bacach agus Bàird Eile de Chloinn Ghill-Eathain: Eachann Bacach and other Maclean poets*. Scottish Gaelic Texts Society. Edinburgh.

Osborne, Brian D. (2001): *The Ingenious Mr Bell: A Life of Henry Bell (1767–1830)*. Argyll Publishing. Glendaruel.

Póirtéir, Cathal (ed.) (1995): *The Great Irish Famine*. Mercier Press. Dublin.

Pollock, John (1993): *Gordon: The Man behind the Legend*. Lion. Oxford.

Proceedings of the Glasgow Islay Association (1878): Glasgow. Archibald Sinclair.

Ramsay, Freda (1969): *John Ramsay of Kildalton*. Peter Martin Associates. Toronto. Reprinted 1988 by Revelations Aberfeldy Ltd.

Reese, Peter (1999): *The Scottish Commander: Scotland's Greatest Military Leaders from Wallace to World War II*. Canongate. Edinburgh.

Richards, Eric (1999): *Patrick Sellar and the Highland Clearances*. Polygon. Edinburgh.

Richards, Eric (2000): *The Highland Clearances: People, Landlords and Rural Turmoil*. Birlinn. Edinburgh.

Ross, D.K. (n.d.): *The Pioneers and Churches*. The Hector Publishing Co. New Glasgow, Nova Scotia.

Roxburgh, Kenneth B. E. (2001): 'Revival: An Aspect of Scottish Religious Identity', in Robert Pope (ed.), *Religion and National Identity: Wales and Scotland c. 1700–2000*, 200–20. University of Wales Press. Cardiff.

Sinclair, A. MacLean (1905): 'The Rev. Dr. Blair's MSS.', *The Celtic Review*, II, no. 6: 153–60. Edinburgh.

Steer, Kenneth, and Bannerman, John (1977): *Late Medieval Monumental Sculpture in the West Highlands*. HMSO. Edinburgh.

Stoddart, Anna M. (1899): *John Stuart Blackie: A Biography*. William Blackwood and Sons. Edinburgh.

Storrie, Margaret (1997): *Islay: Biography of an Island*. The Oa Press. Islay.

Thompson, Frank (1992): *History of An Comunn Gaidhealach: The Frist Hundred (1891–1991)*. An Comunn Gaidhealach. Inverness.

Thomson, Derick S. (ed.) (1996): *Alasdair mac Mhaighstir Alasdair: Selected Poems*. Scottish Gaelic Texts Society. Edinburgh.

Youngson, Peter (2001): *Jura: Island of Deer*. Birlinn. Edinburgh.

Withers, Charles W. J. (1998): *Urban Highlanders: Highland-Lowland Migration and Urban Gaelic Culture*. Tuckwell Press. East Linton.

POEM TITLES

FIRST LINES